1990年8月，作者（右一）与联合国教科文组织副总干事沙曼（C. Sharma，右二）、丝绸之路综合研究项目总协调员迪安博士（D. Diene，左一）在新疆天山天池合影

1990年7月，作者（右一）与丝绸之路沙漠路线考察科学领队丹尼教授（A.H. Dani，中间）和印度驻教科文组织大使辛格先生（Singh，左一）在甘肃张掖合影

1990年8月,作者在新疆吐鲁番火焰山

1991年2月,作者(右一)在广州参加联合国教科文组织海上丝绸之路考察,照片背景为海上丝绸之路考察船"和平"号(Fulk-al-Salamah, Ship of Peace)

1991年2月,作者(左一)在福建泉州开元寺陪同教科文组织丝绸之路综合研究项目总协调员迪安博士(右)参加海上丝绸之路考察,出席春节元宵灯会

2004年7月,作者在甘肃张掖马蹄寺接受裕固族青年祝酒

2004年7月,作者(左三)在新疆和田进行丝绸之路中国段申遗研究考察

2006年8月,作者(左六)在新疆交河故城与出席"首届丝绸之路申报世界遗产参与国家磋商会"的中国和中亚代表合影,开启丝绸之路系列跨境申遗征程

2006年10月,作者(右一)在乌兹别克斯坦撒马尔罕主持"丝绸之路系列跨境申遗第二次国际磋商会"后,与撒马尔罕省长(后排右二)会面

2007年4月,作者在塔吉克斯坦首都杜尚别主持"丝绸之路系列跨境申遗第三次国际磋商会"时,受到塔吉克青年的欢迎

2009年5月,作者(右一)在哈萨克斯坦阿拉木图召集"丝绸之路系列跨境申遗第五次国际磋商会"。指导中国和中亚国家专家学者起草了丝绸之路突出普遍价值声明草案("共同价值框架")后,起草小组合影

2010年2月,作者(前排右五)在瑞士易廷根参加"系列跨境申遗及系列跨境世界遗产研究国际专家会议",介绍亚洲丝绸之路申遗项目

2011年5月,作者在巴黎联合国教科文组织总部为该组织前总干事阿马杜—马赫塔尔·姆博先生贺寿并介绍丝绸之路项目的进展情况

2014年6月,作者(左二)在卡塔尔首都多哈出席第38届世界遗产大会并致辞

2014年6月22日,作者(后排居中)在卡塔尔首都多哈与出席第38届世界遗产大会的各国代表合影,庆祝丝绸之路长安-天山廊道列入《世界遗产名录》

2016年11月,作者(右三)赴哈萨克斯坦的Karamergen遗址(无人之地),考察丝绸之路文化遗产的保护状况

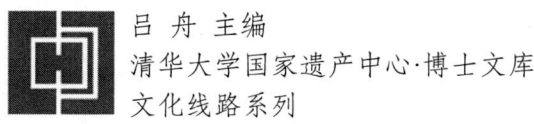

吕舟 主编
清华大学国家遗产中心·博士文库
文化线路系列

丝绸之路文化线路系列跨境申遗研究

景峰 著

科学出版社
北京

内 容 简 介

世界遗产是联合国教科文组织的旗舰项目。像丝绸之路这样一条几乎囊括了所有遗产要素的文化线路，通过理论的创新与实践的探索，找到正确的切入点和适合的方法论，将这些无形多于有形的历史记忆碎片串联起来，重新展示它的历史风貌，讲述它优美的故事，这个梦想是可以实现的。

丝绸之路系列跨境申遗是一个创新的途径，也是世界遗产委员会推广"顶层指导"的最佳实践。秉承"和而不同、求同存异"的传统文化理念，在不同政治制度、宗教背景、民族特性、语言文化和参差不齐的经济基础上进行的多国合作，开创了世界遗产领域的新篇章。在当今倡导文化多样性、文明间对话和国际交流的大背景下，有着深远意义。通过跨境申遗这样一个错综复杂的国际合作过程，丝绸之路作为全人类共同遗产的文化意义得到重新认可。亚洲国家尤其是中国和中亚五国，通过这样一个跨境合作，加深了解，增强互信，为今后进一步开展区域合作、追求可持续发展打下了坚实的基础。希望通过本书，使更多的人关注世界遗产保护事业。

本书适合建筑历史、文化遗产保护与管理等领域的专业人员及高等院校相关专业的师生参考阅读，也可供文物保护爱好者阅读。

图书在版编目（CIP）数据

丝绸之路文化线路系列跨境申遗研究/景峰著. —北京：科学出版社, 2015.12
（清华大学国家遗产中心·博士文库/吕舟主编.文化线路系列）
ISBN 978-7-03-046982-3

Ⅰ.①丝… Ⅱ.①景… Ⅲ.①丝绸之路-文化遗产-申报-研究 Ⅳ.①K928.6

中国版本图书馆CIP数据核字（2015）第312594号

责任编辑：吴书雷 张文静 / 责任校对：邹慧卿
责任印制：徐晓晨 / 封面设计：张 放

科学出版社 出版
北京东黄城根北街16号
邮政编码：100717
http://www.sciencep.com

北京建宏印刷有限公司 印刷
科学出版社发行 各地新华书店经销

*

2015年12月第 一 版　开本：720×1000 B5
2019年 1 月第二次印刷　印张：23 1/4 插页：4
字数：420 000

定价：188.00元
（如有印装质量问题，我社负责调换）

序 一

　　文化遗产保护在当代社会中作为社会文明的反映，从可持续发展、经济、社会、政治、文化、道德等各个层面越来越深刻地影响着人们精神的成长及社会和自然环境的演化，也成为不同文明、文化间对话、沟通、理解和相互尊重的纽带。遗产保护是人类文明成长的一个成果。

　　回顾文化遗产保护发展的历史，关于保护对象价值的认识构成了文化遗产保护的基础。价值认识的发展和变化是推动文化遗产保护发展的动力。遗产价值认识在深度和广度两个层面不断变化，影响了文化遗产保护理论的生长和演化。价值认识是遗产保护理论的基石。从对艺术价值的认知，到对历史价值的关注，再到当今对于文化价值的理解，价值认知对文化遗产保护理论发展的作用，得到了清晰的展现。

　　遗产保护是一项人类的实践活动，它基于人类对于自身文明成果的珍视和文化的自觉，其本身也是人类文明的重要方面。文化遗产保护的实践展示了特定文化环境中对特定对象的保护在观念和方法上的丰富性和多样性，这些实践又促使人们进一步思考文化遗产的价值、保护方法和所要实现的目标。文化遗产的保护正是在这样一个实践和理论交织的推动过程中不断发展和成长的。

　　清华大学国家遗产中心致力于遗产保护理论研究和实践。在这样的研究和实践过程中形成了大量具有学术价值和实践意义的研究成果，这些研究成果又进一步在相关实践中被应用、检验和深化。在科学出版社文物考古分社的支持下，我们在清华大学国家遗产中心相关博士论文的基础上选择相关的研究成果，编辑形成了文化遗产保护理论研究、文化遗产保护实践研究、文化线路三个系列学术著作，希望这些成果能够在更大程度上促进和推动文化遗产保护的发展。

景峰的著作《丝绸之路文化线路系列跨境申遗研究》是基于他的博士论文形成的研究成果，是对丝绸之路作为跨国系列遗产申遗、跨国协作保护的方法研究。

2014年丝绸之路长安－天山廊道被列入世界遗产名录。同时景峰顺利通过博士论文的答辩。作为世界遗产中心亚太地区的负责人，景峰参与并组织了丝绸之路申报世界遗产的全过程。丝绸之路作为一个连接欧亚各重要文明的历史中心，涉及多个国家的目前世界上规模最大的文化遗产申报世界遗产项目，具有极大复杂性。这种复杂性不仅表现在沿线各国对丝绸之路的价值、定义的不同理解，也反映在不同的保护管理体系，甚至是国家的治理体系上。丝绸之路的申遗过程本身就是一个文化间对话、理解、合作的过程。这一过程对世界遗产是一个极为重要的文化对话和遗产治理的实践。相关的方法对于未来世界遗产的发展会产生深刻的影响。作为项目的组织者，景峰对这一过程的研究涉及了大量珍贵的第一手资料，对于世界遗产保护的理论研究和保护实践具有理论和实践的双重价值，对于认识世界遗产保护发展过程具有重要的历史研究价值。

清华大学国家遗产中心主任　吕　舟
2015年5月

序　　二

　　1990年盛夏，景峰先生参加了联合国教科文组织（UNESCO）主持的丝绸之路沙漠路线考察。这是教科文组织发起的"丝绸之路综合研究：对话之路"项目的一部分，其宗旨之一是调动国际学术界的力量对丝绸之路的历史进行科学研究。

　　教科文组织积极促进教育、科学及文化领域中的国际合作，建立国家之间的交流合作纽带，为全球和平与安全做出了贡献。教科文组织也开展了丰富的文化遗产保护活动，倡导文化多样性，促进不同文明间的对话，并形成了世界遗产这一概念，来保护具有"突出普遍价值"的世界遗产。这推动了人类共同价值观的形成，促进了对文化多样性的尊重。"文化线路"的概念也随之进入世界遗产领域，每条线路都被看成是不同民族和不同文明间进行接触的途径。的确，正是沿着这一条条线路，从远古时代开始，就一直发生着民族的迁移，并由此引起了效果显著的不同文化的碰撞和相互补充。

　　景峰先生于1997年进入教科文组织世界遗产中心（巴黎）工作，全面负责1972年《世界遗产公约》在亚洲和太平洋地区46个国家的实施。2003年，他首创并指导了丝绸之路系列跨境申遗项目。中国、中亚地区（哈萨克斯坦、吉尔吉斯斯坦、塔吉克斯坦、土库曼斯坦和乌兹别克斯坦）及亚洲其他国家为此建立了密切的合作关系。这一项目的目的是：填补亚洲地区世界遗产代表性不足的空白；创造国际交流与合作的机会，建立友谊和区域合作关系来推进共同繁荣；认识并尊重文化多样性，展示为保护文化遗产而开展的相互交流活动及其产生的互惠互利效应；推动跨文化交流、共同致力于可持续发展。丝绸之路沿线的不同文明之间加深了相互理解和有效交流，这一历史机遇反映出加强不同民族、国家、文明之间沟通对话的必要性。为推广项目，他实地考察了丝绸之路沿线20多个亚欧国家。

他的著作主要是回顾教科文组织的文化政策、尤其是"文化线路"概念的演变及其对世界遗产体系的影响。案例重点是丝绸之路这一系列跨境申遗的过程，对促进人们对世界遗产保护这一新领域的理解发挥了重要作用。丝绸之路线路有悠久的历史、宽广的分布范围，其中包含了丰富多样的遗址类型，几乎涵盖了不同类型文化遗产的各种元素和特征。这一多样化特性促进了国际合作和地区合作，见证了跨文化对话和可持续发展。本论文为我们讲述了丝绸之路系列跨境申遗过程中的跨文化合作及其所具有的现实意义。

现在世界文化多样性对全球化产生了越来越重要的影响，基于此，教科文组织认为有必要保护文化多样性，保护世界文化遗产的物质及非物质元素。该组织已进行了各种各样的努力，促进对不同文明的尊重，并持续推进和平文化。21世纪是现代化的社会，必须充分理解文化间的特性及其多个层面。丝绸之路项目是教科文组织过去四十年来所开展的一项广泛深入的科学研究。它的作用，正如教科文组织《组织法》的作用一样，是在人们心中构筑一道和平的防线，并在此基础上建设我们这个时代的和平文化。

中国及中亚各国联合进行丝绸之路系列跨境申遗，旨在促进彼此间的学习和借鉴、理解由多个民族、文明、文化及精神价值所构成的人类共同价值框架。这是当代跨文化项目的最佳实践，丝绸之路沿线各国和各地区是保护文化多样性、推广可持续发展的主体。

2014年6月，在卡塔尔多哈举办的第38届世界遗产大会上，由中国、哈萨克斯坦和吉尔吉斯斯坦联合申报的"丝绸之路：长安—天山廊道的路网"和拉美六国联合申报的"印加大道：安第斯山交通网络"都被列入《世界遗产名录》，成为世界遗产家族的新成员。这是多年以来为丝绸之路世界遗产申报付出艰辛努力所取得的初步成果。"丝绸之路：长安—天山廊道的路网"成功列为世界遗产，反映出中国在保护大型、复杂的文化遗产方面所取得的巨大成就。我们在庆祝这一成功的同时，也清楚地认识到文化遗产的保护已跨越了国家边界和民族界限。这是保护人类共同遗产的行为。在此我祝贺中国、乌兹别克斯坦、塔吉克斯坦、哈萨克斯坦、吉尔吉斯斯坦和土库曼斯坦在参与申报的过程中所给予的大力支持！这确保了丝绸之路申遗活动的成功开展。

作为他的同事和领导，我非常赞赏景峰博士对1972年《世界遗产公约》的深刻理解；他在推进国际和地区合作时所表现出的高超的文化外交才能，以及在文化遗产的保护管理和国际组织机构治理方面展现出的创意才能、方法和丰富的经验，都是这些年在教科文组织的积淀。在此我衷心祝贺景峰先生著作的出版。作为来自威尼斯的市民，我很钦佩景峰先生为教科文组织所做出的杰出贡献。威尼斯被称为"西方人看东方的窗口"，是马可波罗的故乡，也是我的家乡。

今年，我们庆祝联合国教科文组织成立70周年、中国加入1972年《世界遗产公约》30周年。出版这本讲述丝绸之路申遗的故事的书，是庆祝这些重大事件的极好方式。它对于加强中国与联合国教科文组织之间的合作也有重要意义。在反思教科文组织开展的一系列保护文化遗产、促进文化多样性国际合作的同时，这本书有助于我们回顾过去、展望未来。

最后，祝愿读者在感受丝绸之路申遗故事的同时也能享受到阅读的愉悦！

联合国教科文组织文化助理总干事　弗朗西斯科·班德林

（Francesco Bandarin）

2015年3月28日于巴黎

《序二》英文原稿

In the summer of 1990, Mr Feng JING participated in the Desert Route expedition of the UNESCO project entitled "Integral Study of the Silk Roads: Roads of dialogue". One of the objectives of the project was to mobilize international academic communities to do scientific research on the Silk Roads.

UNESCO strives to build networks amongst nations through international cooperation on education, science and culture to contribute to global peace and security. Building intercultural understanding through protection of cultural heritage and support for cultural diversity, UNESCO launched the concept of World Heritage to protect sites of "Outstanding Universal Value". It promotes the common values of humanity and respects cultural diversity. The concept of "Cultural Routes" has emerged in the World Heritage system. Each route is seen as a mechanism for contact between peoples and civilizations. Indeed, it is along these cultural routes that, since time immemorial, the movement of peoples has taken place, giving rise to fruitful encounters and mutual enrichment.

Mr Feng JING joined UNESCO's World Heritage Centre (Paris) in 1997, to direct and manage the implementation of the 1972 World Heritage Convention in the Asia and the Pacific region. He initiated and directed the Serial Transnational Upstream World Heritage nomination of the Silk Roads in 2003, in collaboration with China and countries in Central Asia (Kazakhstan, Kyrgyzstan, Tajikistan, Turkmenistan and Uzbekistan). The purpose of the project is to address the gap of under-represented categories of World Heritage in the region; to offer opportunities to further international exchange, friendship and cooperation and promote common prosperity; to recognize and respect cultural diversity, demonstrate mutual exchange and mutual benefit for the protection of cultural heritage; and to contribute towards intercultural dialogue and mutual understanding for sustainable development, and thus heighten contemporary awareness of the need for dialogue by highlighting the historic opportunity for mutually enriching understanding and communication between the different civilizations linked by these routes. To supervise this project, he travelled along the Silk Roads in more than twenty countries across Asia and Europe.

His PhD research is focused on the review of UNESCO's culture policy, the evolution of the concept of cultural heritage, particularly heritage route, and the impacts on the World Heritage system. The case study research, focused on the conceptualization of the serial transnational World Heritage nomination process of the Silk Roads, is significant in understanding this new trend in World Heritage conservation. The Silk Roads Cultural Route has a long history, broad geography and complex typology of heritage sites rich in diversity. It covers almost all the elements and attributes of cultural heritage and different forms of cultural expressions. This diversity fostered international and regional cooperation and provided testimony to intercultural dialogue and sustainable development. The dissertation thus tells us the story of the contemporary intercultural project of the Silk Roads World Heritage nomination and its multi-dimensional significance.

At a time when the impact of globalization on the world's cultural diversity is ever-increasingly felt, UNESCO bestows particular importance on the need to protect cultural diversity and safeguard the world's tangible and intangible cultural heritage. UNESCO has hurried its efforts to foster respect towards all civilizations and to continue to promote a culture of peace. The modern society of the 21st century simply has no choice but to understand the multifaceted nature of inter-culturality. In this context, the Silk Roads have naturally become a great source of inspiration worldwide and a subject of wide-ranging study, research and publications within UNESCO for the last four decades. Its role, like that of the Constitution of UNESCO, is to construct the defenses of peace in the minds of men and women, and thus to build a culture of peace in our time.

The Silk Roads Serial Transnational World Heritage Nomination project in China and Central Asia aims to acknowledge what we have borrowed from each other, while also recognizing and embracing that humanity embodies a mosaic of ethical, cultural and spiritual values. It stands as a best practice of a contemporary intercultural project, where the countries involved and the present-day communities along the Silk Roads Heritage Route are central actors in, and for, promoting cultural diversity and sustainable development.

In June 2014, at the 38th session of the World Heritage Committee held in Doha, Qatar, the Silk Roads: Routes Network of Chang'an-Tianshan Corridor submitted by China, Kazakhstan, Kyrgyzstan, together with Qhapaq Ñan, Andean Road System, submitted by Argentina, Bolivia, Chile, Colombia, Ecuador and Peru, were inscribed on UNESCO's World Heritage List. They became new members of the World Heritage family. This marked the first fruit from decades of hard work for the Silk Roads World Heritage nomination. The successful inscription of Silk Roads: the Routes Network of Chang'an-Tianshan Corridor is evidence to the tremendous progress made in China for the protection of large-scale and complex cultural heritage sites. When we are finally celebrating the success, we can clearly feel that cultural heritage protection has long exceeded boundaries and nationalities. It becomes a shared heritage for humanity. I would like to congratulate the respective participating countries, China, Uzbekistan, Tajikistan, Kazakhstan, Kyrgyzstan and Turkmenistan, for their strong support which ensure a successful initial phase of the Silk Roads nomination.

As his colleague and supervisor, I am very pleased that Dr Feng Jing has demonstrated his profound knowledge of the 1972 World Heritage Convention, very strong cultural diplomacy skills in promoting international and regional cooperation, and his great capacity as originator of new ideas and approaches and wide experience in heritage conservation and management as well as matters related to international organizations. I sincerely congratulate Mr Jing for the publication of his PhD dissertation. As a citizen of Venice, city of Marco Polo, the "West's window on the East", I am very proud of Mr Jing's outstanding achievements during the years at UNESCO.

This year we are celebrating the 70th anniversary of UNESCO and 30th anniversary of China's ratification of the 1972 World Heritage Convention. Publishing this book tells the story of the Silk Roads is an excellent way to celebrate these important events. The publication also has a significant meaning for strengthening the cooperation China and UNESCO. While reflecting on UNESCO's actions to safeguard cultural heritage and to promote respect for cultural diversity, this publication can help us to look from past to future.

Finally, I wish you a pleasant reading of this book, which reveals the journey of the Silk Roads World Heritage nomination project.

Francesco Bandarin
Assistant Director-General for Culture
UNESCO
28 March 2015, Paris

前　言

一

十年漫漫，读博的十年感觉尤为漫长而艰辛。但能够在清华园深造，追随吕舟先生求学，那一份荣幸和兴致早已胜过了一切。在清华园浸润的这些年，我的身心得到了成长，我的能力得到了锻炼，我的视野得到了扩展，我的境界也得到了提升，十年的果实也终于成熟了。今天，我的博士论文即将出版，此刻的感受，恰如王贵祥老师在《建筑理论史》一书译者跋中引述的带有佛教意味的一句话，"欢喜做，甘愿受"。

唐谚云："三十老明经，五十少进士。"30岁考过明经科，已算年老，因为明经科容易。但进士科很难，所以50岁登进士第，要算是年轻的了。在职读博士，困难是明摆着的。我年届知天命之际，能向师长和读者汇报自己研究的初步成果，很激动，也很高兴。在此借用民谚给自己打打气。

二十多年来，无论是在国内还是后来进入联合国教科文组织工作，我一直从事世界遗产保护方面的研究与探索。在实际工作中，积累了一定的世界遗产保护和管理经验，也见证了中国几乎全部的世界遗产国际合作。

世界遗产是联合国教科文组织的旗舰项目。《世界遗产公约》自1972年诞生以来，历经四十多年的发展，在全球范围内产生了巨大影响，也成为教科文组织迄今为止最为成功的国际文化合作项目。《世界遗产公约》几乎覆盖了所有联合国成员国，现在已经有191个国家参与到这项国际文化遗产保护运动中。

世界遗产保护反映了人类对于自身所处的环境和历史、文化的认识，这种认识不仅基于资源角度的可持续保护，也基于文化多样性和哲学的思考。它对于保护对象，特别是文化遗产，无论在类型、保护观念和保护方法上都在不断地变化和更新。1994年世界遗产全球战略的提出，标志着《世界遗产公约》的利益相关者对世界遗产保护发展方向的反思。事实上，世界遗产所面临的问题在很多情况下也是人类共同面对的政治和安全问题，从当前叙利亚和伊拉克文化遗产的保护就可见一斑。通过世界遗产的保护，国际社会也在不断思考、探索人类可持续发展的途径。它在当代社会文化交流、消除贫困、社会经济发展和环境保护方面都产生了重要的影响。

丝绸之路很早就进入教科文组织的视野。1988年，教科文组织在"世界文化发展十年"（1988～1997年）的框架内发起了"丝绸之路：对话之路整体研究"大型跨学科国际合作项目，旨在通过对古丝绸之路的科学考察和学术研究，促进和丰富其文化特性，推动东西方全方位的对话和交流，促进世界和平。丝绸之路是东西方文明交流的纽带，连接着许多伟大的文明，也创造着世界历史。它在政治、经济以及古代人类文明的发展方面都起到了重要作用，在今天仍具有深刻的现实意义。

中国西部和中亚5国（哈萨克斯坦共和国、吉尔吉斯斯坦、塔吉克斯坦共和国、乌兹别克斯坦以及土库曼共和国）拥有世人皆知的悠久历史与众多的文化遗产，但在教科文组织《世界遗产名录》中却是代表性不足的地区之一。

中国是丝绸之路的发祥地，多年来一直积极参与教科文组织"丝绸之路"的考察研究活动，我也有幸参与其中，全程参加了1990年夏季沙漠路线由陕西西安到新疆喀什的科学考察活动，以及1991年初海上丝绸之路考察队在广州和泉州的活动。科学考察激发了我对丝绸之路的极大兴趣。借助教科文组织推广世界遗产全球战略的契机，我自2001年起就倡议中国和中亚国家对丝绸之路沿线文化遗产的历史价值进行重新认定、保护和弘扬。2003年和2004年夏我两次重新考察研究丝绸之路中国段，与中国政府一起探讨丝路申遗的方法和可行性。

2005年丝绸之路申遗工作正式启动后，我与中国国家文物局和中亚国家同行合作，共同开展丝绸之路申遗的研究。其后多次实地考察和调研，为丝绸之路申遗和阐释其"突出普遍价值"提供了科学依据。这些研究和思考，全面指导了丝绸之路系列跨境申遗的活动，也成为我论文研究的第一手资料。

二

中国自1985年12月加入《世界遗产公约》以来，积累了非常丰富的文化遗产保护经验，也具有了相当的遗产保护实力。在丝绸之路申遗上，中国政府倡议与中亚各国合作，联合申遗，以促进相互了解，提高遗产保护水平。中国政府的倡议和强有力支持使世界遗产中心提出的这项跨文化合作真正落在了实处。

多年的研究和工作实践中让我认识到，任何理念和思想的推广和传播，都不是一帆风顺的。经常是反反复复、困难重重。丝绸之路沿线的中亚地区由于政治、经济、文化教育及专业能力等因素，文化遗产保护处于初级阶段。中亚地区一直是《世界遗产公约》实施的"盲点"，也是亚太地区推行世界遗产"全球战略"的热点地区。中国的倡议符合了世界遗产中心的优先计划。在做了相关研究的基础上，世界遗产中心积极出面协调、指导，从而开启了丝绸之路系列跨境申遗这样一个宏大的跨文化国际合作项目。这也是世界遗产中心首次进行的全方位申遗顶层指导。

纳尔逊·曼德拉曾经说过，"在事情未成功之前，一切总看似不可能"（"It always seems impossible until it is done"）。丝绸之路文化线路申遗项目在开启之初，在理论上和实践上都是全新的，可参考的范例几乎没有。项目本身复杂而庞大，因而并不被人看好。国际同行曾经说我是"朝自己脚面开枪"。意为干蠢事，费力不讨好。确实，项目的开展颇为曲折。经历了由"老虎吃天，没处下爪"，到"摸着石头过河"、"敢问路在何方？"，再到"走得人多了，便有了路"，最终是"朋友多了，路才会好走。"这样一个过程。也真正体现了"细节才是魔鬼"。到了实际操作层面，任何因素，哪怕是一点点技术问题，都会制约活动的进展。

丝绸之路申遗所包括的遗产数量之多、涵盖遗产面积之广、涉及国家之众是前所未有的，它对现有的世界遗产体系构成了诸多挑战。本书全面系统分析和阐释教科文组织文化政策，梳理和辨析丝绸之路申遗的全过程，对将来文化遗产保护理论的发展，尤其是大型文化遗产的保护和管理，有着重要意义。

2014年3月27日，中国国家主席习近平首次访问巴黎联合国教科文组织总部并发表演讲。习主席认为，"文明是包容的，人类文明因包容才有交流互鉴的动力。海纳百川，有容乃大。""中国人早就懂得了'和而不同'的道理。""如果只有一种生活方式，只有一种语言，只有一种音乐，只有一种服饰，那是不可想象的。"在丝绸之路申遗实践当中，我对此深有体会。"和而不同"的传统文化观念也是我进行多国协调、统筹开展国际合作的指导思想。

2014年6月22日，在卡塔尔首都多哈召开的第38届世界遗产委员会大会上，丝绸之路长安－天山廊道被列入了《世界遗产名录》，成为世界遗产大家庭的新成员。至此，10年的申遗之路终于有了结果。在漫长的申遗过程中，我们有欢乐、有痛苦、有争议、有误解、也留下一些遗憾。当我们欢庆胜利的时候，我们也看到遗产保护已经远远地超出了国界，超出了民族，成为人类的一个共同事业。

丝绸之路对于今天的人类文化、经济交流同样具有重要的意义。中国提出的"一带一路"，即丝绸之路经济带和21世纪海上丝绸之路的战略发展构想，使得丝绸之路的概念已经远远超出了遗产保护的范畴，而成为地区经济发展新的推动力量和地区文化对话、共同发展的重要平台。丝绸之路的遗产保护已经成为地区发展战略的一个重要组成部分，将有力地促进沿线国家的共同发展。它不仅仅是一个由历史遗址和古代建筑构成的文化遗产，而是被赋予了更为丰富的社会可持续发展的内涵。

丝绸之路对于中国自身的发展同样具有重大意义。它贯穿整个中国西部欠发达地区，使这些地区能够基于丝绸之路的概念加强和完善合作交流的平台，不仅能够提高对作为世界遗产的丝绸之路的保护水平，而且促进地区之间的文化和经济交流与合作。"一带一路"中丝绸之路经济带的建设，将有力地促进这些地区的发展。

三

回首在职求学的过程，我再次深深地认识和理解了清华校训中"自强不息"的深刻含义。清华的学习让我切身践行了自强不息的精神，谨此感谢母校的培养之恩。

衷心感谢联合国教科文组织将我纳入其人才培养计划，近十年来给了我时间求学。重读论文，让我再次回顾了协调指导系列跨境申遗国际合作理论与实践的过程。其中的种种艰辛，每每解决难题时的欣喜，远不是这些文字所能言尽的。为此，我要感恩多年来理解、支持和关怀我的亲朋好友以及清华大学研究生院、建筑学院的老师和同学们！论文开题时，吕舟导师、秦佑国老师、王贵祥老师和杨锐老师的点评；答辩过程中故宫博物院单霁翔先生、中国社会科学院考古研究所安家瑶女士、北京大学考古文博学院孙华先生、清华大学建筑学院张之平女士、贾珺、刘畅诸位老师的指导和辨析，都使我受益良多。

感谢导师吕舟先生和曹宇老师多年来无私的帮助、关心和教诲。吕老师宽广的胸怀、高远的目光、睿智的思想，带给我人生的启迪，使我受益终身。每当我打退堂鼓时，曹老师一句"你都考了两次清华，放弃多可惜啊！"会让我鼓起勇气，再踏征程。有师若此，真是缘分，也是福分。这次为论文出版的事他们又不懈努力，在清华文化遗产保护研究所所庆之际，让学生们有机会将自己的研究成果展示出来，让公众更多地了解世界文化遗产的保护。

今年是1964年通过的文物古迹保护与修复的《威尼斯宪章》50周年，也是1994年日本奈良文化遗产真实性会议和《奈良真实性文件》20周年。清华文化遗产保护研究所恰逢成立10周年。借着庆祝的机会，出版学生们的论文，吕舟老师做了件大好事，也是功德无量的事。

丝绸之路申遗的故事就要展开了，有关丝绸之路人类共同遗产的可持续保护和管理的研究和探索还仅仅是个开始。希望将来有更多的人关注这条跨文化交流之路，认识到丝绸之路在中西文化交流中的重要意义，以及它对于复兴中国传统文化遗产与构建和谐世界的积极作用，也祝愿有更多的读者投身世界遗产保护事业！

联合国教科文组织世界遗产中心
亚洲和太平洋部主任　　　景　峰
2015年2月6日于巴黎

目录 Contents

序一 ·· 吕舟（ⅰ）
序二 ························· 弗朗西斯科·班德林（ⅲ）
《序二》英文原稿 ················· Francesco Bandarin（ⅵ）
前言 ·· （ⅺ）

第一章　绪论 ·· （1）
一、缘起 ··· （1）
二、研究意义 ·· （9）
三、相关概念 ··· （12）
四、文献综述 ··· （19）
五、研究方法与结构框架 ·· （21）
六、难点及创新点 ·· （25）
七、主要结论 ··· （25）

第二章　教科文组织文化政策对世界遗产体系的影响 ······ （29）
一、世界遗产的价值理念 ·· （29）
　（一）从普遍价值到文化多样性 ······························ （31）
　（二）从遗产保护到可持续发展 ······························ （33）
二、世界遗产概念的产生 ·· （39）
　（一）文化遗产概念的形成 ···································· （39）
　（二）自然遗产概念的形成 ···································· （41）
　（三）世界遗产概念的形成 ···································· （42）
三、世界遗产与文化线路 ·· （43）
　（一）世界遗产理念的变化与新的遗产类型 ··············· （43）

（二）文化线路/遗产线路：定义的扩展 …………………………（51）
　　（三）系列跨境申遗 ………………………………………………（54）
　　（四）对世界遗产保护体系的分析 ………………………………（54）
　　（五）对1972年《公约》核心价值体系的评价 …………………（57）
四、世界遗产与文化和发展的主题 ……………………………………（58）
　　（一）世界文化发展十年：文化间对话和丝绸之路 ……………（58）
　　（二）杭州文化与发展大会 ………………………………………（61）
　　（三）佛罗伦萨"文化、创意、可持续发展"大会 ……………（63）
五、小结 …………………………………………………………………（66）

第三章　作为世界遗产的文化线路 ……………………………………（70）
一、文化线路概念的产生和发展 ………………………………………（71）
　　（一）文化线路：概念的起源 ……………………………………（71）
　　（二）文化线路：概念的形成 ……………………………………（75）
二、文化线路：特征认定 ………………………………………………（78）
三、作为世界遗产的文化线路 …………………………………………（85）
　　（一）《世界遗产名录》中的具有文化线路特征的遗产 ………（85）
　　（二）文化线路与文化景观关系分析 ……………………………（86）
　　（三）遗产区域（廊道）及欧洲文化线路的经验 ………………（92）
四、文化线路的突出普遍价值 …………………………………………（95）
　　（一）文化线路的真实性 …………………………………………（96）
　　（二）文化线路的完整性 …………………………………………（101）
五、文化线路系列跨境申遗解析 ………………………………………（101）
六、小结 …………………………………………………………………（105）

第四章　文化线路与系列跨境世界遗产申报 …………………………（108）
一、世界文化遗产理念的拓展 …………………………………………（108）
二、文化线路作为世界遗产 ……………………………………………（112）
　　（一）文化线路世界遗产及申遗 …………………………………（112）
　　（二）《世界遗产名录》中文化线路类遗产分类 ………………（113）
　　（三）从文化线路角度对"丝绸之路"系列跨境申遗的理解
　　　　　……………………………………………………………（117）

三、系列跨境申遗辨析 ……………………………………（120）
　（一）基本概念辨析 ……………………………………（120）
　（二）系列跨境世界遗产和全球推广的申遗项目 ……（121）
　（三）国际社会对系列跨境申遗的再认识 ……………（128）
　（四）对瑞士易廷根世界遗产专家国际会议的分析 …（130）
　（五）系列跨境申遗中的主要问题 ……………………（135）
四、丝绸之路与文化线路系列跨境申遗 …………………（136）
　（一）全球背景 …………………………………………（136）
　（二）丝绸之路系列跨境申遗的国际磋商和成果 ……（138）
五、小结 ……………………………………………………（140）

第五章　丝绸之路文化线路申遗理论、实践与创新 ………（142）
一、丝绸之路申遗理论与实践 ……………………………（142）
　（一）国际背景 …………………………………………（142）
　（二）有关文化线路的研究 ……………………………（144）
　（三）丝绸之路申遗初期的理论与实践 ………………（146）
　（四）丝绸之路系列跨境申遗总体思路和系统方法的确定 …（147）
二、丝绸之路文化线路的定义和范围 ……………………（150）
　（一）丝绸之路文化线路的定义 ………………………（150）
　（二）丝绸之路文化线路的地理范围 …………………（153）
　（三）丝绸之路文化线路的时间跨度 …………………（155）
三、丝绸之路申遗的步骤 …………………………………（160）
　（一）对丝绸之路文化遗产范畴的初期研究 …………（160）
　（二）丝绸之路文化线路的遗产类型 …………………（162）
　（三）丝绸之路文化遗产的筛选 ………………………（163）
　（四）丝绸之路文化遗产"预备清单"的标准格式 ……（168）
四、丝绸之路文化线路的"共同价值框架"与对比分析 …（171）
　（一）丝绸之路文化线路"共同价值框架"的形成 ……（171）
　（二）丝绸之路文化线路"共同价值框架" ……………（175）
五、丝绸之路与其他文化线路系列跨境世界遗产的对比分析 …（189）
　（一）丝绸之路与《世界遗产名录》中的文化线路、系列
　　　　跨境遗产对比 ……………………………………（189）

（二）丝绸之路文化线路与印加大道：安第斯山道路系统
　　　　对比分析 ………………………………………………（194）
　　（三）丝绸之路：长安—天山廊道路网遗产线路的"突出
　　　　普遍价值" ……………………………………………（203）
　　（四）印加大道：安第斯山道路系统遗产线路的"突出
　　　　普遍价值" ……………………………………………（210）
六、小结 ………………………………………………………（216）

第六章　丝绸之路文化线路系列跨境申遗的国际合作机制
………………………………………………………………（219）
一、综述 ………………………………………………………（219）
二、丝绸之路系列跨境申遗国际合作的成果和创新（2006～2009年）
………………………………………………………………（222）
　　（一）吐鲁番会议 ……………………………………………（224）
　　（二）撒马尔罕会议 …………………………………………（227）
　　（三）杜尚别会议 ……………………………………………（230）
　　（四）西安会议 ………………………………………………（233）
　　（五）阿拉木图会议 …………………………………………（235）
三、丝绸之路文化线路的保护管理机制（2009～2012年）………（237）
　　（一）丝绸之路协调委员会第一次会议（2009年）…………（238）
　　（二）易廷根会议结论及辨析（2010年）……………………（244）
　　（三）丝绸之路专题研究 ……………………………………（251）
四、面向世界遗产的申报 ……………………………………（256）
　　（一）阿什哈巴德会议 ………………………………………（256）
　　（二）比什凯克会议 …………………………………………（259）
　　（三）丝绸之路文化线路首批申遗项目简况与分析（2013年）
………………………………………………………………（261）
　　（四）对丝绸之路系列跨境首批申遗成果的总结分析 ……（264）
　　（五）丝绸之路保护管理国际合作机制影响分析 …………（266）
　　（六）与安第斯山道路系统文化线路管理体制的比较分析
………………………………………………………………（274）
五、国际援助和其他事项 ……………………………………（277）

（一）对已列入《世界遗产名录》项目的处理 …………（277）
　　（二）对濒危遗产入选程序的看法 ……………………（277）
　　（三）国际援助和能力建设 ……………………………（278）
　　（四）展望未来 …………………………………………（279）
　六、小结 ………………………………………………………（280）

第七章　结论 ……………………………………………………（282）
参考文献 …………………………………………………………（288）
　一、引文文献 …………………………………………………（288）
　二、阅读型文献/普通图书 ……………………………………（293）
　三、会议录 ……………………………………………………（295）
　四、汇编 ………………………………………………………（296）
　五、报纸 ………………………………………………………（296）
　六、学位论文 …………………………………………………（297）
　七、报告 ………………………………………………………（298）
　八、标准 ………………………………………………………（298）

附录 A　丝绸之路中国段系列申遗研究报告（2004）
　…………………………………………………………………（299）

附录 B　中国与中亚国家"丝绸之路"系列跨境申报世界遗产概念性文件 ………………………………………………（320）

附录 C　特殊类型遗产列入《世界遗产名录》指南（2017）
　…………………………………………………………………（329）

附录 D　丝绸之路系列跨境申报世界遗产协调委员会工作章程 ……………………………………………………………（336）

附录 E　丝绸之路系列申报世界遗产阿什哈巴德共识 ……（339）

附录 F　中国、哈萨克斯坦、吉尔吉斯斯坦 ………………（342）

后记 ………………………………………………………………（345）

第一章
绪　论

绪论部分介绍了本书的研究背景，定义了基本概念，回顾了相关文献，提出了研究的方法和结构框架，并对研究难点和创新点进行了总结。

一、缘　起

1. 世界遗产：理论与实践之间

1972年11月16日，联合国教科文组织（以下简称教科文组织）通过了《保护世界文化和自然遗产公约》[①]（以下简称1972年《公约》）。2012年11月，教科文组织隆重庆祝1972年《公约》诞生40周年。在过去40多年中，1972年《公约》在世界范围内取得了巨大的成功，产生了广泛的影响。世界各国政府和民众遗产保护意识空前提高，申遗已成为潮流。同时，世界遗产保护理念在过去几十年当中也得到了充分的发展，成为遗产保护事业的理论前沿和风向标。

40多年来，教科文组织、各国政府和学术界对世界遗产理念的认识在不断发生变化。早在20世纪80年代，一些学者和国际组织就试图扩展世界遗产及其保护的概念。1992年世界遗产委员会[②]提出了文化景观的概念，文化线路（cultural route）也随后被提出来。1994年在马

[①]　Convention concerning the Protection of the World Cultural and Natural Heritage，16 November 1972，联合国教科文组织第17届大会于1972年11月16日在巴黎通过，又称《世界遗产公约》，本书简称1972年《公约》。

[②]　全称为"保护世界文化和自然遗产政府间委员会"（以下简称世界遗产委员会）。根据1972年《公约》第8条世界遗产委员会在联合国教科文组织设立，由191个国家组成的缔约国大会选举产生，目前有21个成员。

德里召开了以文化线路为主题的世界遗产专家会议。1998年国际古迹遗址理事会（ICOMOS①）专门成立ICOMOS文化线路科学委员会。2003年ICOMOS提出，文化线路可被看做是一种特殊形态的文化景观，并建议将文化线路纳入《世界遗产公约操作指南》（以下简称《操作指南》）②。2005年，文化线路系列跨境遗产的概念被纳入《操作指南》。从这些可以看出，关于世界遗产的概念、理念和理论对世界遗产的实践具有非常重要且直接的影响。

《操作指南》是世界遗产申报和保护的评价标准和实施准则，自1977年颁布以来，已经经过反复修订，但在实践中仍然会有《操作指南》所不能涵盖的情况发生，有一些理念和理论也有不符合实际的地方。再加上世界形势、国际政治、意识形态等的变化也会对价值取向和价值认定产生影响。因此，教科文组织对文化政策的指导思想做出适时调整也是极为必要的，如文化多样性的概念自第二次世界大战后就发生了五个阶段的变化③。世界遗产领域的理念也经历了文化景观、历史城镇、运河遗产、工业遗产、文化线路等多次扩展。

世界遗产的理论和实践是相互影响的，如《操作指南》中关于世界文化遗产"突出普遍价值"的评价标准一再变化④，世界遗产委员会关于"遗产"概念的改变等⑤，正是理论与实践相互促进的结果。

2. 从普遍价值到文化多样性

文化线路的提出和发展是理论、创新、实践发展推动的结果。作

---

① International Council on Monuments and Sites，简称ICOMOS，即国际古迹遗址理事会，是一个非政府组织，创建于1965年，总部在法国巴黎。

② 《世界遗产公约操作指南》（Operational Guidelines for the Implementation of the World Heritage Convention），首次成型于1977年，先后于1978年、1980年、1983年、1984年、1988年、1992年、1994年、1996年、1999年、2005年、2008年、2011年、2012 年和2013年做过修订.本书采用2013年7月版（WHC. 13/01）的《世界遗产公约操作指南》。

③ 徐知兰. UNESCO文化多样性理念对世界遗产体系的影响.清华大学博士学位论文，2012.

④ 史晨暄.世界遗产"突出普遍价值"评价标准的演变.清华大学博士学位论文，2008.

⑤ 丛桂芹.价值机构与阐释——基于传播理念的文化遗产保护.清华大学博士学位论文，2013.

为世界遗产概念的拓展，文化线路的价值观在其中起着重要的作用。教科文组织本身是尊重人类共同价值和致力于世界和平思想的产物，其宗旨是通过教育、科学和文化活动来促进各国之间的合作。在世界遗产保护方面，教科文组织希望确立人类的共同价值，促进不同文化的相互理解和交流，以增进人类的团结和世界和平。

1972年《公约》关于"文化遗产"和"自然遗产"的定义把"突出普遍价值"作为世界遗产思想的核心内容。在观察和分析世界遗产保护运动的发展历程后发现，教科文组织的世界遗产价值观存在内在的张力和冲突。这个张力的外在表现是国家与国家之间的分际与差异。世界遗产保护运动的兴起源于北部非洲文物古迹所在国，这些国家没有经济、科学和技术力量来进行保护，所以需要国际社会的帮助，但最初只是资金援助和技术支持。而在国际社会和教科文组织不断介入遗产保护的过程中，世界各国对遗产的认识及其性质的界定也逐渐发生变化。20世纪五六十年代，教科文组织的文化遗产保护运动显示出世界各国有代表性的遗产不仅是所在国的遗产，同时这些遗产也是人类共同的遗产，所以人类有必要为了自己共同的未来，保护我们共同的遗产。国际社会和各国政府有责任共同保护这些遗产。1972年《公约》规定："文化和自然遗产的确定、保护、保存、展示和遗传给后代，主要是有关国家的责任""必要时利用所获得的国际援助和合作，特别是财政、科学及技术方面的援助和合作"。[①]1972年《公约》的第5条、第6条对国家保护和国际保护又做了详细规定，1972年《公约》第6条明确了对遗产进行全球保护的责任："文化和自然遗产的所在国主权，并不使国家立法规定的财产权受到损害的同时，承认这类遗产是世界遗产的一部分。"[②]第7条对国际合作进行了明确的限定："世界文化和自然遗产的国际合作应被理解为建立一个旨在支持本公约缔约国保护和确定这类遗产的努力的国际合作和援助系统。"[③]

教科文组织在倡导普遍价值的同时，也强调尊重各民族自己独特

---

① 国家文物局法制处.国际保护文化遗产法律文件选编.北京：紫禁城出版社，1993：76.
② 国家文物局法制处.国际保护文化遗产法律文件选编.北京：紫禁城出版社，1993：77.
③ 国家文物局法制处.国际保护文化遗产法律文件选编.北京：紫禁城出版社，1993：77.

的文化。"在人类家庭里,每个国家和地区有自己的特性和自己独特的价值,每个群体都对共同的文化财富做出了独特贡献。"①随着国际政治、文化理论、全球化的进程,一方面是经济、政治和技术的全球化导致全球文化的同质化、标准化和简约化,另一方面是宗教差异和文化边界之间的裂痕加深导致文明冲突。这两方面的共同作用推动教科文组织日益强调对文化多样性的追求。1995年教科文组织的报告,《我们具有创造力的多样性》,首次提出了"文化多样性"的概念。教科文组织2001年通过《世界文化多样性宣言》,2003年通过《保护非物质文化遗产公约》,2005年通过《保护和促进文化表现形式多样性公约》,并于2010年出版《教科文组织世界文化报告:着力文化多样性与文化间对话》。从这些文件和报告可以看出,近年来教科文组织在力推全球文化多样性。当教科文组织文化价值观从普遍价值转向文化多样性时,世界遗产政策也必然要体现出来。全球研究(global study)和世界遗产"全球战略"(global strategy)最好地印证了这种价值观和政策的转变,文化景观、文化线路、遗产运河、工业遗产和历史城镇等遗产类型的拓展也是文化多样性的具体体现。

可以看出,教科文组织的世界遗产观和价值追求并不是始终如一的,而是随着时代的发展而变化。变化一多,必然有不一致和相互冲突之处。教科文组织作为国际组织与国家之间,也因为组织属性和利益诉求的不同,在价值追求上存在偏差。有的学者也发现了这种对立和矛盾,但却认为是对立而统一的。"突出普遍价值"的概念在40多年间经历着不断更新的过程。从"最突出"到"如此特殊",显示出这个概念中普遍性和特殊性的对立统一,也反映出教科文组织顺应时代要求,对文化多样性和普遍价值观的双重追求。但实际上,"突出普遍价值"的界定在实践中是很难操作的。对多样性和普遍性价值观的双重追求使得教科文组织本身无法保持平衡,它经常被国际社会的各种势力(包括物质的和观念的)所主导,时而偏向某一端。另外,教科文组织本身是否真正意识到其双重价值观和双重追求,仍不清楚,也没有在教科文组织的会议文件中明确宣示出来。就世界遗产的申报和保护来说,理想的目标当然是从特殊性中探索具有普遍性的案

---

① UNESCO Division of Cultural Policies and Inter-cultural Dialogue. UNESCO and the Issue of Cultural Diversity, Review and Strategy, 1946-2004: A Study based on Official Document, UNESCO, 2004.

例，在特定文化遗产中体现普遍价值观。那么，世界遗产体系中是否有这样的项目呢？如果有，项目实施和操作是否确立了一套标准的实践规范，为今后其他类似项目提供了最佳实践指南呢？

3. 丝绸之路申遗：理论和实践创新

由于世界遗产理念最早产生于欧美，世界文化遗产中有关文化的认识、遗产的主题和类型的确定长期受到欧洲中心主义的影响，这直接导致《世界遗产名录》在全球分布的不平衡。截至2014年12月，欧洲和北美洲在《世界遗产名录》中的份额占到了48%。在新的文化理论和多元文化主义的影响下，1987~1993年教科文组织发起了全球研究，尝试运用空间/主题/文化的研究方法，反思世界遗产的概念和文化财产的定义。由此，文化多样性开始进入文化遗产，代表性成为突出普遍价值的内涵。1988年教科文组织启动"世界文化发展十年（1988-1997）"①研究项目，其中包括了香料之路、奴隶之路、丝绸之路等大型跨学科综合研究项目。1990年夏，笔者参加了丝绸之路沙漠路线由西安到喀什的全线考察，第一次接触到丝绸之路沿线丰富多样的文化遗产。图1.1②所示的"启信"是考察丝绸之路时中国陕西省省长颁发的通行证。

研究发现，有的遗产存在类型上的重叠，时代上和多种文化的交叠，这样"多元文化主义在世界项目中找到了象征。导致标准的一系列修订，从一种文化的代表转向多种文化的代表，乃至文化交流、价值交换的代表"③与此同时，在实际的申遗工作中，如东南亚菲律宾巴纳威的稻米梯田、英国的湖区等自然与文化融合在一起的遗产，要想判别是自然遗产，还是文化遗产，就是一件不容易的事情，这种状况导致了文化景观概念及文化景观遗产类型在1992年被提出。

世界遗产的概念拓展到文化景观后，文化线路也随之而生。1993年西班牙的圣地亚哥朝圣线路列入《世界遗产名录》，文化线路的类型也引起了国际文化遗产保护领域的关注。比如1998年成立的ICOMOS

---

① World Decade for Cultural Development（1988-1997），1987年由联合国大会宣布.
② 文中图片如无说明均为作者自绘或自摄.
③ 史晨暄. 世界遗产"突出的普遍价值"评价标准的演变. 清华大学博士学位论文，2008：93.

文化线路科学委员会对文化线路开始进行研究。2005年中国西安的ICOMOS大会将文化线路作为四大专题之一并形成了IMOCOS《文化线路宪章》草案。2005年版《操作指南》也引入"遗产运河""遗产线路"作为特殊类型的文化遗产。作为新的遗产类型,对文化线路的理论研究一直在持续进行,不过这些研究主要集中在对文化线路的定义、特性和要素上,目的是为了识别与其他遗产类型的不同,便于实践操作。但无论是教科文组织,还是其他学者的研究,都没有具体涉及文化线路的遗产价值,也很少把文化线路的发展与教科文组织的文化政策转向联系起来。而文化线路的价值认定反映了从普遍价值到文化多样性的转变,对文化线路的保护和管理也体现了遗产保护的目的趋向的可持续发展。

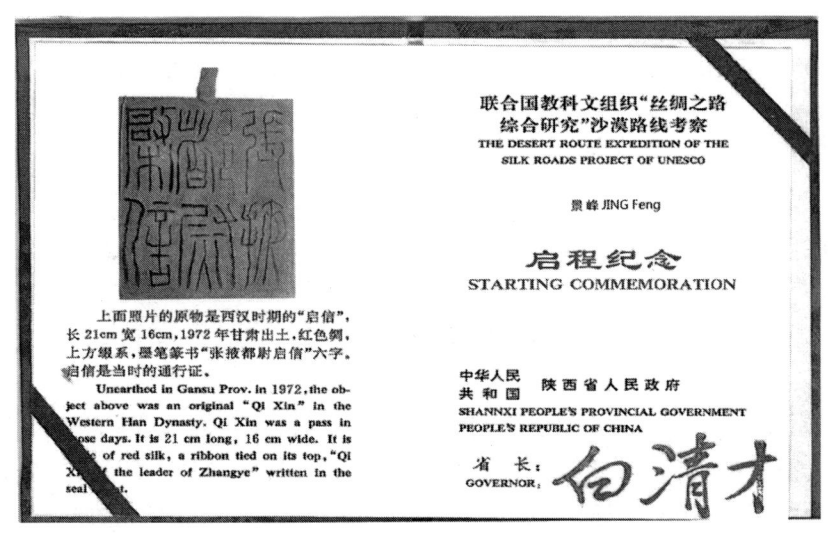

图1.1　笔者于1990年夏参加丝绸之路沙漠路线考察的"启信"

丝绸之路很早就进入教科文组织的视野,上面提到的"丝绸之路整体研究",旨在推动东西方全方位的对话和交流、促进世界和平。之后的一系列科学考察、跨学科研究等,也受到各国政府、民众和学术界的欢迎和大力支持。

丝绸之路是东西方文明交流的纽带,连接着许多伟大的文明,也创造着世界历史。它在政治、经济和古代人类文明的发展方面都起到了重要作用。在今天仍具有深刻的现实意义。

21世纪之前,中国西部省区和中亚地区 5 国(哈萨克斯坦、吉尔吉斯斯坦、塔吉克斯坦、乌兹别克斯坦，以及土库曼斯坦）尽管拥有世人皆知的悠久历史与众多的文化遗存，但是在教科文组织的《世界遗产名录》中不具有代表性。

自2001年以来，中国和中亚地区国家在教科文组织世界遗产中心（WHC）的帮助下，在保护和弘扬丝绸之路文化遗产和历史遗迹方面取得了重要的进展。土库曼斯坦的木鹿城国家历史文化公园、乌兹别克斯坦的布哈拉历史中心和撒马尔罕古城等先后被列入了《世界遗产名录》。其他一些潜在的历史文化遗产也得到了世界遗产中心和国际社会的技术与资金支持，如中国新疆的库木吐拉千佛洞、哈萨克斯坦的欧特拉绿洲古城、吉尔吉斯斯坦的楚河谷佛教遗址（碎叶城）和塔吉克斯坦的阿吉纳—泰佩佛教遗址等，都获得了教科文组织的信托基金援助。

2002年，在"联合国文化遗产年" 和1972年《公约》20周年纪念之际，教科文组织在中国西安举办了"丝绸之路国际研讨会"，通过了《西安宣言》，宣言中重申要充分认识和保存丝绸之路这一不可替代的人类共同遗产。

中国自1985年12月加入1972年《公约》以来，积累了较为丰富的遗产保护经验，也具有了相当的遗产保护实力。丝绸之路中国段的申遗研究一直在有条不紊地进行。世界遗产中心也与中国政府合作，共同开展丝绸之路申遗的研究。笔者在2003年和2004年的夏天两次研究考察丝绸之路中国段，与中国政府一起探讨申遗的方法和可行性（图1.2）。

丝绸之路沿线的中亚地区由于政治、经济及专业能力等因素，文化遗产保护处于初级阶段。中国倡议在丝绸之路申遗方面与中亚各国合作，联合申遗，以促进相互了解，提高遗产保护水平。世界遗产中心对中国这一提议非常高兴，因为中亚地区一直是1972年《公约》

图1.2 笔者于2004年10月所写的《丝绸之路中国段申遗研究报告》

实施中的"盲点",也是亚太地区推行世界均衡性和代表性"全球战略"的优先地区。因此,中国的倡议符合世界遗产中心的工作计划。在做了相关研究的基础上,世界遗产中心积极出面协调、指导,从而开启了丝绸之路系列跨境申遗这样一个宏大的跨文化国际合作项目。这也是世界遗产中心首次进行的全方位申遗指导。

通过组织国际合作,世界遗产中心与中国和中亚国家一起研究和探讨了丝绸之路系列跨境申遗的策略和途径及具体路线图,确定了文化遗产价值认定的框架和申遗文本的标准格式,建立了国际保护和管理机制——丝绸之路系列跨境申遗协调委员会[①]。经过五轮国际磋商和三次丝绸之路系列跨境申遗协调委员会的艰苦努力,2013年1月月底,丝绸之路文化线路系列跨境申遗文本正式提交世界遗产中心。它们包括:①由中国、哈萨克斯坦和吉尔吉斯斯坦共同申报的"丝绸之路:起始段与天山廊道的路网"(Silk Roads:Initial Section of the Silk Roads,the Routes Network of Tian-shan Corridor);②由乌兹别克斯坦与塔吉克斯坦共同申报的"丝绸之路:片及肯特-撒马尔罕-波伊肯特廊道"(Penjikent-Samarkand-Poykent Corridor)。

2014年6月,在卡塔尔首都多哈召开的第38届世界遗产委员会上,"丝绸之路:长安—天山廊道"、"中国的大运河"、南美的"安第斯山道路系统"被列入了《世界遗产名录》,成为世界遗产大家庭的新成员。这不仅印证了本书研究成果的实用价值,也见证了中国和亚洲国家在大型文化遗产保护方面所取得的巨大进步。同时也标志着在世界遗产中心"顶层指导"(upstream process)[②]、中国和中亚各国政府积极努力、国际权威专家大力支持下,丝绸之路系列跨境申遗这个宏大工程终于取得了初步成果。

丝绸之路系列跨境申遗具有很多创新点,在类型上它是遗产线路(heritage route),又是系列跨境遗产(serial transnational),这在以前是没有先例的,因此丝绸之路申遗必然在世界遗产的理论和理念上要有突破和创新。同时,系列跨境文化线路申遗在具体的操作上是一个充满挑战的复杂过程,无论是组织申遗、协调管理还是保护,既要基于现有的《操作指南》,又有可能突破现有的《操作指南》。丝绸

---

① 2009年5月20日成立于哈萨克斯坦阿拉木图.
② 2010年由世界遗产委员会第34届会议在巴西利亚提出.

之路是多个时代、多个国家文化的交叠,而且是活的文化,它连接着过去、现在和未来,对地区、国家和国际的社会经济社会繁荣以及和平发展有着极其重要的意义。它既具有"突出普遍价值",又具有文化的多样性,是不可多得的文明间交流和对话的范例。丝绸之路申遗还在进行中,现在大家关注的是组织协调、申报等具体的工作,而其对世界遗产体系的意义、在理论和实践上的创新,还没有认真进行总结和反思。

从世界遗产在价值理念、理论和实践上的发展可以看出,世界遗产的理念和实践是相互影响相互促进的,有时是新的关于世界遗产的理念走在前面,然后对世界遗产的申报、指南和保护实践产生影响,有时是在世界遗产保护、申报中遇到问题,或出现新的做法,被教科文组织吸收,并随之成为世界遗产新的理论。教科文组织所推行的文化政策对世界遗产及其类型、主题、操作具有直接的影响,而价值观因国际政治、文化理论、全球化进程而发生变化,也存在着不一致乃至对立冲突。如何在世界遗产项目中既体现"突出普遍价值",又体现文化的特殊性和多样性,是当前面临的重要理论和实践课题。只有这样,才能充分实现教科文组织的使命和宗旨,同时又能真正通过文化民主和文化平等确保人类的文化遗产得到可持续的保护和发展。作为系列跨境文化线路的丝绸之路这样一个普遍价值与国家价值及地方价值相结合的罕有案例,它对世界遗产的概念和理论形成什么样的挑战和冲击呢?其申遗过程、操作程序,以及协调和管理机制会为今天世界遗产的实践树立一个样板吗?这就是本书所要研究和回答的核心问题。具体说来,本书要解决以下问题:文化线路世界遗产是如何形成和发展的?作为世界遗产的文化线路在理论与实践上又是如何相互影响、相互作用的?教科文组织所推行的文化政策对文化线路的理论和实践又产生了什么样的影响?丝绸之路作为系列跨境文化线路申遗和保护,在理论和实践上的创新何在?对世界遗产体系又将产生什么样的影响?

二、研究意义

本书将以丝绸之路文化线路系列跨境申遗为案例,通过对教科文组织内部的观察,结合它的价值理念和具体运作来分析和探讨世界遗产理论和实践的演变过程。文化线路从概念的产生到定义的形成再到标准的制定，最后到理论的完善，本书将完整地把世界遗产的产生过程，以及教科文组织世界遗产的运作机制总结出来。以期全面深入地揭示这样一个文化线路项目所蕴含的丰富内涵和多重意义。

丝绸之路文化线路历史悠久、地域跨度大、遗产构成复杂、内容丰富，它几乎包括了文化遗产、自然遗产、物质遗产、非物质遗产、历史遗产和活态遗产等所有遗产内容，涵盖了最丰富复杂的文化遗产要素，既具有"突出普遍价值"，又具有多样的文化形式，它为当今所倡导的文化间对话和文化的可持续发展提供了不可多得的范例。

对丝绸之路文化线路遗产申报、价值认定和保护与管理展开全面研究，具有重要而特殊的意义：

1）推广世界遗产"全球战略"[①]，增加1972年《公约》的覆盖面和增强《世界遗产名录》的代表性，扩大影响力。

2）从世界遗产的角度重新认识丝绸之路沿线文化遗产的突出普遍价值（"共同价值框架"，common values of the overall all components of the serial transnational nomination）。

3）通过对丝绸之路申遗价值认定、保护和管理体制的研究和梳理，可以追根溯源，透视世界遗产保护40多年来遗产类型的拓展和遗产观念的更新，以及教科文组织文化政策的转变。

4）以丝绸之路文化线路申遗为平台，为不同文化间的对话与理解提供了有益交流渠道，归纳其申报遗产及保护和管理机制，挖掘其影响，探求跨境、跨区域性遗产保护、环境治理、旅游开发和经济发展的政策，提高遗产所在地的社会经济综合实力；同时提供地区合作和国际合作的新模式，促进相关国家的共同繁荣。

5）作为亚太地区首例跨境文化线路世界遗产申报项目，丝绸之路申遗所包括的遗产数量之多、涵盖遗产面积之广、涉及国家之众是前所未有的，它将给国际文化遗产保护带来一定影响。通过承认与尊重文化多样性，丝绸之路展示了人类在货物、思想、知识和价值观念领域的多层次交流，从而达到了保护文化遗产与社会经济发展的双赢，也为沿线国家和当地社区的社会和经济可持续发展做出积极的贡献。

---

① Global Strategy for a Representative and Balanced World Heritage List，简称"世界遗产全球战略"，由世界遗产委员会1994年推出.

对丝绸之路文化线路"共同价值框架",以及真实性和完整性的确定,系列及跨境世界遗产申报方式和保护管理机制的研究,分析文化线路发展过程中保护理念的创新与发展,本身就是一项纷繁复杂的多学科系统工程。通过研究,提出对丝绸之路申遗及保护和管理的理论与实践模式,本身也具有很大的挑战。

《操作指南》是对1972年《公约》最权威而翔实的阐释,其文字条款背后则隐含着复杂的历史背景和观念。涉及文化线路方面,尤其是对系列跨境文化遗产的保护和管理,相关理论和实践都还不够完善。世界遗产委员会也难于向各会员国提供明确的指导。因此,本书就文化线路类和系列跨境遗产的价值认定、保护和管理做一些对比性分析,以期对文化线路有更明确的认识。利用本书研究的成果,世界遗产委员会也对2008年版《操作指南》做出了相应的修订①。

本研究促进了"丝绸之路"沿线地区和国家在文化遗产保护和管理方面的国际合作。教科文组织前总干事马约尔先生曾在《丝绸之路——对话之路总体研究》的序言中说指出:"'丝绸之路整体研究'通过一项庞大的研究项目动员了全世界的科学家、学术界和媒体,包括五次探险,再次描绘出陆地和海上线路地图,它强有力地打破了今天妨碍各民族和谐相处的概念和观点。"②本研究会为世界遗产保护,以及文化、社会、经济等方面的国际交流和合作总结经验和教训。同时,借助教科文组织在促进各民族文化间对话的独特作用,在亚太地区乃至世界范围内重新激发人们对"丝绸之路"的兴趣。以文化遗产保护为平台,促进"丝绸之路"沿线国家的社会、经济的可持续发展。

对中国来说,我们在对世界遗产的研究上与世界水平还有距离,我们对世界遗产的理论和实践贡献都还不足,以丝绸之路研究为契机,找到一条提升理论水平和为世界遗产理论和理念做贡献的途径,尽快探索世界遗产保护领域的前沿课题,逐步确立中国在国际文化遗产保护领域的地位,也是很必要的。

近年来,随着世界遗产工作的进一步开展,中国各级政府和民

---

① UNESCO. Annex 2B of the Operational Guidelines, WHC, 13/01, UNESCO World Heritage Centre, July 2013: Paragraphes 134-139.

② Federico Mayor, Director-General Preface, Integral Study of the Silk Roads, Roads of Dialogue. Paris: UNESCO, 1997.

众日益认识到传承、保护和倡导文化多样性和追求可持续发展的重要性。中国文化遗产保护的理念与实践也伴随着对教科文组织一系列公约的实施，不断产生新的拓展。通过丝绸之路等新类型文化线路的申遗研究，也有利于更新中国世界遗产保护的理论研究，提升世界遗产申报、保护和管理国际合作的能力和水平。系列跨境世界遗产的申报还能够促进中国更好地理解和参与世界遗产保护运动，也更好地体现中国文化遗产的特性，充分反映当今世界不同文化的多样性。倡导文化多样性与文明间对话，符合中国与教科文组织合作的需要，为共同促进人类文明永续发展和构建和谐世界做出中国的贡献。

丝绸之路申遗的中国段共涉及多个省区，囊括了我国西部腹地大部分重要文化遗产，通过系列跨境申遗带动相关遗产点的保护和管理，为中国在文物保护领域实施宏观调控做出了有益探索。丝绸之路对中国西部和中亚地区的均衡发展，以及外交和国际战略也都有极其重要的意义。

三、相关概念

本书论述的"世界遗产"概念特指1972年《公约》有关世界文化和自然遗产的定义。1972年《公约》中规定，"部分文化或自然遗产具有突出的重要性，因而需作为全人类世界遗产的一部分加以保护"，这部分遗产就是"具有突出普遍价值的文化和自然遗产"[①]。

1. 世界遗产

"世界遗产"指1972年《公约》定义的文化遗产、自然遗产，以及文化和自然混合遗产（图1.3）。世界遗产是属于全人类的共同遗产，它们的特点是具有"突出普遍价值"。1972年《公约》的目的是对世界遗产进行鉴定、保护、保存和展示，并将其完好地传承给子孙后代。

根据1972年《公约》的原则，世界遗产委员会制定了《操作指南》。《操作指南》制定的目的是促进缔约国更好地认识和了解世界遗产委员会，重点在两方面：①世界遗产委员会是如何确定《世界遗

---

① 国家文物局法制处. 国际保护文化遗产法律文件选编. 北京：紫禁城出版社，1993：75.

产名录》和《濒危世界遗产名录》的①；②世界遗产委员会的决策程序，特别是涉及审议世界遗产保护状况、审批国际援助项目等重大事务的程序。自制定以来，《操作指南》一直在修改，世界遗产的内涵也在不断扩展。

《操作指南》中关于世界遗产的核心内容是"突出普遍价值"。"突出普遍价值"的实际内涵和评价标准随着时代的发展而不断变化，最新的定义是2013年版《操作指南》所界定的："突出普遍价值指遗产自身文化和自然的价值是如此罕见，超越了国家的界限，对全人类的现在和将来均具有普遍的重要意义。因此，该项遗产的永久性保护对整个国际社会都具有至高的重要性。"②它是列入《世界遗产名录》的核心标准。在操作层面，世界遗产须满足以下一项或多项标准，这些标准明确规定在《操作指南》第77段③。

到2014年6月第38届世界遗产大会（卡塔尔，多哈），被列入《世界遗产名录》的遗产合计1007个，包括779个文化遗产，197个自然遗产，31个文化和自然混合遗产。丝绸之路文化线路属于文化遗产。

2. 文化遗产和自然遗产

根据1972年《公约》的界定，文化遗产包括以下各项："文物：从历史、艺术或科学角度看，具有突出的普遍价值的建筑物、碑雕和碑画、具有考古性质成分或结构、铭文、窟洞及联合体；建筑群：从

---

① UNESCO.Paragraphs 54 and 177 of the Operational Guidelines，July 2013.
② UNESCO.Paragraph 49 of the Operational Guidelines，July 2013.
③ 《操作指南》第77段内容：1）代表人类创造精神的杰作；2）体现了在一段时期内或世界某一文化区域内重要的价值观交流，对建筑、技术、古迹艺术、城镇规划或景观设计的发展产生过重大影响；3）能为现存的或已消逝的文明或文化传统提供独特的或至少是特殊的见证；4）是一种建筑、建筑群、技术整体或景观的杰出范例，展现历史上一个（或几个）重要发展阶段；5）是传统人类聚居、土地使用或海洋开发的杰出范例，代表一种（或几种）文化或者人类与环境的相互作用，特别是由于不可扭转的变化的影响而脆弱易损；6）与具有突出的普遍意义的事件、文化传统、观点、信仰、艺术作品或文学作品有直接或实质的联系（委员会认为本标准最好与其他标准一起使用）；7）绝妙的自然现象或具有罕见自然美的地区；8）是地球演化史中重要阶段的突出例证，包括生命记载和地貌演变中的地质发展过程或显著的地质或地貌特征；9）突出代表了陆、海岸和海洋生态系统及动植物群落演变、发展的生态和生理过程；10）是生物多样性原地保护的最重要的自然栖息地，包括从科学或保护角度具有突出的普遍价值的濒危物种栖息地.

历史、艺术或科学角度看，在建筑式样、分布均匀或与环境景色结合方面具有突出的普遍价值的单立或连接的建筑群；遗址：从历史、审美、人种学或人类学角度看，具有突出的普遍价值的人类工程或自然与人联合工程以及考古地址等地方。"①

文化遗产因为理论和实践的发展而不断扩张，由此在1992年衍生出文化景观的概念。

根据1972年《公约》的界定，自然遗产包括以下各项："从审美或科学角度看具有突出的普遍价值的由物质和生物结构或这类结构群组成的自然面貌；从科学或保护角度看具有突出的普遍价值的地质和自然地理结构以及明确划为受威胁的动物和植物生境区；从科学、保存或自然美角度看具有突出的普遍价值的天然名胜或明确划分的自然区域。"②

在1972年《公约》的基础上，进一步又产生了混合遗产的概念和类型，即同时具备文化遗产和自然遗产定义的世界遗产。图1.3直观展示了文化遗产、自然遗产、文化景观和混合遗产。

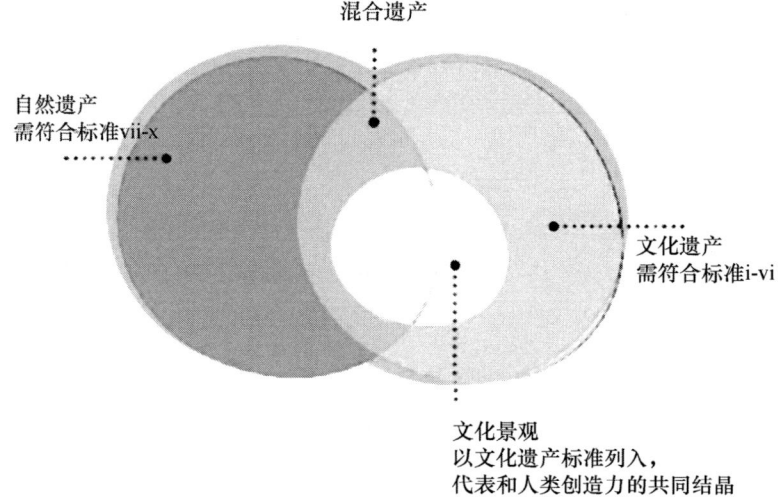

图1.3　世界遗产概念和类型图示

---

① 国家文物局法制处.国际保护文化遗产法律文件选编.北京：紫禁城出版社，1993：75.

② 国家文物局法制处.国际保护文化遗产法律文件选编.北京：紫禁城出版社，1993：75-76.

3. 文化景观

根据1972年《公约》的规定，文化景观应在文化遗产的概念下，代表着"自然与人联合工程"，或人的建筑物与环境景色的结合。

文化景观大致包括三类：第一类是指由人类设计创造的景观，如具有美学意义的花园或广场景观。第二类是指有机发展而成的景观，最初基于社会、文化、行政或者宗教的要求，并逐渐与环境相适应。这种景观反映了其形式的渐进演变过程，如农业景观等。第三类是关联性文化景观。它们具有与物质遗产有密切和影响的宗教、艺术或文化。

4. 文化线路

随着对文化遗产的认识和理论的发展，西班牙圣地亚哥朝圣线路在1993年被列入《世界遗产名录》，文化线路的概念也被提了出来，并很快成为文化遗产的新类型。

1994年马德里世界遗产文化线路专家会议①第一次提出"文化线路"的概念，并认为线路是文化遗产的组成部分。由此，关于文化线路的研究就活跃起来，教科文组织世界遗产委员会举行了多次学术会议进行研讨，文化线路的内涵逐渐变得清晰了。2008年10月，ICOMOS在加拿大魁北克举行的大会上，通过ICOMOS《文化线路宪章》对有关文化线路类遗产的研究有一定的指导意义，它是这样界定文化线路的：

> "任何交通线路，无论是陆上、水上，或是其他类型都有实际的界限，并且也因其服务于一个特定而明确的目标而自身具有特殊的动态和历史的功能而呈现特点，都必须要满足下面的条件：必须来自并反映人们的互动行为，以及民众、国家、地区或大陆间在重要历史时期进行的多维、持续及互惠的货物、思想、知识和价值观的交流；必须要在时空上促进受影响文化间的交流，使它们在物质和非物质遗产上都反映出来；必须要集中在一个与其存在有历史联系和有文化遗

---

① 主题为"线路是文化遗产的一部分"的专家会议（马德里，1994年11月24-25日）（参见WHC-94/CONF.003/INF.13号文件），世界遗产委员会第十九届会议（柏林，1995）对其进行了讨论（参见WHC-95/CONF.203/16号文件）。

产关联的动态系统中。"①

文化线路具有以下特征：

1）文化线路是人类有目的地创造具有历史功能的人类交流或迁徙的路线，其形态可呈现多样性。

2）它必须具有一定的规模和持续时间，在时间和空间上都是大跨度且多样的，因此能够在多文化和多地域上产生足够深远的交流影响。

3）文化线路的构成元素是多样的：物质遗产（因素）、非物质遗产（因素）和自然地理环境（背景）都是组成文化线路的一部分。

4）文化线路具有动态性。动态性是指文化线路产生的动力和维持文化线路持续的机制都是动态的。它的突出表现是沿文化线路发生的人口、物品、知识、思想的往复迁移和相互影响的过程，以及这种交流和交换所产生的结果，这是维系文化线路得以持续的纽带。

论述文化线路的意义首先应当把它作为一个整体来理解，然后从整体出发去描述文化线路各部分的意义。

5. 丝绸之路

以历史意义而言，丝绸之路②是公元前2世纪~公元16世纪③古代亚欧大陆间以丝绸为大宗贸易的④、开展长距离贸易与文化交流的交

---

① ICOMOS Charter on Cultural Routes, 16th General Assembly, October 2008, Quebec, Canada.

② 德语为die Seidenstrasse，常简称为丝绸之路，此词最早来自德国地理学家费迪南·冯·李希霍芬（Ferdinand von Richthofen）1877年出版的《中国——我的旅行成果》（China, ErgebnisseeigenerReisen）。

③ 2007年《中国与中亚丝绸之路系列跨境申遗概念性文件》："丝绸之路的起止时间为公元前2世纪~公元15世纪……在这些世纪里，丝绸之路具有一种完整性。这一统一性由丝绸之路上的贸易规模以及在其最东端的中国和最西端的地中海地区的政治和经济的稳定性所决定。在这一时间范围内，并不是所有的线路都在同时使用，而且根据不同的地区，贸易和文化交流活动也在不同时期有多有少。"

④ 在丝绸之路上，中国丝绸的功用往往因交流活动的性质而改变：在商贸活动中属于大宗货物，在政治外交中属于友好礼物，在军事征战中属于争夺物资，在中西科技交流中属先进技术.

通大动脉①，是东西方文明与文化的融合、交流和对话之路。它以中国长安/洛阳为起点、经中亚向西到达地中海地区、向南延伸至南亚次大陆，分布于横跨欧亚大陆广阔的区域内②，是人类历史上交流内容最丰富、交通规模最大的洲际文化线路③。

丝绸之路兴起于世界古典文明发展的第一个高峰时期（公元前2世纪～公元2世纪）：罗马、安息、大夏－贵霜、中国汉朝④等大帝国在地中海沿岸到东亚形成了一条不间断的文明地带，分别和四周的草原游牧民族，包括中亚地区游牧政权诸如大宛、乌孙、康居等不断发生着碰撞与融合，形成了积极的交流、互动关系。随着诸帝国文明的扩展，它们之间的地理间隔逐渐缩减，公元前138年张骞出使西域凿空帕米尔高原东西两侧的文明交流通道，促成了整个亚欧大陆不同国家与民族之间广泛的文化交往。这一创举不仅有利于以丝绸为大宗贸易的、物品广泛的商业活动，也促进了公元前2世纪～公元16世纪亚欧大陆上不同文明与文化间如中国隋唐、波斯萨珊、阿拉伯⑤、拜占庭等大帝国⑥及古代突厥汗国在思想、技术和政治制度方面的交流与传播，并在公元6～12世纪兴盛。与此同时，佛教、基督教、伊斯兰教等世界性的宗教都在"丝绸之路"上获得长距离传播，宗教因此而成为联系亚欧大陆诸文明与文化的强有力的纽带⑦。

---

① "丝绸之路"本身属于东西方交通史的重要组成部分，但相对整个人类交通交流的发展历史而言，仍可形成相对独立的时空框架与交流主题，反映了人类交通交流史上的一个重要时期.

② 至少穿越了大约28个现代国家.

③ 本书专指陆路的"丝绸之路"，涵盖 "沙漠路线"和"草原路线"部分（中亚）。根据2008年《文化线路宪章》（ICOMOS Charter on Cultural Routes）"文化线路的类型"划分，"丝绸之路"的地域幅员属于洲际文化线路.

④ 罗马帝国（公元前27年～公元395年）、安息帝国（公元前247年～公元226年）、大夏（公元前256年～公元前145年）－贵霜帝国（公元60年～250年）、中国汉朝（公元前206年～公元220年）.

⑤ 即中国文献中的"大食"，这是中国唐、宋时期对阿拉伯人、阿拉伯帝国的专称和对伊朗语地区穆斯林的泛称.

⑥ 中华隋帝国（公元581年～618年）、中华唐帝国（公元618年～907年）、波斯萨珊王朝（公元226年～650年）、大食帝国（公元632年～1258年）、拜占庭帝国（公元395年～1453年）.

⑦ 公元13世纪蒙古帝国的崛起，极大地影响和改变了亚洲大陆的政权格局，再度促成了亚欧大陆洲际贸易与文化交流的昌盛局面.

从世界遗产的角度看，丝绸之路是系列跨境文化遗产。它是人类历史上规模最大的文化、贸易、宗教、技术交流的文化线路，具有最突出的普遍价值，其整体意义更超过其所有组成部分之和。它汇聚了古老的中国文明、印度文明、波斯－阿拉伯文明、希腊－罗马文明、中亚文明及其后的诸多文明，沟通了亚欧大陆上游牧民族与农耕定居民族之间的文化交流，促成了人类历史上多元文化[①]的发展。它作为东西方之间融合、交流和对话之路，在人类文明与文化的交流史上拥有无可比拟的影响与突出的地位，在近两千年的历史上为人类的共同繁荣做出了杰出的贡献。丝绸之路具有无法估量的价值，是教科文组织的使命和文化价值观最完美的体现，是普遍价值与特殊价值的高度统一，对世界遗产理论和实践的发展将具有深远的意义。

6. 系列跨境遗产

在2011年以前，《操作指南》对跨境遗产（transnational properties）和系列遗产（serial properties）是分开界定的。

根据2008年版《操作指南》，跨境遗产是指：被提名的遗产可能"a）位于一个缔约国境内，或者b）位于几个接壤的缔约国境内（跨境遗产）"。关于跨境遗产的申报，2008年版《操作指南》规定：跨境遗产的提名应由几个缔约国在任何可能的地方遵照大会公约第11.3条共同准备和递交。大会强烈建议各相关缔约国建立联合管理委员会或类似组织监督该遗产的总体管理。位于一个缔约国境内的现有世界遗产的扩展部分可以申请成为跨境遗产。

根据2008年版《操作指南》，系列遗产是指："包含两个或更多具有明确特性、地理上相互独立的遗产地。"系列遗产的概念是用来为那些具有"突出普遍价值"又超出一个单独区域的遗产申报。系列遗产可能"a）位于一个缔约国境内（本国系列遗产）；b）位于不同的缔约国境内，不必相连，同时须经过所有相关缔约国同意递交联合申报（跨国系列遗产）"。关于线路遗产的申报，2008年版《操作指南》规定，"系列遗产应包括几个相关组成部分，这些部分应属于同一历史文化群体或是具有某一地域特征的同一类型的遗产，最后应该

[①] 在广袤的亚欧大陆上，草原游牧民族与农耕定居民族在几千年的交往过程中所产生的各种冲突、交流与融合，一直为人类历史发展做出重要贡献.

是同一地质、地形构造，同一生物地理分区，或同类生态系统（的遗产）"①。此外，系列遗产作为一个整体（而不是其中个别部分）必须具有突出普遍价值。

2010年易廷根会议后，世界遗产中心对《操作指南》做了修订，更新了对系列跨境遗产的定义，并增加了系列跨境遗产《申报预备清单》的标准格式。2013年7月版《操作指南》有关系列遗产的定义为：

"系列遗产应包括两个以上组成部分，互相之间应有明确的联系：a）各组成部分应该反映在时间上有文化，社会或功能性的联系，并在相关的条件下，能提供景观、生态、进化性或栖息地的关联性。b）每个部分应该从实质上、科学上或其他已确定及可辨别的方式，对遗产的突出普遍价值有所贡献，同时，某些部分或包含非物质成分。最后形成的突出普遍价值应易于理解和表述。c）在申报过程和选择遗产地构成部分的过程中，为保持一贯性并避免各部分的散乱，应充分考虑遗产的总体管理能力和一致性。同时，应该确定系列遗产作为一个整体具有突出的普遍价值，而不应该是单个的部分。"

《操作指南》还规定："位于一个缔约国境内的系列遗产是国别系列遗产。位于不同缔约国境内，不必相连，同时须经过所有相关缔约国同意递交提名的系列遗产是跨境系列遗产。"

四、文献综述

本书的主要参考文献包括三部分：一是与世界遗产保护，特别是文化遗产相关会议报告、研究成果、文献和学术著作，这些是本书写作的主要背景资料；二是与文化线路保护发展直接相关的文献，包括各国提交的文化线路类遗产申报文本、ICOMOS 评估报告、学术论文及工作文件，其中大部分是本书研究的主要材料；三是丝绸之路系列跨境国际磋商的研究成果和其他相关的文献资料、"预备清单"文件、最新的世界遗产申报文本，为本书的理论和实践研究提供了充分、翔实的权威资料和内部参考。

---

① 《世界遗产公约操作指南》（2008年版）（WHC.08/01），教科文组织世界遗产中心.

1. 世界遗产和文化遗产的研究

关于世界遗产已有很多文献和研究,官方文献包括教科文组织世界遗产委员会的大量公约和文件,相关的国际咨询机构(ICOMOS、ICCROM 和IUCN)也为教科文组织准备和提供了不少专题研究报告。《操作指南》是所有文件中最核心的文件。《操作指南》经过多次修订,充分反映了世界遗产相关的理论和实践的变化。世界遗产委员会大量的工作文件、世界遗产中心在"全球战略"框架下开展的一系列活动、各国提交的文化线路类遗产申报文本和国际咨询机构等的研究报告,都是本书最基本的素材和文献资源。

除世界遗产中心及其咨询机构的研究报告、文件之外,随着世界遗产保护事业的声望日益增高,自20世纪90年代以来,涌现出大量从事相关研究的学术团体和个人,包括各国的世界遗产研究及管理机构、相关高校,科研院所和非政府组织(NGO)等。亚洲和欧美的许多大学设立了与世界遗产相关的学位课程,如2005年在中国西安成立的ICOMOS西安国际保护中心(IICC-Xi'an),教科文组织支持中国政府成立的"亚太地区世界遗产培训与研究中心"(WHITR-AP,2007年)、国际中亚研究所(IICAS,1993年)[①]、清华大学国家遗产中心、比利时鲁汶大学国际文化遗产保护中心(KUL)[②]和英国伦敦大学学院(UCL)等,都为本书的研究提供了相应的支持。

2. 关于文化线路的研究

一系列国际会议报告提供了翔实的有关文化线路概念发展形成的背景材料。2008年10月,ICOMOS在加拿大魁北克举行的大会上,通过了ICOMOS《文化线路宪章》,对有关文化线路类遗产的研究有一定的指导意义,形成了目前对文化线路最新的定义。至此,文化线路的定义基本完善,也标志着文化线路新类型遗产在理论上的完善。

---

① International Institute for Central Asian Studies,Samarkand,Uzbekistan,成立于1993年,教科文组织2类中心.

② Raymond Lemaire International Centre for Conservation (RLICC), KU Leuven, Belgium.

3. 关于丝绸之路申遗的研究

中国及中亚国家的主管部门，如中国国家文物局、中亚各国文化部门和与"丝绸之路"相关的国际和地区专家都参与了研究项目的咨询与磋商过程。在本书的研究中，笔者深入亚洲腹地，实地考察了丝绸之路中国段及中亚各国的文化遗产，也分享了各国专家学者的知识和智慧。专家们的相互支持和合作极大地鼓舞了我，也给本书许多启发，使笔者能坚持至今。

本书一直得到教科文组织前文化助理总干事班德林先生，ICOMOS前世界文化遗产协调员克利尔博士和现任文化遗产协调员丹尼尔女士，以及英国伦敦大学学院UCL威廉姆斯教授的大力支持。他们和其他国际专家参与了《概念性文件》的起草、丝绸之路专题研究及申遗项目的实施过程。

2006～2013年，笔者全面协调指导丝绸之路系列跨境申遗项目，参与了申遗研究实践的全过程，大量的第一手文献资料和会议筹备的思考，使笔者能全面了解文化线路类遗产和系列跨境遗产保护的背景和策略，这都为丝绸之路申遗项目的研究提供了坚实的基础。以下简要分类评述。

五、研究方法与结构框架

1. 研究方法

本书的基本思路是理论与实践相结合。一方面考察和梳理有关世界遗产理论、理念和价值的发展线索和逻辑，另一方面对教科文组织和国际社会的世界遗产活动作历史的回顾，这既包括教科文组织对世界遗产申请和保护的指导，也涉及一些有重要意义的申遗活动。本书的目标是希望在理论上对作为世界遗产的文化线路进行新的论述，同时也想通过丝绸之路申遗的总结来概括出一套文化线路申遗的模式。

本书的出发点是采用一个比较研究的方法。国际机构的专长是跨境领域对比分析，最常用的方法就是比较研究。世界遗产本身的特性决定了比较研究是切合本书的方法。为此，本书通过对现有文化线路类遗产和系列跨境遗产进行对比分析，以指导帮助中国和中亚国家开展系列跨境申遗实践活动。地区丝绸之路历史文化价值的要素，丝绸之路作为系列跨境文化线路的突出普遍价值和典范意义。

具体说来，本书使用的主要方法包括以下五个方面。

（1）文献研究法

对国际文化遗产界已有的《操作指南》、《宪章》、《宣言》、重要会议记录、相关书籍及论文等进行全面的梳理与辨析；并对文化线路遗产的认定标准、构成要素、价值评估要点、真实性与完整性认识，以及保护和管理机制等申遗要素进行重点研究与阐释。

文献研究包括1972年《公约》的制定背景和发展演变研究，世界遗产委员在推行"全球战略"及《世界遗产名录》的代表性和均衡性方面的努力。这里包括社会背景和专业背景。社会背景以不同层面的重大事件及其影响为线索进行分析，如中西文化交流与传播、全球化和保护文化多样性。专业文献则对文化线路类遗产保护领域的重点案例、代表性观点、相关会议、文件、宪章、公约等进行梳理，对事件的形成和发展脉络进行整理和分析。在概括论述中，抓住研究过程中重要的转折点和焦点展开论述，探索渊源、澄清思路。例如，为什么2006年通过丝绸之路申报策略，2007年通过了"概念性文件"而2009年才拟定"突出普遍价值"声明草稿即"共同价值框架"？为什么1993年列入文化景观遗产，而2005年在《操作指南》中又引入了遗产线路和系列跨境遗产作为新类型？……这些变化背后的偶然与必然因素是哪些，而发展规律又如何，都是在研究中需要解决的问题。

本书通过对《世界遗产名录》中现有文化线路类遗产文本、丝绸之路申遗文本进行比较和分析，达到概念化和理论化的论述，形成对文化线路遗产新的认识，同时也总结出对中国和中亚国家申报"丝绸之路"系列跨境世界遗产有指导意义的原则。

（2）案例法

本书不仅以丝绸之路为典型案例，进行深入阐述和分析，而且也选取众多有代表性的文化线路案例，特别侧重南美同期进行的系列跨境申遗项目，即印加大道－安第斯山道路系统的全面对比分析。

（3）概念分析法

世界遗产保护的实际运作体现在《操作指南》中。"突出普遍价值""真实性和完整性"等是它所强调的关键概念。

文化线路类遗产的申报和保护也囊括在《操作指南》中。对文化线路类遗产概念的产生和发展过程，遗产价值的认定、保护和管理体系探索以及对现有遗产及保护和管理过程的研究，焦点问题的变化过程等，可以在连续的轨迹中探察发展的动向，确定适合的策略。

概念分析不仅可以更清楚准确地把握和理解概念的确切意义，还可以厘清概念的细微变化，并由此探索其演变背后的逻辑关系。

（4）关系分析法

世界遗产申报活动是多种力量综合作用的结果，其相互关系是否协调，相互影响如何作用，相互协作是否有效等，都关系到申报活动的效果和方向。在指导原则方面，可探索1972年《公约》若干主要过程的关系；在保护机制方面，可探询教科文组织、ICOMOS，与缔约国的关系，以及与其他国际、地区遗产保护组织的关系；在操作机制方面，可以探询文化线路类遗产列入《世界遗产名录》的程序，"预备清单"的准备等。在保护管理体系中，可以探询文化线路与系列跨境遗产的关系，对亚洲国家、中国和中亚国家的关系等的梳理有助于从整体的角度探索合理有效的操作途径，以期指导文化线路今后的申遗工作。

（5）调研法

作为总负责人，笔者协调、指导了丝绸之路系列跨境申遗的全部活动。对中国和中亚5国首期的丝绸之路申遗进行了全程跟踪，详细收集和整理了大量的第一手材料，为本书奠定了坚实的基础。本书也采用实际调查的方法重点对中国和中亚各国已潜在的文化遗产进行全面的摸底和梳理以掌握其资源现状，为指导研究工作打下基础。

2. 技术框架

（1）世界遗产保护理论评析与更新

通过对国际遗产领域相关文献的解读及相关案例的评析，重点对系列跨境文化线路遗产的实例、文化线路遗产申报的方法和途径进行介绍与总结。同时通过比较和分析中外文化线路形成的背景及特征，对目前文化线路申报世界遗产及其保护的理论和实践进行探讨和革新。

（2）世界遗产申报和保护的技术框架

通过丝绸之路作为文化线路申遗和保护的可行性研究和国际合作的经验教训，探索中国和中亚国家文化线路遗产发掘整理、保护管理、跨境申报的工作流程，提出可行的策略和途径，确定了丝绸之路文化线路申遗的价值框架，形成文化线路遗产保护和管理国际合作的机制架构（图1.4）。

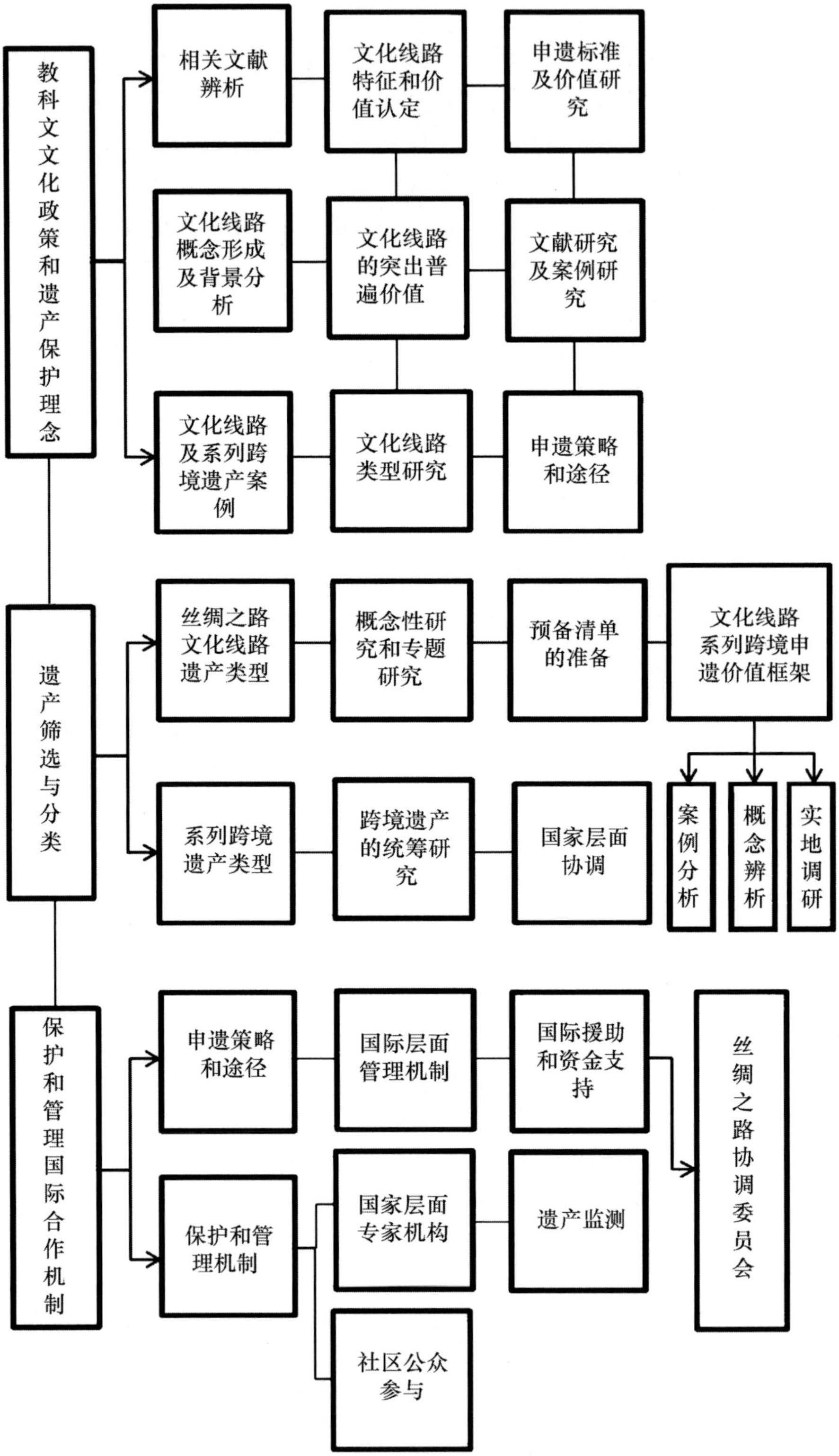

图1.4 本书研究技术框架图

六、难点及创新点

本书的难点在于对世界遗产理论与实践之间相互作用关系的探究。这方面的研究较少，原因是难度很大。它需要对世界遗产理论、文化理论等非常熟悉，并了解其对教科文组织世界遗产体系的影响，同时对世界遗产政策和实践活动的变化及其背后的原因有准确地体察和把握。笔者长期在世界遗产中心工作，熟悉其运作机制，对过去40多年的历史较为了解，并参与了教科文组织世界遗产很多报告和文件的起草。在实践和理论方面都亲力亲为，所以有信心解决此难点。

尽管对背景事件及项目进程有着比较全面的掌握和了解，但限于各国的政治、经济和社会背景不同，许多建议和初步结论并不容易得到实施。这对研究的广度和立论的深度造成一定的影响。从2006年8月至今，通过一系列国际磋商会议及申遗活动带动的能力建设等国际援助活动，中亚5国的积极性大增，各国均提交了申报丝绸之路遗产的"预备清单"。世界遗产中心与ICOMOS进行了专题研究，提出了丝绸之路系列跨境申报世界遗产的策略。本书的研究也促使世界遗产委员会对《操作指南》中涉及系列跨境遗产的"预备清单"标准格式、定义和规定做了修订。同时，在项目研究与实践过程中参考国际上其他类似世界遗产管理机制而成立的"丝绸之路系列跨境申遗协调委员会"，为其他亚洲国家探索文化线路或跨境遗产的保护和管理机制提供了有益的例证。

七、主要结论

对于像丝绸之路这样一条几乎囊括了所有遗产要素的文化线路，通过理论的创新与实践的探索，找到正确的切入点和适合的方法论，将这些无形多于有形的历史记忆碎片串联起来，重新展示它的历史风貌，讲述它的优美故事，这个设想是可以实现的。事实证明，丝绸之路申遗这个宏大而复杂的工程是成功的，也是世界遗产委员会推广的"顶层指导"的最佳实践案例。

对丝绸之路文化线路进行系列和跨境世界遗产申报是一个创新的途径。在不同政治制度、宗教背景、民族特性语言文化和参差不齐的经济基础上进行的多个国家的合作，几乎是不可完成的使命。在当今倡导文化多样性、文明间对话和国际交流的大背景下，有着积极的意义。通过申遗这样一个错综复杂的国际合作过程，丝绸之路作为全人类共同遗产的文化意义得到重新认可。亚洲国家，尤其是中国和中亚5国，通过这样一个跨境国际合作，加深了了解，增强了互信，为今后进一步开展区域合作打下了坚实的基础。

对于人类共同历史的更深层认识是建设共同未来，追求可持续发展的最可靠的途径。丝绸之路的跨境申遗正体现了这样的精神。

丝绸之路申遗扩大了1972年《公约》的参与度和影响力，更大范围地引导了政府、研究机构和社会各界的参与，使世界遗产的理念成为中国和中亚国家人民合作的桥梁。丝绸之路文化线路也充分发挥了其历史文化价值，对现代文化交流有积极贡献。

丝绸之路系列跨境申遗完善了对文化线路类遗产的价值认定及保护和管理机制的构建，并拓展了世界遗产体系中对大型跨境遗产保护的认识。项目初步提出并实践了适合中国及中亚国家丝绸之路系列跨境申报和文化遗产保护和管理的模式；以丝绸之路为平台，通过系列跨境遗产申报策略（2006）、概念性文件（2007）、预备名单的标准格式（2008）、价值的认定和对比分析（2009）、专题研究（2011），由点到面、由面到线，全面归纳了丝绸之路申报系列跨境世界遗产及构建保护和管理机制，挖掘其文化影响和突出普遍价值，探求跨国界、区域性遗产的保护和管理、环境治理、旅游开发和经济发展的途径，同时提高文化遗产所在地，包括当地社区的综合社会及经济实力，也大大加强了沿线国家对世界遗产的认识，提高了遗产管理人员的能力建设。通过世界遗产保护，促进了丝绸之路沿线人民追求自身的可持续发展。

由于文化线路在国际上受到关注的时间较晚，目前仍在探讨针对这类遗产资源的保护体系。本书提出并实践了针对文化线路类遗产系列跨境保护和管理有借鉴意义的国际合作机制，丝绸之路系列跨境申遗协调委员会的建立，确认了跨国合作的方法（自2009年5月起亚洲12国成立了丝绸之路世界遗产申报协调委员会）；完善了对系列跨境遗产的保护和管理机制，通过跨国合作，形成各级有效的保护管理制度，并在此基础上成立相关的综合性管理机构，对文化线路保护、管理和利用进行监督；增进了世界遗产委员会对《操作指南》实施的再认识，填补了世界遗产领域文化线路研究框架中的空隙，为更新和修订《操作指南》提供了依据。在本书研究的基础上，世界遗产中心提出了对"预备清单"和申遗格式（Annex 2B 和Anne 5）的修订，丰富了对系列跨境遗产申报模式的界定，易廷根会议的结论于2010年夏提交第34届世界遗产委员会大会通过，并由此修订了《操作指南》第137～139段落中对系列遗产概念的定义。

在丝绸之路系列跨境申遗国际合作活动的带动下，亚洲、欧洲国家加强了针对丝绸之路的基础研究。以多学科的方式，组织了对文化线路遗产资源的重新认识、评估、认定，以及对保护和管理有支持作用的学科研究，强调学科间的交流、沟通与互动。例如，清华大学国家遗产中心所做的"文化线路申报世界遗产研究"项目已作为纪念1972年《公约》40周年的成果于2012年出版。

研究成果和申遗过程及时与国际保护组织分享，丝绸之路系列跨境申遗项目的信息和初步成果指导了亚洲国家的申遗实践，有关资料和信息也发布于世界遗产中心（巴黎）的网站并及时向世界遗产委员会通报。另外，丝绸之路申遗研究和实践促成了教科文组织建立丝绸之路文化间对话的信息平台（2013）（https://en.unesco.org/silkroad/），涵盖了几乎所有涉及丝绸之路的遗产和话题；英国伦敦大学学院、ICOMOS西安国际保护中心（IICC-Xi'an）的丝绸之路申遗信息平台，有力地支持了中国和中亚国家的申遗工作；比利时天主教鲁汶大学帮助中亚国家建立了丝绸之路文化遗产数据库[①]等；位于乌兹别克斯坦撒马尔罕的国际中亚研究中心也全程参与了丝绸申遗的国际磋商和能力建设国际援助活动。

丝绸之路作为沟通了欧亚非三大洲和阿拉伯半岛、把古代世界最为重要文明联系在一起的巨型遗产线路，构成了在大航海时代之前，人类最重要的文化、经济、政治交流通道。这一源于古代世界的文化交流系统，对于今天的人类文化、经济交流同样具有重要的意义。在丝绸之路申报世界遗产的过程中，中国提出了"一带一路"，即丝绸之路经济带和21世纪海上丝绸之路的战略发展构想，这使得丝绸之路的概念已经远远超出了遗产保护的范畴，而成为地区经济发展新的推动力量，成为地区文化对话、共同发展的重要平台。丝绸之路的遗产

---

① Silk Roads: Cultural Heritage Resources Information System for the Silk Roads. http://sprecomah.eu/rlicc/index.php/projects/5-contents/2-sroad.

保护已经成为地区发展战略的一个组成部分，将有力地促进沿线国家的共同发展。丝绸之路已不再仅仅是一个由历史遗址和古代建筑构成的文化遗产，它已经被赋予了更为丰富的社会可持续发展的内涵。

  丝绸之路对于中国自身的发展同样具有重大意义。它贯穿整个中国西部欠发达地区，使这些地区能够基于丝绸之路的概念加强、完善合作交流的平台，不仅能够提高对作为世界遗产的丝绸之路的保护水平，而且促进地区之间的文化和经济交流与合作。"一带一路"中丝绸之路经济带的建设，将有力地促进这些地区的发展，提高国家的文化软实力、进一步弘扬中华优秀传统文化。推动不同文明相互尊重、和谐共处，让文明交流互鉴成为增进各国人民友谊的桥梁，推动人类社会进步的动力、维护世界和平的纽带。

第二章
教科文组织文化政策对世界遗产体系的影响

根据教科文组织和世界遗产委员会①会议的工作文件、历届世界遗产委员会的报告、1972年《公约》缔约国大会（两年一届）的报告、世界遗产委员会咨询机构的专题研究及其他专家会议的成果，先对世界遗产思想的发展，遗产保护理念的拓展和《操作指南》中对"突出普遍价值"标准的修订进行辨析和评述。在此基础上，探究以"突出普遍价值"为主线的文化遗产保护理念和教科文组织的文化政策。最后，再讨论世界遗产与文化和发展的关系。本章主要论述教科文组织的文化政策对世界遗产体系的影响。

一、世界遗产的价值理念

"于人之思想中筑起保卫和平之屏障"，是教科文组织的使命。1945年，教科文组织的《组织法》提出保护有"世界范围重要性"的文物②，呼吁世界各国对"图书、艺术品和古迹"等进行立法保护。1948年，该组织成立国际专家委员会并组建国际基金对保护"具有历史价值的纪念物和遗址"予以资助③。20世纪50年代，教科文组织通过了《海牙公约》《武装冲突情况下保护文化财产公约》（1954年），

---

① 又称政府间世界遗产委员会，由21个成员组成，每年举行例会。
② 1945年11月16日在伦敦通过《组织法》第I, 1, C款，教科文组织基本文件，2012：8。
③ UNESCO.UNESCO Document, Records of the General Conference, third session, 1949.

成立了国际文化财产保护与修复研究中心(ICCROM,1956年)[①]。特别值得一提的是,教科文组织总干事勒内·马厄(Rene Maheu)发起的努比亚古迹国际保护运动(1960~1968年)[②],这一国际保护运动首次将国家遗产推向世界,世界遗产的理念逐步诞生。也正是因为努比亚考古遗址国际保护运动[③],使教科文组织确立了在世界文化遗产保护领域的主导地位。

1972年11月16日,教科文组织第17届大会通过了1972年《世界遗产公约》。

"突出普遍价值"[④]。无论对世界各国还是对全世界人民而言,文化和自然遗产都是无可估价且无法替代的人类共同遗产。1972年《公约》的根本目标就是要将具有"突出普遍价值"的文化遗产和自然遗产加以鉴别和保护,以完好地传承给子孙后代。

根据1972年《公约》的宗旨与精神,世界遗产委员会在1977年制定了《操作指南》。《操作指南》明确规定了世界遗产所应该具备"突出普遍价值"的标准。为了帮助缔约国了解入选《世界遗产名录》(图2.1)和《濒危世界遗产名录》的标准和过程[⑤],世界遗产委员会审批世界遗产基金进行国际援助的程序。

《操作指南》明确规定了世界遗产应该具备"突出普遍价值"。《操作指南》自1977年制定以来一直在不断地修改,在修改过程中,世界遗产概念也再不断地发生变化。随着遗产价值的新概念和新思想被融入进来,"突出普遍价值"概念的涵盖面也就在不断扩大。2013年7月版《操作指南》指出:"突出普遍价值指遗产自身文化和自然的价值是如此罕见,超越了国家的界限,对全人类的现在和将来均具有

[①] UNESCO.UNESCO Document, Records of the General Conference, ninth session, Paris, 1957.

[②] UNESCO.UNESCO Document, Records of the General Conference, eleventh session, Paris, 1961.

[③] International Campaign for the Safeguarding of Nubian monuments in Abu Simbel and Philae in Egypt (1960-1968).

[④] Outstanding Universal Value,简称OUV。参见Paragraphs 49-53, Operational Guidelines for the Implementation of the World Heritage Convention, WHC.13/1, July 2013.

[⑤] UNESCO:The World Heritage List(2014年有1007处)and the List of World Heritage in Danger(2014年有46处)。

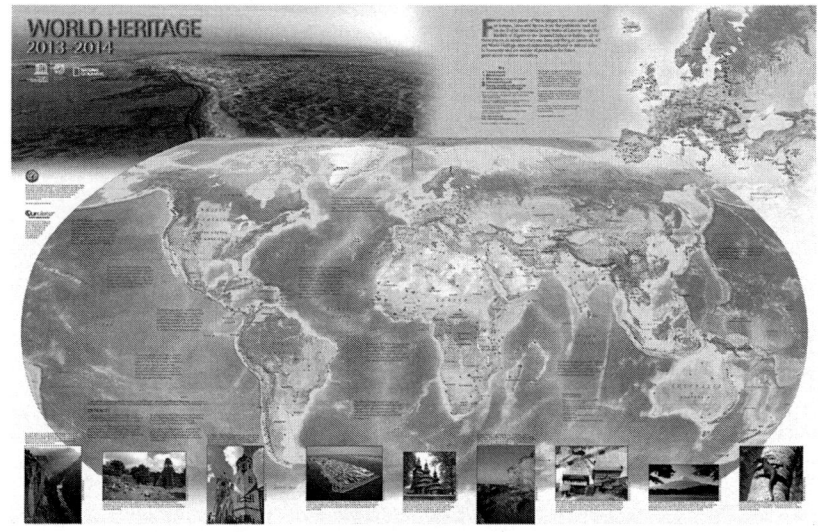

图2.1　世界遗产名录

资料来源：世界遗产中心，http：//whc.unesco.org/en/wallmap/

普遍的重要意义。因此，该项遗产的永久性保护对整个国际社会都具有至高的重要性。"①

（一）从普遍价值到文化多样性

世界遗产要求的"突出普遍价值"，是一种特殊的价值认定方式。其特殊性在于这种价值所承载着的象征意义，对全人类都很重要。遗产原本属于国家或个人，而世界遗产则要获得一种国际性的认可。遗产的价值代表着和象征着全人类的意义。但我们也要看到一个基本事实，任何遗产都是属于特定国家的，遗产的"突出"价值恰恰在于它对特殊国家、地方和人群所具有的象征意义，越是对特定族群和国家文化有突出意义的，越不一定具有普遍价值。很显然，"突出普遍价值"存在着内在的矛盾。在申遗和遗产保护的实践中，这种矛盾以各种形式表现出来。因而"突出"和"普遍"价值之间存在着相对与绝对、特殊与一般、民族主义与国际主义等多种力量和势力之间的博弈和权衡，使得突出普遍价值的概念被不断阐释和发展。世界遗

① UNESCO.Paragraph 49 of the Operational Guidelines，July 2013.

产的评价标准不断地被修订和更新其实就是这种矛盾斗争的结果。而这又进一步推动了教科文组织文化政策和遗产保护理念的发展。

教科文组织既倡导普遍价值，又高度尊重文化的多样性。教科文组织自成立之初，鉴于历史和现实的经验，当然也深刻认识到多样化很可能会导致冲突①，于是，采取折中的思路，以"多样中的统一"作为价值追求。世界遗产保护思想中"突出普遍价值"的理念正是这种统一性的体现。另外，教科文组织通过《世界遗产名录》，以名录的均衡性和代表性又宣示了文化的多样性。由此，世界遗产体系就实现了自身对多样和统一辩证关系的有机探索。

《世界遗产名录》是实现对立统一的一个完美形式和平台。一方面通过《世界遗产名录》和各种政策倡导"突出普遍价值"，引导国家的文化理念与国际接轨；另一方面各国国家价值、文化理念和文化遗产也得以在教科文的平台上展示、碰撞和交流，从而达到相互对话和理解。几十年来，教科文组织的价值观和文化理念得到了广泛的认可和接受。到2014年年底，1972年《公约》缔约国家达到191个，几乎包括联合国所有会员国。

"冷战"结束后，国际政治和文化氛围发生了巨大变化，经济、技术和教育的全球化导致了文化多样性的危机，这引发了广泛的对文化同一性的严重担忧，从而激起保护文化多样性的意识。民族意识、民族文化和宗教意识也在"冷战"后日益彰显，加上西方文化霸权主义政策和一些学者的鼓吹，"文明冲突"也有不断上升的趋势，这引起了国际社会和有识之士的警觉。在经济全球化和各种贸易协定的推动下，发达国家主导了全球舆论传播和文化产品市场，不但严重挤压本土文化产品，也摧毁了本土文化和生活方式，这也使人认识到"文化是活的，与实际的民众生活是关联的，当今世界的文化发展是不均衡的，文化民主和文化权利并不能得到保障。传统文化面临的广泛威胁引起教科文组织的注意"②。同时，新的理念、理论和价值观对教科文组织也产生了影响。

20世纪90年代以来，教科文组织越来越多地涉及文化多样性和文化之间的对话。1995年教科文组织发表《我们具有创造力的多样性》

---

① UNESCO. 总干事报告. 1947，http://www.unesco.org．
② 教科文组织世界文化报告：着力文化多样性与文化间对话（中文版），巴黎：教科文组织出版，2010：17.

的报告，首次提出了"文化多样性"的概念。1998年教科文组织召开"文化发展政策政府间会议"，通过了文化多样性的"行动计划"。1999年召开"文化多样性与贸易研讨会"。2000年召开"全球化世界中文化与创造"文化部长圆桌会议。2001年教科文组织通过了著名的《世界文化多样性宣言》。2005年教科文组织又通过了《保护和促进文化表现形式多样性公约》。

在教科文组织多样性的文化价值观和理念下，世界遗产的理念和政策也发生了变化。20世纪90年代教科文组织发起"全球研究"和"全球战略"，不仅融入了文化平等的思想，而且实施不同地区和国家文化遗产之间的平衡。教科文组织还对遗产类型和主题进行了重新划分。1992年在世界遗产中出现了"文化景观"的概念，1993年产生了"文化线路"新的遗产类型。1994年奈良《文化遗产真实性文件》和同年通过"全球战略"，力求提高《世界遗产名录》的代表性，为各个国家不同类型的文化和自然遗产申报提供新途径。在2003年的《教科文组织保护非物质文化遗产公约》中，非物质文化遗产的概念也被提出来，其结果是文化遗产的比重不断增加。与此同时，多样性文化和文化间对话促进了各国的文化交流，世界遗产大会成为文化多样性和文化间对话的平台。不同肤色、不同宗教信仰，以及来自不同政治制度的人们一起讨论"共同遗产，共同话题"。世界遗产保护和发展的理念也吸引了广大公众的热情参与，遗产理念从"象牙塔"走向大众，逐步走进普通民众的生活。

世界遗产"全球战略"自1994年推行以来，教科文组织根据遗产事业的发展状况和自身文化政策的演变以及文化多样性等因素的考虑，多次修订了世界遗产的入选标准，并通过《凯恩斯决议》（2000年）、《凯恩斯—苏州决议》（2004年）、《凯恩斯—苏州决议评估决议》（2007年）等程序，确保入选《世界遗产名录》遗产的代表性和平衡性，扩大发展中国家遗产的入选份额。然而，要想让《世界遗产名录》成为世界上突出的自然与文化遗产生物多样性和文化多样性的全面代表，需要做的事情还很多，任重而道远。

（二）从遗产保护到可持续发展

教科文组织的世界遗产价值观在从普遍价值转向文化多样性的同

时，遗产保护的方式也在发生变化。18世纪，学者和国际社会保护遗产主要是基于其艺术和历史价值。20世纪90年代后，教科文组织文化政策的转变带来世界遗产理念的更新。这种与时俱进的价值理念受到各国政府和人民的广泛欢迎。更确切地说，世界遗产保护的重心已经发生转移，从侧重历史转向关注现在和未来，从保护转向注重可持续发展，越来越多地与包括经济在内的社会生活的各个方面联系起来。因此教科文组织这种新的价值理念使得世界遗产受到各国政府和全球各阶层民众的普遍欢迎，其影响力也在不断提升。

具体地说，40多年来，一千多项独特的并常常受到生存威胁的文化和自然遗产列入教科文组织的《世界遗产名录》。对这些世界遗产的保护和监测得到了加强。1972年《公约》取得成功的例子有：世界遗产保护理念的推行成功地阻止了在德国科隆、英国伦敦、奥地利维也纳、法国波尔多、中国澳门、俄罗斯圣彼得堡等对城市历史景观构成破坏的建设项目；像阿富汗巴米扬大佛、柬埔寨吴哥窟、马里廷布可图、尼泊尔蓝毗尼这类文化遗产得到了大规模国际资金援助和修复；关于气候变化对世界遗产的影响有了开创性的研究；可持续旅游项目在越南惠安、中国黄山这样的世界遗产地得以推广；海洋自然保护区管理的全球网络在世界遗产框架内应运而生；对太平洋和小岛屿国家的遗产保护和管理进行能力建设；占全球森林总面积13%的世界森林遗产的可持续保护和管理得到了有效的改善等。

1972年《公约》将来所要面临的一些重大挑战也都是全球性的，如战乱、人口压力、经济紧缩、自然灾害和气候变化等。这些因素构成了对环境、社会和经济的压力，进而对世界遗产的保护构成威胁。另外，遗产保护与当地社区发展目标之间存在着潜在的冲突。在今后几十年中，1972年《公约》都将要面临这些问题。这些问题的解决将有助于公约的实施并产生更多遗产保护的最佳实践。正是从解决上述问题角度出发，会员国在2012年选择"世界遗产与可持续发展：当地社区的作用"作为庆祝1972年《公约》40周年的主题。随着《世界遗产名录》的扩大和日渐完善，1972年《公约》的贡献不再局限于那些列入名录的世界遗产，它最终关切的是对我们生存的环境和资源的长期保护。世界遗产保护的重要性不仅体现在《公约》的目标和行动与可持续相一致，而且体现在它对于实现可持续发展同样至关重要。

实际上，在1972年《公约》文本中并没有"可持续发展"这样的术语。因为可持续发展的理念是在1987年联合国环境与发展委员会（环发会议）题为"我们共同未来"的《布伦特兰报告》[①]中开创性地提出的。它认为真正的发展必须是具有可持续性的——意味着增长方式"即要满足当代人的需求，而又不损害子孙后代满足自身需求的能力"。1972年《公约》第4条、第5条的含义实质上超出了《布伦特兰报告》对可持续性的定义。1972年《公约》第6条认为对"本国领土内的文化和自然遗产的确定、保护、保存、展出和遗传给后代人，主要是有关国家的责任"。而且相关国家"应通过一项旨在使文化和自然遗产在社会生活中起一定作用并把遗产保护工作纳入全面规划和计划的总政策"。也可以说，1972年《公约》保护的范畴不仅仅是入选《世界遗产名录》的遗产地，也涵盖了各国的遗产保护政策和发展规划。

世界遗产是可持续发展的关键，它不仅体现在物质层面而且也体现在精神层面。在精神层面，对生物多样性和文化多样性的保护，以及对场所精神的保护，为我们人类社区的福祉和相互理解做出了贡献。

在全球视野下，1992年6月3～14日在巴西里约热内卢举行的联合国环境与发展大会，是首次将世界各国领导聚集一堂专门讨论环境与发展问题的联合国大会。

联合国环境与发展大会对人类的可持续发展具有里程碑意义。大会表明全球否定了"高生产、高消费、高污染"的传统发展模式，对发展中的环境问题认识空前提高。与会各国就环境保护和经济发展相协调的主张达成共识，并表达了共同应对环境问题的愿望。大会使环境保护与经济发展密不可分的道理被广泛接受，"可持续发展"这一概念深入人心。

大会通过和签署了五个文件：《里约环境与发展宣言》《21世纪议程》《关于森林问题的原则声明》《气候变化框架公约》和《生物多样性公约》。这些文件为保护全球生态环境和生物资源提供了指导，也为此后的气候变化和可持续发展谈判奠定了基石。会议确立了关于应对气候变化的"共同但有区别的责任"原则，要求发达国家提供"新的、额外的资金"帮助发展中国家改善环境，并以"优惠的、

---

① Report of the World Commission on Environment and Development, "Our Common Future", also known as the Brundtland Report, 1987.

非商业性的"条件向发展中国家提供清洁和无害的环境技术。

在此基础上，1994年"可持续性"的理念收入《操作指南》后，世界遗产委员会在2002年通过的《布达佩斯宣言》中强调各国应"保证世界遗产活动中有关保护与可持续发展之间合理、均衡的平衡"。2005年，"可持续发展"理念收入《操作指南》[①]。2007年，世界遗产委员会第31届大会（新西兰基督城）决定将"强化社区在执行《公约》中作用"列为世界遗产的战略目标之一[②]。近年来，世界遗产领域对可持续发展的理念日益重视，《操作指南》中多处修改涉及可持续发展的原则。2011年11月世界遗产缔约国大会通过的"2012—2022实施《世界遗产公约》的战略行动计划"，就将可持续发展列为世界遗产目标三：通过使社会各界参与保护工作，更多地考虑遗产地的可持续发展问题。

2012年在纪念1972年《公约》40周年之际，全球庆祝的主题就是"世界遗产和可持续发展：社区的作用"。各国政府官员、教科文组织官员、国际专家和其他利益相关者都认识到世界遗产思想对可持续发展理念的全球影响。涉及世界遗产的决策和相关报道成为国际媒体和大众关注的焦点和热点。

2012年6月13～22日，联合国可持续发展会议（"里约+20"峰会）在巴西里约热内卢召开。自1992年里约会议以来，全球可持续发展取得了许多积极进展，产生了一批国际和区域环境发展合作项目，签署了一批国际条约，很多国家制定了可持续发展国家战略，但可持续发展中诸如社会发展不均衡和环境污染等问题没有得到根本扭转，国际社会期待"里约+20"为推进全球可持续发展提供新的契机。

根据联合国大会的决议，"里约+20"会议确定了三大目标和两大主题。三大目标为重申对实现可持续发展的政治承诺、评估迄今的进展和应对新的挑战。两大主题为在消除贫困及可持续发展背景下的绿色经济和可持续发展机制框架。

"里约+20"会议的主要成果是一份政治文件《我们憧憬的未来》。文件包括前言、重申政治承诺、消除贫困和可持续发展背景下

[①] 世界遗产中心.《操作指南》，2013.
[②] 世界遗产的五个战略目标（简称5C战略）为：1）增强《世界遗产名录》的可信力（credibility）；2）保证世界遗产的有效保护（conservation）；3）推动各缔约国的能力建设（capacity-building）；4）通过宣传增强公众对世界遗产的认识、参与和支持（communication）；5）强化社区在执行《公约》中的作用（community）。

的绿色经济、可持续发展机制框架和行动框架五部分。大会最终成果文件谈判历时一年半多。

里约最终成果文件对于确定全球可持续发展的方向合作具有重要的指导意义。文件重申了里约原则，特别是"共同但有区别的责任"原则，避免了国际发展合作指导原则受到侵蚀，维护了国家发展合作的基础。实际上，"共同但有区别的责任"原则是在《21世纪议程》中确立的基本原则。

1992年的里约会议和2002年的"里约+10"会议为可持续发展的概念做出了积极贡献，其成果是争议和妥协的结果。随着可持续发展进程的发展，问题更加复杂，矛盾更加尖锐，利益冲突更加不可调和，"里约+20"能取得相当的进展，凸显人类追求可持续发展的勇气和决心。

在浩瀚的宇宙中，还没有发现像地球这样适合生命的星球。地球给予了人类这样的恩惠，人类不能恃宠而骄。

"里约+20"会议最终成果文件确认了世界自然和文化的多样性，认识到所有文化和文明都能够为可持续发展做出贡献，承诺以文化作为可持续发展的驱动力和推动者。

与此同时，"里约+20"会议肯定了这样的信念：为了在当代和子孙后代在经济、社会和环境需求之间实现公正平衡，有必要促进与自然的和谐。"里约+20"进一步确认世界自然和文化的多样性，认识到所有文化和文明都能够为可持续发展做出贡献。

为响应"里约+20"会议，教科文组织2013年5月15～17日在中国杭州举办"文化：可持续发展的关键"大会。会议引导国际社会就"文化促进可持续发展的作用"展开公开辩论，并就"联合国2015年后发展日程"实现《千年发展目标》①（MDG）的活动做了回顾。会议再次突出了文化多样性的重要性，并认为找到全面实现可持续发展的方法是非常必要的。大会提出，文化应被看做是可持续发展的推动者，是可持续发展的意义所在，也是可持续发展的能量和创新的源泉，而要为当前面临的各种挑战找到应对之策，文化也是宝贵的资源。文化在促进真正意义上可持续发展方面的力量尤为突出。大会达成基本共识，各国不存在普适性的发展方式，文化模式的不同会影响

---

① Millennium Development Goals，简称MDG，由联合国千年首脑大会2000年9月通过。

到发展道路的差异。因此，开放和发展的文化观是必不可少的①。只有秉持开放发展的文化观，人们才能"以自己想要的方式生存和生活"，并由此得到更多的机会，人类的能力也能够获得提高，不同国家、民族和文化也得以相互交流，从而达到相互理解。这也正是丝绸之路申遗项目实施中多国协调、统筹开展国际合作的总体构想和经验。

大家都知道，文化是可持续发展的驱动力和推动者，但在千年发展目标中并未得到反映。文化是可持续性切切实实的必要条件——是特征及社会和谐的源泉，有助于人们理解未来。反映文化环境的发展政策会产生更强大、更持续的发展成果。文化行业也是可持续发展的推动者，可以创造收入、创造体面工作，改善生活。在里约会议最终成果文件的基础上，2013年12月，联合国大会通过了关于"文化与可持续发展"的决议（A/RES/68/223）。这标志着一个转折点，认可文化与可持续发展的三个支柱要素（经济、社会、环境）之间存在着直接关联。联合国决议还认可了文化对和平、包容及和解所做的贡献。本着对文化在促进可持续发展中所发挥作用的认识，教科文组织提倡将文化明确纳入2015年的发展议程，特别是纳入具有战略性的未来可持续发展目标框架当中。

从教科文组织世界遗产价值理念的发展，我们可以看出，世界遗产的核心是"突出普遍价值"，但其内涵是不断发展的，到今天教科文组织越来越强调文化多样性和本土文化的独特价值，不仅重视遗产

---

① 这种提法的思想基础是中国"和而不同"的传统文化观念。孔子在其创立的儒家学说中，对见诸于《国语·郑语》中"和而不同"的思想雏形给予了继承和发扬，使其成为儒家思想体系中的重要组成部分。"和而不同"表达的思想是指，多种因素相互配合、协调来组成新的事物才能达到理想的效果。相反，只有一种声音谈不上动听的音乐，只有一种颜色构不成五彩缤纷的景象，只有一种味道称不上美味。也就是说，只有允许不同的事物存在，才能形成五彩缤纷、繁荣向上的局面，否则便陷入单调、乏味乃至死亡的境地。经儒家学说发展后，它主要指在为人处世方面，正确的方法应该是既坚持原则又不排斥不同意见，在相互争论辩解中达成共识。"和而不同"也是处理不同学术思想派别、不同文化之间关系的重要原则，是学术文化发展的动力、途径和基本规律。中国古代的许多学者都对"和而不同"的学术文化发展规律已有相当深刻的认识，作过不少精辟的论述。这种传统文化观念对丝绸之路申遗国际合作的总体构想具有启迪。摘引自王炜译：《论语》通译.南京：长江文艺出版社，2005：180.

的保护，更重视文化的可持续发展。而在价值理念演变的背后，我们会发现世界遗产的实践为理论的发展提供了营养成分。

在教科文组织的倡导和推动下，以突出普遍价值为基础的世界遗产思想自20世纪70年代诞生起就对国际社会产生了巨大影响。面对21世纪，如何在新的社会、经济背景下利用世界遗产理念促进世界各国文化交流和对话、保护文化多样性及推动可持续发展，这应该是世界遗产体系关注的新动向。

教科文组织的价值理念与政策、世界遗产理论与实践是如何相互影响的，其过程和机制到底是怎样的，我们接下来一一梳理和论述。

二、世界遗产概念的产生

（一）文化遗产概念的形成

两次大战后，人们急于摆脱战争的阴影、弥合战争的创伤。对和平的渴望促成了建立多边合作的联合国系统和其他国际组织。教科文组织这样一个国际文化机构的成立就自然而然地推动了1972年《公约》中人类共同遗产及"普遍价值"等概念的发展，改变了欧洲19世纪以来传统的文物保护观念。

1972年《公约》中文化遗产的概念可以追溯到欧洲文艺复兴时期的文物保护观念。从18世纪启蒙运动、1789年法国大革命等历史事件，直到19世纪保护运动，这段时期以前，文化遗产还一直停留在国家层面，由国家立法保护。与后来所说的人类共同遗产有着本质不同。

直到1931年的《雅典宪章》[①]才首次提及文物建筑保护的原则和国际合作。1954年教科文组织的《海牙公约》阐述了文化财产对所有人的价值，成为文化遗产国际合作的思想基础。

20世纪50年代教科文组织提出对有"世界范围重要价值"的遗产加以保护，并将其阐释为"具有高度历史和艺术价值的文物，是全人类文化遗产的一部分"。这一思想体现在"第二届历史纪念物建筑师大会"发表的《威尼斯宪章》（又称《关于古迹遗址保护与修复的国

---

① 《关于历史性纪念物修复的雅典宪章》，1931年由第一届历史纪念物建筑师大会在雅典通过。

际宪章》）（1964年）中。它明确了"共同遗产"的概念，并拓宽了文化遗产由单体的纪念物和遗产到它们的周边环境，也承认了各个历史时期对文化遗产的贡献，因而成为文化遗产保护理论最根本的国际文献，也是形成世界遗产定义及评价标准的基础。

通过努比亚古迹国际保护运动，教科文组织确立了在世界文化遗产保护领域的主导地位。1960年3月，时任教科文组织总干事的比托里诺·韦罗内塞[①]呼吁各国政府、组织、公共和私营部门和个人为保护努比亚古迹提供技术和财政支持，保护努比亚考古遗址的国际行动从此展开。这份呼吁书是一份具有里程碑意义的文件，它向国际社会传播了"共同遗产"（common heritage）这一理念，也开创了和平时期国际社会保护文化遗产的新模式。

在这样的理念指导下，努比亚考古遗址保护运动在全球范围内得到积极地响应。1980年3月10日，努比亚考古遗址国际保护运动结束。经过全世界许多科学家、工程师和工人20年的合作和努力，最后除了三处遗址之外，努比亚的各处考古遗址都成功地拆卸、转移到其他地方，集中为六个群体按原貌重新保护起来。

努比亚古迹国际保护运动的贡献远不止保存了努比亚考古遗址，它对教科文组织遗产保护运动的贡献意义非凡。首先它开创了对"共同遗产"进行国际保护的理念和实践。其次，在努比亚国际保护运动之前，人们普遍认为在一个国家境内的文物遗址完全是该国的国内事务，文化遗址的保护工作应当由相关国家负责。而努比亚保护运动开创了全新的理念，文化遗产由此从国家遗产、国宝范畴扩展至"全人类的"和"世界的"范畴。最后，它引发了一场世界范围内的文化遗产国际保护运动。教科文组织随后在亚洲、非洲、拉丁美洲等地共发起了26次文化遗产国际保护运动。此外，1956年教科文组织创建了ICCROM[②]，即国际文物保护和修复研究中心。

20世纪60年代，教科文组织的职责侧重文化遗产的保护。它制定了一系列的国际文化遗产保护文件，包括1956年的《关于适用于考

---

① UNESCO. Records of the General Conference eleventh session, Paris, 1961 [EB/OL] http://unesdoc.unesco.org.

② International Centre for the Study of the Preservation and Restoration of Cultural Property（ICCROM），1956年由教科文组织创建，是政府间组织，总部在意大利罗马。

古发掘的国际原则的建议》、1962年的《关于保护景观和遗址的风貌与特性的建议》、倡议制定1964年的《威尼斯宪章》、1968年的《关于保护公共或私营工程危害文化财产的建议》等。特别值得一提的是，1964年教科文组织在第二届历史古迹建筑师大会期间倡议成立ICOMOS，ICOMOS于1965年成立。

20世纪60年代末，教科文组织有关文化遗产的理念逐渐成熟，成为1972年《公约》文化遗产定义、概念等方面的源头。

（二）自然遗产概念的形成

19世纪后期，由于工业化和城市化对自然环境的破坏，促使人们发起了现代意义上的自然保护运动。它以国家认定法定保护区（如国家公园或自然保护区）的方式进行。

20世纪60年代和70代早期，美国的自然保护运动开始关注文化和自然环境的整体保护。"世界遗产信托基金"[①]的想法在1965年被美国人提出来，由此产生了关于文化和自然遗产的宽泛概念，当时美国人还建议通过国际合作共同保护文化和自然遗产。美国有关国家公园[②]的概念成为1972年《公约》自然遗产概念的原型。

1968年，教科文组织开始推广实施"人与生物圈"计划[③]（简称MAB），旨在倡导一种跨学科研究合作和能力建设，从而在全世界范围内促进人与环境关系的改善，可持续性地利用自然资源，保持生物多样性。1971年，MAB计划正式启动。MAB的主要工作是研究生态系统的结构、功能和动态，以及人类在其中的角色。MAB以世界生物圈保护区网络为载体进行知识共享，研究监测，教育培训和决策参与。

MAB的发起和实施在国际上，尤其在自然遗产领域影响重大，这在1972年《公约》的协商过程中，为教科文组织争取到了更大的砝码，最终确保了教科文组织在自然遗产保护领域应有的地位。至2014

---

① World Heritage Trust proposal, White House Conference on International Cooperation, 1965. P. Stott, the World Heritage Convention and the National Park Service, pp 281-282.

② National Park. 第一个国家公园是美国黄石国家公园（Yellowstone National Park），于1872年由美国总统格兰特批准建立。

③ Man and Biosphere Reserves programme.

年12月，全球有631个生物圈保护区（Biosphere Reserves），遍布在119个国家。

笔者认为，对国际社会而言，MAB项目有以下两方面的意义。

首先，它是教科文组织的一项成功的自然环境保护项目，是自然环境保护领域一个全新的概念。"生物圈保护区"将自然保护、社区发展和科研培训集于一身，被看做是促进可持续发展的实验室，在国际自然保护运动中拓展了一幅新的画面。

其次，它有力地促成了1972年《公约》的形成，使其兼具保护自然和文化遗产特性。由于MAB计划的实施，教科文组织在管理世界自然遗产方面更有发言权。在这样的基础上，教科文组织兼具了对世界文化遗产和自然遗产的保护和管理的指导和监测。由此，1992年正式成立了《世界遗产公约》的专职秘书处——世界遗产中心[1]。中心的创始主任就是MAB项目的负责人。

2012年《世界遗产公约》40周年纪念活动中，在"可持续发展"的主题下，许多国家组织讨论了1972年《公约》与MAB计划的关系。这也从另一个侧面看出1972年《公约》与MAB项目之间的相互依存关系。

（三）世界遗产概念的形成

随着文化遗产概念和自然遗产概念的形成，世界遗产的概念也更加完善了。

教科文组织在20世纪50年代提出对"世界范围的重要意义"的遗产进行保护，其后进一步提出对有"全球影响"的遗产进行保护。教科文组织坚信这些遗产"具有强大的物质和精神影响力"（powerful physical and spiritual influence），"使得他们高于国家同类财产，成为全人类文化遗产的一部分"。[2]教科文组织举办了多次国际会议进行研究，同时对具有"普遍价值和影响"的文物和遗址进行保护，在理论和实践两个方面并行发展，世界遗产的概念产生了。

---

[1] 世界遗产中心成立于1992年5月，总部在法国巴黎。创始主任是德国人冯·德罗斯特（Dr Bernd von Droste）。

[2] UNESCO. Records of the General Conference, Twelfth session, Paris: UNESCO, 1963: 139-142.

20世纪60年代后,美国遗产保护的范围不断拓展,对文化和自然都很关注。1965年美国在国际协作的白宫会议上提出"世界遗产信托公约",建议由国际协作来保护文化和自然的"世界遗产"。他们所认定的"世界遗产"是"关系所有世界公民的现实和未来利益的世界的重要的自然和历史地点",它们"在世界范围具有普遍的自然、历史、文化意义和价值,因而属于人类遗产"[①]。教科文组织"世界遗产"关于自然遗产的概念由此而来。教科文组织通过1972年《公约》,将文化遗产与自然遗产并列,二者都要求具有"突出普遍价值",都属于世界遗产,并分别对文化遗产和自然遗产进行了定义。

1972年《公约》也规定,"如果同时满足或部分满足文化和自然遗产条件的遗产可以被认定为文化和自然混合遗产"。

由此,1972年《公约》将文化遗产和自然遗产有机地结合在同一国际法律文书中。这就是世界遗产概念的起源和确立过程。这一概念实属创举。它打破了传统理念上将文化与自然割裂,甚至对立来谈的倾向。1972年《公约》的这一贡献可以进一步由1992年通过关于文化景观[②]的概念中体现出来。

三、世界遗产与文化线路

(一)世界遗产理念的变化与新的遗产类型

如上所述,世界遗产的思想从一开始就引起了国际社会的关注。源于欧洲启蒙运动的文化遗产保护理念在1972年《公约》的实施过程中得到了充分的验证与发展。通过世界遗产思想,世界各地区的保护理念、政策和科学研究相互交流、共同发展。文化遗产保护的对象由最初的"文物""建筑群""考古遗址",逐步纳入"文化景观"(1992年)的类型,文化线路(1993年)的实例也由西班牙圣地亚哥朝圣之路[③]列入《世界遗产名录》开始进入人们的视野。这些变化带来

---

① P. Stott. The World Heritage Convention and the National Park Service(1962-1972), The George Wright Forum, 28/3, 2011.

② B.von Droste, Plachter and M. Rossler. Cultural Landscapes of Universal Value: Components of a Global Strategy, New York:Gustav Fisher Verlag Jane, 1995.

③ Pilgrimage Route to Santiago de Compostela, 1993年列入《世界遗产名录》.

了对《操作指南》中"突出普遍价值"及相关标准的修订。可以说，遗产理念的发展都与价值取向的再认识有关。

涉及文化遗产保护的途径和目的，1994年《关于真实性的奈良文件》（以下简称《奈良文件》）[①]做了有益的尝试。《奈良文件》的主要理念是倡导文化遗产保护的多样性，同时尊重世界各国和民族的文化价值。《奈良文件》为讨论文化遗产真实性的多样性开创了先河，此后世界遗产中心又先后在欧洲、非洲、拉丁美洲和拉脱维亚里加召开了一系列国际专家会议，探讨在不同文化背景下文化遗产真实性的保护及文物建筑再建问题。

自1972年《公约》执行以来，不同国家、地区的文化和自然遗产列入《世界遗产名录》的代表性和均衡性一直困扰着世界遗产委员会和国际社会。时至今日，世界遗产的代表性问题仍然是国际合作亟待解决的问题。

1987年，世界遗产委员会召集国际专家会议[②]，研究如何在世界遗产领域进行全球性的比较研究以便整理出一份具有潜在的"突出普遍价值"的遗产名单。这一动议被称为"全球研究"[③]。遗产委员会的报告显示，这次由斯里兰卡人担任主席的专家会议得到了澳大利亚、保加利亚、法国、希腊、墨西哥和突尼斯的参与[④]。专家会议也向其他委员会成员开放，希望他们积极参与讨论。

全球研究的宗旨是确定《世界遗产名录》的缺憾并鼓励代表性不足类型遗产的申报，以期指导会员国的申遗工作，为委员会提供同类遗产对比研究的依据和框架。这项研究的方法是对已经列入《世界遗产名录》的文化遗产和各国"预备清单"的遗产选项进行分析，主要从专题和编年史的角度重新梳理了已有的世界文化遗产和列入"预备清单"中的文化遗产。1983～1987年，ICOMOS组织了一系列地区和专家会议，对希腊、罗马和拜占庭、伊斯兰、印加史前文化、阿兹特克，以及太平洋地区波利尼西亚、美拉尼西亚和密克尼罗西亚文明和文化等进行了分析研究。

---

① The Nara Document on Authenticity, Annex 4 of the Operational Guidelines, UNESCO/WHC, July 2013.
② 世界遗产中心. http://whc.unesco.org/documents. Paris.
③ Global Study, 1987-1993, UNESCO Document, WHC/COM/1987, Paris, UNESCO, 1987.
④ UNESCO Document, WHC/COM/1988b, Paris.

作为全球研究的补充，其他的概念性框架和方法论也在探讨中。例如，20世纪90年代之后，一个以编年史顺序为横坐标轴（以空间/专题/文化因素为竖坐标）的图示颇为流行。这个系统试图将所有的世界遗产名录和"预备清单"中的文化遗产囊括其中。这一坐标也试着确定会员国准备申报的备选遗产地，同时改进代表性不足遗产类型的状况。这一概念框架由ICOMOS在1993年进一步完善。

20世纪90年代早期，全球研究的框架日益受到世界遗产委员会成员的诟病。全球研究被称为"基于历史和美学的古典文明，而完全忽略排斥了通常不被重视的传统文化现象和文化区域"[①]。许多专家和遗产委员会成员认为全球研究的方法论完全屈从于遗产名录上已经有充分代表的传统的和古典的艺术史类型[②]。更有甚者，全球研究所产生的课题并没有促进遗产名录中文化遗产多样性的改善。主要原因是，虽然这些设想是好的，但到具体实施层面，由于对文化遗产的认识不足和专业能力低下等因素，致使广大发展中国家的参与度非常有限。因此，代表性和均衡性问题并没有得到解决。另外，全球研究的成果并没有广泛传播，各国专家也没有机会分析其结果，因而，该研究的影响非常有限，以至于到今天也无人真正关注。由此也可以看出，全球研究的侧重点仍以欧洲为中心，对其他地区、其他文明的成果关注甚少，或者根本没有给予关注。

20世纪90年代初，世界遗产委员会开始对《世界遗产名录》的均衡性、代表性与可信力等问题展开了讨论。由于"全球研究"未达到预期目的，随后出现的世界遗产"具有代表性、平衡性和可信力的《世界遗产名录》的全球战略"[③]取而代之。与此同时，文化景观、文化线路的概念也进入世界遗产领域。

"全球战略"试图纠正《世界遗产名录》中的差异问题。它有两个基本目标：首先是增强"具有突出普遍价值"世界遗产种类的代表性；其次是保障世界遗产在全球各地区及各国的均衡分布。世界遗产委员会为此成立专家工作组，召开地区及国际专家会议，进行了一系

---

① UNESCO Working Document.Report of the seventeenth session of the World Heritage Committee in Cartagena，Paris，WHC，1993.

② UNESCO Working Document[R]. WHC/COM/1987. Paris.1987.

③ UNESCO.Global Strategy for a Representative and Balanced World Heritage List，18th session of the World Heritage Committee，Phuket，Thailand，1994.

列的专题和比较性研究。"全球战略"的实施主要依靠地区与国际会议和专题研究的结果,鼓励各国扩展、更新"预备清单"以及对具有代表性不足遗产的优先提名。

与此同时,教科文组织在"世界文化发展十年"框架内开展的全球文化政策转型也促进了世界遗产理念的拓展。无论是大型的跨学科文化研究项目,如丝绸之路和奴隶之路,还是1992年"世界文化与发展委员会"的工作,以及1998年在瑞典斯德哥尔摩召开的"政府间文化政策促进发展大会"及其报告《我们共同的创造性》[①],这些无疑加强了全球化时代文化间的对话与交流,为倡导弘扬文化多样性做出了贡献。同样的,世界遗产的理念,尤其是价值认定体系,得到了有机的拓展与丰富,也有益于推广"全球战略"。

在这样的背景下,世界遗产理念的变化也影响到亚洲和太平洋地区世界遗产的申报。笔者在2000~2003年协调亚太地区《世界遗产公约》定期报告的实施,对亚太地区"全球战略"的执行情况做了总结。结合笔者2008年5月在《中国园林》上发表的题为"从亚太地区视角看世界遗产的代表性"的论文[②],下面就新类型的文化遗产做些分析。

"提起亚太地区的世界遗产,多数人会想到那些宏伟的古代建筑和考古遗址。但实际上有很多对人类文明发展起到重要作用的文化遗产并没有得到足够的重视和发掘"。在2003年开展的亚太地区1972年《公约》实施情况和遗产地保护状况的"定期报告"[③]活动中,本地区的会员国和专家都认为要落实世界遗产的全球战略,从亚太地区的视角看,应当逐步将文化景观、工业遗产和乡土建筑等安排到各国的申遗行动计划中。丝绸之路文化线路当然也受到各国,尤其是东亚和中亚国家的推崇。

1. 文化景观

1992年,世界遗产体系正式接纳了"文化景观"这一文化遗产的

---

① J. P. de Cuellar. Our Creative Diversity. Oxford: Oxford Publishing & UNESCO Publishing, 1997.

② 景峰. 从亚太地区视角看世界遗产的代表性. 中国园林, 2008 (5): 54-59.

③ F. Jing, UNESCO. World Heritage Series No.12. The State of World Heritage in the Asia-Pacific Region, 2003.

新概念。所谓"文化景观",是指代表着"自然与人类创造力的共同结晶"。它们反映了因物质条件的限制或自然环境带来的挑战,在一系列社会、经济和文化因素的共同作用下,人类社会和聚居地的历史沿革。

亚太地区是文化景观概念的起源地。最早列为世界遗产的三处文化景观都在亚太地区。它们分别是新西兰的汤加里罗国家公园(1993年)(图2.2),澳大利亚的乌卢鲁国家公园(1994年)(图2.3)和菲律宾科迪勒拉山的水稻梯田(1995年)(图2.4)。

1993年,汤加里罗成为第一个根据文化景观标准列入《世界遗产名录》的文化遗产。在毛利人看来,位于汤加里罗公园中心的群山具有文化及宗教上的意义,象征着毛利人与外部世界在精神上的联系。这也表明1972年《公约》开始重视人类与其所处周围环境之间的相互关系。

澳大利亚的乌卢鲁—卡塔曲塔国家公园,原名乌卢鲁国家公园,是澳大利亚中部红砂土平原的地质构造。乌卢鲁是一块巨大的独石柱,卡塔曲塔是穹顶形巨石,在乌卢鲁西部。它们共同构成了世界上最古老人类社会传统信仰系统的一部分,是典型的关联类文化景观。乌卢鲁—卡塔曲塔的所有者是阿南古土著人。

1987年乌卢鲁国家公园入选《世界遗产名录》,1994年世界遗产委员会对其关联性文化景观价值的认可大大扩展了全球范围内对世界遗产的系统性认识,也使太平洋岛国看到了1972年《公约》对他们的接纳。在这里,传统的土地所有权制度和本土知识构成了文化遗产保护的基础。

在亚洲发现的大量梯田风景,如中国的云南红河哈尼梯田[①],还有缅甸北部的梯田系统,均可代表典型的文化景观。亚太地区国家和世界遗产中心还讨论了朝圣路线及圣山和亚洲地区其他带有地域性特点的传统景观作为世界遗产的可能性[②]。

中国丰富多样的地形地貌造就了许多中国名山,它们中大多数不仅可考虑为混合遗产,众多名山中人与自然共同造就的景观也应该是文化景观类遗产的候选对象。

---

① 已于2013年7月列入《世界遗产名录》,文化景观类.

② UNESCO. Thematic Expert Meeting on Asia-Pacific Sacred Mountains, Wakayama City: UNESCO, 2001.

图2.2　新西兰汤加里罗国家公园

资料来源：世界遗产中心，http://whc.unesco.org/421

图2.3　澳大利亚乌卢鲁—卡塔曲塔国家公园

资料来源：世界遗产中心，http://whc.unesco.org/447

图2.4　菲律宾科迪勒拉山的水稻梯田

近年来，文化景观类的世界遗产提名逐年增加。这一概念已经作为成功推广"全球战略"的范例，它在提高世界遗产的地区均衡性方面做出了一定贡献。然而，对文化景观类遗产的妥善保护和管理仍是国际遗产保护所面对的重要挑战。

文化景观在看待遗产的视角上和范围的选取上，与文化遗产不同，因为文化遗产着重于对文化内容的关注，也与自然遗产不同，因为自然遗产侧重在对自然环境的爱护。文化景观则因为展现的是人类与自然的和谐相处，人类的生产生活与自然的运行达成的平衡，所以突出强调人与自然共生，以及人类与环境的可持续发展。

目前，涉及"人类与自然共同结晶"的文化景观类的世界遗产提名正逐年增加。这一概念已经作为成功推广"全球战略"的范例，同时在提高世界遗产的地区均衡性方面也做出了一定贡献。文化景观作为新类型的世界遗产在中国也正受到社会各界越来越多的关注与重视。作为新类型的文化遗产，文化景观的内涵很丰富，在许多领域可以拓展。从落实世界遗产委员会倡导的"全球战略"的角度看，对代表性不足世界遗产类型的全面研究在我国也有其现实意义。例如，在文化遗产保护领域，从重视单一类型的遗产保护，向同时重视由文化因素与自然环境因素相互作用而形成的混合遗产、文化景观类遗产的保护和管理的方面可以做些有益的探索。借鉴国际文化遗产保护界具有前瞻性的创新理念和新思路，有助于开拓有中国特色的世界遗产保护道路。

2. 工业遗产

依据ICOMOS国际工业遗产保护委员会[①]的定义，工业遗产是具有历史价值、社会意义、技术价值、建筑价值或科研价值的工业文明的遗存。它包括建筑物和机械、车间、作坊、工厂、矿山和相关的加工提炼场地、货栈仓库和店铺、能源生产和输送及使用场所、交通设施，以及与工业活动相关的社会活动场所，如住宅、宗教和教育设施等。一般而言，工业遗产关注的主要是自18世纪下半叶工业革命以来直到当代，但不排除前工业时期和工业萌芽期的活动。尽管欧洲是19世纪工业革命的中心，但亚洲在设计和制造精良的工程技术方面已经有了约5000年的历史。亚太地区国家，特别是中国，在农业社会的发展过程中产生的技术革新及发明，曾对全球的工业革命产生重要影响。从这个角度看，应该扩大此类遗产的内涵。许多早期交通设施如运河、桥梁和铁路建造工程及水利工程等，具有巨大潜力作为新的工业遗产申报。

亚洲的建桥史比欧洲要早得多。中国是很多桥梁样式的起源。中国现存的最古老的赵州桥建于隋朝（公元605年），位于河北省境内，是世界最古老的开放拱肩式的弓形拱桥。柬埔寨暹粒省磅岱市[②]境内的法腊普陀泗（Phra Phutthos）桥建于12世纪末，是世界上最长的支柱型砖拱桥。其他著名的桥梁还有伊朗伊斯法罕市的哈驹（Khaju）桥（公元1667年），有18个尖拱，并建有亭阁和瞭望塔，同时作为河坝使用，是建筑艺术和工程技术的完美结合。

2006年的"国际古迹遗址日"将工业遗产列为主题。中国主管部门积极配合，工业遗产的保护逐步成为中国文化遗产保护领域的重要课题。对工业遗产的认识及研究受到广大公众的重视。在中国日益加大工业化进程的社会背景下，如何使更多的优秀工业遗产得到妥善保护，如何形成中国文化遗产保护的整体思路和方法，是需要不断思考和实践的新课题。

---

① TICCIH. The International Committee for the Conservation of the Industrial Heritage.

② Kompong Kdei.

3. 乡土建筑

乡土建筑表现为非正式建筑，其排布并非井然有序，以实用为目的，但却富有情趣和美感。它是当代生活的产物，同时也记录了社会历史。这些古老的乡土建筑诉说着一个个动人的历史故事，体现了技术革新、土地利用技巧、宗教和信仰的沿革等。它们甚至比那些纪念性文化遗产所能阐释的意义更丰富①。

乡土建筑的认定和保护对体现文化遗产的多样性具有重要意义。对这种具有地区特色的建筑形式和人类聚居地的保护已迫在眉睫，因为它们很容易受到经济全球化和文化同一化大潮的冲击。

在缅甸、老挝、泰国、越南和中国的云南，许多原住民修建的乡土建筑具有很高的建筑技艺。众多东南亚岛国原住民的聚居地，其本身的数量也逐年在减少。在太平洋地区，斐济的勒雾卡镇（Levuka）是混合殖民文化与土著文化的典型例子，2013年7月列入《世界遗产名录》。

与其他类型的文化遗产相比，对乡土建筑遗产价值的研究及认定尚未得到足够重视。在全球化和城市化的浪潮下，对此类文化遗产的保护和管理变得日益紧迫。

（二）文化线路/遗产线路：定义的扩展

随着遗产保护理念的发展，人们从开始注重对文物建筑及历史遗迹等实物的保护，逐渐转移到和它们相关的周围环境等内容上来。尽管弗朗索瓦·萧伊早在30年前便提出了扩展遗产定义的观点②，但除西方国家的某些专业机构外，这一看法并没有得到太大的反响。

1994年，随着西班牙圣地亚哥朝圣路线被列入《世界遗产名录》，在马德里召开了以文化线路为主题的世界遗产专家会议③，文化线路和遗产线路的概念正式进入世界遗产领域。1998年在西班牙圣克里斯托·拉格拉举行的会议将文化线路保护的范围扩展到衬托它的自然

---

① 摘自ICOMOS关于乡土建筑遗产的宪章.墨西哥，1999.
② F. Choay：L'Allegoric du patrimoine，Editions du Seuil，Paris，1992.
③ 主题为"线路是文化遗产的一部分"的专家会议（马德里，1994年11月24~25日）（参见WHC-94/CONF.003/INF.13号文件），世界遗产委员会第十九届会议（柏林，1995）对其进行了讨论（参见WHC-95/CONF.203/16号文件）。

背景，明确提出"保护文化线路也包括保护现存的地域文化和它们完整的地理区域"①。同年9月，ICOMOS在西班牙特内里弗岛举行的国际会议将文化线路定义为"一套整体大于个体之和的价值。这种价值使得文化线路具有意义。鉴别文化线路的依据是能够证明线路自身意义的一系列元素"②。该定义侧重强调了文化线路整体价值和物质元素在文化线路识别中的基础性作用。1999年5月在西班牙依比沙召开的国际专家研讨会指出，依托于物质元素存在的非物质元素或无形遗产是赋予文化线路整体意义的关键所在，它"必须由有形元素组成，它们代表了遗产和它存在的物质基础。而无形因素给组成整体的各项因素以意义"。

2003年以后，对文化线路的理论研究不断完善，文化线路的定义也逐渐变得明确和完整起来。

2003年在马德里召开的文化线路国际专家会议在对《操作指南》修改稿的讨论中，对文化线路进行了更准确和清晰的定义："文化线路是一条陆路、水路、陆水混合或其他形式的线路，它在物质形式上以拥有自己独特的历史动态性和功能为特征；它揭示了人类在漫长的历史时期内国家和地域间进行的交互式迁移，在产品、观念、知识、思想和价值上连续不断且互利互惠的交换；这样，在时间及空间上文化线路发生了不同文化的相互作用，并彼此融合起来，这种影响和融合反映在物质和非物质遗产两方面。"2005年ICOMOS《文化线路宪章》第五稿在此基础上加入"它必须与动态的系统结合，在这个系统里历史关系和文化财产都伴随着它的存在"。2005年，文化线路的概念以遗产线路（heritage route）的形式被正式纳入《操作指南》。

《操作指南》附录3这样界定遗产线路："遗产线路的概念丰富，它提供了一种优先的架构，对相互理解、对待历史的多重态度与构建和平文化都能起到一定作用。遗产线路由各种物质要素组成，这些要素的文化意义来自于跨国界和跨地区的交流和多维对话，它们说明了沿这条线路在空间和时间范围内的互动和交流作用。"③

《操作指南》规定："在决定一条遗产线路是可以入选被《世界

---

① ICOMOS-CIIC, Seminar Conclusions, San Cristophe de la Laguna, Canary Islands, 1998.
② ICOMOS-CIIC, Conclusions, Tenerife Seminar, Spain, 1998.
③ 2013年版《操作指南》附录3，教科文组织世界遗产中心。

文化遗产名录》，下列几点应予考虑：1）重新考虑具有突出普遍价值的相关要求；2）遗产线路的概念基于线路的动态特征、思想的交流以及其在空间和时间上的连续性；只有作为一个整体，线路的价值以它的组成部分价值的总和体现出来，它的文化意义因此而突出；遗产线路是国家间或地区间交流和对话的集合地；遗产线路应是多维的，具有不同方面的发展，多于它的最初目标，其中可能包括宗教、商业、行政管理或其他方面；3）遗产线路可以被当做一种特殊的动态型文化景观；4）对遗产线路的鉴定基于物质要素的集合，要证实线路本身具有重大的文化意义。真实性条件的验证也要被用在评定线路的重要性和其他组成要素方面。线路的使用期限也要考虑在内，可能还需考虑现在使用的频率和受其影响人员对其发展的合理意愿。"

在此基础上，2008年正式通过的ICOMOS《文化线路宪章》中，形成了对文化线路最新的定义：任何交通线路，不管是陆路、水路，还是其他类型的线路都有实际分界，而且为某种具体明确的目的服务，因此具有特别的动态和历史的功用。文化线路需具备以下条件：应当产生于且反映了人的互通行为，在重要的历史时代不同的民众、国家、区域乃至大陆之间发生多方面的、连续的和互利互惠的物品、观念、知识、思想和价值的相互交流；应当在时间和空间上推动了不同文化的交流，并且能在物质遗产和非物质遗产上表现出来；应当集中在一个动态系统中，与之存在着历史联系和文化遗产联系。

通过对以上概念的义的比较，我们发现文化线路的特征是：

- 文化线路形态多样，是具有特定目的和历史功能的人类创造出的迁徙、交流和互通的线路。
- 文化线路在多种文化和多种地理区域的交流上发挥了深远的影响，应当是有相当规模的，持续相当长时间的，在时空上具有多样性，且涵盖很大的范围和跨度的。
- 文化线路应具有多样的构成要素，不仅有物质遗产的要素，也有非物质遗产的要素，还有自然环境和地理的背景，这些要素在整体上构成文化线路。
- 文化线路是动态的，文化线路发生的动力是变化的，保持文化线路延续下来的机制也是变化的，维系文化线路的最突出的表现和纽带在于文化线路上的人口、产品、思想、知识和价值的相互传播和相互影响，也在于这种相互交流、互通和交换的成果。

- 文化线路是一套从个别、部分到整体的意义系统，要把握其意义只有将之作为一个整体才能理解，然后从整体出发去阐述文化线路各组成部分的意义。

至此，文化线路的定义基本完整，也标志着文化线路新类型遗产在理论上的初步完善。

（三）系列跨境申遗

随着世界遗产理念的发展，系列跨境遗产的新类型也出现了。在2008年的《操作指南》①中分别给出了跨境遗产和系列遗产的定义。

特别值得一提的是，在世界遗产中心的指导和推动下，丝绸之路系列跨境申遗项目对系列跨境遗产定义的完善做出了一定贡献。2010年2月，世界遗产专家会议在瑞士易廷根通过了"关于系列提名和系列遗产的结论和建议"，其中吸收了丝绸之路申遗项目所面临的关键问题和挑战。在此基础上，2011年，世界遗产委员会修订了《操作指南》中有关系列遗产的定义并新增加了系列跨境遗产提交"预备清单"的标准格式②。2012年7月版《操作指南》就将系列遗产分为"国别系列遗产"和"跨境系列遗产"，并对定义作了修订③，使之更符合"突出普遍价值"和申遗实践。

有了上述文化遗产的新概念，文化线路系列跨境申遗的工作就可以开展了。限于篇幅，这里图示申遗步骤以便读全面了解1972年《公约》的运行程序（图2.5）。

（四）对世界遗产保护体系的分析

首先，按照1972年《公约》第7条，世界遗产保护体系是一种全方位的"国际合作与援助机制"。

1972年《公约》规定了会员国和国际社会承担保护文化和自然遗产的责任和义务，为国际合作保护遗产提供了政策指导及具体可行的

---

① 《操作指南》第134～139段. Operational Guidelines, WHC-08/01, 2008.
② 《操作指南》附件2B（2013）.
③ Paragraphs 137-139 of the Operational Guidelines, WHC.13/01, WHC, Paris, July 2013.

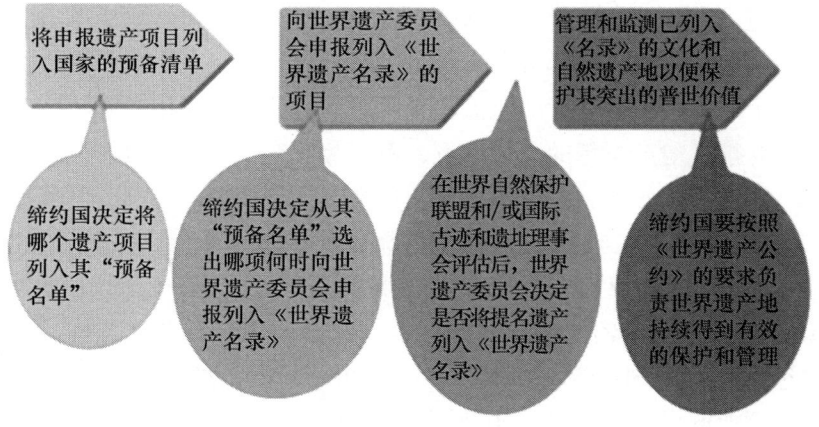

图2.5　申遗步骤图示

方案。这些都包括在1972年《公约》和《操作指南》及其他相关的法律文件、宪章准则等文件中。在教科文组织倡导和号召下，国际社会开辟了一种针对遗产保护的全方位合作模式。

其次，它是一种理解人类遗产的价值观体系。

将世界遗产视为被国际社会托管的"财产"，世界遗产的主权国则是委托人。所有会员国、教科文组织、联合国系统的其他组织（特别是开发计划署、环境规划署和世界银行）或其他政府间组织，公共或私立机构或个人都是世界遗产的受托人和保护者。

世界遗产理念之所以由教科文组织提出，是因为它避开了绝对的归属问题，强调了杰出的文化和自然遗产的突出普遍价值。教科文组织倡议的努比亚考古遗址保护运动得到世界各国的积极响应，所以教科文组织有权威将文化遗产和自然遗产的保护有机结合在同一国家法律文书中，创立了世界遗产的概念。

在此基础上，教科文组织为世界文化和自然遗产的保护开辟了国际合作保护和管理机制，即政府间世界遗产委员会的运行。"价值观+概念框架+可操作机制"，这是由世界遗产理念提供的一套近乎完美的人类共同遗产的保护机制和全球文化治理框架。这也是教科文组织1972年《公约》的独特创举。

通过世界遗产的各种国际会议，世界遗产体系为不同背景的专业人士提供了讨论的平台，加深了相互之间及对相应学科的了解。思想的交流丰富了遗产事业的参与者对全球遗产理论的研究和完善。遗产思想的交流也对制定科学的保护政策和科学产生影响。全球范围对遗产思想的重视拓宽了对遗产类型、遗产保护理念和政策的研究和应用。同时，在教科文组织推广遗产思想的大背景下，各国相互交流合作，对遗产的保护政策不断完善。例如，中国国家文物局和澳大利亚遗产部门、美国盖蒂保护研究所合作，制定了《中国文物国际保护准则》①，它所依据的保护理念就是澳大利亚《巴拉宪章》②的基本原则。

根据1972年《公约》倡导的国际合作和会员国权利和义务规范，有力促进了世界各国、各个群体和文化之间的相互尊重和理解，并推动世界遗产事业的可持续发展。2011年11月，1972年《公约》缔约国大会通过的"2012—2022年实施世界遗产公约的战略行动计划"③全面总结了1972年《公约》在40年中的发展、成果，展望了世界遗产的未来，也是今后世界遗产工作的行动纲领。

目前，1972年《公约》不断显示出强大的生命力和推动作用，并逐步开启了一场从教科文组织到各国政府，到各遗产地和普通民众广泛参与，影响深远的世界遗产保护运动。"这一运动在全世界的成功，不仅是依靠其公约的约束力'也不仅是依靠其组织的号召力，更不仅是依靠其援助资金的影响力，而是依靠它所确立的先进理念和核心价值，以及围绕世界遗产保护的国际间的对话体系。在不断的对话与交流之中，传播和弘扬了世界遗产的价值，确立了正确与错误的界限，推动了保护与利用水平的提高。在对世界遗产保护、研究、传承、分享和可持续利用方面，人类社会还有很长的路要走。今天，越来越多的国家和专业人士认识到，加入1972年《公约》和申遗的根本目的，就是为了在国家水准，在更高层次上进行保护和可持续利用，以科学的管理来平衡不同利益群体，走遗产保护的可持续发展道路。"④

---

① 简称《中国准则》，2000年10月由ICOMOS中国国家委员会在承德通过.

② Barra Charter，ICOMOS澳大利亚国家委员会于1979年8月在巴拉通过，1999年11月修订.

③ UNESCO.The Future of the World Heritage Convention，WHC-11/18.GA/11，2011.

④ 单霁翔.文化遗产保护与城市文化建设.清华大学博士论文，2007.

（五）对1972年《公约》核心价值体系的评价

世界遗产保护的理念充分体现了UNESCO《组织法》的精神。它基本遵循了启蒙的哲学理念，体现的是当时西方政治、经济和文化精英集体智慧的结晶。这些理念主要表述在1972年《公约》的序言中，即"国际社会有责任通过集体合作来参与保护具有突出的普遍价值的文化和自然遗产"①。

世界文化和自然遗产因其具有"突出普遍价值"，是全人类的共同遗产。对它们的保护符合教科文组织《组织法》中的确立"人类思想中筑起和平的屏障"的目标，也有助于守护人类共有的精神家园。

"突出普遍价值"是1972年《公约》最核心的理念。作为术语，它本身并没有在1972年《公约》条款中明确表述②。这种缺憾造成了界定和提名列入《世界遗产名录》的灵活度和不同历史时期拓展性的阐释。另外，1972年《公约》只关注对物质文化遗产和自然遗产的保护，并没有囊括可移动文化遗产和非物质文化遗产的保护。《操作指南》第48段很明确"对于可能发生迁移的不可移动遗产提名将不作考虑"。也就是说，1972年《公约》不涵盖非物质文化遗产。比如，俄罗斯圣彼得堡Hermitage博物馆中丰富的藏品，作为圣彼得堡及其建筑群③世界文化遗产的一部分，就无法依据1972年《公约》的条款进行保护。但是，《操作指南》中对文化遗产标准（vi）的界定又涉及非物质文化遗产，这就为1972年《公约》和2003年《保护非物质文化遗产公约》④建立了有机的联系。丝绸之路申遗的过程中也不可避免地遇到物质遗产和非物质遗产认定问题。限于本书的重点和篇幅，对于物质文化遗产和非物质文化遗产之间关系这一课题留待有兴趣的专家学者做进一步研究。

---

① 《世界遗产公约》第7条.
② 《世界遗产公约》第11.2条、第15.1条、第19条.
③ WHC.Historic Centre of Saing Petersburg and Related Groups of Monuments，http://whc.unesco.org/540.
④ Convention for the Safeguarding of the Intangible Cultural Heritage，http://www/unesco.org/clt，UNESCO，Paris，2003.

四、世界遗产与文化和发展的主题

（一）世界文化发展十年：文化间对话和丝绸之路

20世纪80年代以来，随着国际政治、文化理论、全球化的发展，一面是经济、政治和技术的全球化，导致全球文化的同一化、标准化和简约化，一面是宗教差异和文化边界之间的裂痕加深，导致文明冲突。这两方面的共同作用，推动教科文组织认识到增强文化特性、促进国际文化合作的重要性，同时也强调了对文化多样性的追求。1995年教科文组织的报告《我们的创造多样性》[①]首次提出了"文化多样性"的概念，强调既要注重普遍价值又要注意承认文化多样性。教科文组织的文化政策转向了推动国际文化交流、倡导文明间对话与和平文化。

"丝绸之路：对话之路整体研究"项目于1988年启动。它是教科文组织在"世界文化发展十年"[②]框架下发起的一项大型跨学科国际合作活动，目的在于通过对古丝绸之路的科学考察和学术研究，促进和丰富文化特性，增进地区间文化交流和文化间对话，从而达到促进国际学术合作的根本目的，增进各国人民之间的相互了解和友好交往。

"丝绸之路整体研究"项目在世界范围内开展了五项国际科学考察：从西安到喀什的"沙漠路线"、从威尼斯到大阪的"海上丝绸之路"、中亚的"草原路线"、蒙古的"游牧路线"和尼泊尔的"佛教路线"等一系列的大型学术考察；旨在推动东西方全方位的对话和交流，因而受到了各国政府、民众和学术界的欢迎和支持。

中国是丝绸之路的发祥地，多年来中国也一直积极参与教科文组织丝绸之路的考察研究活动。笔者就全程参加了1990年夏季沙漠路线由西安到新疆喀什的科学考察活动，也参加了1991年初海上丝绸之路考察队在广州和泉州的活动。

---

① Our Creative Diversity, Report of the World Commission on Culture and Development, created by the UN and UNESCO in 1992 in the Framework of the World Decade for Cultural Developement. 该报告1995年呈交联合国大会和教科文组织。

② 1988-1997 World Decade for Cultural Development. 成立有世界文化与发展委员会，通过了一系列有关文化政策的纲领和行动计划，出版了《世界文化报告：我们的创造性》，并筹备了1998年在瑞典举办的政府间文化政策促进发展大会。

基于对丝绸之路文化遗产的了解，作为丝绸之路综合研究的后续活动，笔者积极推动中国启动丝绸之路申报世界遗产的活动。早在1996年，中国政府就将陕西、甘肃、新疆维吾尔自治区丝绸之路沿线的文化遗产地系列选入世界遗产《预备清单》，上报WHC。这显示了中国作为疆域辽阔、人口众多、历史悠久的文明古国，积极参与与其他民族和不同文明的对话，为世界和平及各国共同发展，增进不同文化间相互了解与尊重、和睦相处，争取构建和谐世界的诚意。

"丝绸之路整体研究项目"于1997年结束。这项全球性的跨文化项目产生了大量的研究成果，并重新发现了古丝绸之路文明在人类交流、对话过程中的重大意义。这个跨文化项目也唤醒了人们对多种文明共同根源的认识并推广了世界遗产共同价值的概念。增加了人们有关对丝绸之路在不同文明间对话起关键作用的人物和载体的认识。

教科文组织开展的一系列大型的跨文化研究项目作为推动文化交流和经济合作的手段。在客观上为此后世界遗产领域"文化线路"概念的形成和完善以及其他相关遗产类型的推出奠定了基础。这些跨文化研究项目中有重大影响的包括跨越欧亚大陆的丝绸之路、拉丁美洲的安第斯山路、非洲的奴隶之路等。

随之而来，"线路"（route）或"道路"（road）的概念被重新唤醒。"它们的产生承认了不同民族与文化彼此交流会带来共同的益处。通过将自然遗产和文化遗产、物质遗产和非物质遗产的因素合并在一起，由此会发现曾经产生的文化交流过程，其中包括知识与技能的交流，人类思想、宗教信仰和文化表现力的交换。它追寻了在繁荣、危机时期产生这种互动行为的过程，和主导它们的动机，并以这种方式利用时间线索和历史分析帮助我们更好地评估在当今多元社会中进行真正文化间对话的可能性，以及更好地评估而无需退回到对历史进行争论或迷失其中就能够进行交流的形式。这些线路不仅仅提供了几个世纪中进行文化间对话的历史和地理知识；它们也同样对思考未来有积极意义；这些今天人们几乎忘记的交流和互动，表明了这些文化间的对话过程在我们之前的久远年代就已经发生了。"①

在为《丝绸之路：对话之路整体研究》所写的序言中，时任总

---

① D. Dienne. Integral Study of the Silk Roads： Roads of Dialogue. UNESCO Publishing，Paris，1997.

干事的马约尔强调了贸易、交流和文化对话在形成文化与文明中的作用：

"于1988年启动、1997年完成的主题为'丝绸之路：对话之路整体研究'的跨文化项目是一次大胆而富有理想的探险，它重新开启了历史之门、由此为当代留下光辉。'丝绸之路整体研究'通过一项庞大的跨文化研究项目动员了全世界的科学家、学术团体和媒体，包括五次科学考察，重绘了丝绸之路陆上和海洋线路图，它强有力地打破了今天妨碍各民族和谐相处的观念。丝绸之路突出了文明与文化之间延绵不断的对话中产生的丰富哲学对话和共生共融。它们展现了民族迁徙和思想与价值的互动是如何改变诸多文化甚至文明的，无论是通过东西方之间的佛教、基督教或伊斯兰教的传播，或是通过技术转换或科学知识的传播。"①

1998年3月，作为对"世界文化发展十年"的总结并延续1982年8月在墨西哥召开的"世界文化政策大会"的成果，教科文组织在瑞典斯德哥尔摩召开了"政府间文化政策促进发展大会"。会议的主旨是全面总结"世界文化发展十年"的活动，审议"世界文化和发展委员会"②在1995年11月提交教科文组织和联合国的题为"我们的创造多样性"的报告。该报告就文化和发展之间的相互作用作了新的阐述，其核心是：当文化被理解为发展的基础时，文化政策的概念本身需要更大的扩展。这次部长级大会的目的就是将这种思维方式向全球推广，使其成为决策者和决策过程的主导思想。

"世界文化政策大会"重申了1982年墨西哥会议的各项基本原则③。同意"世界文化发展十年"所强调的承认"发展的文化层面、确认和增强文化特性、扩大参与文化生活、促进国际文化合作的重要性"④。需要强调的是，本次会议意识到文化发展和保护文化多样性所面临的各种挑战。这在《我们创造的多样性》报告中作了详细论述。

"文化政策大会"确定的原则包括：可持续发展和文化繁荣是相互依

---

① Preface by the Director-General, Integral Study of the Silk Roads.UNESCO Document, Paris, 1997.

② World Commission on Culture and Development，于1992年成立，由前联合国秘书长德奎利亚尔任主席.

③ 墨西哥城文化政策宣言.墨西哥，1997.

④ 政府间文化政策促进发展大会报告.瑞典斯德哥尔摩，1998.

存的；人类发展的主要目的之一是个人在社会和文化方面的全面发展；文化间对话可被看做当今世界的主要文化和政治挑战之一，它是和平共处必不可少的前提；文化创造力是人类进步的源泉，文化多样性是人类的财富，因此对促进发展是一个必备的因素。

会议倡议各国政府和公民社会努力合作，以制定和实施与发展战略融为一体的文化政策。

在"世界文化发展十年"的框架内，由前联合国秘书长德奎利亚尔任主席的"世界文化和发展委员会"提出了一系列涉及文化政策的建设性建议和行动目标。委员会撰写的《我们的创造多样性》报告完整地概括了国际文化发展政策与行之有效的策略。1998年斯德哥尔摩文化大会确定了基本原则、向会员国建议了行动目标并向教科文组织总干事提出了具体建议。但遗憾的是，这些报告、文件、出版物在之后的十几年间基本上流于形式，并未得到具体落实。比如，2000年，联合国系统根据千年首脑会议上由189个国家通过、147个国家政府首脑签署的《千年宣言》而制定的"千年发展目标"，根本就没有任何涉及文化与发展的内容。

教科文组织文化与发展的议题直到2013年5月由中国政府在杭州召开的文化与发展大会重新拾起。

（二）杭州文化与发展大会

在中国杭州召开的主题为"文化：可持续发展的关键"的国际会议由教科文组织主办。这是自1998年斯德哥尔摩文化政策大会之后组织的第一次有关文化与可持续发展的国际会议，它成为联合国系统中第一个文化促进可持续发展的国际平台[①]。大会在政策与操作层面分享文化如何促进可持续发展的最新知识、研究成果、最佳实践，引导国际社会就"文化促进可持续发展的作用"展开公开讨论，并就"联合国2015年后发展日程"[②]的相关决定与全球从事可持续发展的重要机构

---

① 由杭州大会起，教科文组织将与各成员和联合国系统合作，举办一系列国际会议探讨文化与发展的主题，并成立机构间工作组（Inter-Agency Working Group），由教科文组织牵头.

② 2012年6月在巴西里约热内卢通过.

如世界银行（World Bank）、联合国开发计划署（UNDP）[①]进行磋商和沟通。

大会于2013年5月15～17日在杭州召开，会议由六个分论坛组成，围绕文化促进社会可持续发展这一主题展开讨论。《杭州宣言》是大会成果的集中体现，主要内容为将文化内容列入可持续发展日程的一系列建议。联合国政府间组织和非政府组织机构负责人、各国政府高官、诺贝尔奖获得者及知名学者和实践者、中国政府的外交部、教育部、文化部、国务院新闻办等、相关省市领导、高校和研究机构人员等约450名代表出席会议。

杭州会议对文化在全球可持续发展日程中所占位置进行了思考、讨论[②]。会议回顾了联合国可持续发展大会的成果文件，审视了国际社会近十年来可持续发展实践的进展。会议看到自新世纪以来，国际社会在可持续发展的不同层面都获得不小的进步，"千年发展目标"（MDG）不断取得进展，其他国际社会制定的发展目标也在实现中。但会议同时充分认识到，人类社会仍面临着人口、环境、气候、不平等和贫困的巨大挑战，要真正全面地实现可持续发展，人类社会必须发现新的发展模式，寻找新的发展途径。

这种新的发展途径在目标上必须是更广泛的，不仅是物质的，还应是人类社会多个方面和层面的进步，这里也就包括文化层面上的。这种新的发展途径就是要把文化与可持续发展联系起来，文化是可持续发展的价值、资源和推动力。

首先，文化应成为可持续发展的价值体系，可持续发展必须是多样性文化的共同发展，是世界各民族的和谐发展，是人与自然的共荣共生。因此，要通过文化构建可持续发展的框架，将人的尊严、平等、福祉等文化价值作为可持续发展的核心内涵。

其次，文化是可持续发展的资源。文化本身是一种产业，而且在21世纪的知识社会，文化是最有活力和创造性的产业，对解决就业、环境污染、气候变化等都有极大的帮助，当代可持续发展中的各种问题和难题也只有通过文化中的科学技术和科学发展观来解决，历史上不同文化的发展思想和经验也是我们今天的宝贵财富。因此，可持续

---

① United Nations Development Programme，简称UNDP.
② UNESCO.杭州宣言：将文化置于可持续发展政策的核心地位，2013.

发展需要源源不断地借助文化资源。

最后，文化是可持续发展的推动力。人是发展的目的，也是发展最根本的力量，坚持以人为本，发展就具有不竭的动力。人无论是个体还是群体都有可持续发展的强烈的内在动机，人的发展是可持续发展的最大推动力和根本目的。

因此，杭州会议呼吁并提出，必须将文化纳入到地区、国家和全球的发展战略和目标的核心地位，联合国发展议程将在2015年后制定一个全球发展框架和目标，对发展战略、计划和实践作具体的安排和规定，以确保真正实现可持续发展，确保所有人都能获得可持续发展的利益，确保人类后代获得前人文化财富的权利。

从教科文组织文化政策的发展来看，2013年《杭州宣言》对1998年斯德哥尔摩文化与发展大会以来全球的文化与发展趋势做了全面回顾，并具体地提出了在2015年制定全球文化发展的政治行动纲领和目标。

（三）佛罗伦萨"文化、创意、可持续发展"大会

杭州会议后，2014年由教科文组织、联合国人口基金和联合国开发计划署牵头，与波斯尼亚和黑塞哥维那、厄瓜多尔、马里、摩洛哥和塞尔维亚等国主管部门一道，制定了《2015年后文化与发展对话》框架，重申了需要明确认可文化在2015年后发展议程中所发挥的作用，反映了民间社会、公共和私营部门利益攸关方的各种声音。

2014年10月，第三届教科文组织文化与文化产业国际论坛"文化、创意、可持续发展"在意大利佛罗伦萨举行。与会者主要思考采取什么有效战略，将文化置于未来可持续发展政策的核心，为根本性变革做出准备。会议认识到应该为包容的社会经济发展和环境的可持续性制定一项议程。与会专家相信，通过国际合作彰显文化，世界遗产和文化产业作为创意、创新促进可持续发展的源泉，从而能够做到为后代人提供各种机遇。同时，评估文化（包括世界遗产）和创意对可持续发展的影响，使其在政治议程中保有重要地位十分必要。

教科文组织文化领域的国际准则性文件如1972年《公约》和2005年《文化表现形式多样性公约》，以及其他一系列的国际会议，为在2015年后发展议程中纳入文化与可持续发展的内容创造了条件。

为了将文化作为一项总体原则充分纳入各项发展政策，专家们呼

吁各国政府在2015年后发展议程当中纳入专门用于评估文化所做贡献的明确目标和指标，特别是在联合国可持续发展开放工作组所建议的目标框架，这些目标涉及减贫、可持续城市和城镇化、优质教育、环境与气候变化、性别平等和妇女权能、社会包容与和解等。

在充分讨论的基础上，会议提出将以下核心原则和优先事项纳入2015年后发展议程的制定进程当中。

1）在国际、地区、国家和地方各层面将文化充分纳入可持续发展政策和战略当中，其基础应当是认可人权和表达自由、尊重文化多样性、环境可持续性和对世界其他文化和表达方式持开放和平衡态度等基本原则的国际准则性文件。

2）包容的经济社会发展应具有文化和创意的国际治理体系以满足人们的需求和需要。透明的、有参与性的、知情的国际文化治理体系，要包含各种不同的声音，包括公民社会和私营部门的声音，其决策过程要体现社会全体成员的权利和利益。这一体系也需要有经济、社会、环境等所有公共部门相关主管机构之间和各级政府之间的协调与合作。

3）城镇和乡村地区是活生生的可持续发展实验室。将创意和人民福祉置于可持续城乡规划和复兴的核心，辅以对文化遗产保护原则的尊重，将使城市更加安全、富有成果和智能化。应对城乡开发和可持续旅游中遇到的挑战，需要具有文化意识的政策和对文化多样性的尊重。另外，保护非物质文化遗产（如推广传统型和环境友好型的农业技术）使食品生产过程更具可持续性、使食品质量更优，这对于以对环境尽可能小的影响来面对人口增长是至关重要的。

4）创意潜能平均分布于世界各地，但并非每个人的创意潜能都能被充分发挥。同样，并非人人都有文化生活、创意表达能力和享受多元文化产品和服务（包括其自己所生产产品和进行的服务）的可能性。例如，全球南方国家所发出的创意声音基本缺失。要改善这种现状，便要支助地方文化产品和服务的生产、国际性/地区性销售，支持艺术家和文化从业人员的自由流动。

5）实现包容、公平的优质教育和获得终身学习的机会，便要承担全民文化和全民创意的双重义务。当新人才、新形式的创意得到培育时，地方的学习、创新和发展进程便得到加强。这样便可增强妇女和女童的权能，使之成为文化表现形式的创造者、生产者和参与文化生活的公民。

6）应当利用处在创意经济核心的文化产业的全部潜能，促进创新、推进经济增长、推动充分和生产性就业，并使人人都有体面的工作。文化和创意产业在成为总体增长和发展战略的组成部分时，已经证明能够促进国民经济的复兴，创造绿色就业，刺激地方发展，促进创意。有证据表明，文化和创意产业利用现有的技能和知识，能为本地发展提供了新途径。

7）确保可持续消费和生产方式，意味着在处理资产和稀缺资源利用的问题时要充分考虑到文化因素。人类的创造性具有文化表现和变革性的创新力量，是一种独一无二的可再生资源。它不仅生产新产品，而且还产生新的生活方式，并理顺、界定我们的社会和环境。挖掘创意资产及传统知识技能，可以有助于发现富有想象力和更有效地发展成果，应对诸如气候变化和不可持续旅游带来的不利影响等一系列全球性挑战。

8）当多元化的灵感和创新源泉得以释放并受到培育时，创意将有益于建设开放、社会包容和多元化的社会。这将使生活质量提高，个人和集体福祉得以改善。创意在植根于基本人权和表达自由的原则时，还可以增强人们的能力，使他们通过接触各种文化资产和资源，过自己所珍视的生活。创意也可以使人们摆脱各种紧张和冲突、排斥和歧视，最终为稳定、和平和安全做出贡献。

按照上述各项原则和优先事项，会议呼吁各国政府、民间社会和私营部门采取行动，结成全球伙伴关系，提供以下各种支持，促进创意环境、进程和产品。

1）在国家、地区和地方层面提高人和机构的能力，特别关注增强年轻人的权能，进而使有效的文化治理系统和繁荣而具有活力的创意部门能够综合看待文化和可持续发展。

2）加强法律和政策环境，促进文化，支持有活力的文化和创意产业的兴起，将城市当做创意和创新、文化遗产保护和环境可持续性的实验室。

3）新型伙伴关系和创新投资战略，支持研究、创新、地方文化产品和服务的提供，国内和地区市场的开发，以及世界范围传播/交流平台的搭建。

4）政府和/或民间社会应制定宣传计划、项目和活动，以在经济、社会和环境等方面推动文化促进发展进程。这其中包括落实教科文组织各项文化公约。

5）继续制定并落实各种基准和影响指标，通过对信息和统计数据的收集、分析和传播，以及优秀政策实践等途径，监测和评估文化对可持续发展的贡献。

五、小　　结

总的来说，教科文组织把文化置于可持续发展的政策核心，标志着全球的文化与发展研究与实践进入了一个新的历史时期。《杭州宣言》和《佛罗伦萨宣言》倡导的以文化为中心的发展目标并将其纳入2015年后联合国可持续发展议程（SDG）之中，必将对全球文明交流、文化遗产保护、提倡文化多样性、推广文化与可持续发展的理念产生深远影响。可以说，杭州文化大会及其宣言是教科文组织文化与发展政策走向成熟的里程碑。

中国在杭州会议上所提出的"和而不同""以古为新"的理念，使得丝绸之路系列跨境申遗项目的国际合作更具现实意义。

涉及世界遗产领域，1998年瑞典"文化政策大会"很突出的一点是强调了强化保护、传承和发展文化遗产（物质的、非物质的、可动的和不动的）与促进文化产业的政策和实践。会议将这一理念纳入向成员国建议的行动目标中，其目的是更新遗产的传统定义，使社会群体通过遗产认识到自己的文化特性，认识到自己有义务使留给后代的遗产更加辉煌、更加丰富多彩。大会也倡导承认在世界遗产体系出现的一些新的文化遗产种类，尤其是文化景观、工业遗产和文化线路（文化旅游）；强调将具有文化价值的建筑物、遗址、建筑群和景观列入城镇和社区管理的政策、计划和规划中，并且确保对它们进行保护。大会呼吁公民和社区直接参与遗产保护计划，提倡旅游业尊重文化和环境，可将旅游业的收入用于保护遗产资源和加强文化发展。

教科文组织长期以来推动人类与自然的动态互动，特别自1971年启动MAB计划以及次年通过1972年《公约》以来，这些项目促成了在世界各地发展自然保护区和海洋保护区的目标。随后又将文化景观、文化线路的概念纳入1972年《公约》的范畴，提高了对文化与可持续发展的联系。此外，世界遗产领域有关文化与发展的新理念的拓展涉及非物质遗产（2003年）和文化多样性（2005年）等。这些均成为教科文组织文化政策的优先领域。

在教科文组织文化政策框架下，为落实好世界遗产的"全球战略"并配合中国政府的西部开发政策，世界遗产中心于2001年前后启动了丝绸之路：沙漠路线中国段系列申遗活动。这样，丝绸之路整体研究和"丝绸之路"热逐步转向对丝绸之路沿线文化遗产的挖掘和保护。2003~2004年，在国家文物局的支持下，笔者初步提出了系列申遗的方法论。2005年，中亚5国在哈萨克斯坦阿拉木图通过决议，一致同意与中国联合申遗。由此，在"世界文化发展十年"框架内开展的跨文化项目，为世界遗产理论体系的发展，尤其是文化线路系列跨境申遗注入了全新的内容。

可以说，振兴丝绸之路，古为今用，开辟新的欧亚大陆桥，共享和平、共同发展，成为丝绸之路沿线各国人民共同的愿望。

1972年《公约》第6条鼓励各会员国"采取适当的法律、科学、技术、行政和财务措施，以确定、保护、保存和展示文化和自然遗产"。1972年《公约》也鼓励各会员国"积极引导公民和社区参与遗产的保护和展示"。

在教科文组织大的文化政策转变中，文化遗产的理念得到新的拓展，"全球战略"的推广也为改善世界遗产的代表性与可信力提供了平台。

概括地说，教科文组织的文化政策和世界遗产理念的发展可做以下大致划分。

1946~1972年，二战后的构建和平的思维与共同遗产保护；

1972~1987年，世界遗产理念的西方语境，1972年《公约》执行的初期；

1988~1997年，"世界文化发展十年"，"全球战略"遗产理念新的拓展；

1998~2005年，文化遗产与自然遗产融合起来，物质遗产和非物质遗产逐步结合起来；文化线路概念纳入《操作指南》；

2006~2014年，大型文化线路系列跨境申遗的全球行动，申遗成功。

世界遗产体系是教科文组织对各会员国进行世界遗产保护的激励机制。其突出作用体现在以下四个方面。

首先，通过将文化遗产和自然遗产列入《世界遗产名录》，其突出普遍价值、真实性及完整性和保护管理措施就得到国际社会的承认，因此是会员国极大荣誉。1972年《公约》所确定的"突出普遍价值"，也就是说"对全人类都具有的重要意义"可以从三个方面给予概括：①遗产地应该是全世界最好的；②遗产地提供了一个具有全球性重要意义的故事背景；③遗产地体现一种区域文化现象的杰出范例、反映出一种普遍性主题。

其次，正因为联合国承认了这样突出普遍价值，遗产列入《世界遗产名录》后又可以使用世界遗产的统一的专用标志，这就更增加了公众对该遗产地重要性的认识。世界遗产认证不仅极大地提升了该遗产的知名度，还促进当地旅游、经济的发展。更为重要的是，世界遗产的认证具有全球热捧效应，其重要意义不仅仅限于经济领域，而是具有政治、社会和文化效应。

再次，遗产被载入《世界遗产名录》，通过定期报告和反应性监测程序，强化了对遗产的保护措施，有助于遗产地建立完整的保护管理体制或规划。这样一来，文化或自然遗产的管理和保护就会上一个新台阶。对世界遗产的保护除了可以得到国际社会的技术支持和专业咨询外，还可以得到世界遗产基金、预算外财源如信托基金等的支持，同时，世界遗产体系内的有关保护规则、宪章、建议书等法律文件，以及类似遗产的保护经验也对遗产管理者有借鉴作用，会促使该遗产更加得到妥善保护。

最后，申遗过程和世界遗产认证带动地方经济和旅游业发展。随着全球化的飞速发展，世界遗产越发显示出其无与伦比的经济价值。世界遗产的桂冠吸引着大批游客不远万里来到遗产地一睹风采，旅游热潮为当地带来了可观的经济收入。总体来看，世界遗产对旅游经济发展的促进不可忽视。

这些成为各会员国积极申遗的最大益处。因而申遗热在全世界范围内此起彼伏，始终热度不减。

教科文组织自成立之日起，就致力于文化间对话和促进国际交流。随着全球化的浪潮，倡导文化多样性、保护文化特性、追求可持续发展的理念，都成为教科文组织文化政策的热点和前沿。在世界遗产体系内，这些政策倾向体现在文化遗产保护理念的拓展和更新。新的文化遗产类型如文化景观、工业遗产、20世纪建筑（近代建筑）、文化线路和工业遗产也逐步进入理论和实践的探索，这使得世界遗产的思想更加丰富，世界遗产的活动也更吸引人。

同时，丝绸之路这样大型文化线路系列跨境申报世界遗产也引起公众，尤其是相关权威机构如世界遗产委员会的关注。

正如教科文组织文化助理总干事班德林（Francesco Bandarin）所言："世界遗产体系成为21世纪全球实现联合国（千年发展目标）的重要工具。通过保护重要的生态系统和文化多样性，向公众和社区提供就业机会和服务，世界遗产成为经济发展的引擎，也为可持续发展做出了积极贡献。"①

---

① World Heritage: Challenges for the Millennium，UNESCO 世界遗产中心.巴黎，2007: 19.

第三章
作为世界遗产的文化线路

"文化线路"概念从1994年提出到现在,由于它的特殊性和复杂性,理论和实践都在探索之中,尚未到成熟阶段。自20世纪末的保护实践伊始,到2005年"文化线路"以"遗产线路"的名称列入《操作指南》附录中的特殊遗产类型,最后在2008年由ICOMOS正式通过了《文化线路宪章》,算是有了基本的定义阐释。但有关文化线路的相关理论仍需要进一步地梳理和明确。在实践方面的不断发展与完善反映出文化线路概念存在一些潜在的问题和挑战亟待应对,这些包括概念定义的含混之处、申遗的策略变化,现实中遗产保护与管理的困境,以及系列跨境保护的全新挑战等方面。

本章的第一、二节将就上述问题结合ICOMOS《文化线路宪章》,以及历次国际会议的结论和现有遗产实例对文化线路概念的发展、文化线路作为世界遗产的形成过程和它的特征认定等进行总结和分析,尝试梳理一些概念的发展与形成;通过分析作为世界遗产的文化线路,明确了文化线路的特性和价值认定。在明晰概念和理论的基础上,本章将在实践层面对《世界遗产名录》中的文化线路进行了个案研究,从具体事例中总结和概括出文化线路的识别元素,并介绍了其突出的普遍价值所在。本章最后又解析了系列跨境文化线路申遗的代表性案例,使理论研究又落实到世界遗产的操作层面上。本章要解决的主要问题是:文化线路作为世界遗产有着怎样的形成和发展过程?作为世界遗产的文化线路在理论与实践上又是如何相互作用的?

一、文化线路概念的产生和发展

（一）文化线路：概念的起源

前面已经谈到，文化线路的提出是国际理论界关于世界遗产的学术研究、教科文组织文化价值观和政策调整，以及与保护世界遗产的实践共同作用的结果。而就世界遗产的发展动向和趋势来看，文化线路的提出具有标志性的意义，它深刻地影响和决定了此后世界遗产在理念和实践上的发展方向和路径。我们这里先对文化线路的概念的发展作一简要分析。

"作为文化遗产保护科学发展的一个成果，文化线路这一新概念显示出对文化遗产认识观念的演变，对文化遗产周边环境及其价值的日益重视，揭示出遗产在不同层面的宏观架构。这个概念引入了一种遗产保护理念的新模式：将文化遗产及其周边环境的价值看作超越国界的共同遗产并采取联合行动，共同加以保护。"[①]

ICOMOS文化线路科学委员会[②]所开展的活动是涉及文化线路方面的重要背景。文化线路是文化遗产在复杂程度和广度上扩展的最新成果，它产生于国际社会日益关注人类文明的交流、融合及其对人类社会进化所产生的巨大影响，日益重视国家间的合作、对话和共同繁荣的大背景下。正如教科文组织2005年10月所通过的《保护和促进文化表现形式多样性公约》所阐述的："文化多样性是人类的共同遗产，为了全人类的利益，应当对其加以珍爱和维护。"[③]文化线路的内涵十分丰富，把很多种类型的物质遗产和非物质遗产综合起来，将自然、人文、历史等要素融合为一体，并突出各种类型遗产和要素之间的关系。同时，文化线路更加重视动态的交流在文化传播和人类文明进程中起到的作用。文化线路概念的提出可以说代表了世界遗产申报和保护在理论和实践上的发展趋势，这对更加全面地保护世界遗产具有重要意义。

"文化线路"这一概念从1994年正式出现在ICOMOS文件中至今

---

① ICOMOS.文化线路宪章.魁北克，2008.
② http://www.icomos-ciic.org/CIIC/CIIC.html.
③ UNESCO.保护和促进文化表现形式多样性公约.UNESCO，巴黎，2005.

已经有了20年历史，这个概念的提出、具体的内涵和评价标准并不是一次完成和完备的，而是通过ICOMOS文化线路科学委员会所召开的一系列国际会议、国外学者在理论和实践上的共同努力而逐渐完善的。其中，包括权威性和具有指导价值的教科文组织和ICOMOS正式文件如《操作指南》、CIIC国际学术会议的讨论和论文、世界遗产申报实践的研究等。ICOMOS-CIIC会议文件是进行文化线路理论研究和实践工作的理论指导，国内外各类文化线路申遗实践是其理论应用及深化的实例。

以下国际专家会议对文化线路概念的形成产生重要影响。

1）西班牙马德里（Madrid）文化线路世界遗产专家会议（1994年12月）；

2）西班牙圣克里斯托·德·拉·拉格拉（San Cristóbal De La Laguna）和特内里弗（Tenerife）世界遗产委员会国际专家会议（1998年9月）；

3）西班牙伊比沙（Ibiza）国际会议（1999年5月）；

4）墨西哥瓜拉吉托（Guanajuato）国际专家会议（1999年10月）；

5）墨西哥帕姆劳拉（Pamplona）国际专家会议（2001年6月）；

6）西班牙马德里国际古迹遗址保护理事会科学委员会会议（2002年12月）；

7）马德里"文化线路世界遗产专家会议"（2003年5月）；

8）中国西安国际古迹遗址保护理事会第15届大会（2005年10月）。

最终，ICOMOS于2008年10月在加拿大魁北克举办的第16届大会上发表了《ICOMOS文化线路宪章》。

以上各种国际会议都讨论了文化线路的问题。每次讨论的重点不同，视角也不完全一样，参会的人员来自不同方面，每一次的讨论都丰富和推进了文化线路的研究和认识，逐渐建立起文化线路的知识和理论系统。

第一次针对文化线路召开的国际会议是1994年的马德里文化线路世界遗产专家会议，它标志着文化线路的概念首次进入世界遗产保护领域，也是文化线路相关理论研究的肇始。会上形成了一份名为"线路作为我们文化遗产的一部分"（Route as Part of our Cultural Heritage）的专家报告，报告中对文化线路的定义、特征、物质特性、界定标准进行了初步规定，申明了文化线路的"突出普遍价值"和真实性的重要性,并认为文化线路是动态的文化景观。

1998年,国际古迹遗址保护理事会在西班牙特内里弗举行会议,决定成立ICOMOS-文化线路科学委员会（ICOMOS-CIIC）。这标志着国际上对文化线路这一概念的认同和系统的、有指导性工作的起步。会议强调了文化线路的普遍性价值、将文化线路作为整体来研究的基本方法和寻求与之相关的多国或多地区合作的重要性。

此后,在ICOMOS-CIIC指导下召开的圣克里斯托·德·拉·拉格拉会议再次强调文化线路的普遍性价值,并讨论了与文化线路有关的旅游、立法等问题;依扎比国际会议主要讨论了文化线路的申遗方法、识别和操作层面的一些理论;瓜拉吉托会议规定了可作为文化线路评估标准元素的具体内容;帕姆劳拉会议则概括了文化线路保护的总原则,细化了文化线路中物质文化遗产的内容和作用,并说明了在普遍背景下的非物质遗产和文化线路以及它们的关系,还规定了文化线路预备清单制定的六步骤;马德里ICOMOS-CIIC国际专家会议重点讨论了"文化景观和文化线路在概念上的独立性"问题,辨别了文化线路与文化景观的区别与联系,进一步细化了文化线路的内涵,消除了多年来文化线路和文化景观在概念和界定上的混乱,为文化线路作为一项特殊的文化遗产类型做了理论上的铺垫。

2005年版《操作指南》中将"遗产（文化）线路"增补进来,将"遗产（文化）线路"与文化景观、历史城镇、遗产运河都作为世界文化遗产的特殊类型。同年的ICOMOS-CIIC马德里国际专家会议对《操作指南》的修订给出建议,明确了文化线路的新定义,阐述了文化线路的基本类型。在这一基础上,2005年10月,ICOMOS第15届大会在西安举办,大会通过将文化线路作为重点讨论的几个科研课题之一。作为ICOMOS-CIIC成员,笔者向大会提交了"教科文组织对丝绸之路世界遗产价值的研究"的论文。有关丝绸之路中国段分阶段、分专题系列申遗的结论得到中国政府的积极响应。论文被收录在大会科学讨论会论文集中。

2008年第16届ICOMOS大会最终通过ICOMOS《文化线路宪章》,文化线路的概念有了最新的阐释。

在理论著作方面,2002年ICOMOS-CIIC出版了《文化线路的非物质文化遗产和其他方面》①一书，概括了当时关于文化线路的概念和原则，列举了各国的相关课题研究项目，并着重强调了非物质文化遗产在文化线路中的重要性及其具体内容，可以算是从1994年到2001年研究成果的小结。

在实践层面，从1993年开始，有西班牙圣地亚哥朝圣路线②等文化线路遗产陆续入选《名录》。虽然它们都被描述成"线性文化景观"类遗产，但却为文化线路类遗产的申遗活动提供了有力的实例。

此后，若干系列跨境的大型文化线路的研究和申遗工作正在进行。比较有代表性的有亚洲12个国家参与联合申报横跨亚欧大陆的丝绸之路系列跨境申遗项目，纵贯拉丁美洲阿根廷、智利、秘鲁、哥伦比亚、玻利维亚和厄瓜多尔等六个国家的"印加大道：安第斯山道路系统"③申遗项目。2010年2月，根据丝绸之路和南美国家"印加大道：安第斯山交通网络"文化线路申遗的研究和实践，世界遗产中心在瑞士易廷根召开国际专家会议，对系列跨境遗产申报所面临的问题进行了深入研究，并向第34届世界遗产委员会大会通报了研究结论。世界遗产委员会在2011年对《操作指南》做了修订，更新了对系列跨境遗产的定义。此后，系列跨境文化线路申遗有了明确的理论依据，申遗活动取得初步成果。上述大型文化线路联合申遗文本在2013年年初已提交世界遗产中心。2014年6月，在卡塔尔的首都多哈召开的第38届世界遗产委员会上，中国、哈萨克斯坦、吉尔吉斯斯坦联合申报的丝绸之路长安—天山廊道、南美的安第斯山道路系统被列入了《世界遗产名录》，成为世界遗产大家庭的新成员。

总体来说，文化线路/遗产线路作为世界遗产领域的前沿概念，代表了一种影响当前文化遗产演变和扩展的新思路。这个概念引入了一种遗产保护理念的新模式，将这些价值看作超越国界的共同遗产并呼吁进行共同努力加以保护。由于文化线路尊重每个独立要素的固有价值，所以它承认并强调其所有要素的价值是整体中独立存在的部分。文化线路还有助于阐释文化遗产价值是促进社会和经济可持续发展的一种资源的当代社会观念。

---

① ICOMOS-CIIC. The Intangible Heritage and other aspects of Cultural Routes, Madrid, 2002.

② Route of Santiago de Compostela. http://whc.unesco.org/en/list/669.

③ Qhapaq Ñan: the Andean Road system. 2013年1月，联合申报文本提交世界遗产中心.

这一文化遗产更为全面的概念需要在更加广泛的环境中，通过新的方法来理解，以便概括和保护其与自然、文化和历史环境直接相连的重要关系。作为不断发展的结果，文化线路的概念在本质上新颖、复杂，涉及多个方面，是文化遗产保护理论与实践新性质的方法[①]。

（二）文化线路：概念的形成

1993年，西班牙的圣地亚哥朝圣之路（Route of Santiago de Compostela）列入《世界遗产名录》。世界遗产委员会在批准该项目时也强调保护重要历史交通线路和廊道的重要性。1994年12月在马德里举行的文化线路世界遗产专家会议上，遗产线路的概念被提出来，这可以说是文化线路的雏形。会议规定"遗产线路是一个内涵十分丰富的概念，它提供了一个特许的工作框架，在其中兼容了相互理解、多种对待历史的方法和一种和平文化。它是基于在时间和空间上的人口迁移、冲突和对话、文化交换和相互移植而形成的；这个概念在本质上是开放的、动态的，它致力于在经济、社会、哲学及与自然环境互动等多方面提高对遗产的识别"。该定义初步定位了文化线路在以后的会议中将被不断强调的三个基本内涵：①建立在（人口）迁移（movement）或物质交换引起文化交流（exchange）之上，具有动态性（dynamic）；②应把文化线路作为一个整体来研究并进行整体性保护；③文化线路是跨地域或跨国家的，具有一定的范围和尺度，这样才能形成足以对人类历史和文化产生影响的动态因素。另外，马德里会议还提出"对遗产线路的识别需要大量收集物质文化遗产元素，以证明线路本身的意义""它（文化线路）首次从全球角度考虑物质、文化和精神上的交流，并将物质元素、非物质元素与文化和自然结合起来"。这也是世界遗产《操作指南》中定义的范本。由此可以看出，文化线路包含三个基本层次：物质元素、非物质元素和自然元素，这决定了它与其他类型遗产的不同，以及它丰富的内容和多维内涵。

在以后的国际会议中，文化线路一词代替遗产线路被正式启用，它的定义和内容也被不断明确和补充。但在《操作指南》中，仍然使用遗产线路的概念。二者在理论和实践中基本视同。1998年西班牙圣

[①] ICOMOS. 引言：文化线路宪章. 魁北克：ICOMOS, 2008.

克里斯托·德·拉·拉格拉会议将文化线路保护的范围扩展到承托其的自然背景，明确提出"保护文化线路也包括保护现存的地域文化和它们完整的地理区域"；同年9月在西班牙特内里弗岛举行的会议更新了关于文化线路的概念："文化路线或线路是指线路遗产的整体大于个体之和的价值，代表文化线路意义的是其整体价值。"该定义侧重强调了文化线路总体价值和物质元素在文化线路识别中的基础性作用。1999年5月，西班牙的依比萨会议指出依托于物质元素存在的非物质元素是给予文化线路整体意义的关键所在，"必须由物质元素组成，它们代表了遗产和它存在的物质基础。而非物质因素给组成整体的各项因素以意义"，这提高了非物质因素在文化线路中所占的比重，为进一步研究非物质因素的作用打下了基础。此后的瓜拉吉托会议解释了文化线路多维内涵产生的原因，说明文化线路"将许多遗产类型和谐地融合在一起，如考古遗址、文化景观、历史城市、乡土建筑等，以及文化线路的旅游和立法问题"，这就把文化线路所包含的元素加以扩大了从而为文化线路定义的更新和完善奠定了理论基础。

　　同时，针对文化线路遗产的研究和保护实践工作也在展开。文化线路涉及的方面和囊括的范围都在扩大。2003年在马德里召开的国际专家会议对文化线路进行了较为准确和清晰的定义："文化线路是一条陆路、水路、陆水混合或其他形式的线路，它在物质形式上以拥有自己独特的历史动态性和功能为特征；它揭示了人类在漫长的历史年代中，国家之间和区域之间发生的相互迁徙，在货物、观念、知识和价值上连续不断的和互利互惠的交换；这样文化线路就在时空上发生了文化的相互影响和融合，这种影响和融合反映在物质和非物质遗产两方面。"[1]2005年在西安召开的ICOMOS第15届大会又在此基础上强调"它必须与动态的系统结合，在这个系统里历史关系和文化财产都伴随着它存在"。这个定义总结了1994年和1998年定义所强调的重点，明确了文化线路的动态性、交流性、以物质元素为基础、物质与非物质遗产并重的特征，更便于文化线路的识别，同时还指出了文化线路的形式，有助于避免文化线路与其他相似遗产类型的混淆，是目前对文化线路最准确的定义。

---

　　① Final Report of the Expert Meeting on Cultural Routes, Madrid, Spain, May 2003.

在此基础上，2008年正式通过的ICOMOS《文化线路宪章》中，形成了目前对文化线路最新的定义："任何交通线路，无论是陆上、水上，或是其他类型都有实际的界限，并且也因其服务于一个特定而明确的目标而自身具有特殊的动态和历史的功能而呈现特点，都必须要满足下面的条件：必须来自并反映人们的互动行为，以及民众、国家、地区或大陆间在重要历史时期进行的多维、持续及互惠的货物、思想、知识和价值观的交流；必须要在时空上促进受影响文化间的交流，使它们在物质和非物质遗产上都反映出来；必须要集中在一个与其存在有历史联系和有文化遗产关联的动态系统中。"

由上述定义可以看出，文化线路具有如下特征。

- 文化线路是人类有目的创造的具有历史功能的人类交流或迁徙的路线，形态可呈现多样性。
- 它必须具有一定的规模和持续时间，在时间和空间上都是大跨度且多样的，因此能够在多文化和多地域上产生足够深远的交流影响。
- 文化线路的构成元素是多样的：物质元素、非物质元素和自然地理环境（背景）都是组成文化线路的一部分。
- 文化线路具有动态性。动态性是指文化线路产生的动力和维持文化线路持续的机制都是动态的。它的突出表现是沿文化线路发生的人口、物品、知识、思想的往复迁移和相互影响的过程，以及这种交流和交换所产生的结果，这是维系文化线路得以持续的纽带。
- 文化线路具有一个从整体到部分的意义体系，理解文化线路的意义首先应当把它作为一个整体来理解，然后从整体出发去阐述文化线路各组成部分的意义。

2013年7月版世界遗产中心的《操作指南》中，对文化线路/遗产线路的定义为。

- 遗产线路是由物质元素构成的，其文化重要性来自跨国、跨区域的交流和多维度的对话，能说明沿着线路在时空中展开的各种互动活动。
- 遗产线路基于在时空中延续的动态运动和交换的理念。
- 是一个整体，其间线路的价值超过组成线路的所有元素之和，这些元素通过线路而获得其文化的重要性。
- 强调不同国家或区域间的交流和对话。
- 是多维度的，不同的方面持续不断地发展，尽管线路最初的目的是宗教的、商业的、行政的或其他方面。

- 遗产线路应被视为一种特殊的、动态的文化景观类型。
- 遗产线路的概念非常丰富,提供了很好的框架,得以供历史和文化等多种视野和平介入,并促进多方的相互了解。
- 列入《世界遗产名录》的遗产线路整体需要具备"突出普遍价值"。

这样,文化线路的定义基本完善,也标志着文化线路新类型遗产在理论上基本完善。

二、文化线路:特征认定[①]

2008年的ICOMOS《文化线路宪章》指出文化线路包含若干方面的特征包括:背景、内容、作为整体的跨文化意义、动态性和环境要素,并提出了可作为考察与认定文化线路的基本指标。

1. 文化线路的背景

《文化线路宪章》中将"背景"阐释为:"文化线路产生于自然或文化背景下,它作为互动交流的一部分丰富其内容。"在这里,背景可以理解为文化线路产生的大环境,包括自然和地理环境,以及社会和文化背景。

在此之前,其他文献中对文化线路"背景"的描述多偏重于自然地理环境,如1998年圣克里斯托·德·拉·拉格拉会议明确提出"保护文化线路也包括保护现存的地域文化和它们完整的地理区域";1999年伊比萨会议的结论中也提到"文化线路在一个自然的背景下存在,它们通过互动的过程尽力影响并形成和丰富了多维内容"[②];2005年的ICOMOS《文化线路宪章》第五稿中认为文化线路的"背景"(setting)就是自然背景(natural context):"文化线路产生于自然背景之中,对其产生影响,并且作为互动过程的一部分对其进行刻画,丰富其尺度。"

---

① 吕舟、郭旃等.文化线路研究课题报告.北京:国家文物局,2008~2011:27-36.

② ICOMOS Ibiza Conclusions, International Seminar on Hispano-Portuguese Bastioned Fortifications, a Cultural Route Across Five Continents, Ibiza: ICOMOS, 1999.

因此，在分析一条文化线路的时候，首先要抓住其产生的文化、历史原因和文化线路通过的自然地理大环境。文化线路的一些元素，如它的创造或设计的方式、文化习俗、社会特征等，都是依据自然地理环境而因地制宜。文化线路沿途自然景观与人类的互动关系也形成了许多文化景观，有助于我们理解在文化线路上受动态因素的影响，人与自然相互影响和人类社区的进化过程，为保护现存的传统文化提供了背景资料。

2. 文化线路的内容

2008年的ICOMOS《文化线路宪章》指出："文化线路的内容要有能证明其是文化遗产的元素支持，为其存在提供物质证据。所有非物质元素也给予构成整体线路的各种元素以支持。

- 决定一条文化线路存在必不可少的物质元素，就是交流线路本身作为服务于某一特定项目的工具，或者通过人类活动来完成特定目标。
- 其他基本的物质元素是与其历史线路功能相关的物质遗产资源，以及其他与生产贸易有关的能反映不同时代技术、科学和社会应用的事物，城镇、文化景观、圣地、礼拜及祈祷场所等，且涵盖非物质的遗产要素，它们见证了道路沿线民众所进行交流和对话的过程。"

可以说，"内容"可以被理解为最直观的组成线路的物质元素和赋予文化线路意义的非物质元素。同时，物质元素又可分为形成线路的决定性元素和维持线路的必要物质元素（图3.1）。

（1）物质元素

如图3.1所示，物质元素是组成文化线路的基本元素，也是文化线路概念所强调的重点。

1994年马德里文化线路国际专家会议报告指出："遗产线路是由物质元素构成的，物质元素的文化意义源于跨地区的交流和多维度的对话，在时空范围内沿线路的交流、运动对遗产线路的识别需要大量收集物质遗产元素，以证明线路本身的意义。"[1]该报告还列举了物质元素的类型。此后，2001年的帕姆劳拉会议、2003年的马德里国际专家会议也强调了物质元素的重要性。

---

[1] UNESCO. Report of the Expert Meeting on Routes as a Part of Our Cultural Heritage. World Heritage Centre, Paris, 1994.

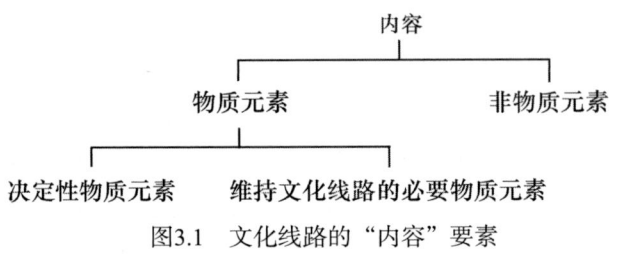

图3.1 文化线路的"内容"要素

ICOMOS《文化线路宪章》第一次比较直观地阐释了物质元素的内容：

● 形成文化线路的决定性元素是指与文化线路产生的原动力直接相关的物质遗产，如以宗教朝圣为目的的西班牙圣地亚哥朝圣路线的决定性元素是教堂、墓碑等宗教建筑和纪念物。

● 维持文化线路的必要物质元素是指维持文化线路运行的物质遗产，它们是文化线路的基础元素，如前述圣地亚哥朝圣线路沿途的旅舍、驿站等。

ICOMOS《文化线路宪章》中对物质元素的分析使对文化线路作为世界遗产的申报有了可操作性。在这个基础上选取的物质遗产可以确保其代表性并可认定其在整体文化线路中的作用和与其他部分的内在联系。

（2）非物质元素

比起其他类型的文化遗产，文化线路的非物质元素占有很重要的位置。它包括非物质文化遗产和人类精神层面的因素。其中，非物质文化遗产包括城市建筑观念、建筑方法和模式、社会风俗、政治体系和传统、宗教、传统手工艺、艺术和行业、衣食住行的方式、农耕方法、语言等。

这些非物质元素不仅能够支持文化线路的各组成部分并体现它们的意义，还可以在实体道路缺失或遭到破坏时证明缺失部分曾经存在，进而得以反映出线路的整体物质形态。此外，它们还能够重现物质遗产，如以传统工艺复原艺术品或修缮建筑物的方法等，即只要传统和它的传承者还在，由传统衍生的物质遗产和物质元素就可以得到重现。

2004年列入《世界遗产名录》的日本纪伊山地的圣山与朝圣线路①，在作为遗产要素的大量宗教建筑都已不是历史创建时的原构，但

---

① UNESCO.Sacred Sites and Pilgrimage Routes in the Kii Mountain Range：http：//whc.unesco.org/en/list/1142.

在这一过程中传承至今的宗教信仰与严格的传统建造工艺，保证了遗产的精神内涵和物质形态历史原貌的延续，使其在真实性方面的评估得到国际专家认同。

3. 文化线路的跨文化意义

文化线路的重要特征之一是它作为整体的跨文化意义，整体意义大于其各部分意义之和。ICOMOS《文化线路宪章》中指出："文化线路的概念意味着其整体价值，要比个体的简单相加有更大的价值，文化线路的意义在于其整体价值。文化线路因为各种不同的文化相互交流融合才更加丰富，并因为具有很多共同的特性和价值，从而在整体价值上就大大超越了原有文化；各部分对整体的价值存在于它们共同分享的重要性；最大范围允许民众、国家、地区和洲际见进行文化联系；它所包含的文化多样性为文化交流和融合的过程提供了多种选择。"

文化线路作为一个整体的跨文化意义包括三个方面。

第一，从遗产的角度而言，由于文化线路具有动态特征，强调民族、地域及文化间的相互影响和融合，因此不可能孤立地分析组成文化线路的某个部分。此外，文化线路的内容元素拥有丰富的内涵，因此把物质、非物质和自然元素联合起来整体理解既是文化遗产所强调的完整性的要求，也可以在整体提供的宏大背景上丰富和强化文化线路自身的意义。

第二，在文化线路的全球意义和现实意义层面，文化线路带来的不仅仅是物质交换和人际间的文化交流，更重要的是在物质交流的基础上连接了世界上的不同地域，如整个丝绸之路文化线路的路网覆盖地球四分之一。这一过程不仅在人类学的意义上对世界各民族产生了影响，包括民族间的融合等，而且带来了胜于物质交流的思想、知识、文化、艺术、科学和技术和宗教等方面的互动，产生了全球意义上的普遍价值。这也使得于丝绸之路文化线路相关的各类遗产突破了国家的政治界限，成为丝绸之路沿线各民族的共同遗产，并在和平和团结的背景下推动了世界历史和文明的进程和发展。

第三，因为文化线路通常是跨文化、跨地域、跨国家甚至跨洲际的，所以在整体保护研究和申遗的操作层面，必然需要不同地区、国家乃至民族间的国际合作和协调，因此强调文化线路的整体性也为地区、民族和国家间的合作、交流、相互尊重和理解、对话提供了具有普遍价值的、共同利益大于私己利益的平台，对当今国家和民族间的理解有重要的现实意义。这点充分体现在丝绸之路系列跨境申遗的国际合作实践中。

4. 文化线路的动态性

动态性是文化线路的本质特征，也是区分文化线路与其他类型文化遗产的指标之一。ICOMOS《文化线路宪章》对动态性作了如下阐释："文化线路中存在着一个动态要素，这个要素在文化线路中起着桥梁或渠道的功用。正是借助这一动态要素，文化才能传播，相互影响；但文化线路的动态性不意味着合乎因果关系，而仅仅是人类的行为过程和兴趣，所以只能把它看成一种文化现象。通过把文化线路理解为民族间文化交流的一系列动态要素，其文化遗产资源可以在空间和历史的范畴内理解，这就需要一种全面和可持续发展的途径对整体线路进行保护。"

文化线路的动态性指的是文化线路长期活跃的状态。

1）文化线路产生的原动力是动态因素产生的本质原因。这些因素包括长途贸易、宗教传播、文化交流的需求等。它们是文化线路得以形成和持续下来的基本动因。

2）维持动态因素的机制，包括具体路线、城镇、维持交流的基础设施，保障线路的军事设施，沿途设计的宗教文化的因素，人与自然互动的结果，途径区域的社会结构等。

3）原动力和维持原动力的有机部分组成了文化线路的整体。它们不断相互作用和变化。文化线路具体的路段改变和活动的多样性是这种动态作用的体现和结果，如道路上的改变等。

4）动态性是抽象的，却不难理解和感受。它融入了文化线路的基本元素，并贯穿其中，因此也就自然而然地反映在了文化线路的物质元素及非物质元素等各个方面。这也要求我们从整体角度理解文化线路。后面要谈到对丝绸之路文化线路的"共同价值框架"（突出普遍价值声明）的认定就确定了基础设施、生产性遗产和与成果相联系的遗产作为主要三大类别。

5. 文化线路的背景环境

2008年ICOMOS《文化线路宪章》中对背景环境的定义是："文化线路与周围环境不可分；地理环境对文化线路的形成发挥了作用；区域环境（城市或乡村环境）为文化线路提供了框架，使其具有独特的风格；文化线路连接丰富多样的地理环境，构成一个完整而独特的整体；文化线路与周围的环境和文化景观产生关系，就使得这些景观不仅成为文化线路的组成部分，而且因其所在区域和环境的变化表现出不一样的格调和象征。在某些段落，文化线路与自然的关系非常敏感，而在其他路线，则是与城乡环境关系敏感。要维护文化线路，需要深入了解其周围环境的自然、历史和文化特性。采取任何必要的干预都不能扭曲传统的景观，而必须与周边环境相适应；文化线路的周围环境应明确，并把确定的缓冲区标识清楚，只有这样，才能保存好文化线路中的物质和非物质文化价值的完整性和真实性。不同景观的价值应包含在保护的内容中，因为正是这些景观构成文化线路，并赋予文化线路独特魅力。"[①]

环境特指与文化遗产所在的直接环境相关的要素。具体而言，在文化线路的识别层面，环境的范围从大到小，由具体到概括，内容包括地理环境、区域化境、文化景观和具体遗产点的四个层次。其中，地理环境指遗产点所在的地形、地质等要素，它们对文化线路在物质空间的走向和变化有重要的影响；区域环境包括自然环境和人文环境，如城乡的文化背景等，它们有助对遗产价值的理解；文化景观的层面则强调了对于文化线路与环境之间的联系，它们所反映的人类与自然的互动关系，从风格特点及文化多样性的角度丰富了文化线路的价值。最后，在文化线路的每个遗产点周边，也经常分布着相关的文物古迹，是理解文化线路内涵的必要因素。

有关这四个层次环境要素的阐释，也为文化线路的保护管理提出了具体可行的原则。在保护对象和范围方面，不仅强调了对地质地貌、自然景观、城市村落和相关古迹遗址的保护，也突出了人文历史、文化传统等非物质要素的保护。一方面，这是由文化线路跨文化的整体意义决定的，另一方面，也有助于对文化线路的深入理解和文化线路作为新的遗产类型为传统遗产的保护方式注入新的活力。

---

① ICOMOS.ICOMOS文化线路宪章.魁北克，2008.

最后需要对环境要素与背景要素加以区别。其中，环境要素通常指遗产点所在地的地理环境、景观、社会文化等更为具体、直接并具有可操作性的要素，是当前遗产环境中可用于遗产价值评估而进行保护的要素。背景要素则更为宏观、全面而抽象，包括大范围的自然环境、历史背景、文化特征及其历史承接关系与变化等方面。在保护管理的实践操作时，环境要素对确定遗产点的保护范围和缓冲区有重要的影响。

6. 文化线路的类型

2008年ICOMOS《文化线路宪章》提出："文化线路可以进行多种分类，根据地域规模，可分为地方性、全国性、地区性、洲际和跨洲际线路；根据文化范围，可分为特定文化区域内的线路和不同地理区域间的线路（文化价值的产生和发展都相互影响的）；根据目标和功能，可分为社会的线路、经济的线路、政治的线路和文化的线路（多维度的背景中可以共同具有这些特征）；根据持续的时间，可分为已不再使用的线路和仍在社会、经济、政治和文化交流中起作用的线路；根据结构特点，可分为直线线路、环形线路、十字形线路、放射状线路和网状线路；根据自然环境，可分为陆路、水路、混合线路和其他物理环境线路。"

2008年前，ICOMOS-CIIC 历次文化线路国际专家会议报告中也指出，文化线路的具体形态可以分为"线性、带状、廊道、交叉、网络"等类型；按照核心内容又可分为宗教、贸易、军事活动等类型；除此之外，也可以从历史事件、产生时间、和平或军事的目的、影响力等方面区分文化线路的类型。

这些分类方式为我们提供了理解丝绸之路文化线路的多种途径，也为遗产价值的比较分析提供了分析的框架。

由上可以看出，文化线路的特征识别纷繁复杂，需要我们在实际操作中细致梳理，以挖掘出文化线路本身的整体价值。

尽管文化线路作为一种新兴的遗产类型，可以成为有效认识、保护和管理文化遗产的手段和框架，但在进入申遗阶段时，仍需在遗产价值评估的基础上具体设计申遗的策略、途径和侧重点。而在实际的保护与管理阶段，则需要更加注重构建合理的管理机制及其跨文化特征对区域社会发展，甚至跨境关系的影响。由于涉及系列跨境文化线路申遗可参考的实例很少，比较可行的途径是参考已有的系列跨境

（文化遗产或自然遗产）的有益经验，无论世界遗产保护与申报的外部条件如何变化，及早建立并完善单一国家或地区内部的文化线路保护管理机制，并根据自身特色进行保护和管理是十分必要的。下面丝绸之路文化线路系列跨境申遗的实践案例就印证了这一点。

三、作为世界遗产的文化线路

文化线路在2005年作为一种特殊类型的文化遗产纳入了《操作指南》，但因为文化线路的复杂性和特殊性，它还是经常被描述成动态的文化景观。从世界遗产的角度研究文化线路，首先要明确具有文化线路特征的遗产。

（一）《世界遗产名录》中的具有文化线路特征的遗产

下面六个文化遗产地是国际专家公认的具有文化线路特征的遗产，以它们为例可以简要分析文化线路作为世界文化遗产的识别和特点。这里利用世界遗产中心的文件对它们列表对比（表3.1）。

表3.1 《世界遗产名录》中具有文化线路特征的遗产

遗产名称/国家	批准时间	提名类型	遗产简介及主要类型	符合标准
圣地亚哥朝圣线路[①]（西班牙）	1993	文化遗产	1987年，欧洲委员会宣布圣地亚哥朝圣之路列为第一批欧洲文化线路。该遗产穿越法国和西班牙边境，一直是朝圣者们通往圣地亚哥的必经之路。沿路有约1800座宗教建筑和世俗建筑，都有历史意义。中世纪时期，这条线路促进了伊比利亚半岛和欧洲的文化交流。它也见证了基督教信仰在全欧洲社会各阶层人士心目中的重要地位。 历史城镇；宗教建筑；基础设施；历史道路遗迹	（ii） （iv） （vi）
圣地亚哥朝圣线路[②]（法国）	1998	建筑群；文化景观	朝圣者为了到达西班牙，他们必须穿越法国。遗产项目包括系列重要的历史古迹，标出了朝圣者穿越法国的路线	（ii） （iv） （vi）

[①] Routes of Santiago de Compostela (Spain, 1993). http://whc.unesco.org/en/list/868, Paris.

[②] 世界遗产中心. Routes of Santiago de Compostela in France (France, 1998). http://whc.unesco.org/en/list/868, Paris.

续表

遗产名称/国家	批准时间	提名类型	遗产简介及主要类型	符合标准
乳香之路①（阿曼）	2000	遗址文化景观	瓦迪·道卡的乳香树和什斯尔/乌巴尔的科尔罗里和巴厘德港口的商队绿洲遗迹，都表明这里的乳香贸易繁荣了很多世纪。这项贸易在古代和中世纪是最重要的商业活动之一。 乳香树；沙漠绿洲遗址（包括建筑等）；附属港口	(iii) (iv)
科布拉达·德·胡迈海卡山谷②（阿根廷）	2003	遗址文化景观或文化线路	该文化路线源自安蒂恩高原的荒漠，沿格兰德河谷延伸，直到南部与里约河处。山谷里的遗迹向人们展示它被作为主要的商业通道的历史。这里也曾经是狩猎聚集地，还是印加帝国时代（公元15~16世纪）和19~20世纪人们为独立而斗争的战场	(ii) (iii) (iv) (v)
纪伊山地的圣地与参拜道③（日本）	2004	遗址文化景观	大峰、熊野三山和高野山三座圣地坐落在纪伊山地茂密的森林中，俯瞰太平洋。它们通过多条参拜神道连接着奈良和京都两个古都，反映出神道教与佛教的相互融合。该遗址及其森林景观是1200多年来保留完好的圣山传统的写照。三个遗址内都有神殿，有些神殿修建于9世纪	(ii) (iii) (iv) (vi)
熏香之路和内盖夫的沙漠城镇④（以色列）	2005	遗址文化景观	历史城市； 防御堡垒和商队旅馆（包括防御堡垒、商队旅馆、界碑、混合型石头遗存、历史道路遗存、水渠、坝等农业痕迹）； 农业景观	(iii) (v)

（二）文化线路与文化景观关系分析

与文化线路相似的遗产类型包括文化景观和遗产廊道等。分析说明这几个概念和文化线路的关系有利于对文化线路遗产的鉴别和认

---

① Land of Frankincense (Oman, 2000). [EB/OL] http://whc. unesco. org/en/list/1010, Paris.

② Quebrada de Humahuaca (Argentina, 2003) [EB/OL]http://whc. unesco. org/en/list/1116, Paris.

③ Sacred Sites and Pilgrimage Routes in the Kii Mountain Range, Japan, 2004. [EB/OL]http://whc. unesco. org/en/list/1142, Paris.

④ Incense Routes-Desert Cities in the Negev, Israel, 2005. [EB/OL]http://whc. unesco. org/en/list/1107rev, Paris.

定，进而更准确地认定其价值和申遗策略。

文化景观是在1993年列入《世界遗产名录》的一种文化遗产类型。在《操作指南》中对文化景观的定义是："文化景观代表着'自然与人类相结合的结晶'。自然环境以及连续的社会、经济和文化力对其带来影响，它们来自外部和内部；在这种物质条件的限制或其他因素的影响下，文化景观是多年以来人类社会和居住地进化的例证。"

文化线路在2002年以前都被定义为一种特殊的动态文化景观。2002年ICOMOS-CIIC马德里国际专家会议以"与文化景观相关的文化线路在概念上与实际上的独立性"为议题首次提出了文化线路与文化景观的不同，此后的国际会议也不断完善文化线路的内容以避免混淆。2005年至现在，《操作指南》中依旧将文化线路定义为一种动态的文化景观，一直以来，所有符合文化线路特征的遗产在申报时也都被描述为文化景观或线性文化景观。

1. 文化线路与文化景观概念的澄清

第一，文化线路和文化景观概念有所混淆的原因首先在于文化线路本身包括的内涵十分丰富，与其说它是一种特殊的遗产类型，倒不如称之为一种遗产集合体。它把许多遗产类型和谐地融合在一起，强调的不是某一类遗产，而是遗产（物质、非物质、自然）之间的关系。这点与强调人、文化和自然之间关系的文化景观十分相似，两个概念都代表着一种囊括了多种遗产类型在内的遗产概念，因此在短时间内无法完全割裂。

第二，文化线路与文化景观在概念上确实有所重叠，它与"延续性文化景观"（continuing landscape）和"关联类文化景观"（associative cultural landscape）有相关之处。《操作指南》中指出："（文化景观的）第二类是有机进化而成的文化景观。这一类文化景观以其形式和组成要素的特征反映了进化的过程。"该类文化景观又分为两个子类，其中"延续性文化景观"指与传统生活紧密相关，是经过漫长的历史时期进化而来的，有可反映进化过程并有显著物质明证的文化景观，这类景观在当代社会中依然发挥着作用。它包含着历史和有机进化两个层面的意思，并且具有经济、社会或宗教的功能价值，这与同样强调时间特征和因时间累计带来的影响作用的文化线路有相似的地方，而文化线路也同样是"有着除其主要方面之外多种发展与附加的功能和价值，如宗教的、商业的、行政的等"[①]。文化线路的动态因素和交流影响也肯定会在沿途的社区或地域中产生这样的延续性文化景观。以丝绸之路文化线路为例，伊朗巴姆古城（Bam and its Cultural Landscape）的文化景观、阿富汗巴米扬河谷（Bamiyan Cultural Landscape）的文化景观，都是伴随丝绸之路的需要而产生，并在漫长历史时期内自然进化而来的，这种文化景观也正是文化线路真实性和完整性价值的物质明证。另外，文化景观中第三类是"关联类文化景观""在《名录》中的该类文化景观通常是指自然环境中与强大的宗教、艺术或文化要素相关联的部分，而非那些不显著的甚至缺失的物质文化证据"。如前面论述的澳大利亚的乌鲁鲁国家公园和新西兰的汤加里诺国家公园。但是，如果我们从文化线路的整体意义和价值来看待巴姆和巴米扬文化景观，就可以看出上述两种情况的文化景观是组成丝绸之路文化线路的元素，也是其价值中重要部分，或者说是文化线路穿越、涵盖了这些重要文化景观。因而，文化线路不能算是一种动态或者是线性的文化景观，它们之间没有简单的从属关系。

第三，对文化线路的形态和类型确定较晚也是导致概念混淆的原因之一。早在1992年文化景观定义出台的时候就明确了其三种基本类型，以及每个类型中的子门类。这样明确的规定在很大程度上就避免了文化景观与文化自然混合遗产的混淆，也为更深入探讨文化景观的内容提供了理论基础。1994年马德里文化线路遗产专家会议只给出了文化线路定义，并没有深入地诠释其内涵。它只是强调了文化线路要有实体形式"包括线路的空间形态、重要的地点场所、纪念物、影响范围等"，并对其物质元素进行了分类和说明。但它没有从整体角度详述文化线路的形态和类型，所以文化线路一直被从表面意义认为是沿线性排列的一组动态文化景观。1999年墨西哥瓜拉吉托举行的ICOMOS-CIIC国际研讨会提出"组成文化线路的不同特征的遗产由互动或相近的关系构成，它们有不同的结构：线型、带状、廊状、十字形和网状等"；直到2003年马德里文化线路国际专家会议才最终明确了线路的实体形式是"陆路、水路、陆水混合或其他形式的线路"，同时，文化线路也可按照地域范围、文化范围、现存目的、使用时间和历史载体分出不同的种类，然后再进行组合定位。至此，文化线路才从形态上明确的区分于文化景观。

---

① ICOMOS.ICOMOS文化线路宪章.魁北克：ICOMOS，2008.

第四，未能及时说明文化线路的动态性与文化景观动态性的区别。在《操作指南》附录中提到"（文化景观中）代表文化上意义重大的交通和交流网的长的线性区域不应被排除"，这说明文化景观也是具有动态性和交流因素的，这个特点并不是文化景观突出强调的，与文化线路相比，动态性只是文化景观的附加部分。但是，虽然文化线路一直在强调其动态性和其建立在交流和沟通上的价值，它却没有将这一特性变成必需的判别尺度，以至于文化线路在长时间内都被当做具有动态性的文化景观。2006年，ICOMOS-CIIC在一份叫做"避免现有文化线路概念的混淆"的文件中澄清，文化线路是"被刻意创造而去服务于具体而特殊的目的""文化线路是一个由人类预先意愿而计划的一个工程，用于特殊目的。在这一过程中，各种人为的因素持续发生作用，且引向相同的目的，例如丝绸之路文化线路"。在这种情况下，它是为完成特殊目标而产生的人为意愿的结果。由此可见，不同于其他交流形式或交通方式，文化线路不是文化景观中因社区或区域生存需要自然进化而成或被创造出来的，它是由物质或精神交流的需要而产生的。动态因素在这两类遗产中的重要性显然是不同的。

2. 文化线路与文化景观的区别

文化线路与文化景观在本质上是不同的，这些不同在2002年ICOMOS-CIIC名为"与文化景观相关的文化线路在概念上与实际上的独立性"的国际专家会议上被系统阐述。会议认为将文化线路称为"线性文化景观"是"对文化线路特征的否定，是基本概念上的错误"，因为两者的区别十分显著。

第一，文化景观强调人与自然的联系和相互影响。文化线路强调动态性、因迁移而带来的贸易和人文交流，文化线路以其迁移性为特征，涵盖了无形和空间的动态特点。这些都是文化景观不具有的。文化景观虽然也随时间发展，但它更具有定居性并受到自然的限制。文化景观在地理背景下不是动态的，它可能被文化线路潜在的覆盖。因此，两者强调的侧重点是有区别的，讲述的是遗产不同方面的内容。

第二，文化线路往往是由遗址、历史城市、建筑群、考古遗存和文化景观组成的，它不一定是一个文化景观，也不能用线性和非线性来概括其全部内容。这两类遗产不是简单的从属关系，在很多情况下，"文化线路可能产生或持续产生文化景观，但是相反的现象就不会发生""当文化景观就位于文化线路沿途时,这些文化景观也是完全不同的或者在地理上是孤立的没有联系的,并且彼此间有很长的距离"。因此,文化景观是文化线路的组成元素之一,文化线路沿途可能会存在不同类型的文化景观。比如,上面所举的三个例子就很能说明问题。

第三,文化景观是人与自然共同作用而成的,所以必须在达到与自然和谐共处的情况下才能长期存在并自然进化。文化线路是人类因交流活动和物质交换的特殊需要创造出来的,它虽然是一种社会文化现象,但它不总是遵从自然法则,具有很强的目的性和自主性。

第四,非物质因素在两者中的地位有所区别:文化景观中的非物质因素是随文化景观的进化而产生的,旨在反映传统生活和文化的价值,反映人和自然之间的和谐关系。而文化线路中的非物质元素除了反映传统生活外,还反映了物质交换和人类交流这些动态因素的影响范围和影响过程,它是文化线路的组成元素和判别标准之一,并支持整个文化线路的价值,它的意义在某些方面甚至可以超越物质元素的意义,如沿丝绸之路人类思想、宗教和科学技术的传播和东西方文明的交流。

从分析可以看出,文化线路和文化景观是不同的概念,它们在界定和内涵方面有着明显区别。但是两者也有密切的关联性,如都经过历史演进过程,都有非物质文化遗产的成分,文化线路沿线也往往会有多处文化景观等,如丝绸之路沿线的巴姆古城和巴米扬文化景观等。它们从不同的角度阐述了遗产的性质和意义:文化景观是强调人与自然和谐关系的一种遗产;而文化线路则是遗产概念不断延展、内涵不断丰富的结果,它更像一种复杂的遗产集合体,从整体上强调物质遗产、非物质遗产和自然环境的关联性。同时,文化线路的这些因素都是由于交流和动态的迁移而产生的。所以,不能用简单的从属关系模糊二者的界线。但是,文化线路和文化景观不是对立的,某些遗产经过不同角度的分析和价值评估,可以认定它们既是文化景观也是文化线路。

阿富汗巴米扬河谷文化景观体现了公元1~13世纪的艺术和宗教文化,它体现的是古代巴克特里亚文化的特征(图3.2)。在古丝绸之路的发展中,佛教艺术吸收了多种文化的艺术特点。这样,在巴米扬河谷地区就集聚了很多佛教庙宇和伊斯兰教的防御工事。它是丝绸之路文化线路沿线典型的文化景观。

巴姆古城地处伊朗高原东南边缘的沙漠之中，它地处丝绸之路贸易路线的十字路口，以生产丝绸和棉服闻名于世（图3.3）。公元7～11世纪时期，这里达到鼎盛时期。作为沙漠绿洲中的聚居地，生命的存在主要依靠坎儿井（qanāts）提供水源。巴姆城堡也是丝绸之路沿线使用生土技术建造中世纪要塞城镇的典型范例。

图3.2　巴米扬河谷的文化景观

图3.3　伊朗巴姆古城及其文化景观

此外，文化景观列入《世界遗产名录》是因其文化遗产的标准，但也有因自然遗产标准入选的个案，这意味着文化景观也可以是混合遗产。文化景观的概念对1972年《公约》的实施意义重大。关联类文化景观是认可原住民遗产无形价值的关键。文化景观对保护生物多样性和文化多样性的贡献突出，正如世界遗产中心罗斯勒博士（M. Rossler）所说，"文化景观处于文化和自然、物质和非物质价值，以及生物多样性和文化多样性这三个交界面上，它们展示了多种关系的交织，表达了人类文化的认同感本质"。①文化景观列入《世界遗产名录》，对遗产地的阐释、解读、展示、和管理都带来巨大影响。

文化景观是指自然与人类创造力的共同结晶与相互作用。它通常体现一种特殊的可持续土地利用模式，或是它在自然环境中的特性与有限度，或是与自然相关的精神联系。保护文化景观有助于促进现代土地利用技术、保持景观的自然价值。在世界范围内，传统土地利用形式的持续存在支持了生物多样性的保护。文化景观又支持了传统的文化表达，对保护文化多样性也有意义。因而，保护传统文化景观对保护生物多样性和文化多样性贡献都很大。

（三）遗产区域（廊道）及欧洲文化线路的经验

遗产区域（national heritage areas），有时称为遗产廊道（national heritage corridors）和欧洲文化线路分别是美国国家公园管理局（national parks service）和欧洲委员会（council of europe）在对各自的遗产领域进行大范围保护时采取的整体方法，它们的保护体系与世界遗产不同，但在遗产的保护方法和保护理念方面，对大型文化遗产，尤其是文化线路具有借鉴意义。

美国国家管理局对遗产廊道或是遗产区域的界定是"拥有特殊文化资源集合的线性遗产，通常带有明显的经济中心、快速发展的旅游产业、传统建筑适于再利用、娱乐及环境改善"。②

---

① M. Rossler. World Heritage Cultural Landscapes, Landscape Research, 2006（4）.

② 美国国家公园管理局网站：http://www.nps.gov/heritageareas.

近年来，有不少学者也在借鉴遗产区域或廊道的保护及管理方法，并将其运用到遗产保护尤其是文化线路类遗产的保护当中，如研究遗产区域和廊道与丝绸之路特定路段或廊道的构建等。正因为遗产区域或廊道在保护理念、方法和管理模式上对文化线路类遗产具有借鉴作用，所以在从申遗角度研究文化线路时，有必要对两者的区别和联系进行分析，以便明确其参考价值和使用范围。

第一，遗产区域或廊道并不是世界遗产领域的概念，它的推广和实施仅限于美国国家公园管理体系。与世界遗产的评定相比较，美国国家遗产区域或廊道的审定并不强调具有"突出普遍价值"，其遗产本身也极少被列入《世界遗产名录》。遗产区域或廊道可能包括现代或近代的遗迹，并可能对古建筑进行功能性的修缮和再利用等，对遗产的真实性、完整性等不做具体要求。

第二，遗产区域或廊道和文化线路在空间尺度、遗产组合方式等方面虽有类似之处，世界遗产中的文化线路类型更注重线路的文化内涵，强调线路的跨文化意义、动态性、交流和对话，并在这一主题下选取遗产进行保护。而遗产区域或廊道是在更丰富的主题下集合了多种文化资源的类型，其主题多样并不仅限于历史线路，也不是单纯的文化遗产保护。遗产区域或廊道作为一个国家内部大规模的遗产整体保护方式，在保护的同时也更注重遗产是否能带动当地的经济发展，在很大程度上要求开发利用这些资源。

遗产区域或廊道对文化线路的借鉴作用则有以下两个方面：①它适合于对各类遗产资源进行整体规划和保护、强调遗产各部分之间的功能性联系的理念，可以加深对遗产整体意义的认识；②在保护管理层面，遗产区域或廊道已然形成了诸多成熟的机制和策略体系，如在大范围的遗产区域内建立统一的管理机构和管理体制，保障遗产保护与管理部门之间的协调，提高工作效率等。这些理念和管理体系弥补了文化线路遗产保护和管理方面的空隙。

欧洲文化线路是欧洲委员会（Council of Europe）1987年倡议的欧洲线路类遗产和文化保护项目。它在欧洲理事会通过相关决议和公约的法律框架下，以一系列标准为参照，选取不同主体的线路类遗产进行保护，旨在以文化线路反映欧洲各国文化间的影响和互动，以及共同价值，在服务于提高欧洲文化认同感与公民意识、更好地理解欧洲历史、促进文化间与宗教间对话的目的，从而把保护文化与自然遗产视为社会、经济和文化发展的资源，并在可持续发展的原则指导下，促进文化旅游。

欧洲文化线路项目有可操作的合作框架。欧洲委员会下设的文化部长委员会（Committee of Ministers）通过决议设立了正式的合作机制，以协调《欧洲文化公约》（European Cultural Convention）中48个签约国的行动。这些国家可以提议文化线路项目。它们必须满足这些标准：①体现欧洲价值观的一种专题并在若干国家中有代表性；②体现一个历史性线路或是为了文化旅游的目的新建的线路；③代表优先领域的长期性多边合作的项目，如科学研究、遗产保护和弘扬、文化和教育交流，当代文化和艺术实践，文化旅游与可持续发展的主题等；④由一个或多个独立的机构管理。

基于以促进欧洲认同为根本目的政治诉求，欧洲委员会的"欧洲文化线路"项目围绕跨国境和跨学科合作的宗旨，在项目的主题选择、管理模式和认证机制等方面形成了完整的体系。虽然与ICOMOS对文化线路遗产，和世界遗产体系对遗产线路的要求有所差别，但在客观上推动了文化线路理论与实践的发展。

在遗产认定与线路主题方面，由上面标准可以看出，欧洲文化线路比世界遗产的文化线路内容更宽泛，不仅涉及历史上已经形成的线路，也可以包括根据某一主题组织起文化旅游的当代线路。除了宗教、贸易等路线，主题还包括名人路线、围绕重大历史事件、或围绕着语言传播的线路等，是遗产集体保护的一个系统。用同一主题串联相关遗产，使得相关遗产在同一个工作框架下得到同等水平的保护，避免了因单点评估造成的遗产意义不足，从而忽略单个遗产的保护。

在遗产保护的管理机制方面，欧洲文化线路将跨境合作、跨学科工作网络的建立，以及成熟可控的旅游项目开发作为申请认证的前提条件，不仅为文化线路项目的管理与认证的实际运作提供了可操作性，也确保了该项目与促进对话与交流和可持续发展等主题的联系。

欧洲文化线路的可操作性体现在它的合作框架中。欧洲理事会在1998年成立了专门机构——欧洲文化线路研究所（European Institute of Cultural Routes）。它的主要职责是审批文化线路项目申请，监测有关项目领域的合作活动，协调各相关机构的工作并促进信息交流和保存文献资料。

在总体管理层面，欧洲理事会确定文化线路项目的政策方向，审定新的专题和线路，批准合作网络并根据项目的规模颁发"欧洲理事会文化线路"或"欧洲理事会重要文化线路"证书。

在遗产保护的社会影响方面,利用相关遗产资源推动欧洲青年公民彼此交流与互动,促进理解与和平的方式,也与教科文组织倡导的文化政策相一致,并为世界遗产文化线路的价值阐释与展示提供了参考。

欧洲文化线路项目对全球文化线路理论和实践的发展具有重要的影响力,尤其是它的前瞻性和完整的体系,对文化线路的发展产生了巨大的推动力和影响力。其中最有借鉴意义的是,欧洲文化线路作为欧洲委员会大力推动的跨国文化项目,所取得的成果不仅限于文化遗产保护的专业领域,更深入贯彻了推动欧洲文化与身份认同、和平文化与交流的政治目的。这样一种结合了文化遗产保护、跨境管理与合作、跨学科研究,以及当代文化旅游活动的欧洲文化项目,其影响与意义已超过了传统的文化遗产保护,并值得引起我们对文化遗产保护深层目的与意义的思考。

总之,欧洲委员会在1987年就认定西班牙的圣地亚哥朝圣之路为欧洲文化线路,它在1993年作为文化线路入选《世界遗产名录》,因此而推动了文化线路类型进入世界遗产领域。显然,欧洲走在了前面。时至今日,文化线路领域的理论和实践仍然由欧洲国家主导。

四、文化线路的突出普遍价值

前面讲到,文化遗产的"突出普遍性价值"指该遗产的文化意义非常突出,以至于它超出了国家的界限,并对人类的现在和将来都具有十分重要的价值。

文化线路申遗项目,必须符合世界遗产标准的(i)~(vi)条中的任何一条[①]。

---

① 世界文化遗产的六条标准是:(i)表现人类创造精神的代表作;(ii)在一段时期内或世界某一文化区域内,对建筑、技术、古迹艺术、城镇规划或景观设计的发展产生过重大影响;(iii)能为现存的或已消逝的文明或文化传统提供独特的或至少是特殊的见证;(iv)是一种建筑、建筑群、技术整体及景观的杰出范例,展现历史上一个(或几个)重要阶段;(v)是传统人类居住地、土地使用或海洋开发的杰出范例,代表一种(或几种)文化或者人类与环境的相互作用,特别是由于不可扭转的变化的影响而脆弱易损;(vi)与具有突出的普遍意义的事件、文化传统、观点、信仰、艺术作品或文学作品有直接或实质的联系(委员会认为本标准最好与其他标准一起使用)。

除了这些标准外,遗产所具有的"突出普遍价值",还必须符合真实性和完整性验证,也要有保护和管理机制。

"突出普遍价值"要点体现在:①遗产提名的聚焦点(符合的标准);②什么是遗产评估的核心内容(真实性和完整性);③哪些方面是该遗产需要持续保护和管理的因素(保护和管理措施)。

由于文化线路是一种总体意义大于部分意义之和的遗产类型,因此它的突出普遍性价值首先体现在它的整体性上。对整体突出普遍性价值的分析不仅在于文化线路作为整体在物质、文化交流中的地位和意义,还在于由它引起的民族间的相互理解和有着共同利益的普遍性背景,以及在这个背景之上产生的文化多样性,这也是它整体价值中很重要的一部分。其次,文化线路的突出普遍性价值又是多方面的,无论哪一方面的价值对人类历史和文明都有重要意义,应该得到充分的理解和保护。最后,需要强调文化线路整体的突出普遍性价值大于构成它的单个物质遗产的突出普遍性价值。也就是说,作为世界文化遗产的文化线路要求严格地证明它作为一个整体所存在的突出普遍性价值,而其他组成部分与整体文化线路有着功能性联系(functional linkage)。

在实际操作层面,现有的符合文化线路标准的世界文化遗产大致有两类:一类是和宗教相关的朝圣线路,一类是跨国界和地域,甚至洲际的贸易线路。两类线路在总体意义上的突出普遍性价值是不言而喻的。因为所有文化线路都在历史上持续了相当长的时期,并在动态的迁移和交流过程中,在思想、传统、宗教、艺术等各方面产生了跨文化的影响。所以,根据《操作指南》中判断突出普遍性价值的文化遗产的六条标准,它们几乎都符合标准(ii)~(vi)。丝绸之路文化线路"突出普遍价值声明"也是用了(ii)~(vi)的标准。

(一)文化线路的真实性

虽然作为世界遗产的文化线路并不一定需要组成它的单体元素都具有突出普遍性价值,但是它们必须与整体的文化线路有着功能性联系。2003年ICOMOS-CIIC马德里专家会议上指出"真实性和完整性的评估必须被运用在其物质、历史意义和文化线路所反映的信息以及其精神元素上。还必须考虑到时间上的关联性、现在对线路各段的使用情况和相关人群的合理愿望"①。可见，文化线路的真实性和完整性是十分复杂的，需要从多方面进行验证。

涉及文化遗产的真实性，《操作指南》中规定"根据文化遗产的类型和它们的文化背景，如果它们的文化价值可以真实地通过以下特性来反映，那它们就可以被理解为符合真实性的条件。这些特性包括：形式与设计、材料与质地、利用与功能、传统和技术以及管理体系、位置与环境、语言与其他形式的非物质遗产、精神与感受，以及其他内部因素和外部因素。"②因为文化线路是强调动态的迁移带来文化间交流和影响的整体，所以从理论上来讲，文化线路首先要通过物质遗产、非物质遗产和其存在的地理环境所表现出来的动态因素，来验证文化线路整体的真实性，然后再确定它的组成部分是否真实。但是，由于文化线路是一个复杂的集合体，其整体真实性很难判别，并且非物质元素的真实性也是一个还在争议的话题。所以在现有文化遗产的评估报告中，基本将物质文化遗产的真实性验证作为主要指标来评判。因而，文化线路整体的真实性主要通过物质遗产的真实性来反映。

在现有线路类遗产的评估报告中，基本将物质遗产的真实性验证作为重点来讲述，文化线路整体的真实性则通过物质遗产真实性来反映。例如，以色列薰香之路的专家评估报告③中称，因为从7世纪开始这些遗址逐渐被荒废，人口稀少，所以该区域避免了人为的改变，保存状况良好。除了两处例外，整个遗址具有真实性。西班牙圣地亚哥朝圣线路的评估报告以保存状况不同的古代道路遗迹、历史城镇和相关纪念性建筑为代表来论证其真实性。报告中认为通过历史记录可以证实现存的古代道路遗迹是真实的；有些纪念性建筑虽然改变了用途，但是总体来讲它们的保存状况良好，历史特征明显；小型定居点的真实性突出；一些大型的历史城镇由于城市化进程，仅留存下了历

---

① UNESCO. Meeting of Experts on Cultural Routes, Madrid, Spain, 2003.
② Paragraph 82, The Operational Guidelines for the Implementation of the World Heritage Convention, Paris: UNESCO, July 2013.
③ UNESCO. Advisory Body Evaluation of Incense Routes-Desert Cities in the Negev, Israel, 2005, Paris: WHC.

史城市中心和街道格局①。

通过对这些报告的分析,还可以总结文化线路中的物质遗产能否未被干扰,保持原址、原貌,是其真实性判别的最重要标准之一。另外,影响物质元素真实性的主要因素有:城市化进程对文化线路沿线景观和环境的影响、建筑的重建问题、不适当的旅游服务设施、考古发掘带来的影响等,其中有些因素是人为可以避免或改善的。另外,遗产周边环境的改变和建筑的重建问题有时是社会发展需要而不能避免的。为此,1964年通过的《威尼斯宪章》可以为文化线路真实性的维护提供原则和指导,即在"最小干预"的原则下,最大可能地原址保存物质遗产的原物或原状,尽量使改变的部分最小化,并且不给遗产带来不利的影响,同时还要保证遗产与周围环境的和谐。

根据1994年《奈良真实性文件》第11条规定:"关于文化遗产价值及相关信息源可信度的一切判断,在不同文化之间可能是不同的,甚至在同一文化内,也有可能不同。因此,不可能依据固定标准进行价值和真实性的基本评判。相反地,为了尊重所有文化,则要求对遗产的特性必须在其所隶属的文化环境中加以思考和评判。"②因此,对真实性的判别要考虑到文化线路所在的不同文化背景。以建筑的重建为例,一些传统建筑,如阿根廷科布拉达·德·胡迈海卡山谷中历史城镇的建筑、以色列熏香之路和内盖夫沙漠城镇中的建筑,多以土和石为建筑材料。这样的建筑,只要保护得当一般不易遭到自然和人为因素的破坏,其设计、建材和建筑艺术上的真实性也容易维持。但是在东亚地区,中国、日本、韩国和越南的多数建筑为木构建筑,建筑本身就不易保存,并且这种结构的建筑定期落架重修也是其传统之一。因此,这些建筑大多是经过不同时代修缮后,具有不同时代风格的特色。虽然现在公认对木结构建筑的保护基本可以依据《威尼斯宪章》的原则来进行,但是其真实性还是一个具有争议的话题。日本纪伊山朝圣线路的评估报告中认为,"[木结构建筑的重建和翻新是一种历史传统……因此,在很多实例中建筑都不是原有构件,但是因为它们是与它们的首创者

---

① UNESCO, Advisory Body Evaluation of Routes of Santiago de Compostela, Spain, 1993, Paris:WHC.

② The Nara Document on Authenticity, 1994, Operational Guidelines, Paris: WHC.

的观念相联系的，所以还是值得崇拜的］"①。虽然这种观点不能解决上述争议，但它根据不同文化背景来客观分析遗产真实性的做法还是值得我们思考的。

2007年5月，在笔者的倡议下，中国国家文物局、UNESCO世界遗产中心、ICCROM和ICOMOS在北京联合召开了"东亚地区文物建筑保护理念与实践国际研讨会"（简称"东亚会议"）。"东亚会议"直接起因于世界遗产委员会第30届大会关于北京世界遗产地保护状况的决议。根据笔者2005年10月监测报告的建议，世界遗产委员会决议探询北京故宫、颐和园、天坛等世界文化遗产地正在进行的保护维修工程施工是否过于仓促、是否缺少足够依据，是否有清晰的操作准则等。决议要求缔约国明确说明相关准则，并组织召开一次地区性研讨会，研讨亚洲地区文化遗产的突出普遍价值、真实性与完整性，以及国际普适的保护准则在东亚地区的适用性等重要课题。

实际上，这一研讨会的举办，更基于一个较长时期的、广阔的国际背景。自1931年和1933年关于保护文化遗产和历史性城市的两个《雅典宪章》先后出台，到1964年文化遗产保护的《威尼斯宪章》，直到现在50年间，关于文化遗产保护的理论与实践，一直争论不断，且不时掀起高潮。近年来兴起的统筹协调保护物质与非物质文化遗产的新潮流和大趋势，使相关的讨论与争论更加复杂而热烈。争论的主要问题还是真实性与完整性、干预与传承、价值认定、原状与现状、重建复建、理论与可操作性等问题。其中，核心的核心，还是真实性与完整性的问题。备受关注的目标，就是已形成完整理论基石的《威尼斯宪章》。

不少同行认为，《威尼斯宪章》形成的理论与实践基础是欧洲的石质建筑。因而，它不适用于以材质不耐久的木构建筑为主的东方文化遗产的保护工作。相关的真实性界定和干预政策也都不适用于东方。持这种观点的有不少中国同行、韩国同行（韩国同行发表文章"挑战威尼斯宪章"），也有一些西方同行。甚至有中国同行认为，对于已经毁损无存的历史建筑，只要是在原来的位置，按原来的形制、设计和风格，用原来的材料（或应称作"与原来建筑材质相同的

---

① UNESCO，Advisory Body Evaluation of Sacred Sites and Pilgrimage Routes in the Kii Mountain Range, Japan, 2004，Paris:WHC.

材料"），按原来的工艺技术重建起来的建筑，也就是被恢复了的"文物"。在日本，干预程度和重建复原，也是个引起国内外同行广泛关注的持续热点话题。

"东亚会议"最后形成的《北京文件》，经过了会前在中方专家组起草文件稿基础上多次的酝酿和交换意见，会间对北京世界遗产地保护状况相关工程的实地考察，大会与小组的充分讨论，并最终根据大会决议，由各方代表组成核心工作组，逐字逐句推敲完成。笔者和曾担任过ICOMOS文化遗产顾问的尤嘎·尤卡莱托先生（Jukka Jokilehto）共同起草了《北京文件》英文稿。

《北京文件》在回顾了东亚会议的起因与经过后，重点阐述了以下的内容：保护原则，文化多样性与保护，文献档案，真实性，完整性保存与修整，木结构油饰彩画处理、重建、管理、展示和培训。

涉及文化多样性，《北京文件》明确提出："在修复中充分认识到遗产的特殊性，并保证在保护和修复过程中不改变遗产的历史、有形与无形等特征，这是至关重要的。"

现在不难看出，国际同行关于《北京文件》的地区性价值和世界意义的评论是恰当的。这的确是一份重要的文件。在遗产保护领域，过去原则性的文件如《威尼斯宪章》《奈良文件》已有很多。相对来说，2007年的《北京文件》更涉及具体问题、更具操作性，更有利于在大发展、大保护的历史关头及时协调认识，统一步骤和做法，在大挑战和大好的形势下，遵循科学理念、法规、程序与途径，切实针对客观实际，做好对文化遗产真实性和完整性的监测和维护。这也是当代人的使命和担当。

《北京文件》是有史以来第一次由中国政府主管部门和相关国际组织共同制定的文化遗产保护的国际文件。借用ICOMOS副主席郭旃先生的话来说："东亚会议通过了被国际同行称作不仅对东亚地区有指导意义，而且在世界范围有参考价值的《北京文件》。"①

2014年正值《威尼斯宪章》诞生50周年和《奈良真实性文件》通过20周年。重新回顾2007年《北京文件》，对指导文化遗产保护，以及认定和保护大型文化线路的真实性和完整性，仍有现实指导意义。

---

① 郭旃.东亚地区文物建筑保护理念与实践国际研讨会和《北京文件》.中国文物报，2007-06-15.

（二）文化线路的完整性

世界遗产的完整性原则最初主要应用于自然遗产，它指的是自然遗产在物质形态和承托其的生态系统上的完整。2007年后，完整性原则被扩展到文化遗产方面，其内涵和要求也发生了变化。《操作指南》中强调，对于文化遗产的完整性，"应完好保存其物质结构或重要特征，控制它的衰退过程，同时要把能够传达遗产整体意义的必要元素的关键部分包括进来；对于文化景观、文化线路、历史城镇或其他活态遗产来说，对它们的突出特征、有本质意义的关系和动态功能应该被保持"[①]。因此，文化遗产的完整性强调在物质元素基础上反映出来其所体现的历史信息、价值、意义，以及其各元素间关系的完整。它不拘泥于遗产本身的物质形态或组合是否绝对完整。

而对于文化线路来说，因为它的复杂性和特殊性，严格要求物质元素各个部分的完整性是不可能的。文化线路的组成元素是多样的，它们可以补充物质元素所反映的信息。例如，在线路实体不完整的地方，可以用遗址遗迹，以及历史记录和文献资料推断出古代道路的走向和沿线经过的地方；在物质元素缺失的地方，也可以考虑用非物质元素来使整体线路的意义完整。

另外，文化线路沿途往往有一些重要的已经被列入《世界遗产名录》的遗址或建筑（群），它们既是独立的一处世界遗产，具有显著的突出普遍性价值，又是文化线路的重要组成部分，对文化线路的整体意义、真实性、完整性也有着举足轻重的作用。

文化线路的完整性也与其所处的生态系统和自然环境有关。从整体保护的角度看，这些因素也都要加以考虑。

五、文化线路系列跨境申遗解析

绝大部分世界遗产都坐落在某一个国家的境内，跨国、越境的情况比较少。这当然跟世界遗产是在国家和国际行政体制框架内运作有关。事实上，文化线路的特点之一是其整体性，这也是世界遗产评选的核心标准之一。为避免地域空间和政治边界对文化遗产造成遮蔽，

---

① UNESCO. Operational Guidelines for the Implementation of the World Heritage Convention, July 2013.

让政治或历史因素最小限度影响文化遗产的认定及其价值的评估和管理。第一章概念部分介绍了有关世界遗产的两种特殊情况：集两个以上不同地区的空间上不连续的系列遗产和跨境遗产。跨境遗产比较容易理解，关键是空间上不连续的系列遗产地。

空间上不连续的世界遗产地是指由一些独特且空间上不连续的地区组成的遗产地，这些区域可能靠得比较近，也可能分散得很开，之所以要将这些不同的地方或部分视为一个遗产地是因为它们的"各组成部分应该反映在时间上有文化、社会或功能性的联系，并在相关的条件下，能提供景观、生态、进化性或栖息地的关联性"，而"每个部分应该从实质上、科学上或其他已确定及可辨别的方式，对遗产的突出普遍价值有所贡献，同时，某些部分或包含非物质文化遗产成分。最后形成的突出普遍价值应易于理解和表述"。"在申遗和选择遗产地构成部分的过程中，为保持一贯性并避免各部分的散乱，应充分考虑遗产的整体可管理性和一致性。同时，应该确定系列遗产作为一个整体具有突出的普遍价值，而不应该是单个部分。"

对于世界遗产领域的系列跨境文化线路申遗，笔者的分析如下：

● 文化线路遗产的申遗、保护和管理应该借助环境保护领域生态系统保护的方法。

● 从空间分布的角度看，生态系统的途径（eco-system approach，遗产区段或廊道）和景观概念有助于跨出遗产点的层面看待文化线路的保护，也有助于为平衡遗产点的利益提供机会。

● 空间范围的问题不仅针对景观环境，对遗产的实体危害有时很可能来自远处，如河流的上游污染会威胁整条河的生态和渔业。或者农产品的化学残留物，或是海岸边的垃圾排放会影响整个海洋中的珊瑚礁，如澳大利亚大堡礁世界遗产。

● 地理位置不是唯一的远距离因素。一个国家的政策有时很容易对他国造成巨大影响，如中国和泰国的禁伐政策就影响到老挝。这些问题需要国家协商来解决。

这样，多层面的合作不仅是地理区域，也包括单位与单位，以及政治生态等。因此需要多层次考虑问题。

自然和文化资源，以及衍生它们生态系统，决定着我们的经济活动、生活质量和社会和谐。然而，经济决策并没有对这种依存关系给予足够的重视。没有自然环境，经济生活就无从谈起。没有经济活动,自然环境依旧存在。全人类的生存和福祉都依赖于生态系统。

决策人、管理者、非政府组织和商业团体不断呼吁环境保护,生态系统和多样性仍然不断恶化。原因是多方面的,其中过度或不正当的经济开发是主要原因。公民意识也很重要,他们需要认识到资源的价值。市场只认私营的商品和服务的价值,而忽略公共的环境保护的收益。

20世纪90年代,生态系统方法作为土地、水和生活资源的管理途径应运而生。它推广保护和可持续利用的理念。生态系统是一个动态的、包括众多元素的功能性单位。例如,沙漠、珊瑚礁、湿地、热带雨林、草原、城市公园、在耕土地等。有些生态系统并没有人类活动,如原始森林。或受人类限制/干扰

生态系统方法在21世纪初被广泛接受,主要归功于2000年5月的《生物多样性公约》第五次大会。生态系统认可可持续利用,认为变化不可避免。因而,推崇保护应该以一种可接受的方式进行并吸收多方参与以增加归属感。这样,它与保护和可持续发展理念在很多方面是一致的。

生态系统方法的主要原则是:①土地、水和其他生活资源的管理是社会的选项;②管理应由最基层的机构完成;③生态系统管理者应该考虑他们所进行的活动对邻近或其他系统的潜在影响;④应该以经济背景看待生态系统的管理;⑤生态系统应该根据他们的功能来实现管理;生态系统应该在一定的时、空范围理解;⑥认识到改变是不可避免的;⑦尽量考虑所有信息,包括科学的、和当地原住民的传统知识;⑧动员社会各界、各学科力量参与生态系统包护,这些需要讨论,规划和逐步推行的策略;采取适用性的管理方式(adaptive management)以处理不可预见的棘手问题。

从对文化线路遗产保护的角度来看,文化线路与环境的整体性密不可分。任何文化线路的形成都是环境与人类需求之间持续的相互作用的结果。因而,文化线路所传承的文化多样性是环境变化的必然结果。生物多样性和文化多样性的发展各不相同,但它们在文化线路上经常互动,产生了文化线路特有的影响和交流的作用。由于可持续发展理念的畅销,教科文组织在倡导生物多样性和文化多样性之间联系的意识方面发挥了重要作用,这样有助于文化线路遗产受到1972年《公约》的接纳和推广。

景观方法或大背景对系列跨境文化线路的影响。与生态系统方法相互支持的另一个概念是景观方法（landscape approach），或景观视角。一部分人更偏好景观方法，因为他们认为生态系统的方法过于侧重生态物质元素，而景观一词与人为景观或环境更相关。景观方法可以被看做是生态系统方法的补充或子系统。景观概念因而被当做传统土地利用规划面临破碎的土地利用区域中挑战的补充选项。

在景观概念中，它被认为是"一个邻接的区域，面积介乎"生态区和点之间，与它们的邻近区域相比，具有特定的一系列生态、文化和社会经济特征。需要强调的是，是整体的区域具有特色，而不是任何单个的点。

一方面，景观概念的优势是它接纳了"可持续发展"的理念。这个概念被全球普遍接受，备受欢迎。另一方面，景观的概念也有与生俱来的弱点。它缺乏精确性，带来实际操作中的困难和不良后果。

由于与可持续发展意义相似，景观方法也受益于可持续发展理念在政策层面的成功。景观概念鼓励对人与自然关系的探索，它备受崇尚保护的机构如世界遗产中心（WHC）和世界自然保护联盟（IUCN）的欢迎。它也有助于构建保护与发展的双赢策略（win-win solutions）。因此，在文化线路遗产保护和管理工作中，如何借助生态系统方法和景观方法，研究和探索有效实施的最佳实践案例，是需要进一步开展的工作。

此外，笔者对文化线路等特殊遗产类型申报有如下认识：

在世界遗产"全球战略"的框架下，《世界遗产名录》中的"不平衡"和"空白"经专家研究后认定。历史街区、宗教建筑和欧洲的遗产地被认为在名录中过多。而史前遗址、20世纪建筑（近代建筑）、和活态遗产（living heritage）被认为代表性不足。

教科文组织为纠正世界遗产的不平衡，2000年在凯恩斯会议上，遗产委员会决定对申遗名额设限（每年30个）排队，以期有序地进行申遗并对代表性不足的国家和地区给予技术帮助和支持。苏州会议后，申遗名额增加到45个并设有附加条件。2005年以后，受南非德班会议关于系列跨境遗产可自由选择提名国决议的影响，系列跨境申遗成为时尚。

世界遗产领域的"全球战略"实施20年了，世界遗产类型的代表性和地区不均衡状况仍未有任何实质改变。简单的统计显示，非洲国家的遗产数额在《世界遗产名录》中占9%，阿拉伯地区占8%，拉丁美洲和加勒比地区占13%，亚太地区占了23%，欧洲和北美地区几乎占了全球世界遗产的一半为48%。实际上，世界遗产"全球战略"政策的实际效果很难评估，主要是因为申遗活动取决于各会员国的政治意愿和专业能力。丝绸之路系列跨境申遗的国际合作实践也充分验证了这一点。

六、小　　结

文化线路是随着世界遗产的保护，在1994年提出的新的保护类型。文化线路/遗产线路是内涵极为丰富的遗产类型，它为理解独特的文化交流提供了一种表达方式和框架，也是将历史与文化连接起来的一种复合途径。中国很早就关注文化线路概念的发展并积极参与线路类遗产的认定和保护。正如清华大学吕舟教授所说："遗产线路具有从跨越多个国家和地区的交流和多重文化对话的角度具有文化重要性的物质要素构成，展现了从空间和时间的方面在这一线路上进行的复杂的文化交流与传播活动。"①

本章把握文化线路作为人类的文明对话之路，对世界各民族的交流，以及各国间的对话、合作和共同繁荣都做出贡献这一主题，基本分析了文化线路这一概念的产生和发展过程；论证了文化线路的具体内容及认定特征；针对文化线路理论上的含糊，论述了文化线路与文化景观、遗产区域或廊道等相关类型的关系；从世界遗产的角度，结合现有文化线路的实例，分析了文化线路的识别元素、突出普遍价值的认定及其真实性和完整性。另外，结合丝绸之路系列跨境申遗实践与研究，简要介绍了系列遗产和跨境遗产并做了分析。

文化线路作为新的遗产概念，体现了教科文组织文化政策的总体转变，即由保护遗产普遍价值转而维护文化多样性和追求可持续发展。但在实际操作层面，这个概念存在申遗项目价值认定、遗传保护和管理机制等理论与实践脱节的问题。因此，参考已有的成功经验，探索、创新文化线路系列跨境的申遗模式和管理机制，是十分必要的。

自20世纪末的保护实践伊始，到2005年以遗产线路的名称列入

---

① 吕舟.中国第六批国保单位公布后的思考.中国文物报，2006-07-12.

《操作指南》特殊遗产类型，最后在 2008 年由ICOMOS正式通过的《文化线路宪章》有了明确的定义阐释。文化线路的实践方面也在不断发展与完善。仔细研究发现，文化线路的概念仍存在一些潜在的问题和挑战亟待应对。这些问题包括概念定义的含混之处、申遗的策略变化，现实中遗产保护与管理的困境，以及跨境保护的全新挑战等方面。

首先，在概念定义方面，文化线路概念虽如上面介绍，已经过不断地发展与完善，在世界遗产保护领域，却仍与文化景观等特殊类型的概念定义有天然的纠葛与重叠。文化线路与遗产廊道等非世界遗产领域及 ICOMOS 官方认可的遗产概念也同样经常发生混淆。从定义可以看出，《文化线路宪章》对文化线路概念的理解，与世界遗产《操作指南》中迄今认定的遗产线路类型并不完全一致，因而有大量符合文化线路定义的文化遗产最终以文化景观类型及系列申遗。

在某一主题的多个遗产点整体申遗可以在文化线路、文化景观，甚至遗产廊道等多种类型、多个相应遗产价值和多项标准组合之间进行自由选择时，这些概念之间的重叠与混淆，在客观上阻碍了人们对于文化线路及其他遗产类型含义的准确阐释，导致了文化线路申遗策略和途径的选择困难重重。这也是丝绸之路系列跨境申遗过程中面临的挑战和难题。

其次，文化线路遗产构成的复杂性与空间分布的广阔范围，为遗产管理和保护的实际工作带来了挑战。尤其是当文化线路跨越行政区域或国家与地区边界之时，双方或多方行政机构之间的合作关系与工作方式，也需要进行调整以适应文化线路遗产的整体需求。已有的遗产廊道与欧洲文化线路不同的管理模式可作为借鉴，展示在单一国家或地区内建立类似文化线路类保护管理体系的有效性。然而当文化线路跨越国境时，大规模充分有效的国际合作、管理与保护文化线路遗产的模式仍未形成。在丝绸之路申遗等国际跨文化项目推动下，世界遗产中心召集了一系列国际专家会议，对实践中遇到的问题进行探讨，这很有可能在将来改变现有申遗的国际合作、保护与管理模式，丝绸之路遗产线路会成为新的国际合作模式的"孵化器"，对世界遗产体系乃至教科文组织的文化政策产生影响。

最后，文化线路遗产本身所蕴含的文化交流与多样性的特质，也对遗产保护的模式及其专业人员适应跨文化环境的能力提出了更高的要求。如何通过文化线路的遗产保护，以及在其进行过程中实现文化间或文化内部对共同历史、不同价值观和意识形态的包容、沟通与理解,并在其中进一步推动当代的跨文化交流,推动本地区的和平与繁荣发展,都是文化线路申遗实践中出现的新问题。

因此,尽管文化线路作为一种新兴的遗产类型,可以成为有效认识、保护和管理文化遗产的手段和框架,但在进入申遗阶段时,仍需在遗产价值评估的基础上具体设计申遗策略和途径。而在保护与管理层面,则需要构建合理的管理机制,考虑文化线路的特征,创新思维,建立跨境国际合作机制。丝绸之路系列跨境申遗的实践充分验证了这一点。

遗产线路的特点也充分证明了它成为文明交流互鉴、增进各国人民友谊的桥梁作用。通过丝绸之路,中外文明交流互鉴频繁展开。这其中有冲突、矛盾、疑惑、拒绝,但更多的是学习、消化、融合、创新。正如中国古诗所言,"一花独放不是春,百花齐放春满园"。如果世界上只有一种花朵,就算这种花朵再美,那也是单调的。不论是中华文明,还是丝绸之路沿线存在的其他文明,都是人类文明创造的成果。文明因交流而多彩,文明因互鉴而丰富。文明交流互鉴,是推动人类文明进步和世界和平发展的重要动力。历史告诉我们,只有交流互鉴,一种文明才能充满生命力。只要秉持包容精神,就不存在什么文明冲突,就可以实现文明和谐。这也就是我们中国人常说的:"萝卜青菜,各有所爱。""己所不欲,勿施于人"。下面章节要讲述的丝绸之路申遗的故事会让我们亲身体会到这些。

第四章
文化线路与系列跨境世界遗产申报

一、世界文化遗产理念的拓展

世界遗产的概念源自欧美并长期受欧洲中心主义的影响,它直接导致世界遗产名录在全球的不平衡。在新的文化理论的影响下,教科文组织发起了全球研究,尝试运用空间/主题/文化的研究方法,反思世界遗产的概念和文化财产的定义,由此文化多样性开始进入文化遗产。1988年教科文组织启动"世界文化发展十年(1988-1997)"研究项目,其中包括香料之路、奴隶之路、丝绸之路等。这些研究发现,有的遗产存在类型上的重叠,时代上的交叠,以及多种文化的交叠。在实际的申遗中,如东南亚菲律宾巴纳维的稻米梯田、英国的湖区等文化与自然结合的遗产,在识别它们是自然遗产还是文化遗产时产生了困难,这导致1992年文化景观概念和遗产类型的提出。世界遗产的概念拓展到文化景观后,文化线路也随之而生。

如第二章所述,世界遗产的思想从一开始就引起国际社会的关注。文化遗产的保护理念在《公约》的实施过程中得到了充分的验证与发展。通过世界遗产思想的传播,世界各地区的保护理念、政策和科学研究相互交流,共同发展。文化遗产保护的对象由最初的"文物古迹""建筑群""考古遗址""历史城市"等,逐步纳入了文化景观(1992年)类型;文化线路(1993年)的实例也由西班牙圣地亚哥朝圣之路列入《世界遗产名录》开始进入人们的视野。这些变化带来了对《操作指南》中"突出普遍价值"及相关标准的修订。可以说,遗产理念的发展和完善都与价值取向有直接关系。

涉及文化遗产保护的途径和目的,1994年《奈良文件》就做了很有益的尝试。《奈良文件》为讨论文化遗产真实性的多样性开了先河,此后世界遗产中心和ICOMOS等又在欧洲、非洲、拉丁美洲召开了一系列文化遗产国际专家会议，探讨不同地域文化遗产真实性的保护及文物再建问题。

自从1972年《公约》诞生以来，不同国家、地区的文化和自然遗产列入《世界遗产名录》的代表性和平衡问题一直困扰着世界遗产委员会和国际社会。时至今日，世界自然遗产的代表性问题仍然是国际合作的巨大挑战。

为解决这一系列的问题，世界遗产领域的全球研究［global study（1987-1993年）］和全球战略（global strategy，1994年）便相继展开了。

前面详细论述了早在1987年世界遗产专家会议就在研究如何在世界遗产领域开展全球研究（global study），其目的是帮助世界委员会更好地了解、评估新的世界遗产提名并使会员国能更好地筛选出具有"突出普遍价值"的遗产地列入"预备清单"。

作为全球研究的补充，其他的概念性框架和方法论也在探讨中。20世纪90年代早期，全球研究的框架日益受到世界遗产委员会成员诟病。全球研究被称为"根植于历史和美学的古典文明（欧洲），而完全忽略排斥了不被重视的传统文化现象和文化区域"。它主要注重已经有充分代表的传统的和古典的艺术史类型。其结果是，全球研究所产生的课题并没有促进《世界遗产名录》中文化遗产多样性的改善。当然，全球研究的成果并没有广泛传播，各国专家也没有机会分析其结果，因而，该研究的影响非常有限，以至于今天无人关注。但由此可以看出，全球研究的侧重点是以欧洲为中心，对其他地区、其他文明的成果关注甚少，或者根本不予关注。这样，世界遗产的全球战略（global strategy）在1994年就应运而生。与此同时，文化线路的概念也随着1993年西班牙的"圣迪亚哥之路朝圣之路"[①]列入《世界遗产名录》进入人们的视野。

从20世纪90年代初起，针对《世界遗产名录》的代表性、均衡性和可信性等问题，世界遗产委员会开始进行多方面的研讨。为了纠正《世界遗产名录》的差异问题，推进世界遗产代表性、均衡性和可信性的全球战略终于在1994年由世界遗产委员会正式推出。全球战略有

---

① UNESCO World Heritage Centre.Nomination dossier [EB/OL]. htttp //whc.unesco.org/list/669，Paris.

两个主要目标：增强世界遗产种类的代表性；促进世界遗产在各个地区及国家的均衡分布。为此，世界遗产委员会专门设立工作组，举办国际性的和地区性的会议，进行专题研讨和比较研究。但全球战略的真正落实，不仅在于国际性和地区性的会议，也不仅依靠专题研究的结果，而更在于世界遗产"预备清单"的完善，这就需要促进各个国家更新和拓展列入"预备清单"的项目。同时，世界遗产委员会鼓励优先申请《世界遗产名录》中代表性不足的遗产类型。

与此同时，教科文组织在"世界文化发展十年"框架内开展的全球文化政策转型也影响了世界遗产理念的拓展。无论是1988年启动的大型跨学科文化研究项目，还是1992年成立的"世界文化与发展委员会"的工作，以及1998年在瑞典斯德哥尔摩召开的"政府间文化政策促进发展大会"和提交教科文组织和联合国的报告《我们创造的多样性》，这些无疑加强了全球化时代文化间的对话与交流，为倡导弘扬文化多样性做出了贡献。同样的，世界遗产的理念，尤其是价值认定体系，得到了有机的拓展与丰富，也有益于推广"具有代表性、平衡和可信力的世界遗产名录的全球战略"。

在这样的背景下，世界遗产理念的拓展和全球战略的推广也影响到亚太地区世界遗产的申报。亚太地区会员国逐步重视将文化景观、工业遗产和乡土建筑等包含到各国的申遗工作计划中。丝绸之路文化线路自然成为亚洲各国，尤其是东亚和中亚国家推崇的优先项目。

在国际文化政策层面，教科文组织对非物质文化遗产如文化特征、活动、表达方式、信仰、仪式、节日、传统知识和技术、音乐舞蹈和口头传说的研究和兴趣与日俱增。针对非物质文化遗产的保护和传承，教科文组织于2003年通过了《保护非物质文化遗产公约》。为响应这些潮流，ICOMOS在2003年第14届大会（津巴布韦，维多利亚瀑布）上也集中讨论了类似主题：如何保护古迹遗址中的非物质遗产价值。大会发表的论文引起了对非物质遗产的概念、认识和管理的深层次讨论。2005年，ICOMOS第15届大会通过的《西安宣言》也重申了非物质遗产在认识和保护世界遗产中的重要性。

2005年10月，ICOMOS在庆祝成立40周年之际，在中国西安召开了第15届大会。《保护历史建筑、古遗址和历史地区环境的西安宣言》探讨了世界文化遗产对可持续发展和人类发展所做出的不懈努力。

ICOMOS西安大会以教科文组织文化政策中关于环境的概念指导，涉及的文件主要有1962年的《关于保护景观和遗址风貌与特性的建议》；1968年的《关于保护受公共或私人工程危害的文化财产的建议》；1976年的《关于历史地区的保护及其当代作用的建议》；2003年的《保护非物质文化遗产公约》，尤其是1972年《公约》及其操作指南。教科文组织法律文件和准则中认为"环境"是体现文化遗产真实性的一部分，并需要通过建立缓冲地带加以保护。《西安宣言》关于保护文化遗产周边"环境"（setting），主要是针对历史建筑、考古遗址和历史地区环境管理和保护的方法，为教科文组织、ICOMOS及其他合作伙伴之间的国际和跨学科合作，如《维也纳备忘录》（2005年）中提到的关于城市历史景观的真实性保护等课题的进展，提供了新的机会。

《西安宣言》对历史建筑、考古遗址和历史地区的环境提出了评估、管理和保护的方法。它强调有必要充分应对由于生活方式、农业、发展、旅游或大规模天灾人祸所造成的城镇、景观和文化遗产线路的骤变或渐变；有必要充分认识、保护和延续历史建筑、古遗址和历史地区在其环境中的存在意义，以减少这些变化进程对丰富的文化遗产的真实性、意义、价值、完整性和多样性所构成的威胁。宣言也强调了与当地社区、跨学科领域和国际社会进行合作增强环境保护和管理的意识的重要性。

大家都知道，21世纪人类社会演进的重要议程之一，是历史环境的再现。无论是从物质资源还是从文化资源的角度看，历史环境的再现都是可持续发展的重要组成部分。ICOMOS西安大会为保护文化遗产的历史环境开启了新的一页。

从《威尼斯宪章》到《西安宣言》，表明国际文化遗产保护理念的创新，在全球范围内，文化遗产的保护对象已由遗产自身扩大到对其周边环境及相关的历史、社会、精神习俗、经济和文化的活动。文化遗产保护不针对遗产自身，更重要的是对文态环境进行保护，从对物质文化遗产的保护扩展到对非物质文化遗产的保护，从单体保护延伸到整体保护。《西安宣言》总结了中国参与教科文组织世界遗产保护和管理工作的经验，凝聚着华夏子孙保护文化遗产的智慧，是国际文化遗产保护理论发展的一个里程碑。

贯穿着对文化遗产整体保护的精神，ICOMOS西安大会深入讨论完善了《文化线路宪章》第五稿，使它能顺利在2008年的ICOMOS大会上通过。下面就具体阐述文化线路作为世界遗产的申报。

在理论和实践发展的基础上,2005年的《操作指南》引入了文化线路(道路)的概念并于2008年更新、定稿。2008年版《操作指南》中文化线路的定义为:"基于动态的、时空连续的迁徙和思想的交流;道路的整体价值要远远高于组成道路各类遗址的价值之和,国家和区域之间多因素、多维度条件下产生的交换和对话,逐步丰富了道路产生的初衷(宗教、商贸、管理或者其他目的)。文化线路的认定是基于对一系列有形(物质)要素或遗产的了解,通过物质要素见证文化线路自身的重要性。"

二、文化线路作为世界遗产

(一)文化线路世界遗产及申遗

笔者在2004年所写的"丝绸之路中国段申遗研究报告"初步论述了文化线路申遗的基本步骤。原则上说,有一种观点认为文化线路的定义应该至少涉及它的一些关键要素。如果是这样,文化线路可以定义为在一个重要时期内,物质的或者被认为经常重复发生活动的代表,它从空间和时间上把一些陆地和/或者海洋,或者其他地点连接起来,促使世界不同文化地区之间除了交换商品和思想之外,还给各种文化提供互相影响和交流的机会。

在这样的一个定义内,一条路是一条线路的物质表象,如一个海上航道可以被感知(它通常只包含航海地图上的一条由点组成的线)。一条线路上的物质元素或者文物可以被看成是"压缩的点",在那里思想和商品交流被物质化了,或者线路变成了一条路。文化线路作为线性文化景观正如《操作指南》中提及的一样,并不通常是线状的,当它们以矩阵和网的形式存在时,称它们为系统更为合适。连续性和充满活力的特性,虽不是景观的那种静态的性质,但是文化线路的根本方面。

因为目前关于文化线路的清晰提名范例还并不存在,以下部分目的是讨论一些文化线路和世界遗产有着类型和/或者物质上的相似性的方面,用以澄清和指导。一些遗产路线已经上了《世界遗产名录》,经常是以"一个线性提名"的形式。如果一条路被认为是一条线(或者是其一部分),有起点和终点,有相当的长度和有限的宽度,那么理论上一条遗产路线作为一个线性的提名组成了一个连续的提名，这条路线上的每一点都被建议提名。以下遗产路线类型中的许多都是作为线性提名而登上名录的，提示我们实际操作的可行性。

（二）《世界遗产名录》中文化线路类遗产分类

时至今日，仍没有一个清晰的、明确的有关文化线路类遗产的价值认定、保护和管理模式。

2004年10月，世界遗产中心在"丝绸之路中国段系列申报世界遗产的研究报告"[①]中粗略归纳了已列入《世界遗产名录》的相关文化线路类遗产，以便于分类和指导丝绸之路中国段的系列申遗过程。下列世界文化遗产已经以"线性提名"的方式列入了《世界遗产名录》。通过对它们的分析研究，可以为如何实际操作"丝绸之路"文化线路遗产申报的价值认定过程提供参照。这个粗略分类不仅对丝绸之路申遗项目有意义，也被其他进行文化线路申遗活动及研究的专家学者参考。

1. 运输路线（兼具工业遗产的所有特征）

（1）铁路

● 塞梅宁铁路（奥地利，1998年列入《名录》）；线性提名，包括铁路沿线的几处遗产（大多为别墅）[②]。

● 大吉岭铁路（印度，1999年列入《名录》，随后在2005年和2008年陆续扩充）[③]。

（2）运河

● 南运河（法国，1996年列入《世界遗产名录》）（图4.1）。

2. 贸易路线

● 乳香之路（阿曼，2000年列入《名录》）；线性提名，包括4处

[①] 景峰.Ron van Oers，The Chinese Section of Silk Roads：A Systematic Approach towards World Heritage nomination, Paris, UNESCO World Heritage Centre, 2004.

[②] UNESCO: Semmering Railway, Austria, 1998，http://whc.unesco.org/en/list/785, Paris.

[③] UNESCO: Mountain Railways of India, India, 1998/2005/2008, http://whc.unesco.org/en/list/944, Paris.

图4.1　法国南运河

资料来源：世界遗产中心，http：//whc.unesco.org/770，Paris

考古遗址的一系列古迹。

- 塔夫拉达·德乌玛瓦卡（阿根廷，2003年列入《名录》）。
- 熏香之路——内盖夫的沙漠城镇（以色列，2005年列入《名录》）。

3. 宗教路线

- 圣地亚哥朝圣之路（西班牙，1993年列入《名录》）；线性提名，包括道路沿线的多处遗产。
- 圣地亚哥朝圣之路（法国，1998年列入《名录》）；线性提名，包括约70处遗产的系列申遗。
- 姬屹山朝圣之路（日本，2004年列入《名录》）。

4. 线性遗产（如军事防御结构）

- 长城（中国，1987年列入《世界遗产名录》）。
- 罗马帝国边境线路（英国/德国，1987年，2005年和2008年列入《世界遗产名录》），线性遗产，包括城墙沿线的多处文化遗产地。
- 阿姆斯特丹的防御战线（荷兰，1996年列入《世界遗产名录》）；此类遗产也可归入运河类。

在进行丝绸之路系列跨境申遗的过程中，为了认定文化线路"共同价值"和进行对比分析的需要，笔者又重新对上述粗略的分类加以分析研究，认为它基本符合指导丝绸之路文化线路系列跨境申遗的需要。另外，文化线路与当地社区生活高度相关，更超出文化景观的连续性，如德国莱茵河中上游河谷的葡萄园是欧洲最早的文化景观（图4.2）。

德国莱茵河的中游河谷长达65公里，河谷中遍布各种古城堡、城镇和葡萄园，河谷的自然风光与这些人文景观交相辉映，构成了人类与自然环境和谐交融的生动画面。在这样的自然和人文景观下，长达数个世纪，无数精彩的历史事件和传奇这里轮番上演，众多的作家、艺术家和音乐家受其滋养，创造不朽的作品。莱茵河谷文化景观于2002年列入《世界遗产名录》。

对上述已列入《名录》的文化遗产做更进一步的分析，可以看出几乎所有的文化线路都有一个规整的、有形的线状元素作为其核心部分[①]。这种相对狭隘的对文化线路的定义，对于一个网状结构或道路系统，并不一定能确定一个有形的线性结构作为核心（如海上丝绸之路），其实是限制了其他遗产的认定和申报。此外，所有的路线（包括线性遗产）都有与它联系的建筑物和居住地。这一点在以下三个例子中最明显。

圣地亚哥朝圣之路是作为宗教线路提名而被录入的。这条路的两边30米以内都是受保护带。这个保护区在一些地方扩展到所属的镇子、村庄和建筑物。它们因自身的文化价值已经在西班牙法律保护之下。

塞梅宁铁路，是横跨塞梅宁关隘的长达41公里的铁路工程，建于1848年于1854年竣工。塞梅宁铁路带来了一个文化景观，别墅和旅馆遍布的路线，这是一个将高质量和风格统一的建筑物镶嵌到自然风景里的非常优秀的例子。

罗马帝国边境线，由英国北部的大西洋海岸延伸长达5000公里，穿越欧洲的黑海，又到红海，穿越北非。它代表了公元2世纪，罗马帝国鼎盛时期的帝国边境线。今天仍旧存在的遗迹包括城墙、沟渠、要塞、堡垒、瞭望塔河住区等多种类型（图4.3）。截至目前，这处线性遗产有1987年列入的哈德良城墙（英国），2005年列入的日耳曼雷蒂安边境线，以及2008年列入的安东尼墙三部分组成。

---

① 类似于生态系统或线状景观，eco-system or linear landscapes.

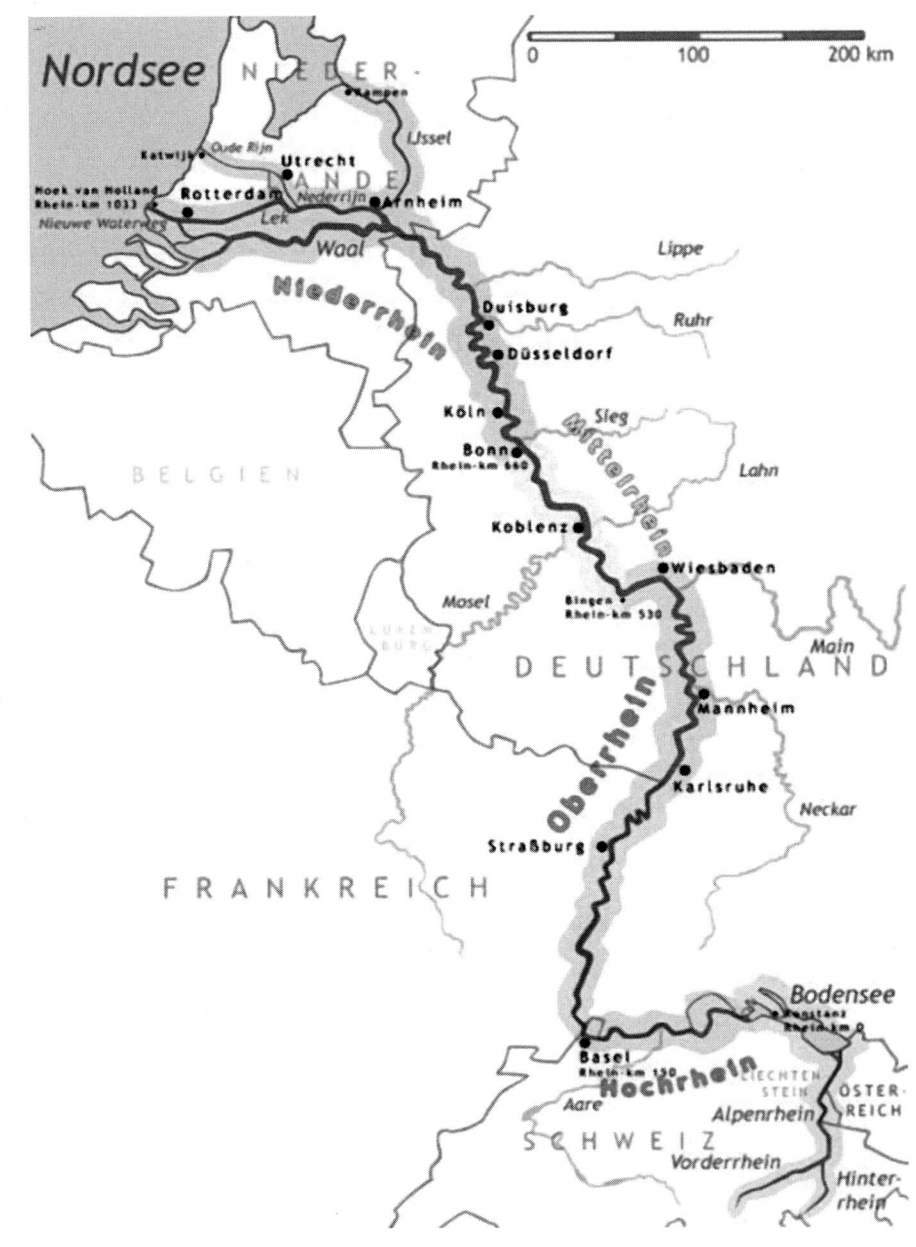

图4.2　德国莱茵河河谷文化景观

要想决定路线的本质和最合适的录入方法,建立一个沿路线建筑物和聚居地的登记至关重要,不管这个遗产是线性的(一个连续的遗产)、序列的(一个包括一组也许是不连续的遗址),或者二者混合

图4.3 罗马帝国边境线（德国/英国）

资料来源：世界遗产中心，Frontiers of the Roman Empire，（Germany/UK，2005/2008），http：//whc.unesco.org/430ter，Paris

的。进一步说，一个路线不能从它的背景中分离，如风景。因为这个原因，一个利用古代地图的古代和现代地形学分析，对于评估被提名遗产这方面的价值非常重要。

（三）从文化线路角度对"丝绸之路"系列跨境申遗的理解

前面谈到，1988年教科文组织在"世界文化发展十年"的框架下发起了丝绸之路的整体研究项目。目前，教科文组织公认的丝绸之路的主干线包括三条跨文化线路的概念：那就是绿洲线路（丝绸之路陆路）、草原线路和海上线路。

"公元前100多年，中国就开始开辟通往西域的丝绸之路。从东亚的中国绵延至地中海沿岸和印度次大陆的陆上丝绸之路和聚居点组成的交通网络在两千多年来的历史中一直是思想和商品交流的一个重要渠道，因此它也就毫无争议地成为《世界遗产名录》的考虑对象。它是一个复杂的交通系统，完全是出于功利主义企图而开拓的，并且不需要命名。直到1877年，这条线路才由当时在土耳其工作的德国地理学家李希霍芬①命名为'丝绸之路'。尽管这个名字浪漫而抒情，但却具有误导性。毫无疑问，中国的丝绸是东方输往西方的最重要的商品之一，但是在这条贸易之路上交易的还有其他种类繁多的货物，包括从东方运往地中海的贵重金属和宝石、瓷器、香水、纸张、装饰品和香料等，以及运往东方的棉花、纺织品、红酒、琥珀、地毯等，同时也引进了葡萄、苜蓿、石榴、胡麻、芝麻等西域文化成果等。此外，还有中亚费尔干纳盆地出产的优良马匹沿此线路销往东西方。

不仅货物沿丝绸之路流通，佛教也通过丝绸之路从印度传播到远至东方的日本和西方的土库曼斯坦等地区。通过丝绸之路，犹太教、伊斯兰教和基督教从地中海、祆教和摩尼教从波斯传入中国。此外，科学技术成就也通过丝绸之路得以传播：中国的造纸术、火药、印刷术、指南针四大发明带动了世界变革，推动了欧洲文艺复兴。同时西方的工程技术（尤其是造桥术）、棉花种植和加工、挂毯织造、天文历法、葡萄种植，以及玻璃和金属加工技术传入东方。此外，医药知识和技术、水果和谷物种类的交流与传播也十分频繁。

当代关于丝绸之路的资料十分有限。中国历史文献中记载有当时的外交和军事交流情况。成百上千的中国僧侣通过丝绸之路，万里跋涉至印度，带回了佛教经典。他们的游记是关于这条交流之路珍贵的文字资源。比如，高僧法显在其游记中记载了公元399~414年长达14年的航海旅行。玄奘法师在其游记中描述了公元629~654年长达25年之久的去印度取经的经历。玄奘的游记不仅具有不可估量的历史价值，而且为16世纪中国的古典小说《西游记》提供了创作灵感（图4.4）。此外波斯和土耳其旅行家的游记也有关于丝绸之路的描述，如著名的阿拉伯旅行家伊本·白图泰在14世纪到达过中亚的巴尔克和撒马尔罕。在众多关于丝绸之路的游记中，马可·波罗的游记无疑是最具可读性的，它记录了这位伟大旅行家从

---

① Baron Ferdinand von Richthofen，德国地理学家.

公元1271~1292年在中国和周边国家的游历经历。《马可·波罗游记》令无数人对中国心向往之。其他公元13世纪的欧洲旅游家包括Giovanni da Pian del Carpini（罗马教皇公元1245~1247年派遣）和William Rubruck（圣·路易斯公元1253~1255年派遣）。除了以上所说的游记，还有大量的考古文物，包括数以万计的20多种文字的手稿、文献，以及成百上千的碑文。2000多年来，除了佛教、伊斯兰教、基督教等先后传入中国，中国音乐、绘画、文学等也不断吸纳外来文明的优长。中国哲学、文学、医药、丝绸、瓷器、茶叶等传入西方，渗入西方民众日常生活之中。

图4.4　玄奘像（现存日本东京博物馆）①

资料来源：世界遗产中心，Nomination dossier of the Silk Roads：Initial Section of the Silk Roads, the Routes Network of Tian-shan Corridor submitted by China, Kazakhstan and Kyrgyzstan, January 2013

　　开展这项工作的策略尚在探索之中，笔者试图在认定文化线路遗产的价值和保护管理的有效途径方面能提供参考。从国际层面看，'文化线路'被看做是世界遗产保护观念的不断发展。遗产保护范围日益扩大，保护管理机制复杂多样。因此，需要一种全新的途径来加深对'文化线路'的理解，为国际文化遗产的确认和有效保护管理提供有效决策的依

---

① 玄奘（公元602~664年），中国唐代著名高僧和旅行家。他沿陆上丝绸之路，途径25000千米，由西天（古称天竺，今南亚印度）取回佛经，并在陕西长安翻译成中文。他弘扬的大乘佛法对东亚的中国、日本和朝鲜半岛都有影响。玄奘所撰入印度路途见闻的《大唐西域记》十二卷，成为研究中古时代中西交通和中亚、南亚历史、地理、文化、风俗等的珍贵史料，闻名中外.

据。

最后，所有的努力应该带来一个可以增加的、多国的，跨国界的一系列提名：从中国的西安到地中海附近的沿海地区的几个文化和自然遗产、遗址和景观群落的保护，根据不同国家的节奏分阶段开展、由一个共识和一套价值观联系起来，形成统一的保存方法和管理计划，为人类后代保护伟大丝绸之路上的非凡遗产。"

三、系列跨境申遗辨析

（一）基本概念辨析

2005年系列和跨境遗产的概念进入《操作指南》。按照2008年版《操作指南》[①]，系列遗产和跨境遗产的定义是：

"被提名的遗产可能位于一个国家境内（系列遗产），或者位于几个接壤的国家境内（跨境遗产）"。

同时，"跨境遗产的提名应由几个国家在任何可能的地方遵照《公约》第11.3条共同准备和递交。委员会强烈建议各相关国家建立联合管理委员会或类似组织监督该遗产的总体管理"。

2010年易廷根会议后，世界遗产中心在报告遗产委员会后，对《操作指南》做了修订，更新了对系列跨境遗产的定义。2011年版《操作指南》有关系列遗产的定义并增加了系列跨境遗产《申报预备清单》的新模板（操作指南附件2B）。2012年7月版《操作指南》有关系列遗产的定义改为[②]：

系列遗产

系列遗产应包括两个以上组成部分，互相之间应有明确的联系：

a）各组成部分应该反映在时间上有文化，社会或功能性的联系，并在相关的条件下，能提供景观、生态、进化性或栖息地的关联性。

---

① UNESCO.《操作指南》第138段，2008.

② Operational Guidelines，WHC.13/01，July 2013.

b）每个部分应该从实质上、科学上或其他已确定及可辨别的方式，对遗产的突出普遍价值有所贡献，同时，某些部分或包含非物质成分。最后形成的突出普遍价值应易于理解和表述。

c）在申报过程和选择遗产地构成部分的过程中，为保持一贯性并避免各部分的散乱，应充分考虑遗产的总体管理能力和一致性。（参见有关遗产管理规划的114段）。同时，应该确定系列遗产作为一个整体具有突出的普遍价值，而不应该是单个的部分。

被提名的系列遗产可能：

a）位于一个缔约国境内（国别系列遗产）

b）位于不同缔约国境内，不必相连，同时须经过所有相关缔约国同意递交提名（跨境系列遗产）

如被提名的第一项遗产本身具有突出的普遍价值，系列遗产（无论是由一国或是多国提起的）可历经数轮提名周期，递交申报文件并接受评估。计划在数轮周期中分阶段进行系列提名的缔约国可向委员会说明此意向，以确保计划更加完善。

丝绸之路文化线路大型申遗活动自2005年正式启动以来，在申遗过程中面临种种挑战。由于文化线路的定义仍在讨论中，《操作指南》中又缺乏对大型系列跨境，乃至洲际间文化线路遗产的界定和指导，申遗的路程一直是摸索、研究、探讨、创新的过程。大型文化线系列跨境申遗没有"菜单"，我们只好自己"摸着石头过河"。

2011年《操作指南》修订后，为了便于指导会员国系列跨境申遗工作，笔者与世界遗产中心同事整理出下面图示以便于专业人员、管理者和大众了解系列跨境遗产的概念。这个图示也被收入世界遗产2011年出版《世界遗产文本撰写手册》之中，作为范例（图4.5）。

在1972年《公约》的实践中，列入《世界遗产名录》的系列遗产被界定为包含两个或更多具有明确特性、地理上相互独立的遗产地。系列遗产的概念因而被用来准备那些"突出普遍价值"超出一个单独区域的遗产申报。

（二）系列跨境世界遗产和全球推广的申遗项目

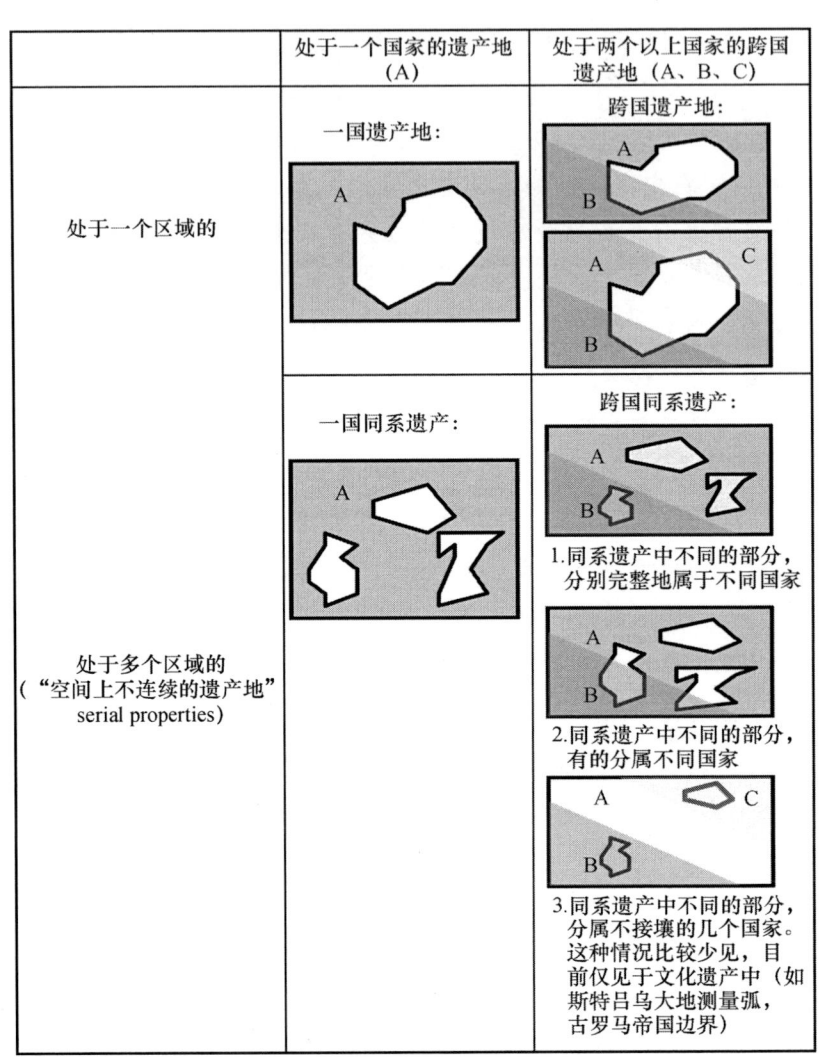

图4.5 图示系列跨境世界遗产[①]

由于文献资料太多,世界遗产中心系统化的分类还不存在,专门研究已经列入《世界遗产名录》的系列跨境世界遗产地仍是空白。有兴趣的专家可以专题探索这方面涉及文化遗产、自然遗产和混合遗产中系列跨境类遗产的分类。为便于本书更集中于文化线路和大型系列跨境遗产,笔者在这里仅用选择性的列表说明若干系列跨境世界遗产和目前正在进行中的大型申遗项目。

参考IUCN2010年所作的"系列跨境世界自然遗产初步分析报告"[②]，笔者又更新了相关材料，下面简要说明截至2013年7月已列入《世界遗产名录》的自然遗产。

共有36处系列型自然遗产。其中34处具有自然遗产的价值，另有2处属于混合遗产，同时具有文化遗产和自然遗产的价值。它们是：瑞典的拉波尼娅地区，新西兰的汤加里诺国家公园。表4.1展示了其他34处系列自然遗产地。

表4.1　列入《世界遗产名录》的系列型自然遗产地

（以国名英文字母为顺序）

国　别	地区	遗产地名称
澳大利亚	亚洲和太平洋	澳大利亚贡得瓦纳热带雨林 / Gondwana Rainforests of Australia
澳大利亚	亚洲和太平洋	澳大利亚化石群 / Australian Fossil Mammal Sites（Riversleigh，Naracoorte）（Murgon））
伯利兹	拉丁美洲	伯利兹堡礁保护区 / Belize Barrier Reef Reserve System
巴西	拉丁美洲	费尔南多和诺容哈自然保护区/Fernando de Noronha Reserves
巴西	拉丁美洲	瑟拉多保护区国家公园 / Cerrado Protected Areas and National Parks
巴西	拉丁美洲	发现号海岸雨林保护区 / Discovery Coast Forest Reserves
中国	亚洲和太平洋	云南三江并流保护区 / Three Parallel Rivers of Yunnan Protected Areas
中国	亚洲和太平洋	中国南方喀斯特地貌 / South China Karst
芬兰 / 瑞典	欧洲 / 北美	卡瓦肯群岛：上游海岸 / Kvarken Archipelago / High Coast
法国	欧洲 / 北美	新喀里多尼亚海湾 / Lagoons of New Caledonia
匈牙利 / 斯洛伐克	欧洲 / 北美	阿哥特勒克和斯洛伐克岩溶洞穴 / Caves of Aggtelek Karst and Slova Karst

① UNESCO.PREPARING WORLD HERITAGE NOMINATIONS：A Resource Manual，Second Edition，Paris：UNESCO，2011.

② IUCN.Serial Natural World Heritage Sites：An initial analysis of the present situation of serial natural World Heritage Sites, Gland, 2010.

续表

国　别	地区	遗产地名称
印　度	亚洲和太平洋	纳南德维和花谷国家公园/ Nanda Devi and Valley of Flowers National Parks
印度尼西亚	亚洲和太平洋	苏门答腊热带雨林/ Tropical Rainforests of Sumatra
哈萨克斯坦	亚洲和太平洋	萨尔雅卡-北哈萨克斯坦的草原和湖泊/ Saryarka – Steppe and Lakes of Northern Kazakhstan
肯尼亚	非洲	图卡纳湖泊国家公园/ Lake Turkana National Parks
马达加斯加	非洲	阿斯纳那热带雨林/ Rainforests of the Atsinanana
墨西哥	拉丁美洲	加利福尼亚湾岛屿和保护区/Protected Areas of the Gulf of California
墨西哥	拉丁美洲	大花蝶生物保护区/ Monarch Butterfly Biosphere Reserve
蒙古/俄罗斯	欧洲/亚太	乌布苏盆地/ Uvs Nuur Basin
新西兰	亚洲和太平洋	汤加里诺国家公园/ Tongariro National Park
新西兰	亚洲和太平洋	新西兰南极洲小岛/ New Zealand Sub-Antarctic Islands
挪威	欧洲/北美	西挪威fiord/West Norwegian Fjords – Geirangerfjord and Nærøyfjord
大韩民国	亚洲和太平洋	济州岛和岩溶洞/ Jeju Volcanic Island and Lava Tubes
俄罗斯	欧洲/北美	科密原始森林/Virgin Komi Forests
俄罗斯	欧洲/北美	卡察茬火山群/ Volcanoes of Kamchatka
俄罗斯	欧洲/北美	阿尔泰金山/ Golden Mountains of Altai
俄罗斯	欧洲/北美	西高加索/ Western Caucasus
俄罗斯	欧洲/北美	西霍太-阿伦中部/ Central Sikhote-Alin
斯洛伐克/乌克兰	欧洲/北美	卡帕奇雅原始山毛榉森林/Primeval Beech Forests of the Carpathians
南非	非洲	维尔德佛特圆丘/ Vredefort Dome
南非	非洲	好望角植物群保护区/Cape Floral Region Protected Areas

续表

国别	地区	遗产地名称
瑞典	欧洲/北美	拉波尼娅地区/Laponian Area
泰国	亚洲和太平洋	侗珡丫垠-濠椰森林群/ Dong Phayayen-Khao Yai Forest Complex
英国	欧洲/北美	高夫和无人岛/ Gough and Inaccessible Islands
英国	欧洲/北美	多塞特和德文郡东海岸/ Dorset and East Devon Coast
也门	阿拉伯	索科特拉群岛/Socotra Archipelago

注：根据IUCN上述研究报告内容梳理、更新。

由表4.1可以看出，5处系列自然遗产地位于两个或更多国家中。

表4.2 系列跨境的世界自然遗产

国别	地区	遗产地名称
芬兰/瑞典	欧洲/北美	卡瓦肯群岛：上游海岸 / Kvarken Archipelago / High Coast
匈牙利/斯洛伐克	欧洲/北美	阿哥特勒克和斯洛伐克岩溶洞穴 / Caves of Aggtelek and Slvak Karst
蒙古/俄罗斯	欧洲/北美/亚洲	乌布苏盆地/ Uvs Nuur Basin
斯洛伐克/乌克兰	欧洲/北美	卡帕奇雅原始山毛榉森林/ Primeval Beech Forests of the Carpathians
荷兰/德国	欧洲/北美	瓦登海/the Wadden Sea

注：根据IUCN上述研究报告内容梳理、更新。

上述5处系列跨境自然遗产都在两个国家境内，而且都在欧洲／北美大陆，只有1处横跨欧亚腹地。

乌布苏盆地面积1 068 853公顷，是中亚北部封闭性盆地，得名于亚洲腹地的乌布苏湖。乌布苏湖是一个大的咸水湖，西伯利亚大草原生态系统为各种鸟类提供了栖息地。遗产地由位于蒙古和俄罗斯的12个保护区组成。2003年列入《世界遗产名录》，是亚洲目前唯一的系列跨境世界自然遗产。

目前也有其他大型系列跨境遗产申报包含3个以上国家。比如，中亚的西天山自然遗产申报包括哈萨克斯坦、吉尔吉斯斯坦和乌兹别克斯坦；欧洲山毛榉森林自然遗产申报包括乌克兰、斯洛伐克共和国和德国。此外，还有一些潜在的申遗项目，如大西洋中部的山脊（Ridge）、中非大裂谷等。

除了表4.2列出的自然遗产外，下面对系列和跨境类文化遗产也做一个粗略统计（表4.3、表4.4）。

表4.3 系列跨境的世界文化遗产

国家	遗产地	时间
阿根廷/巴西	瓜拉尼耶稣传教会教堂：圣依纳肖米尼、圣阿纳、落日托和马约尔的教堂（阿根廷），圣米盖尔的传教遗址（巴西）	1983/1984
白俄罗斯/爱沙尼亚/芬兰/拉脱维亚/立陶宛/挪威/摩尔多瓦/俄罗斯/瑞典/乌克兰	斯特吕乌大地测量弧	2005
比利时/法国	比利时和法国的钟塔	1999/2005
冈比亚/塞内加尔	塞内加尔和冈比亚的石材环形广场	2006
德国/英国	罗马帝国边境线路	1987/2005
瑞士、奥地利、法国、德国、意大利、斯洛文尼亚	阿尔卑斯山史前堆栈式住房	2011
西班牙、斯洛文尼亚	Almadén和Idrija的制汞遗产	2012
波兰和乌克兰	波兰和乌克兰喀尔巴阡地区的木构教堂 Wooden Tserkvas of the Carpathian Region	2013

注：根据世界遗产中心网站（http://whc.unesco.org）资料整理，UNESCO World Heritage Centre。

表4.4 全球正在进行的系列跨境世界遗产申报[①]

国家	遗产地
阿根廷、比利时、法国、德国、日本、瑞士	勒·柯布西耶的建筑作品（2011年遗产委员会已做出决定）

---

① 仅选与本书有联系或在易廷根国际会议讨论的例子.

续表

国家	遗产地
中国、哈萨克斯坦、吉尔吉斯斯坦、乌兹别克斯坦、塔吉克斯坦、土库曼斯坦及其他亚洲国家	丝绸之路
阿根廷、玻利维亚、智利、哥伦比亚、厄瓜多尔、秘鲁	印加大道：安第斯山道路系统
肯尼亚、埃塞俄比亚、坦桑尼亚、以色列及其他国家	非洲大裂谷/Great Rift Valley
挪威、冰岛、葡萄牙、西班牙、巴西、佛得角	大西洋中部山脊/ Mid Atlantic Ridge
冰岛、德国、丹麦及其他国家	维京文化/Viking Culture
丹麦、加拿大、英国、美国、德国、南非和其他国家	摩拉维亚遗产/ Moravian Heritage
法国、意大利、瑞士、奥地利、德国、斯洛文尼亚、摩纳哥等	阿尔匹斯山弧/Alpine Arc
奥地利、克罗地亚、德国、匈牙利斯洛伐克、英国等	罗马帝国边境线路
全球性	与天文学相关联的遗产/ Astronomy

注：根据世界遗产委员会文件和易廷根会议报告梳理，UNESCO working documents。

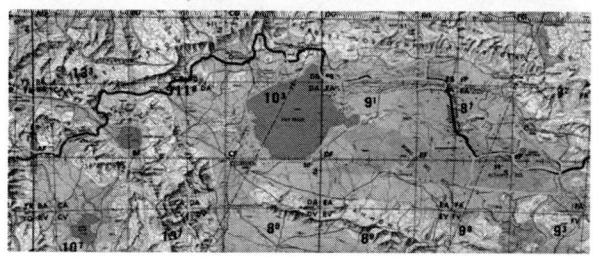

图4.6 乌布苏盆地（蒙古/俄罗斯）

资料来源：世界遗产中心. Preparing World Heritage Nominations，2011：49

从表4.1～表4.4可以看到，全球目前有10多个大型系列跨境申遗项目正在进行中。其中，亚洲的丝绸之路中国和中亚段，拉丁美洲的安第斯线路系统遗产提名已申报世界遗产中心，并于2014年6月列入《世界遗产名录》。由这些表格就可以清楚地看到，系列跨境申遗欧美国家开展得较多，其他发展中及新兴国家还处于起步阶段。

图4.7　宁巴山自然保护区（几内亚科特迪瓦，第一个系列跨境自然遗产）

资料来源：世界遗产中心. http：//whc.unesco.org/155，Paris

（三）国际社会对系列跨境申遗的再认识

系列跨境遗产入选《世界遗产名录》最早在20世纪80年代，但最初并没有受到人们的注意。

1981年，几内亚政府申报的宁巴山自然保护区被批准为世界自然遗产（图4.7）。宁巴山在几内亚、科特迪瓦与利比亚的交界地区，山下是茂密的森林，连接着无垠的草原。植物种类丰富，动物品种繁多，一些特有动物尤为珍稀，如胎生蟾蜍和黑猩猩。世界遗产委员会在批准宁巴山列为自然遗产时，建议上述三国政府密切合作，保护好位于三国境内的宁巴山自然生态系统[①]。翌年，按照委员会建议，科特迪瓦（当时称象牙海岸，Ivory Coast）申请扩展宁巴山自然保护区，得到世界遗产委员的批准。自此，世界遗产体系中的第一例系列跨境自然遗产地诞生了。

1983年，巴西政府提名瓜拉尼人聚居地的耶稣会传教区（the Ruins of Sao Miguel das Missoes）列为世界文化遗产（图4.8）。委员会在做出决定时也注意到阿根廷政府有意申报类似的系列文化遗产。1984年，阿根廷政府提名圣伊格纳西奥米尼、圣安娜、罗雷托圣母村和圣母玛利亚艾尔马约尔村遗迹入选世界文化遗产，得到委员会批准。这样一来，五个著名的耶稣会传教区遗址作为系列跨境

---

① UNESCO.Report of the fifth session of the World Heritage Committee[EB/OL]. http：//whc.unesco.org/archive/repcom81.htm#155.

文化遗产列入《世界遗产名录》。它们分别是：巴西的圣米格尔杜斯米索纳斯古迹，阿根廷的圣伊格纳西奥米尼、圣安娜、罗雷托圣母村和圣母玛利亚艾尔马约尔村遗迹。首例系列跨境文化遗产由此诞生了。世界遗产委员会同时建议，位于巴拉圭和乌拉圭的耶稣会传教遗址也可以入选世界文化遗产。这样一来，瓜拉尼人聚居地的耶稣会传教遗址（the Jesuit missions of the Guaranis）就可以成为一个有完整代表的世界文化遗产。委员会也鼓励巴拉圭和乌拉圭政府加入《世界遗产公约》①。

图4.8 瓜拉尼人耶稣会传教区遗址
（巴西/阿根廷，
第一个系列跨境文化遗产）
资料来源：世界遗产中心. http://whc.unesco.org/275，Paris

随着世界遗产理念的发展、拓宽和完善，有关系列跨境世界遗产的申报、评估和监测等议题在世界遗产委员会上多次讨论。20世纪90年代中期，系列跨境申遗逐步兴起。进入21世纪后，系列跨境申遗项目由于会员国可以自由选择提名国而备受欢迎。丝绸之路文化线路、印加大道：安第斯线路系统等大型文化线路的系列跨境申遗也引起国际遗产保护界，尤其是世界遗产委员会的关注。2005年，系列跨境遗产的概念和定义才被正式纳入《操作指南》。

2008年7月，世界遗产委员会详细讨论了系列跨境遗产申报面临的问题，许多国家对系列以及跨境遗产申报感兴趣。由于遗产大会时间紧、任务重，委员会建议召开专家会议进行详尽讨论。委员会认为②有必要加强对系列跨境申遗的指导，以便于相关国家从程序上、管理体制上更好地落实《操作指南》的要求。基于丝绸之路、印加交通线路等大型文化线路系列跨境申报的实践，从"顶层指导"的角度对《操作指南》进行修订，并准备有关系列跨境申遗的指导文件已经势在必行。

实际上，2008年魁北克遗产大会的决定应追溯到遗产委员会2005

---

① UNESCO.Report of the Eighth Session of the World Heritage Committee[R]. http://whc.unesco.org/archive/repcom84.htm#291.

② World Heritage Committee Decision 32 COM10B，Quebec，2008. http//whc.unesco.org/Decisions.

年在南非德班做出的决定（29 COM 18A）。德班会议决定缔约国共同准备系列跨境申遗时，可在协商一致的基础上，选择共同申报的某一个国家占有自己的申遗名额，系列跨境申报文本只算在这个国家的限额内。

这样一来，系列跨境申遗一时变成一种时髦现象。许多国家愿意通过这种方式多报遗产。自2006年起，系列跨境申遗的数量和复杂程度不断提高。

在实践层面，丝绸之路、印加交通线路等大型文化线路的系列跨境申遗活动中遇到的问题和挑战已无法从《操作指南》中找到答案。这一系列的问题包括：系列跨境遗产如何在申遗前期的"预备清单"中确定；系列跨境遗产的突出普遍价值认定和价值体系与单个遗产点的关系；成员国之间如何创建国际合作机制而有效地管理保护系列跨境遗产；世界遗产委员会怎样审议系列跨境遗产的保护状况（如何列濒危名录）；系列跨境遗产申报涉及的国际（资金）援助和能力建设等。

面对实践走在理论体系之前的挑战，以及正在开展的丝绸之路和南美安第斯山道路系统等大型系列跨境申报项目，2008年魁北克遗产大会（决定32 COM 10B）要求世界遗产中心和咨询机构[①]召集世界遗产专家会议专题讨论系列跨境遗产的问题和解决办法。同时修订《操作指南》中相关的定义、操作规程标准格式，以便于指导会员国的申遗和保护管理工作。

（四）对瑞士易廷根世界遗产专家国际会议的分析

2010年2月，世界遗产中心在易廷根召集"系列跨境申遗及系列跨境世界遗产研究"国际专家会议。亚洲的丝绸之路文化线路系列跨境申遗项目作为会议重点讨论的案例之一（另一个为南美国家的安第斯山道路系统系列跨境申遗项目），由协调委员会主席向专家们做了介绍。另外，丝绸之路文化遗产"预备清单"标准格式、前面所提的系列跨境申遗面临的主要问题也作为会议文件讨论、征求意见。为便于其他专家学者做进一步研究，对会议的结论将在第六章进行分析。

---

① World Heritage Committee Decision 32 COM10B，Quebec，2008. http//whc.unesco.org/Decisions.

易廷根会议中的决议直接关系到丝绸之路系列跨境申遗的战略。特别涉及以下四个方面。

1）2008年版《操作指南》对系列遗产的定义为："系列遗产的组成应该包括几个相关组成部分，它们应属于同一历史—文化群体；或具有某一地域特征的同类型遗产；最后也可以是同一地质地形构造，同一地理区域或生态系统。"①

在分析了全球系列跨境申遗项目面临的主要问题和挑战后，专家提出《操作指南》中现有的定义会因没有适当有关内在联系（functional link）的定义，容易使零散遗址与其他组成部分的关联性较弱，或者他们对于整体突出普遍价值的贡献无法得到有效的证明，因此所选遗产项目会成为一个零散的清单。对于文化遗产而言，其组成部分应该逐步反映出不同时期明确的文化、社会、历史或内在的关联性。

这对于丝绸之路文化线路申遗的重要启示是很明确的，丝绸之路文化线路不代表相同的历史—文化群体，而同一地理区域相同类型的遗产也不能清晰地阐释丝绸之路文化线路。实际上，丝绸之路申遗项目就是在这两个概念之间纠结。易廷根会议研究讨论的结论，在丝绸之路系列跨境申遗的框架下更容易让人理解丝绸之路作为文化线路的概念和意义。通过丝绸之路项目和全球其他大型文化线路申遗的实践，《操作指南》中涉及系列遗产的定义和概念得到更新，这也反映出理论与实践相互影响、相互作用的关系。上面谈到2011年的《操作指南》明确强调文化遗产组成部分的内在联系，这也正是文化线路的显著特点。

2）易廷根会议的结论是"为了避免在组成部分中有过多的碎片，在遗产申遗的过程，包括遗产组成部分的选择过程，都应该考虑到总体的关联性和连贯性"。

这也是丝绸之路系列跨境申遗面临的一个重要课题。丝绸之路系列跨境申遗规模巨大，很重要的一点是如何保持一个丝绸之路地理空间完整性的框架并找到一个相关遗产和景观有效的管理途径，使整个文化线路在管理层面具有可操作性。

---

① UNESCO World Heritage Centre.Operational Guidelines for the Implementation of the World Heritage Convention，Para 137，WHC/01，2008.

3）易廷根专家会议同时建议："系列跨境遗产项目提交列入预备清单的文件中应包括各参与国家联名签署的意向文件。申报的遗产不仅作为系列跨境申遗列入世界遗产预备清单，同时，参与国应该将系列申遗的组成部分已经列入本国的预备清单之中。"

对于丝绸之路系列跨境申遗而言，第一部分并不成问题。在多年的国际磋商过程中，丝绸之路申遗项目就各国共同准备"预备清单"的标准格式进行了多次讨论，并于2009年阿拉木图会议正式通过，而2007年通过的《概念性文件》本身就是指导申遗的意向文件。在世界遗产中心的指导下，丝绸之路系列跨境申遗所准备的"预备清单"标准格式（format）也被易廷根国际专家会议接受，经世界遗产委员会批准后于2011年正式收入《操作指南》的附件2B[①]。但对于第二部分的定义仍有可商榷之处。系列跨境文化线路遗产列入"预备清单"是毫无疑问的，国际磋商过程本身就证明了这一点。然而各组成部分列入相关国家的"预备清单"似乎不应该是必要条件，如果各国对丝绸之路最初认定的概念框架包括了遗产廊道，那么这是合理的，但如果这种定义意味着在系列跨境申遗过程开始之前，廊道中的每一个组成部分应列入参与国家的"预备清单"，这一点看来是没有必要的。因为系列跨境申报的过程也是逐步认识和确定整个遗产组成部分的过程。将系列跨境文化线路遗产组成部分列入相关国家的"预备清单"，有本末倒置的可能。笔者认为丝绸之路系列跨境申遗摸索的途径还是比较实用的。

4）易廷根专家会议强调了系列跨境遗产申报需要提供国际援助和地区培训及能力建设的机会等。这实际上是丝绸之路文化线路系列跨境申遗的一个突出特点。从2005年在亚太地区世界遗产定期报告后续活动的框架下推出丝绸之路系列跨境申遗之日起，培训活动和能力建设的因素一直主导着申遗过程。世界遗产中心通过不同渠道、不同方式动员国际援助，支持、指导着这项跨文化项目的推进。一系列地区磋商会议、分地区和国别培训会、专家讨论会使不同信仰、不同种族、不同文化背景和不同学科领域的政府官员、专家学者、文化遗产管理者及其他社会公众，通过互相学习、共同摸索，探讨丝绸之路文化线路系列跨境申遗

---

① UNESCO World Heritage Centre.Operational Guidelines for the Implementation of the World Heritage Convention, Annex 2B, Tentative List Submission Format for Serial Transnational and Transboundary Future Nominations, WHC. July 2013.

的合适途径和方法。在这个国际合作过程中,荷兰信托基金、日本信托基金、世界遗产基金、挪威信托基金、意大利信托基金、比利时王国科学政策办公室(BELSPO)[1]、韩国信托基金,以及中国、乌兹别克斯坦、塔吉克斯坦、哈萨克斯坦、土库曼斯坦、吉尔吉斯斯坦等国政府提供了资金及人力资源支持;ICOMOS和英国伦敦大学学院、雷蒙/勒梅尔文化遗产保护中心[2]、ICOMOS西安文化遗产国际保护中心(IICC-Xian)[3]、IICAS[4]等专业机构提供了有力的科学依据,为系列跨境申遗的成功提供了坚实的保证。

易廷根世界遗产专家会议的主要结论得到第34届世界遗产委员会会议(巴西,巴西利亚)的认可。涉及《操作指南》相关部分的修订,世界遗产委员会要求世界遗产中心与有关咨询机构合作,提交附件2和5的修正草案。这个草案在世界遗产中心组织的工作组会议上讨论并在2011年的第35届世界遗产大会上通过。

2010年2月,在易廷根举行的世界遗产专家会议对丝绸之路文化线路系列跨境申遗项目的推进具有重要意义。在世界遗产中心的推动下,丝绸之路项目作为会议首选的两个重要案例之一(另一个是南美六国进行的安第斯山道路系统遗产线路),全面介绍了丝绸之路系列跨境申遗中面临的主要问题及经验与教训。同时,专家会议所讨论的其他案例对丝绸之路项目有积极的借鉴作用。会议期间,世界遗产中心召集丝绸之路项目的主要专家对正在进行的丝绸之路专题研究的侧重点(heritage corridor)和下一步准备开展的重点活动做了筹备。应该说,易廷根专家会议对于丝绸之路申遗具有积极的推动作用,达到了互惠互利的效果。丝绸之路项目让与会国际专家分享了我们在实践中遇到的挑战、问题和探索的解决途径,同时也全面了解了其他系列跨境申遗项目的进展情况和面临的挑战。由此,我们对丝绸之路申遗的策略做了调整,由原来设想的丝绸之路文化线路整体申报,通过专题研究分析各成员国提交的"预备清单"文化遗产点,提出了遗产廊道

---

[1] Belgian Federal Science Policy Office,BELSPO.

[2] Raymond Lemaire International Conservation Centre,KU Leuven University,Belgium.

[3] ICOMOS International Conservation Centre-Xian(IICC-Xian),China.

[4] International Institute for Central Asian Studies(IICAS),Samarkand,Uzbekistan,1993年成立。

的思路指导项目分期分批申报。

丝绸之路文化线路系列跨境申遗项目正式进入申报材料准备阶段。

易廷根国际专家会议后，世界遗产中心2010年4月在泰国普吉岛召集的专家会议提出了对世界遗产申遗项目进行"顶层指导"的设想。

1972年《公约》已过去40多年，世界遗产的数量超过了1000处。《公约》的实施是成功的，但整个世界遗产体系面临的挑战却是越来越严峻。世界遗产的"全球战略"推行了20多年，但遗产的代表性和世界遗产地区分布的均衡性仍然没有多大改观。

2009年，世界遗产委员会认识到应对这些挑战的紧迫性。同年，世界遗产缔约国大会提出探讨创新途径以解决《世界遗产公约》面临的诸多问题。

2010年4月，世界遗产中心、日本和澳大利亚政府共同在泰国普吉岛组织了"世界遗产申报顶层指导国际专家会议"。会议就申遗过程、"预备清单"的准备、申报文本的技术审核等做了详尽的讨论，寻求指导申遗的创新思维。关于申遗过程，会议的结论认为比较可行的途径是通过"顶层指导"。所谓"顶层指导"，就是以咨询和引导的方式帮助会员国开展申遗活动，鼓励会员国在自愿的基础上，寻求世界遗产咨询机构（ICOMOS和IUCN）的帮助。世界遗产中心将充分利用每年9月底审核申遗文本初稿的机会，向会员国提供实用的指导和修改意见，同时鼓励会员国尽早规划申遗项目。而世界遗产委员会在其议事规则改革过程中，也可考虑每两年审议申遗项目和已入选世界遗产的保护状况报告。

根据普吉岛国际专家会议的提议，世界遗产委员会在第34届大会上通过决议，鼓励世界遗产中心"落实普吉岛专家会议倡导的对申遗活动试行'顶层指导'的建议"，与咨询机构或其他组织合作，推广申遗"顶层指导"项目，每个地区可选一到两个试点项目。[①]自此，"顶层指导"的创新方法进入了世界遗产体系。

2011年，1972年《公约》缔约国第18届大会审议了外聘审计员对"全球战略"自1994年启动以来至2011年期间的执行情况的评估报告。审计报告的建议包括：申遗工作应重新关注最突出的遗产，对于其他遗产，设计新工具，在地区一级或按专题在教科文组织主持下

---

① 世界遗产委员会决议：34COM12Ⅲ，巴西利亚：2010.

或与地区组织合作进行认可和保护；鼓励各会员国在地区一级更新和统一"预备名单"等。审计报告也认为，《操作指南》缺少精准的定义，概念解释多样，给会员国申遗工作造成不便。

1994年世界遗产"全球战略"的初衷是制定一份具有可信力、代表性和平衡性的《世界遗产名录》。但是，世界遗产委员会并没有界定这些具体的概念和指标，而国际专家提出的定义和规范也并没有列入《操作指南》，导致对概念各种不同的解释。许多缔约国根据纯粹的地缘政治标准解释这些概念，忘记了"突出普遍价值"是一项遗产入选《世界遗产名录》的必要条件。2011年缔约国大会正式确定，为了填补《世界遗产名录》中的空白，申遗项目应引入实验性的"顶层指导"过程。也就是说，如果申遗项目潜在的突出普遍价值得到咨询机构专题研究的认可，世界遗产中心将向相关国家提供援助。

在理论和实践层面，2006年启动的丝绸之路系列跨境申遗项目已经走在了前面，从"预备清单"的准备，专题研究的开展到整个申遗过程的国际磋商与合作可以说是真正意义上对会员国的"顶层指导"。

（五）系列跨境申遗中的主要问题

丝绸之路文化线路系列跨境申遗项目的推广对世界遗产体系带来了不少的挑战。这样一个跨文化的国际合作项目在地区或跨地区的实施必然面临诸多问题。首先，现有的《操作指南》缺乏明确的定义，概念解释多样化，因此给理论和实践都带来困难。比如，突出普遍价值作为世界遗产评判的基石，在系列跨境申遗实践中就很难给出带有指标的定性。这样，由于缺乏指标，丝绸之路申遗只能摸索以价值为必要条件，确定整体的文化线路的"共同价值框架"，这也只能算是探索，还无法验证它对今后遗产保护和管理是否具有指导意义。丝绸之路申遗是世界遗产"全球战略"的一部分，但"全球战略"机制并没有科学的标准为依据。只是在提高代表性、平衡性和可信力的概念下做出了一系列关于世界遗产数量和地区分布的简化统计图表。统计方法按照联合国系统的五大地区分别列出，并没有涉及文化或自然遗产的标准。面对亚太地区这样的庞然大物，遗产数量只是一个粗略的概念。而系列跨境申遗的发展使得按地区分列遗产数量的做法无效。

从丝绸之路申遗的理论和实践经验可以总结出，系列跨境申遗的文本准备非常复杂。申遗的国际合作过程也是任重而道远，困难性、复杂性兼而有之。由于采用"顶层指导"的方式，也使得世界遗产中心和ICOMOS的工作量日益繁重，这在申遗和遗产监测过程中都是如此。同时，像丝绸之路申遗这样的大型国际合作对预算外经费的依赖性越来越强，世界遗产中心经常为在中亚国家开展能力建设而筹措资金而奔忙。所有这些都表明，尽管系列跨境申遗可以有效地促进地区和国际合作，这是令人鼓舞的，但它同时也要付出相当的、甚至艰苦的努力，代价也是相当高的。它对世界遗产体系的作用和意义，尤其是对《世界遗产名录》可信力的影响，尚有待进一步研究分析，以便做出客观的评判。

就丝绸之路系列跨境申遗而言，以下技术问题是申遗理论与实践过程中需要面对的。

1）系列跨境涉及跨国合作，需要在地区一级统筹协调文化遗产的筛选，"预备清单"标准格式就需要各参与国达成共识。

2）如何在遗产价值认定中进行对比分析，选出最好的遗产点，对文化线路整体通过一个"共同价值框架"，进行专题研究以指导对比研究，这也是要解决的问题。

3）系列跨境文化线路范围广、遗产类型复杂，如何处理申遗项目的扩展，如何对待已入选《名录》的遗产，如何评判遗产的保护状况，将濒危的遗产列入《濒危名录》也是需要应对的问题。

4）系列跨境申遗文本不是单一国家准备，如何统一文献资料的准备，建立什么样的专家合作机制处理文本材料，同样是个问题。

5）最后，也是最重要的，如何在跨境国际合作中动员国际援助，对申遗能力弱的国家开展能力建设，是系列跨境申遗中的重点问题。丝绸之路申遗历时10多年，其中很大一部分时间都是用在培训活动和能力建设上。

四、丝绸之路与文化线路系列跨境申遗

（一）全球背景

1988年教科文组织开始了丝绸之路整体研究：对话之路的跨文化大型国际项目。这个项目突出了古丝绸之路在不同民族、不同宗教和不同文明间交流互动的复杂性，由此引发了全球范围的丝绸之路热。

教科文组织先后开展了一系列涉及"沙漠路线"（西安至喀什）、"海上丝绸之路"（威尼斯到大阪）"草原路线"（中亚）、"游牧路线"（蒙古）、"佛教路线"（尼泊尔）的大型国际学术考察活动。若干的地区性专家会议和科学研究也风起云涌。一时间，世界各地都在探讨古丝绸之路这一文化现象。国际学术界充分认识到丝绸之路作为人类共同文化遗产的国际意义。

在世界遗产领域，有关文化线路的主要研究讨论以及为改善《世界遗产名录》代表性的全球战略也在同步进行。这些主要的研究成果包括：亚太地区世界遗产全球战略的初步研究，世界遗产中心（2002年）[①]；对《世界遗产名录》和"预备清单"的分析研究，ICOMOS（2003年）[②]；世界遗产文化象征性的框架草案，ICOMOS（2003年，J.Jokilehto，G. Solar & M.Petzet），巴黎。其中，世界遗产中心专家按照地理区域和编年史对亚太地区世界遗产代表性的初步研究已将中亚地区和丝绸之路（贸易线路/trade routes）列为优先开展遗产申报的区域和类型。

2002年11月，在"联合国文化遗产年"[③]和1972年《公约》20周年之际，教科文组织在西安举行了"丝绸之路国际论坛"，通过了《西安宣言》。教科文组织在宣言中重申要充分认识和保存丝绸之路不可替代的世界遗产元素。

2004年，ICOMOS出版了"世界遗产名录：填补空白——未来行动计划"研究报告。报告中从地区、年代、地理和专题四个方面分析了《世界遗产名录》和"预备名单"中文化遗产代表性和均衡分布问题。ICOMOS研究的目的是评估现有世界遗产代表性；分析短期和中期的文化遗产理念的发展趋势；最后确定代表性不足的文化遗产类型。

ICOMOS 2004年的研究成果对笔者在研究丝绸之路系列跨境申遗过程中对若干文化遗产，尤其是涉及文化线路的遗产进行梳理、初步分类有很大帮助。笔者在分析后认为：①这些研究最终确认了"尽管有卓越历史背景和大量的历史和文化遗产分布在丝绸之路沿线区域，中亚地区却是《世界遗产名录》代表性极其不足的区域"；②尽管教

---

① C. Finlayson .World Heritage Global Strategy with specific reference to the Asia-Pacific Region. UNESCO.2002.
② ICOMOS Document Centre，Paris.
③ United Nations Year for Cultural Heritage，2002.

科文组织也开展了大型国际学术考察和研究活动,但如何开展丝绸之路这样大型跨洲际的文化线路遗产申报,还没有人进行深入研究并给出明确答案。

(二)丝绸之路系列跨境申遗的国际磋商和成果

2003年8月和2004年7月,笔者和奥尔斯[①]代表世界遗产中心对丝绸之路中国段陕西、甘肃、新疆境内的文化遗产进行了全面、系统的实地调查研究,由陕西西安到新疆喀什,入塔克拉玛干沙漠,探索丝绸之路古道,行程6000多公里。在实地考察了中国于1996年上报世界遗产中心的"预备名单"所涉及丝绸之路的几乎全部历史文物、考古遗址、石窟寺、坎儿井、寺庙建筑、墓葬群、交通系统、文化景观等之后,笔者完成了"丝绸之路中国段申报世界遗产系统分析研究报告"。研究报告于2004年10月由世界遗产中心出版[②]。该研究报告成为丝绸之路系列文化遗产申报的开篇之作,得到中国国家文物局,中国社会科学院相关专家的积极评价,成为丝绸之路文化线路作为系列遗产申遗的指导性文件。

中国方面在听取了世界遗产中心研究报告的结论后,希望能和丝绸之路沿线中亚5国联合进行遗产申报并希望世界遗产中心牵头指导。2005年10月,在ICOMOS第15届大会上,笔者给大会科学研讨会提交了题为"教科文组织对丝绸之路世界遗产价值的认定与研究"的论文[③],并正式宣布中国和中亚国家就丝绸之路系列跨境申遗达成共识。2005年11月,世界遗产中心在哈萨克斯坦阿拉木图会议上建议中亚国家把丝绸之路申遗作为优先的活动列入实施《公约》"行动计划"。同年12月,在马来西亚马六甲举行的"东亚和东南亚世界遗产定期报告后续活动地区协商会"上,丝绸之路也被确定为亚洲系列和跨境申遗的备选项目。

这样,在世界遗产中心的协调指导下,丝绸之路文化线路系列跨

---

① Dr Ron van Oers,荷兰人,时任世界遗产中心拉美部代主任。
② 景峰,Dr R.van Oers.丝绸之路中国段申报世界遗产系统分析研究报告,巴黎:UNESCO,2004.
③ 景峰.联合国教科文组织对丝绸之路世界遗产价值的认定与研究(UNESCO's Efforts in Identifying the World Heritage Significance of the Silk Roads),国际古迹遗址理事会第15届大会和科研讨论会论文集(2),西安,2005.

境申遗的项目就算启动了。

系列跨境申遗项目启动后，世界遗产中心牵头组织通过召开了一系列地区级的研讨会，专题讨论研究丝绸之路文化线路的系列跨境申遗。这些学术研讨和协调会议包括2006年8月中国新疆吐鲁番会议（UNESCO，2006）①，2006年10月乌兹别克斯坦撒马尔罕会议（UNESCO，2006）②，2007年4月塔吉克斯坦杜尚别会议（UNESCO，2007）③，2008年6月中国西安会议（UNESCO，2008）④，2009年5月哈萨克斯坦阿拉木图会议（UNESCO，2009a）⑤，2009年11月（UNESCO，2009b）在西安召开的丝绸之路系列跨境申遗第一次协调委员会会议⑥为这一系列地区研讨会画上了完美的句号。由此，申遗活动正式转入政府间协调委员会的磋商和运作。

2010年，按照第一次协调委员会和会员国的请求，世界遗产中心指导、资助ICOMOS专家进行了"丝绸之路：专题研究"⑦。ICOMOS专家Susan Denyer 和笔者全程参加，由伦敦大学学院教师Tim Williams负责编辑完成。研究成果于 2011年5月提交给丝绸之路申遗协调委员会。

很重要的一点是，上述一系列学术研讨会的成果在"丝绸之路概念性文件"中得到完整的体现。"丝绸之路概念性文件"最初由世

---

① UNESCO.Final Report of the Turpan Meeting，UNESCO World Heritage Centre，2006.

② UNESCO.Final Report and Nomination Strategy for the Silk Roads，UNESCO Word Heritage Centre，2006.

③ UNESCO.Final Report and Final Draft Concept Paper，Paris：UNESCO World Heritage Centre，2007.

④ UNESCO.Final Report and Standard Tentative List Format，UNESCO World Heritage Centre.2008.

⑤ UNESCO.Final Report，Agreed Draft Statement of Outstanding Universal Value，Composition of the Coordinating Committee（12 ountries），UNESCO World Heritage Centre，2009.

⑥ UNESCO. Terms of Reference of the Coordinating Committee，Request for a Thematic Study on the Silk Roads，UNESCO World Heritage Centre，2009.

⑦ Tim Williams .The Silk Roads：An ICOMOS thematic study. UCL.Institute of Archaeology，2011.

界遗产中心牵头、英国Henry Cleere教授①在2006年间起草②，在随后2007年春召开的杜尚别会议中"丝绸之路概念性文件"获得中国和中亚国家的认可，2008年在中国西安修订后通过③。

丝绸之路系列申遗协调委员会第一次会议提出了专题研究的必要实施，这项课题由世界遗产中心指导ICOMOS专家完成。

2011年5月，在土库曼斯坦阿什哈巴德举行的协调委员会第二次会议上，"丝绸之路专题研究"成果初步得到中国和中亚国家及协调委员会成员的认可。2012年9月，在吉尔吉斯斯坦比什凯克召开了协调委员会第三次会议，专题研究成果通过。同时，中国和中亚国家准备的系列跨境申遗文本草稿也已就绪。至此，丝绸之路系列跨境申遗的第一步算是完成了。

2013年1月，分别由中国、哈萨克斯坦、吉尔吉斯斯坦联合签名，由乌兹别克斯坦和塔吉克斯坦联合签名的两份系列跨境申报文本提交世界遗产中心。文本于2014年3月通过了世界遗产中心的技术审核。

五、小　　结

我们生活的这个时代，是不同文化、不同种族、不同肤色、不同宗教和不同社会制度共生的时代。在日益频繁的交流中，我们已经成为了你中有我，我中有你的命运共同体。

21世纪以来，文化线路的系列跨境申遗成为一种全球现象。这一方面与教科文组织整体文化政策变化和世界遗产体系的变化趋势有关，另一方面也反映了广大成员国保护人类共同遗产的热情和兴趣。

在1972年《公约》倡导的国际合作和文化交流的精神下，各国专家和社会公众为后代人保护传承这些遗产和文化景观、文化线路而积极努力。这也正彰显了1972年《公约》的影响力。

可以说，1972年《公约》是一个强有力的国际法律文书。它能结合本身标准的法律框架，开展有益的文化遗产保护活动和实实在在的跨文化国际合作。通过系列跨境遗产申报的过程，以全方位、跨文

---

① ICOMOS前世界文化遗产协调员.
② 其间，世界遗产中心召集了两次国际专家会议，讨论、完善概念性文件.
③ 2007年11月，中国和中亚国家在教科文组织大会期间签字同意《概念性文件》. 土库曼斯坦因故缺席，随后又正式致函遗产中心同意文件内容.

化、多学科的方式,保护和弘扬文化线路的共同价值,激发当地社区和人民保护共同遗产的兴趣,促进面向和平文化的国际合作。以保护世界遗产,守护人类的精神家园。这也充分体现了1972年《公约》的精神。

此外,联合国系统所开展的诸如"国际生物多样性年"(2010),"国际文化和睦年(2010)"等,也突出了系列跨境文化线路申遗的重要性和意义。系列跨境申报将不同环境中不同的文化遗产联系在一起,把文化多样性和生物多样性的保护结合在一起。也正是本书开篇所论述的文化遗产和自然遗产的有机结合是1972年《公约》作为国际法律文件的突出特点之一。

文化线路申遗的意义自不用说,关键的问题是如何解决系列跨境申报世界遗产实践中所面临的挑战,研究出一个综合的策略来解决上面提到的问题。

如何用最好的方法开展这项工作尚在探索之中,笔者试图在认定文化线路遗产的价值和保护管理的有效机制方面做些研究探索。从国际层面看,文化线路被看做是世界遗产保护观念的不断发展。遗产保护范围日益扩大,保护管理机制复杂多样。因此,需要一种创新的途径来加深对文化线路的理解,为国际文化遗产的保护开拓申遗和保护管理的新路子。

我希望通过我们的努力,最终形成一个可以不断增加的、系列跨境的丝绸之路申遗项目,涵盖从中国的西安(长安)或洛阳到地中海沿岸地区以及亚洲其他地区。申遗活动应根据不同国家的能力和节奏分阶段进行、由一个共识的价值框架联系起来,依照和而不同、求同存异的理念,以开放、发展的文化观,统一申遗的总体思想,为子孙后代保护丝绸之路沿线丰富的文化遗产。

第五章
丝绸之路文化线路申遗理论、实践与创新

一、丝绸之路申遗理论与实践

（一）国际背景

教科文组织在倡导普遍价值的同时，也尊重特殊文化。在国际政治、文化理论、全球化的影响下，教科文组织日益强调对文化多样性的追求。1995年教科文组织的报告《我们具有创造力的多样性》[①]首次提出文化多样性的概念。2001年教科文组织通过《世界文化多样性宣言》，2005年通过《保护和促进文化表现形式多样性公约》，2010年发表了《世界文化报告：着力文化多样性与文化间对话》。通过研究这些文件和报告发现，近年来教科文组织在力推文化的多样性。当教科文组织文化价值观从普遍价值转向文化多样性时，世界遗产政策也必然要体现出来。全球研究和全球战略最好地印证了这种价值观和政策的转变，文化景观、文化线路、历史城镇等遗产类型的增加也是文化多样性的具体体现。

1988年，教科文组织启动了"丝绸之路整体研究"项目。这个项目是"世界文化发展十年"[②]计划的一部分。它通过组织国际科学考察和研讨会等形式，采取跨学科手段对丝绸之路进行研究。由于该项目及时对外公布它的研究和考察成果，因此在世界范围内引起了人们对丝绸之路的浓厚兴趣。

---

① UNESCO．Our Creative Diversity, Report of J. P de Cuellar World Committee on Culture and Development, Oxford/UNESCO Publishing, Paris, 1995.

② 1988-1997, World Decade for Cultural Development.

"丝绸之路整体研究"项目从1988年到1997年共组织了四次大型国际科学考察活动（图5.1）：

1）西安至喀什的沙漠路线考察（1990年7~8月）。

2）威尼斯至大阪的海上丝绸之路考察（1990年10月~1991年3月）。

3）阿什哈巴德至阿拉木图的中亚草原路线考察（前苏联，1991年4~6月）。

4）科布多至乌兰巴托的蒙古游牧路线考察（1992年7~8月）。

古丝绸之路曾经在历史上繁荣兴旺，它不仅是繁忙的贸易线路，也是东西方不同文化的汇聚交融之地，从而为中国和中亚地区遗留下众多的历史建筑、考古遗址和历史古城。自2001年以来，中国和中亚地区在世界遗产中心的帮助下，在保护和弘扬这些历史遗迹方面取得了重要的进展。土库曼斯坦的木鹿城国家历史文化公园、乌兹别克斯坦的布哈拉历史中心和撒马尔罕古城等先后被列入了《世界遗产名录》。其他一些潜在的历史文化遗产也得到了世界遗产中心和国际社

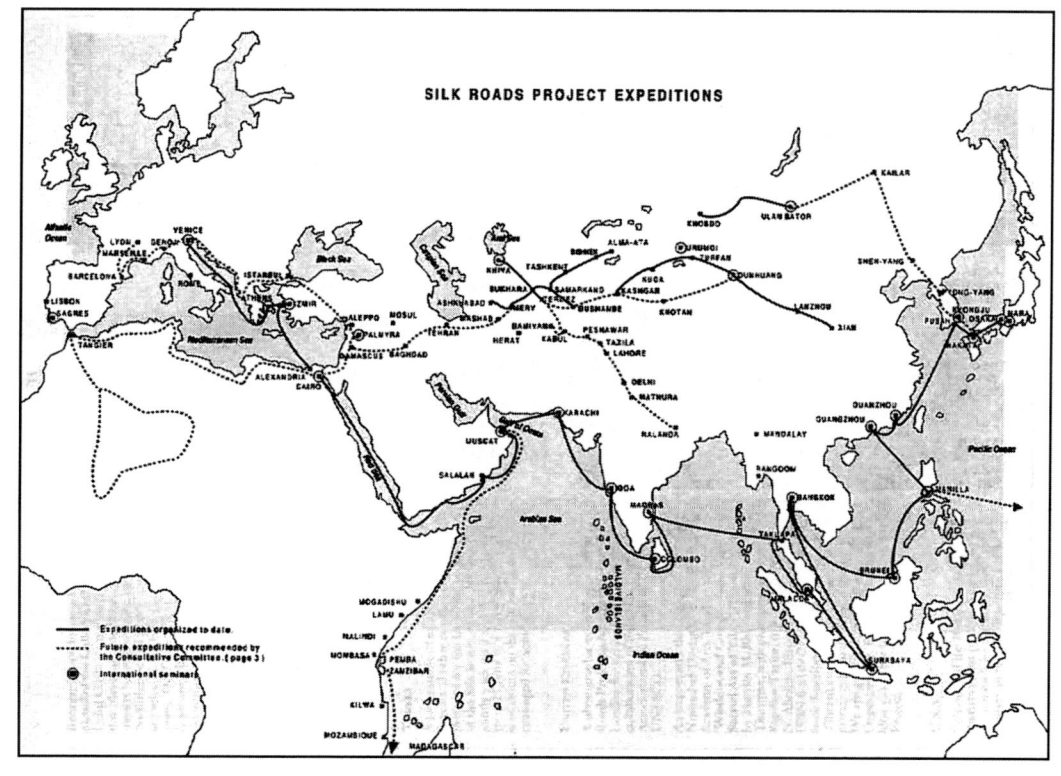

图5.1 教科文组织丝绸之路科学考察路线示意图

会的技术与资金支持，如中国新疆的库木吐拉千佛洞、哈萨克斯坦的欧特拉绿洲古城、吉尔吉斯斯坦的楚河谷佛教遗址（碎叶城）和塔吉克斯坦的阿吉纳—泰佩佛教遗址等。

2002年，在"联合国文化遗产年"[①]和1972年《公约》20周年纪念之际，教科文组织在中国西安举办了"丝绸之路国际研讨会"，通过了《西安宣言》，宣言中重申要充分认识和保存丝绸之路不可替代的人类共同遗产的元素。

丝绸之路申遗酝酿已久，相关研究也进行了多年。中国自1985年加入1972年《公约》以来，积累了较为丰富的遗产保护经验，也具有了相当的遗产保护实力。中国有意在遗产保护领域与中亚进行交流合作，以加深相互了解。另外，中亚地区遗产保护处于初级阶段，一直是世界遗产"全球战略"关注的优先地区。基于这种情况，作为政府间合作机构的世界遗产中心在做了相关研究的基础上，积极出面协调、指导，从而开启了丝绸之路系列跨境申遗这样一个宏大的跨文化国际合作项目。这也是世界遗产中心首次进行的全方位申遗指导。

（二）有关文化线路的研究

如第三章所论述，在世界遗产领域，有关文化线路概念的研究讨论，以及如何增强《世界遗产名录》代表性的"全球战略"的实施也在同步进行。这些主要的研究成果包括2002年世界遗产中心"亚太地区世界遗产全球战略的初步研究"[②]。该研究按照地理区域和编年史方式对亚太地区世界遗产的代表性做了初步分析，其中将中亚地区和丝绸之路（贸易路线）列为优先开展申遗的区域和类型。2004年，ICOMOS出版了"世界遗产名录：填补空白——未来行动计划"研究报告。报告从地区、年代、地理和专题四个方面分析了《世界遗产名录》和"预备名单"中的文化遗产的代表性和均衡分布问题。ICOMOS研究的目的是评估现有世界遗产的代表性；分析短期和中期的文化遗产理念的发展趋势；确定代表性不足的文化遗产类型。

上述研究对笔者启发很大。文化线路是遗产保护理念不断发展

---

① United Nations Year for Cultural Heritage，2002.
② C. Finlayson．World Heritage Global Strategy with specific reference to the Asia-Pacific Region.Paris：UNESCO，2002.

而产生出来的新概念和新类型。文化线路通常具有历史悠久、内涵丰富、地域跨度大等特点。较之传统的单一遗产，它在扩大1972年《公约》的覆盖面、增加影响力，以及促进多种文化的交流与合作方面都会有巨大潜力。文化线路在遗产申报方面，也是一种新的模式和发展趋势。

在ICOMOS 2004年报告的基础上，笔者对全球若干文化线路方面的遗产进行了梳理、初步分类。笔者认为，像丝绸之路这样的文化线路确实存在着大量的历史遗迹和文化遗产。但是在中亚这一亚洲腹地，已列入《世界遗产名录》的却屈指可数。虽然丝绸之路沿线的大型国际学术考察和研究活动进行了多年，但申遗的方法和路径尚无人探讨。当然，无论从遗产的体量，还是从时间和地域跨度，抑或是遗产的复杂性，都足以让人望而生畏。正如同"老虎吃天，无处下爪"。再加上，这一地区许多国家刚刚独立不久，保护传统缺失、专业能力低下，在政治乃至安全层面都存在问题。因此，丝绸之路申遗必将是一个浩繁的工程。它也将对现有的遗产保护体系和理论构成挑战。但反过来看，推广这样的项目一方面对遗产理念的完善将起到重要作用，另一方面也会对促进区域文明对话和文化交流、维护社会稳定和发展起到重要作用。因此，笔者觉得困难再大，也值得一试。可以说是，"明知山有虎，偏向虎山行"。

2003年以后，关于文化线路的理论研究不断完善，对文化线路的定义也逐渐变得明确和完整起来。

在国际文化政策层面，教科文组织对非物质文化遗产如文化特征、活动、表达方式、信仰、仪式、节日、传统知识和技术、音乐舞蹈和口头传说的研究和兴趣与日俱增。针对非物质文化遗产的保护和传承，教科文组织于2003年通过了《保护非物质文化遗产公约》。ICOMOS也在2003年第14届大会[①]上集中讨论了如何保护古迹遗址中的非物质遗产价值。

2005年，ICOMOS第15届大会在中国西安召开。会议通过了《西安宣言》[②]。

《西安宣言》涵盖了对历史城镇、文化景观、海洋景观、文化线

---

① 津巴布韦，维多利亚瀑布.
② 《保护历史建筑、古遗址和历史地区环境的西安宣言》，简称《西安宣言》，ICOMOS第15届大会2005 10月通过.

路和考古遗址等遗产的保护和管理，提出了对历史建筑、考古遗址和历史地区周围环境的评估、管理和保护的方法。其中，强调有必要充分认识对历史城镇、文化景观和文化线路的保护，重申了非物质文化遗产在认识和保护世界遗产中的重要性。《西安宣言》也强调了与当地社区、跨学科领域和国际社会进行合作增强环境保护和管理的意识的重要性。

从《威尼斯宪章》到《西安宣言》，可以看到国际文化遗产保护理念的变化。正如与会专家们所言"实现了从躯体的保护到灵魂的保护"。《西安宣言》是国际文化遗产保护理论发展的一个显著标志。《西安宣言》是在中国直接推动下产生的，也是第一个在中国产生的国际文化遗产保护领域的行业文件。

2005年版《操作指南》首次引入了文化线路的概念。

2008年，ICOMOS在魁北克大会上分析了非物质文化遗产和物质遗产的关系，强调保护遗产地的精神内涵。大会通过了ICOMOS《文化线路宪章》。

2008年版《操作指南》对文化线路概念又进行了更新。最后定义为：基于动态的、时空连续的迁徙和思想的交流；道路的整体价值要远远高于组成道路各类遗址的价值之和，国家和区域之间多因素、多维度条件下产生的交换和对话，逐步丰富了道路产生的初衷（宗教、商贸、管理或者其他目的）……文化线路的认定是基于对一系列有形（物质）要素或遗产的了解，通过物质要素见证文化线路自身的重要性[①]。

文化线路的概念基本定型。这也为丝绸之路系列跨境申遗提供了依据。

（三）丝绸之路申遗初期的理论与实践

2003年8月和2004年7月，世界遗产中心对丝绸之路中国段陕西、甘肃、新疆境内的文化遗产进行了全面、系统的实地调查研究。由陕西西安到新疆喀什，经河西走廊、吐鲁番盆地，入塔克拉玛干沙漠，行程6000多公里，考察了中国在1996年所列"预备名单"中涉及丝绸

---

① UNESCO World Heritage Centre. Operational Guidelines for the Implementation of the World Heritage Convention, WHC.08/1, Paris, 2008.

之路的几乎全部历史文物、考古遗址、石窟寺、坎儿井、寺庙建筑、墓葬群、交通系统、历史古城、文化景观等遗产之后，笔者完成了"丝绸之路中国段申报世界遗产的系统分析研究报告[①]"，并在2004年10月出版。笔者在研究报告中对文化线路的定义、世界遗产文化线路的分类、真实性和完整性的认定做了初步探讨。从文化线路的角度，对丝绸之路文化遗产的特性和全球意义进行了研究，提出了丝绸之路中国段的申遗策略和途径，以及分阶段、分专题申遗的设想，成为丝绸之路系列文化遗产申报的开篇之作。受到中国国家文物局、中国社会科学院相关专家的积极评价，成为丝绸之路文化线路作为系列遗产申遗初期的指导性文件。

（四）丝绸之路系列跨境申遗总体思路和系统方法的确定

丝绸之路中国段早在1996已经列入中国的世界遗产"预备清单"。中国政府在研究了笔者的报告结论后，提议和丝绸之路沿线中亚5国联合申报并希望世界遗产中心牵头指导。为了推进丝绸之路申遗项目，笔者在2005年10月ICOMOS第15届大会的国际科学研讨会上，提交了题为"教科文组织对丝绸之路遗产价值的研究"的论文[②]，以期在专业领域获得国际权威专家的关注，并正式宣布中国和中亚国家就丝绸之路系列跨境联合申遗达成共识。之后，2005年11月在哈萨克斯坦阿拉木图召开的"中亚地区世界遗产定期报告后续活动研讨会"上，会员代表通过了一项将丝绸之路文化线路遗产申报列为优先工作重点的行动计划。

这样，在世界遗产中心的协调指导下，丝绸之路文化线路系列跨境申遗项目正式启动。1988~2005年可以算做是丝绸之路系列跨境申遗的探索阶段。在这之后，申遗进入实施阶段，一系列的国际合作也陆续展开了。

2006年8月，"丝绸之路申遗国际磋商会"在中国新疆吐鲁番举行。来自中亚国家、中国和世界遗产中心的50名专家学者与会。与会

[①] 景峰，R.van Oers. 丝绸之路中国段申报世界遗产的系统分析研究报. Paris：UNESCO，2004.

[②] 景峰. 教科文组织对丝绸之路世界遗产价值的认定与研究：国际古迹遗址理事会第15届大会和科研讨论会，西安，2005.

代表们从四个方面讨论并交流了保护和管理丝绸之路沿线文化遗产的经验;探讨了丝绸之路的全球意义和世界遗产价值的认定;制定了系列跨境申遗的合作方式和操作途径和具体时间表、经费支持和项目实施的方案;最终形成了丝绸之路系列跨境申遗共同行动计划。由于中国自2003年起就与世界遗产中心合作,探讨了丝绸之路中国段系列申遗的方法和途径,中国代表详细介绍了工作的进展情况和经验。

吐鲁番会议是世界遗产中心第一次正式出面协调、指导中国和中亚国家在文化遗产领域的国际合作。它标志着联合申遗项目正式启动。中国代表在会上向中亚各国专家介绍了丝绸之路中国段申遗的准备工作。虽为近邻,中国和中亚国家此前在文化遗产保护领域还没有任何实质性的合作活动。本着"朋友越走越近,邻居越走越亲"的古训,笔者觉得教科文组织应该担当这个角色,促进文化交流和国际合作。可以预见,联合申遗过程将会有力促进区域合作和文化交流。

吐鲁番会议后,考虑到文化线路概念尚在不断完善阶段,需要有权威专家的理论指导和支持。因此,笔者决定邀请ICOMOS专家加入到联合申遗研究工作中来,以保证项目实施的客观性和科学性,少走弯路。

2006年10月,在乌兹别克斯坦撒马尔罕举行了第二次国际磋商会议。这次会议首次邀请了ICOMOS专家[①]与会。会议也邀请了意大利专家和国际中亚研究所[②]代表列席会议。

ICOMOS专家提出了丝绸之路联合申遗策略和申遗方法,阐述了对《操作指南》中系列跨境遗产定义的理解,介绍了其他类似项目的申遗经验。专家建议把中国和中亚丝绸之路沿线相关联的文化遗产点协调、整合,使之成为一个有内在联系的整体,以一个全面的、系统的策略和方法来开展申报工作。强调申遗的成功必须有政府的积极支持和相应的资金保障,以及各国之间的通力合作。

撒马尔罕会议期望向全世界最大限度地展示古丝绸之路作为亚欧贸易路线的历史风貌和魅力。它主要的成果是各国一致同意准备丝绸之路文化遗产的"预备清单"并确定下一步应该起草一个中国和中亚

---

① Susan Denyer,英国ICOMOS秘书长,2002年起担任世界遗产委员会文化遗产顾问.

② International Institute for Central Asian Studies,IICAS,1993年成立,总部在撒马尔罕,是教科文组织2类研究中心.

国家的《丝绸之路系列跨境申遗概念性文件》。在吐鲁番共同行动计划的基础上，与会专家就整体申报丝绸之路的方法、进度达成一致，并确定了第一个申报文本由中国和中亚国家联合准备。

笔者认为，ICOMOS专家的建议考虑了《操作指南》中有关系列和跨境遗产申报的概念、定义，参考了当时正在进行的系列跨境申报项目和线性遗产多国合作的实践经验。这样做的目的是采取一个现实的途径将中国和中亚的丝绸之路沿线的文化遗产点通过一个时段串起来，最后实现系列跨境申遗的目标。丝绸之路文化线路作为一个整体，先不考虑单体遗产点的具体价值的考量，为以后确定丝绸之路文化线路的"共同价值框架"留下了伏笔。

撒马尔罕会议关于准备中国和中亚国家《丝绸之路申遗概念性文件》的决定具有重要意义。由于ICOMOS专家的加盟，丝绸之路文化线路系列跨境申遗有了客观的指导。世界遗产中心随即委托ICOMOS前世界遗产委员会文化遗产协调员①起草这个文件。在2006年年末和2007年年初②，世界遗产中心先后两次组织欧洲和亚洲的丝绸之路专家讨论该文件，以便提交中国和中亚国家丝绸之路申遗国际磋商会议讨论、通过。

2007年4月，世界遗产中心召集中国和中亚国家专家学者在塔吉克斯坦首都杜尚别召开"丝绸之路系列跨境申遗第三次国际磋商会议"，讨论通过了《丝绸之路申遗概念性文件》③（图5.2）。与会国包括中国、哈萨克斯坦、吉尔吉斯斯坦、塔吉克斯坦和乌兹别克斯坦。

《概念性文件》确定了丝绸之路文化线路的地理特征、时间跨度、申遗的策略、申遗的程序和相关建议，并提出了阶段性结论。

概括地说，《概念性文件》为丝绸之路文化线路系列跨境申报世界遗产提供了理论依据和指导方针。中国和中亚国家在丝绸之路申遗的理论探索之后，进入了系列跨境申遗的实施阶段。

---

① Henry Cleere，英国人，1992~2002年担任ICOMOS 世界文化遗产申遗项目协调员.

② 两次会议均在伦敦召开，伦敦大学学院、大英博物馆、英国图书馆、英国ICOMOS提供支持.

③ A Concept for the Serial Transnational Nomination of the Silk Roads in Central Asia and China to the World Heritage List, on behalf of the State Parties of China, Kazakhstan, Kyrgyzstan, Tajikistan and Uzbekistan. Turkmenistan did not join the Dushanbe meeting but agreed the Concept in 2007.

图5.2　丝绸之路申遗概念性文件①

二、丝绸之路文化线路的定义和范围①

（一）丝绸之路文化线路的定义

综合丝绸之路系列跨境申遗的价值认定、世界遗产中心对丝绸之路申遗的研究报告，以及《概念性文件》的定义，本书所涉及的丝绸之路是陆上路线及部分草原路线，它的基本定义如下。

丝绸之路是公元前2世纪～公元16世纪期间古代亚欧大陆间以丝绸为大宗贸易的、开展长距离商贸与文化交流的交通大动脉，是东西方文明与文化的融合、交流和对话之路。它以中国长安（今西安）或洛阳②为起点，经中亚向西到达地中海沿岸［如今土耳其的安塔基亚（Antiokia），被视为丝绸之路西边的终点］、向南延伸至南亚次大陆，分布于横跨亚欧大陆广阔的区域内，是人类历史上交流内容最丰

---

① 同上页注③，图片为《概念性文件》封面。
② 传统研究中一直认为古长安（今西安）是陆路丝绸之路的起点．1996年中国政府提交的申遗"预备名单"也将西安作为起点．2002～2003年，中国学者考证研究后认为古都洛阳也应是丝绸之路的东段起点．2006年吐鲁番会议中国专家建议丝绸之路沙漠路线起点为西安及洛阳．

富、交通规模最大的洲际文化线路①，对形成多个世界性的伟大文明有着不可磨灭的贡献（图5.3）。

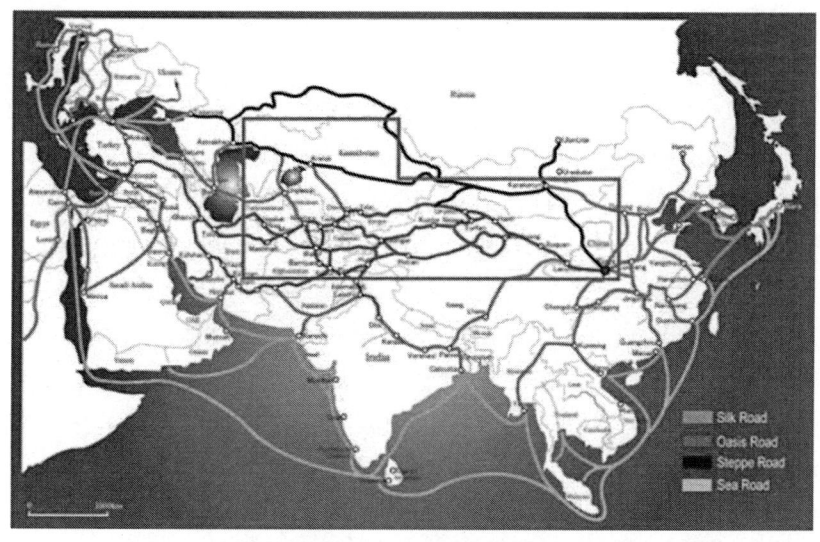

图5.3 丝绸之路中国和中亚段示意图

丝绸之路是沟通古代东西方之间经济、文化交流的重要桥梁，把古代的中华文明、印度文明、波斯文明、阿拉伯文化和古希腊、古罗马文化连接起来。沿着这条道路网络，中国的造纸术、火药、印刷术、指南针四大发明带动了世界变革，推动了欧洲文艺复兴；欧洲的天文学、医学、数学、几何学、地理学知识纷纷传入中国，开阔了中国人的知识视野。

丝绸之路兴起于世界古典文明发展的第一个高峰时期（公元前2世纪~公元2世纪）：罗马、安息、大夏－贵霜、中国汉朝②等大帝国在地中海沿岸到太平洋之间形成了一条不间断的文明地带，分别和四周的草原游牧民族，包括中亚地区游牧政权诸如大宛、乌孙、康居等不断发生着碰撞与融合，形成了积极的交流、互动关系。随着诸帝国

---

① 本书专指陆路的丝绸之路，涵盖"沙漠路线"和"草原路线"的一部分（中亚）.根据2008年ICOMOS《文化线路宪章》"文化线路的类型"划分，"丝绸之路"的地域幅员属于洲际文化线路.

② 罗马帝国（公元前27年~公元395年）、安息帝国（公元前247年~公元226年）、大夏（公元前256年~公元前145年）—贵霜帝国（公元60~250年）、中国汉朝（公元前206年~公元220年）.

文明的扩展，它们之间的地理间隔逐渐缩减，公元前138年张骞出使西域，凿空帕米尔高原东西两侧的文明交流通道，促成了整个亚欧大陆不同国家与民族之间广泛的文化交往。这一创举不仅有利于以丝绸为大宗贸易的、物品广泛的商业活动，也促进了亚欧大陆上公元前2世纪~公元16世纪中不同文明与文化间在思想、技术和政治制度方面的交流与传播，并在公元6~12世纪兴盛——在中国隋唐、波斯萨珊、阿拉伯[①]、拜占庭等大帝国[②]及古代突厥汗国之间。与此同时，佛教、基督教、伊斯兰教等世界性的宗教都在丝绸之路上获得大规模传播，宗教因此而成为联系亚欧大陆诸文明与文化的强有力的纽带[③]。

丝绸之路作为人类历史上规模最大的文化、贸易、宗教、技术交流的文化线路，其整体的意义超过其所有组成部分之和。它汇聚了诸多文明，沟通了亚欧大陆上游牧民族与农耕定居民族之间的文化交流，促成了人类历史上多元文化[④]的发展。它作为东西方之间融合、交流和对话之路，在人类文明与文化的交流史上拥有无可比拟的影响与突出的地位，在两千年来的历史上为人类的共同繁荣发展做出了重大而杰出的贡献。

丝绸之路跨越世界不同地域。两千年来不同种族、不同文明、不同信仰的人们为了生存和发展在经济、贸易、科技的交往中相互碰撞，相互交融，形成了丝绸之路沿线特有的文化现象，对人类文明的进步和发展起了重要作用。因此，它可以被称作"中西文化交流的大动脉和贸易商道"。丝绸之路沿线有丰富的历史文化遗产，是研究古代中外经济、文化发展与交流的重要历史见证。

丝绸之路还可以被看做是一条精神路线：沿着丝绸之路，技术的传播、思想的交流、东西方之间的友谊和相互理解第一次以如此宏大的规模发生。因此，我们在讨论丝绸之路的重要性和共同价值框架

---

① 即中国文献中的"大食"，这是中国唐、宋时期对阿拉伯人、阿拉伯帝国的专称和对伊朗语地区穆斯林的泛称．

② 中国隋帝国（公元581年~618年）、中国唐帝国（公元618年~907年）、波斯萨珊王朝（公元226年~650年）、大食帝国（公元632年~1258年）、拜占庭帝国（公元395年~1453年）．

③ 公元13世纪蒙古帝国的崛起，极大地影响和改变了亚洲大陆的政权格局，再度促成了亚欧大陆洲际贸易与文化交流的昌盛局面．

④ 在广袤的亚欧大陆上，草原游牧民族与农耕定居民族在几千年的交往过程中所产生的各种冲突、交流与融合，一直为人类历史发展做出重要贡献．

时，可以把她和所带来的团结相联系。阿米尔·泽克卢（A.Zekrgoo）因此说到"伟大的丝绸之路也许可以被看做人类历史上最为重要的文化线路"①。

丝绸之路作为跨文化交流和构建和平文化的重要文化线路，与之相联系的文化遗产属于人类的共同遗产。丝绸之路进入《世界遗产名录》应是当之无愧的。

（二）丝绸之路文化线路的地理范围

丝绸之路跨越亚欧大陆，也延续了2000多年，在地域和时间维度上都有一些重要问题需要解决。对于丝绸之路的空间分布形态和范围认定，陆上丝绸之路的价值和保护管理的物质实体，是研究的重点。

在2007年完成的《概念性文件》中确定了丝绸之路文化线路的地理特征。

"丝绸之路从东到西穿越中国肥沃的中部平原，经过甘肃河西走廊，到达天山南北。其南线在这里分为两支，横越塔克拉玛干大沙漠之后在喀什汇合。从喀什开始，丝绸之路的南线通过喀喇昆仑山脉通向南亚次大陆的印度北部，其中一条支线通过帕米尔高原通向塔吉克斯坦中部和南部；中线穿越帕米尔高原到达巴尔克，经过木鹿城到达伊朗，经过喀布尔再到印度；北线穿越费尔干纳盆地到达撒马尔罕，在这里，一条通往北方的道路穿过咸海和里海之间的阿姆河盆地最终到达黑海沿岸的港口。此外，从撒马尔罕出发向南穿越中亚大草原到达木鹿城。从木鹿城可到德黑兰，也可经过泰希封城到达美索不达米亚平原，或经过帕尔米拉古城到达地中海沿岸的港口。

此外跨越山脉通向印度次大陆也有几条重要的路线，它们也是丝绸之路交通网络的组成部分。这些线路中最西侧的一条经过巴尔克，穿过兴都库什山脉抵达今天的阿富汗，经过喀布尔到达巴基斯坦，通过塔西拉进入印度冲积平原。此

---

① Amir H. Zekrgoo.the Spiritual Identity of the Silk Roads, in the Silk Roads-Highway of Culture and Commerce. Paris: UNESCO. 2000: 126.

外，还有一些与位于高加索地区和以色列的主干线连接的支线。在下阶段的申报中，可以考虑将它们纳入。

相关国家一致同意进行考察和研究，制作出这一古代连接东西方的贸易大动脉的详细地图。这一地图并不排斥由于新的考古发现或历史资料的重现而进行的修订。"

2010年年初，丝绸之路系列跨境申遗协调委员会的12个亚洲国家①相继提交了各自国家的"预备清单"。为了便于指导亚洲国家的丝绸之路系列跨境申遗工作，世界遗产中心指导ICOMOS和伦敦大学学院考古研究所做了"丝绸之路专题研究"②。该研究再次对丝绸之路申遗的地理特征和空间分布形态进行了梳理、界定。按照会员国提供的资料和"预备清单"文件，丝绸之路文化线路的地理特征可归纳如下。

丝绸之路东起中国的长安（今西安），西至地中海东岸［例如，今土耳其的安塔基亚（Antiokia），是丝绸之路西边到达地中海沿岸的第一个终点］，它们之间的距离为6461公里（图5.4），但实际道路的长度约为7500公里（图5.5）。毫无疑问，下一步的研究会向西再延伸，到达伊斯坦布尔，向东延伸至日本和韩国（奈良到地中海东岸的距离约为8700公里）。

丝绸之路延伸的南北方向的确定还存在一定问题。为了便于丝绸之路系列和跨境申遗，目前对于丝绸之路文化线路的研究主要集中于穿越中国和中亚的东西向廊道，对东亚、南亚次大陆的丝绸之路还缺乏整体的研究。尽管明显的商贸道路辐射到了这些区域，但西亚、中东国家如伊朗、土耳其、约旦、叙利亚、巴勒斯坦等地还没有进行相关研究。同样的，丝绸之路也可能延伸到了北方区域，如亚美尼亚、阿塞拜疆等，但相关的研究还没有开展。草原路线是丝绸之路北部道路的重要组成部分，特别是通过蒙古的线路，这些区域都还没有包括到现在的研究范围之内。

---

① 丝绸之路申遗协调委员会2009年5月20日成立于哈萨克斯坦阿拉木图．委员会由阿富汗、中国、印度、伊朗、日本、哈萨克斯坦、吉尔吉斯斯坦、尼泊尔、韩国、塔吉克斯坦、土库曼斯坦和乌兹别克斯坦组成．

② Tim Williams．The Silk Roads： Thematic Study，an ICOMOS Study，UNESCO World Heritage Centre： Institute of Archaeology.University College of London，2011．

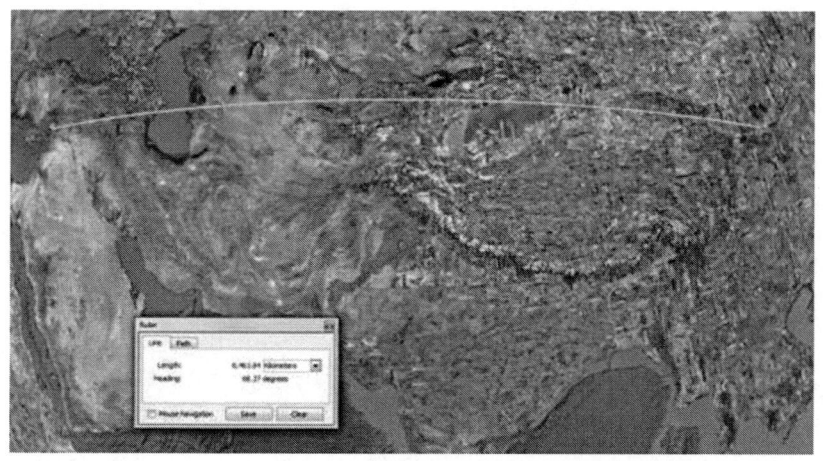

图5.4　从长安至土耳其安塔基亚的直线距离为6461公里

资料来源：世界遗产中心. The Silk Roads：thematic study. Paris, 2011: 12

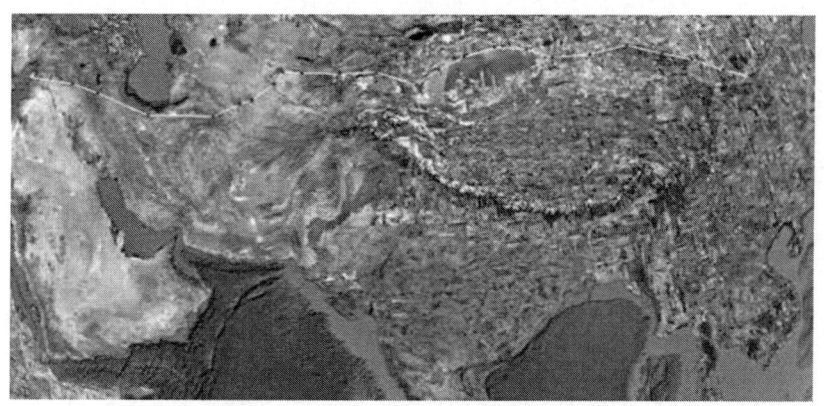

图5.5　从长安到土耳其的安塔基亚，实际线路长度约为7500公里

资料来源：世界遗产中心. The Silk Roads：thematic study. Paris, 2011: 12

（三）丝绸之路文化线路的时间跨度

丝绸之路陆上路线的时间跨度在《概念性文件》形成过程中曾经争论很激烈。中亚专家们，如卡尔·白帕科夫[①]，始终坚持认为陆上丝

---

① K. Baipakov，哈萨克斯坦国家考古研究所所长。中亚地区世界遗产专家.Desk Study：The Great Silk Road：Time of Appearance and Main Directions，October 2006，UNESCO Working Document.

绸之路的起始时间应早于公元前2世纪，并提供了考古发现的相关证据。他们认为，在公元前6世纪甚至更早，中国通过中亚与地中海地区就已经有了联系。

关于丝绸之路起始时间结论的得出需要考虑诸如管理、安全保障等要素。关于丝绸之路消亡时间的节点国际和地区专家意见比较统一，普遍认为是16世纪早期。帖木儿帝国的分裂使得陆上丝绸之陆逐步衰败，而海上丝绸之路开始繁荣。

综合丝绸之路申遗《概念性文件》①（2007）和"丝绸之路专题研究"②（2011），关于丝绸之路的时间跨度概括如下。

第一，国际学术界普遍接受丝绸之路开启于公元前2世纪这一观点。公元前100多年，中国就开始开辟通往西域的丝绸之路。汉代张骞于公元前138年和公元前119年两次出使西域，向西域传播了中华文化，也引进了葡萄、苜蓿、石榴、胡麻、芝麻等西域文化成果。公元前138年③，汉武帝派遣张骞出使西域，招募月氏人以抵抗匈奴。张骞直到13年后才回到汉都城长安（今中国陕西西安）。虽然与他随行的100余士兵没有生还，但张骞却获得了关于西域的珍贵信息。

在确定丝绸之路何时成为贸易主干线的时候，有必要考虑是什么时候出现了管理和控制，在安全上能够保障可持续的、有组织的贸易活动？什么时候商人们认为值得长途跋涉、尤其是翻越帕米尔高原，运送贵重的物品？张骞出使西域作为丝绸之路起始时间较为容易确定。考古发掘显示，早在张骞之前，中亚草原上的游牧民族彼此之间，以及与中国西部和地中海地区进行着相当规模的交流互动。但他们不是定居民族，因此不能算作起始时间点。同样，有证据显示，一个交通网络已经于公元前4世纪在亚历山大大帝所征服的中亚以西的地区形成。该交通网络起初为军事目的而建，但是很快就为中亚和地中海地区之间的商人所采用，由于这个交通网络的安全没有保障，所以也不能算作起始时间点。另外，公元前138年之前更早的时期，丝绸就

---

① UNESCO.中国和中亚丝绸之路申报世界遗产概念性文件，2007.

② UNESCO World Heritage Centre.The Silk Roads： thematic study，report edited by Tim Williams，Institute of Archaeology，UCL，2012.

③ 中国、哈萨克斯坦、吉尔吉斯斯坦提交的申遗文本中为公元前138年.西方学者如Vadime Elisseeff 著作中引为公元前139年，the Silk Roads，Highways of Culture and Commerce，UNESCO Publishing，Paris. 2000: 3.

被运到中国以外的地方,这一点已经得到考古发现的佐证。例如,在古代的大夏国①就发现了公元前15世纪的丝绸,因为这不是持续的、有组织的贸易活动,所以还不能算作起始时间点。

第二,关于丝绸之路作为交通网络的所有实际功能消亡的具体时间,目前也同样存在争议。最早在公元8世纪晚期,多种因素共同作用,使得丝绸之路这一陆上路线的使用价值大大降低。开始于福建和广东港口的海上贸易在蓬勃发展,而与此同时,蚕蛹和养蚕知识也传播到了中亚、欧洲和日本,从而结束了中国在这一领域的垄断地位。当蒙古帖木儿大帝的孙子兀鲁伯于1449年去世时,帖木儿帝国对中亚的强权控制也走到了尽头,丝绸之路上的商队开始屡遭攻击和掠夺。

几乎不可能确定丝绸之路消亡的准确时间。不过,由于这条陆上线路缺乏安全保障,同时中国的商船舰队从16世纪开始在海上取得成功,这就意味着这条连接东西方的伟大的贸易和文化纽带从那时就不再发挥作用了。因此,可以首先提出,丝绸之路的起止时间为公元前2世纪~公元16世纪早期。但是,这并不排斥将这一时期之外的文化遗产和考古遗址纳入最终申报的世界遗产中,条件是该遗址对于丝绸之路文化线路具有重大的意义。

在这个时间跨度里,丝绸之路文化线路具有一种统一性。这种统一性由丝绸之路上的贸易规模,以及在其最东端的中国和最西端的地中海地区的政治和经济的稳定性所决定。在这一时间范围内,并不是所有的线路都在同时使用。在不同的地区,贸易和文化交流活动也在不同时期有多有少。

从公元前2世纪~公元4世纪,伴随着四个相临帝国②的发展和交流,丝绸之路进入了黄金期。沿线各个王朝的创立和灭亡形成了主流文化之间、主流文化与游牧社会之间的相互对抗和融合,使丝绸之路更具有动态性(图5.6)。

公元8~9世纪是丝绸之路的巅峰时期。丝绸之路的繁荣与丝绸之路沿线的中东和中亚地区的伊斯兰王朝,中国的唐朝、地中海地区的拜占庭帝国的强盛有着密切的关联(图5.7)。

公元13~14世纪,受到蒙古西征的冲击,丝绸之路开始走向衰败

---

① 大夏国(公元前256~公元前145年),今阿富汗.
② 罗马、帕蒂亚帝国、贵霜帝国和汉王朝,以及与汉王朝一起发展起来的匈奴联盟.

（图5.8）。而到了公元16世纪早期，帖木儿帝国的分裂使得陆上丝绸之路再次衰败，与此同时，海上丝绸之路开始繁荣起来。但无论是海上丝绸之路还是陆上丝绸之路都没有彻底消亡。时至今日，大量的中国商品通过陆路运输到中亚以及其他国家，就是丝绸之路没有消亡的最佳证据。

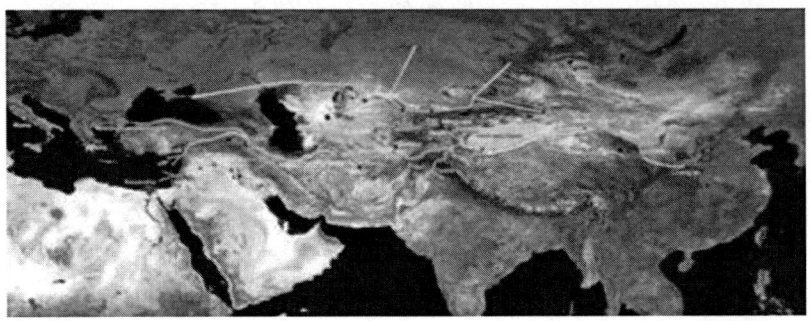

图5.6　公元前2世纪～公元4世纪的丝绸之路示意图

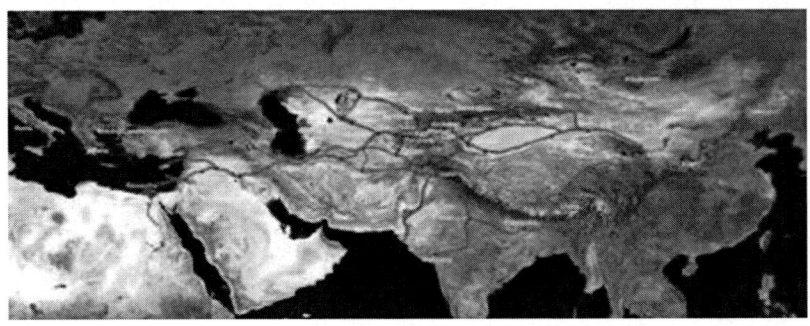

图5.7　公元5～13世纪的丝绸之路示意图

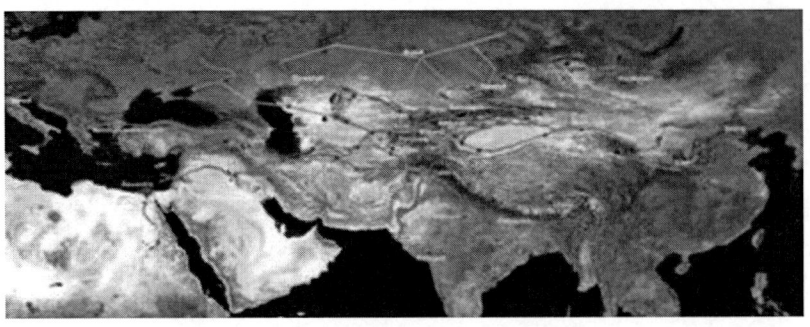

图5.8　公元13～16世纪初丝绸之路示意图

在丝绸之路申遗研究中，由于种种原因，看似简单的问题到了具体操作层面往往困难重重。在磋商过程中，除了中国和中亚国家作为直接参与者外，也要顾及到其他丝绸之路沿线相关国家的要求。甚至，有时会议通过的决议还会再次拿来讨论。关于丝绸之路的地理范围和时间跨度的话题，教科文组织亚太选举组的大使们之间一直争议不断。笔者作为丝绸之路系列跨境申遗项目的总负责人，曾三次为亚太组的大使和代表们举行信息交流会，讲解丝绸之路申遗的过程、策略、途径和方法，以及与亚洲国家的跨文化国际合作活动。

比如，关于《概念性文件》中丝绸之路概念应该涵盖的路线问题，教科文组织某些会员国（如阿富汗、印度、日本、泰国等）认为，丝绸之路申遗应该涵盖所有路线，即陆上丝绸之路、草原丝绸之路和海上丝绸之路。结合国际权威专家的研究成果，笔者认为，上述三条主要线路存在着本质的差别：①从时间上说，陆上丝绸之路失去了掌控权之后，海上丝绸之路才开始发展，所以它们不是同一时期发展的；②它们所需要的基础设施完全不同；③它们运输、交流不同种类的商品，如路上主要为丝绸，而海上丝绸之路是瓷器等；④不同的政治和经济组织开创了陆上丝绸之路和海上丝绸之路；⑤陆上丝绸之路和草原丝绸之路的地理范围和时间跨度也很难沟通和兼容；⑥海上丝绸之路历史文化遗产的特点就是强调中外文化（中西交通史）的互动，要有实物，有物质载体，不能单靠文献记载。

丝绸之路作为文化线路联合申遗也应该是开放式的、有包容性的。申遗活动注重遗产保护管理的可操作性，不能无限制的扩容。比如，日本政府2008年5月正式提出对《概念性文件》的看法①，认为"它忽略了丝绸之路西安以东（包括日本在内）的地区，没有关注到这些相关国家"。日本认为"奈良（正仓院）经常也被称作是丝绸之路的终点"，因而"奈良应该被作为丝绸之路东边的终点"。

世界遗产中心在2008年6月西安举行的"第三次丝绸之路申遗地区措施会议"上，建议将日本的意见提交会议讨论，与会专家学者都认为，为了申报，对丝绸之路进行地理上的界定是必要的，从综合角度看，也应包括其他具有重大意义的路线。在此基础上，会议对《概念

---

① 丝绸之路与日本，日本光大学名誉教授前田小作在2006年西安会议上的发言稿.

性文件》做了细微修改,使得丝绸之路在地理范围和时间跨度上更具有开放性、包容性。日本政府也十分赞同中国和中亚五个国家为申报丝绸之路文化线成为人类共同遗产所作的巨大努力。此后,日本政府专门为中亚国家提供了信托基金支持,以帮助他们准备申报文本并进行能力建设和人员培训。这也有力促进了丝绸之路系列跨境申遗项目的国际合作。

世界遗产中心利用咨询机构/ICOMOS和其他科研机构的力量,在进行《概念性文件》起草和专题研究过程中力求做到客观、有可信力。面对丝绸之路申遗的复杂性,笔者认为必须持有一个谨慎的态度,避免好大喜功。存在不同见解和争议是正常的,但我们要尽量避免陷入争议的漩涡当中而止步不前。中国"和而不同、求同存异"的传统文化理念应该作为协调、指导系列跨境申遗国际合作的基本原则。只有持有一个开放的、发展和客观的文化观,才更能促进文化间的交流和对话。也只有这样,我们才能从不同文明中寻求智慧、汲取营养,为人们提供精神支撑和心灵慰藉,携手解决人类共同面临的各种挑战。

三、丝绸之路申遗的步骤

(一)对丝绸之路文化遗产范畴的初期研究

2004年10月,笔者在"丝绸之路中国段申遗研究报告"中认为,考虑到丝绸之路作为文化线路申遗的宏大规模和世界遗产理念的最新发展,以及申遗工作的长期性和复杂性,必须有一个特殊的价值框架来帮助我们更好地理解文化线路丰富的内涵和复杂的遗产类型,以便建立科学的申遗决策程序为将来遗产的保护、管理和监测打下良好的基础。

首先,要明确文化路线的概念,并据此划定丝绸之路文化遗产的主要构成部分,避免在申遗准备过程中随意选择遗产点而忽视整体及其周围环境。这就需要采用一个整体的思路,选择那些能够全方位"讲述丝绸之路完整的故事"的关键要素及能够解释其合理性与内在联系的原因,而不仅仅是对单个遗产点的简单罗列。为了更好地理解和欣赏丝绸之路和它的历史和文化意义,我们需要考虑多种多样的因素。比如，"重要遗址"的周边也有一些支持故事内容的辅助性结构和景观。关于丝绸之路的研究成果和文献资料很多，目前所需要的就是以文化线路的视角确定申遗的方法。对现有的信息重新整合，建立一个开放的申遗框架体系。这就是分阶段、分专题申报丝绸之路文化遗产。

丝绸之路作为文化线路可以从多个维度进行定义，如从空间上来定义，包括线路通过的遗址、古迹、建筑物、工程，以及道路和辐射区域；如从时间上来定义，包括线路使用的起始、频度、强度和线路变化等；如从文化遗产的标准来定义，包括对物质和思想精神交流的影响、对人类经验和记忆的影响、交流的程度和性质等。

其次，以整体的思路为基础，用综合的方式阐释和展示与丝绸之路文化遗产应该是申遗的正确途径。这意味着除"重要遗址"外，还必须考虑其他元素（Setting）。这样，集中在一起申遗的组成部分是由文物古迹、考古遗址或景观组成的集合体，它们形成诸如建筑、工程、宗教、艺术、考古、商贸和农牧业生产等专题。

丝绸之路作为跨文化交流的工具，多种元素是并存的，都很重要，但相对来说，比起物质方面的元素，非物质方面的元素更为重要。基于这样的认识，苏吉奥写道："还没有发现现存的丝绸之路被以其原来完整的形式保存至今的。但非物质文化遗产，如丝绸之路周围地区延续下来的种族和民族特性，他们的体格面貌、基因、语言文字、人文遗产、服装、生活方式、耕作方式、城镇结构、建筑特征、风俗、礼仪、政治制度、宗教信仰、传统工艺、手工业、艺术、音乐等，在今天仍然留存下来了。所以，即使它不一定作为一条清晰的线路形式存在或保存，但当追寻这些非物质的文化遗产之根时，很显然，它就具有一条文化线路的存在和价值。"[①]

最后，除与非物质文化遗产方面相关的元素外，还应当考虑文化线路的物质环境。因为在根本上，文化线路是凭借地质地形形成的，是由山脉、河道、沙漠等导引的，在自然景观和文化景观中来回穿梭。因此，在做规划和保护活动时，应该把现在还在沿用的传统的土地利用与管理模式纳入进来。

---

① K. Sugio. Intangible Heritage and Culture Routes in a Universal Content, in International Congress of ICOMOS-CIIC. Pamplona, Spain, 2001: 44.

文化线路甚至比文化景观更可以被认为是非物质遗产和物质遗产之间的结合地，包含这两个领域很大的一部分。因此，为了全方位地保护丝绸之路沿线的文化遗产，不仅仅是古迹和遗址需要被考虑，而且诸如政治、商业、科学、宗教和文化等线路的非物质元素也要被考虑。

只有将上述这些因素都包含到申遗文本当中，我们才能得到一个更好的表述。文化线路的价值可以通过技术、经济、社会和景观等因素进行认定。

以上这些，是笔者在丝绸之路申遗初期（2004）提出的设想，主要是按文化线路的特点，分阶段、分专题（或专题的组合），如"丝绸之路沿线历史名城""丝绸之路沿线佛教石窟寺"等，进行申遗。现在看来，这个大方向是对的。

（二）丝绸之路文化线路的遗产类型

在中国吐鲁番启动丝绸之路文化线路系列跨境申遗项目后，世界遗产中心于2006年10月在撒马尔罕召集会议，讨论丝绸之路中国和中亚段的申报策略。会议决定由世界遗产中心协调、起草一份总体概念文件来证明丝绸之路突出普遍价值，并召开国际研讨会，修订和完善中国和中亚国家丝绸之路申遗的"预备清单"；在吐鲁番共同行动计划基础上，讨论通过丝绸之路中国和中亚段系列跨境遗产首次申报的策略和时间表；准备一系列指导性文件，为丝绸之路申遗创建标准格式（standard format）；为系列跨境文化遗产管理和旅游发展提供总体思路，以及由世界遗产中心协调中国和中亚系列跨境申遗。

初期研究所阐述的只是对丝绸之路中国段文化遗产的申报策略和设想，在撒马尔罕会议上，中国与中亚5国决定共同申报。这样，申遗思路也要进行相应的调整。经过国际和地区世界遗产专家进一步讨论，2007年在杜尚别会议通过的《概念性文件》中界定了丝绸之路文化遗产的类型和范畴。

申遗应考虑下列与丝绸之路文化遗产相关联的类型，如表5.1所示。

表5.1 与丝绸之路相关联的文化遗产类型

文化遗产类型
历史上控制和保护贸易线路并因此而繁荣的城镇
沿途为接待旅行者建造的聚居点和客栈

续表

文化遗产类型
与城镇地区有明显不同的采矿、金属冶炼中心，以及手工制作地
与丝绸之路上的聚居地相关的灌溉和水利系统
自然地理特征，如隘口
文化景观，如农业区、为维持聚居点而建造的取水系统等
旅行者或供养人捐资建造的寺庙和其他宗教场所，包括佛教、伊斯兰教、祆教、景教（聂斯脱流基督教）、摩尼教和拜火教等所有宗教
保护丝绸之路的军事要塞和其他建筑物
岩画
与丝绸之路上的聚居点和游牧民族直接相关的墓葬
人类创造性的表现
反映与非物质文化遗产有联系、文化多样性与创造力的古迹遗址
丝绸之路道路网络系统的遗迹以及尚未被现代交通方式所改造的景观，包括道路的交叉点等
其他能反映丝绸之路沿线东西文化交流不可动文化遗产

除了表5.1确定的遗产类型外，筛选的遗产地要有足够的物证支持和证明它与丝绸之路的关系，如建筑物、交通网络、土木工程等。如果某个遗址只有地下的考古遗存能证明其存在，而没有可见的地上实物标志，那这个考古遗存仍可以成为一个有力的佐证。

丝绸之路沿线的1972年《公约》中指出会员国应建立该国与丝绸之路文化线路相关的考古遗址和历史遗产清单。这个清单也应是广泛的、包容的。申遗指导委员会①应当负责整体框架和基本标准的建立。

（三）丝绸之路文化遗产的筛选

吐鲁番会议通过对笔者研究报告的讨论分析，对丝绸之路文化线路的定义和定性有了初步的认识。中国的学者认为，丝绸之路的起始时间是公元前138年张骞出使西域，终止时间是18世纪初，即清朝中期。最核心的路线是以长安或洛阳为起点，往西，经过河西走廊到敦煌，然后分为北路、中路和南路，三路又分别经伊犁和喀什通向中亚

---

① 2009年5月丝绸之路系列跨境申遗政府间协调委员会成立前，一直由WHC承担协调职责，实行顶层指导.

图5.9 丝绸之路中国段－甘肃河西走廊
资料来源：世界遗产中心．中国、哈萨克斯坦、吉尔吉斯斯坦"丝绸之路：起始段与天山廊道线路"申报文本，2013，巴黎

（图5.9）。

中国丝绸之路申遗研究开始的较早，对丝绸之路文化遗产的界定和分类已经基本成型。而中亚国家首次参加国际磋商会议，基本上还没有什么清晰的思路。因此，中亚的专家学者同意在他们现有丝绸之路研究成果的基础上，对历史遗存进行科学界定和分类，然后拟定跨境申报丝绸之路文化遗产的清单。

丝绸之路文化遗产的甄别挑选，既要重视直接与丝绸之路有关的元素，也要注意那些可能作为丝绸之路的环境和背景的交通网络和文化景观。只有综合考虑了文化线路本身和其所处的外部环境，这样筛选出的文化遗产所具有的突出普遍价值，才能够真正、完整地讲述丝绸之路作为人类历史上最为重要的文化线路的故事。正如笔者2004年的研究报告所述，选择文化遗产地还要考虑非物质文化遗产，因为它们也是体现丝绸之路价值的丰富内涵和重要佐证。进入丝绸之路清单的所有遗产地都必须具有不同文化和文明的传播、交流、对话与融合的特征。

各国关于文化遗产的选择尺度要根据1972年《公约》的定义和《操作指南》中关于世界文化遗产的6条标准以及第三章所述的文化线路的

特征来确定。在此基础上来准备"预备清单"。通过紧密的国际合作，对草拟的"预备清单"进行真实性和完整性的精确认证，并提出使真实性和完整性得以保持延续的具体措施；基于科学的研究划分遗产地与缓冲区的界限和范围，并对遗产保护和管理的规划加以完善。

吐鲁番会议也讨论了建立有效的国际合作机制。与会者认为，利用本次会议的成果，推动各国政府强化申遗与保护的意愿，在国内建立统一协调的工作机制，并做出切实有效的部署，进而在世界遗产中心的协调、指导下开展国际合作，同时建议邀请相关世界遗产咨询机构如ICOMOS的专家参与，形成一种国际合作的咨询机制。会议也同意建立专业咨询机制，以保障丝绸之路系列跨境申遗的客观性和可信力，由各国协商、推荐组成一个具有权威性的专家委员会。专家委员会的主要任务是，在各国提供各自申报文本的基础上，根据相关的工作时间表和要求进行汇总，形成最终的系列跨境申报文本。会议也同意各国分阶段开展丝绸之路沿线文化遗产的价值认定，提出申遗"预备请单"。积极创造条件，争取在3~4年内提交首批丝绸之路系列跨境申遗文本。同时向世界遗产委员会说明进一步进行系列跨境申遗的工作计划。对此，中亚各国专家表示支持，并将根据本国情况制定切实可行的工作计划和时间表。与会者最后赞同在2006年10月的撒马尔罕会议上继续就丝绸之路系列跨境申遗进行磋商，建议在此会议上相关各国通报落实"吐鲁番行动计划"的情况，并在此基础上形成明确统一的系列跨境"预备清单"，进一步完善丝绸之路系列跨境申遗行动计划，并制定详细的实施方案。会议建议WHC继续支持和协调丝绸之路系列跨境申遗项目。

2006年10月，"第二次丝绸之路系列跨境申遗国际磋商会议"在乌兹别克斯坦的撒马尔罕举行。在会上，中国、哈萨克斯坦、吉尔吉斯斯坦、乌兹别克斯坦和塔吉克斯坦等国汇报了各自准备丝绸之路系列跨境申遗预备清单的进展情况，与会者则对各国已经进行的工作做了总结和评价，提出要加快推行"吐鲁番行动计划"，并通过了申报策略，如起草总体概念文件、讨论通过丝绸之路中国和中亚段系列跨境首次申报的时间表等。丝绸之路中国段初步确定了48个文化遗产点（图5.10）。

丝绸之路中国段列入"预备清单"的遗产点包括已被定位国家级、省级文物保护单位的古城址、考古遗址、石窟寺、石刻、古墓

图5.10 丝绸之路中国段文化遗产

葬、建筑等，共计100多处。中国政府在系列申遗过程中经过客观筛选，由最初2006年吐鲁番会议确定的49处[①]，到2013年正式申报时精选为22处与丝绸之路有内在联系的遗产点[②]。应该说，中国政府做出了相当的牺牲和努力。

从吐鲁番会议到撒马尔罕会议，中国和中亚国家共同合作、联合申遗的热情和积极性很高。由上面小结可以看出，世界遗产中心的初期研究报告对丝绸之路系列跨境申遗总体思路和系统方法的确定有很大帮助。正如常言所说，"细节才是魔鬼"。吐鲁番会议甚至确定了首批系列跨境申报的具体时间表，但到了具体操作层面，每一个技术细节都会遇到很大的问题。

中国在世界遗产申报方面一直走在国际前列，在丝绸之路申遗项目方面也多有研究。中亚国家对于推进丝绸之路系列跨境申报也应该说有足够的政治意愿。但一个国家应该有能力申报世界遗产。这个提法显得突兀，一个国家怎么会没有能力申遗？大家都知道，世界遗产的申报程序繁复而漫长。从遗产申报文本正式上交之日起，考察评估过程就需要约18个月。申遗所耗费的人力、财力大大超出了常人的想象。有的国家确实有很好的世界遗产选项，但它们自身的力量无法保证相应的文档准备和保护管理体系支持。因此，世界遗产中心多年来一直通过世界遗产基金的"预备性援助"[③]为发展中国家和低收入国家申遗提供必要的帮助。

中亚地区一直是1972年《公约》活动的盲区。中亚国家列入《世界遗产名录》的项目非常之少。直到2009年、2012年，吉尔吉斯斯坦、塔吉克斯坦才有文化和自然遗产项目。中亚5国均独立于1990年

[①] 其中河南提出9项、陕西提出16项、甘肃提出13项、新疆提出11项.

[②] "丝绸之路：长安—天山廊道"申报文本，由中国、哈萨克斯坦、吉尔吉斯斯坦联合申报，世界遗产中心，2013，巴黎.

[③] Preparatory Assistance，世界遗产基金项下国际援助项目的一种.

后，遗产保护体系极其脆弱，基本没有文化遗产保护的传统，加上国家、社会的不稳定，这些都给丝绸之路系列跨境申遗工作带来相当的困难。从这点上讲，丝绸之路系列跨境申遗过程也是对中亚国家文化遗产保护和管理的能力建设过程。荷兰信托基金、日本信托基金、意大利信托基金、挪威信托基金，以及比利时联邦科学政策办公室均为丝绸之路申遗项目提供了资金的支持，使得中亚国家能够得到很大的帮助。第六章关于国际合作机制的部分将详细论述。

直到撒马尔罕会议，中亚国家也没有拿出拟申报文化遗产的"预备清单"。世界遗产中心试图在2006年年初聘用中亚地区的专家[①]，按照丝绸之路中国段研究报告的分类，分主题确定中亚国家丝绸之路沿线主要的文化遗产点。但由于各国专家的分歧、不信任，以及其他政治背景，中亚地区的"预备清单"迟迟准备不出来。

实际上，每个国家的文化遗产清单上都有很多遗址与丝绸之路直接或间接相关，按照上述确定的地理范围和时间跨度，并不是所有的遗产点都可以成为丝绸之路文化线路的组成部分。也就是说，根据现有公开发表的资料要构建一个包括所有文化遗产的丝绸之路已经具有相当大的难度。而在各国提交的"预备清单"的基础上进行筛选，对于系列跨境申遗项目，就更有操作性了。

从理论上讲，1972年《公约》建立了一个超越国家界限的国际合作机制来评选、管理和保护杰出的文化和自然遗产。例如第二章所论述的，世界遗产委员会也恰是这样的政府间机构。然而在现实中，绝大多数的决定由国家层面做出。所有世界遗产均有所在国家政府提名申报。丝绸之路文化遗产"预备名单"的准备也是同样道理。对于像丝绸之路系列跨境申遗项目而言，"预备清单"是所有申遗过程的第一步，也是极其重要的一步。世界遗产中心在协调、动员中亚国家准备丝绸之路文化遗产"预备清单"的同时，也发现在文化线路系列跨境申遗方面，《操作指南》中现有的涉及"预备清单"的标准格式无法使用。因为它只针对单体或同系列的文化和自然遗产。

---

① Karl Baipakov先生和Elena Khorosh女士，中亚世界遗产专家，哈萨克斯坦考古研究所研究员.

（四）丝绸之路文化遗产"预备清单"的标准格式

1."预备清单"及其重要性

按照1972年《公约》的精神，申遗的第一步是准备在5～10年拟申报遗产项目的"预备清单"。这个"预备清单"是会员国认为其境内具备"突出普遍价值"的文化和自然遗产的详细目录。"预备清单"并不需要包括所有具有潜质的文化和自然遗产。它可以随时修订、补充。会员国也应该及时复审并更新"预备清单"。"预备清单"一般由专家、政府主管部门或顾问小组共同编制。地方政府的行政官员，包括市长或遗产专家可建议提名文化或自然遗产列入"预备清单"。同时鼓励遗产地管理人员、当地社区、非政府组织和其他相关机构参与"预备清单"的编撰过程。

如果会员国提交的申报文件没有在一年前列入该国的"预备清单"，世界遗产中心将不予审查。会员国需要按照"预备清单"标准格式提交文件，其中包括遗产名称、地理位置、简述，以及突出普遍价值的陈述和进行同类遗产点对比分析。标准格式附在《操作指南》中。

如上所述，世界遗产委员会不接受没有列入"预备清单"的申遗项目。预备清单的准备过程涉及与专家、政府主管部门和顾问小组的共同协商、讨论并达成共识。这一过程中通常会有方方面面的利益相关者广泛参与。以此可以判断各利益相关者对遗产认定和保护的态度。

编撰"预备清单"的过程帮助会员国对本国境内潜在的文化和自然遗产，以及它们的全球"重要性"进行初步的研究，以摸清"家底"。这一过程帮助政府主管部门了解遗产保护和管理领域的需求，同时保证了相关文化和自然遗产领域专家的全方位参与。丝绸之路系列跨境申遗正是按照这样的程序一步一步走过来的。

"预备清单"也反映未来遗产申报的动向和信息，因此它也是会员国、世界遗产委员会、世界遗产中心和咨询机构有益的申遗规划工具。对正在进行的申遗项目来说，最重要的是，"预备清单"所提供的信息为申报文本中的对比分析提供了可能。

丝绸之路文化线路系列跨境申遗项目，涉及国家多、遗产类型复杂、申遗过程又有着许多复杂因素，加之申遗涵盖了系列遗产、跨境遗产等类型，因此，准备客观而又有可信力的丝绸之路文化遗产"预备清单"显得尤为重要。

2. 丝绸之路文化遗产"预备清单"的标准格式

丝绸之路文化线路系列跨境申遗活动自2005年正式启动以来，在申遗过程中面临种种困难。从理论层面来说，由于文化线路的定义仍在讨论中，《操作指南》中又缺乏对大型系列跨境、洲际，甚至跨洲际文化线路遗产的界定和指导，所以申遗的路程一直是摸索、研究、探讨、创新的过程。2007年《概念性文件》问世后，中亚国家一直在询问丝绸之路"预备清单"如何准备。大型系列跨境申遗活动没有现成的"菜单"，我们只能一步一步摸索着前进。

在世界遗产中心同行[①]的协助下，笔者根据已有的研究成果和《概念性文件》确定的定义、文化遗产的类型，以及系列跨境文化线路的特性，重新设计了丝绸之路文化线路系列跨境申遗"预备清单"标准格式。ICOMOS 国际权威专家很赞赏笔者设计的这个模板。

丝绸之路"预备清单"标准格式的创新点是对原有的模板进行了革新，即在突出的普遍价值声明部分引入文化线路作为整体的"共同价值框架"以便于认定文化线路作为一个整体的突出普遍价值。这个"共同价值框架"的作用是对文化线路作为整体的地形、自然特征和人为的物质载体进行整合，以容纳不同类型、不同系列的文化遗产。通过这样一个整体架构，达到"纲举目张"的效果。因而丝绸之路文化线路申遗依据的文化遗产标准将由整体文化线路的"共同价值"来决定。

这样一来，各相关国家就可以将本国境内属于系列跨境申报的单个或系列丝绸之路文化遗产在符合标准项下面列表，弥补了现有"预备清单"模板无法容纳多个或系列遗产点的缺憾。

由于加入了拟申报的单个或系列丝绸之路文化遗产点，在模板中就可以顺理成章地阐释各遗产点的具体概况，以及完整性和真实性声明。

涉及标准格式中与其他类似遗产的对比分析部分，新创的模板建议丝绸之路每个组成部分与同类型的遗产做一比较分析，同时也要与其他不在丝绸之路范围内的文化遗产做对比，以突出所选遗产的特殊性。

标准格式最突出的一点是整合了丝绸之路作为文化线路的"共同价值框架"，使得各个遗产点之间的内在联系（functional linkage）像串珠一样给串了起来。它起到了"纲举目张"的作用，解决了如何把

[①] Dr Peter Stott，美国人，世界遗产中心前申遗项目负责人．

这些历史记忆的碎片串联起来的根本问题。由此，丝绸之路通过以点带线、以线涵面、以线状区域带动相关遗产点（遗产廊道和区段）的申报策略，就算成型了。

上面研究的《概念性文件》于2007年4月在杜尚别会议通过，丝绸之路文化线路的地理范围和时间跨度明确界定，各成员国开始着手准备"预备清单"。

2008年6月，世界遗产中心和中国主管部门在西安举办"丝绸之系列跨境申遗第四次地区磋商会议"（图5.11）。会议除了中国和中亚5国[①]外，阿富汗、伊朗、日本、意大利、蒙古国也派专家出席。应日本政府请求，会议审议并重新修订了《概念文件》，使其更宽泛、更具包容性。会议重点对丝绸之路单体遗址的分类达成一致并确定了统一准备申报材料的标准。世界遗产中心准备的丝绸之路"预备清单"标准格式得到了一致同意。会议初步讨论了丝绸之路突出普遍价值声明，确认申遗项目应符合的标准及真实性完整性的条件。各国专家陈述了丝绸之路申遗工作进展及落实《概念文件》的行动方案，包括"预备清单"的准备和申遗具体路线的选择和申遗文本的编写。

丝绸之路系列跨境申遗"预备清单"标准格式看似简单，但却付出了笔者相当的努力。它突破了申遗过程中面临的瓶颈。像丝绸之路这样的系列跨境申遗，涉及国家多、遗产类型复杂、整条文化线路的地理范围和时间跨度相当大，因而要包容方方面面实属不易。丝绸之路"预备清单"标准格式在研究过程中曾经很纠结。在申遗前期如何认定丝绸之路文化线路的突出普遍价值以及"共同价值框架"与单体文化遗产点的关系，通过这个模板可以解决这一难题。它不仅提供了"预备清单"的标准格式，也设立了"共同价值"的框架，对后期的申遗工作具有重大突破作用。2008年6月西安会议之后，中亚国家按照新设计的模板在2009年全部提交了丝绸之路文化遗产"预备清单"，这为世界遗产中心指导ICOMOS随后进行的"丝绸之路专题研究"提供了前提条件。由于具有可操作性，丝绸之路文化遗产"预备清单"标准格式在经瑞士易廷根国际专家会议认可后，由世界遗产委员会批准正式收入2011年版《操作指南》中[②]，成为系列跨境申遗的指导文件。

---

① 土库曼斯坦正式出席丝绸之路系列跨境申遗地区协商会议.
② 附件及《操作指南》附件2B，系列跨境申遗"预备清单"标准格式.

图5.11　第四次丝绸之路申遗国际磋商会议（2008年）

有了《概念性文件》、丝绸之路"预备清单"的标准格式，系列跨境申遗准备申报文件的条件基本成熟了。中国和中亚国家可据此确定丝绸之路文化线路的"共同价值框架"并进行对比分析、完成申报文件。

四、丝绸之路文化线路的"共同价值框架"与对比分析

（一）丝绸之路文化线路"共同价值框架"的形成

前面第二章谈到，从确定遗产价值的角度看，世界遗产思想以其"突出普遍价值"和相应的10条标准较完整地、系统地确立了科学的评价体系。随后对标准的修订、补充反映了遗产概念的不断拓展。有效的国际合作与对话促进了若干遗产类型的扩充，新思想、新理念的出现与发展，如文化景观、文化线路等新类型的出现弥补了1972年《公约》对文化和自然遗产的界定的缺憾，也引入了遗产保护的新思想。1994年世界遗产委员会通过的"全球战略"，力求提高《世界遗产名录》的代表性，为不同类型的文化和自然遗产申报提供了新途径。

在教科文组织文化政策发展层面，1988年启动的"世界文化发展十年"框架下的丝绸之路整体研究项目于1997年结束。这项全球性的跨文

化项目产生了大量的研究成果，并重新认识到了古丝绸之路在人类文明交流和传播中的重大意义。这个跨文化项目也唤醒了对多种文明共同根源的认识并极大地推广了世界遗产共同价值的概念。它增加了我们对丝绸之路在不同文明间对话起关键作用的人物和载体的认识。

教科文组织的考察研究项目引发了世界范围内对丝绸之路的浓厚兴趣，从而有人开始考虑将丝绸之路整体或部分地申报世界遗产。早在1996年，中国政府就将丝绸之路中国段的文化遗产上报世界遗产中心，准备条件成熟时申报。

1993年西班牙的圣地亚哥朝圣之路作为第一个文化线路遗产被列入《世界遗产名录》，由此引发了有关文化线路概念的一系列国际专家会议。2008年，ICOMOS第16届大会通过《文化线路宪章》。

在理论和实践发展的基础上，2005年版《操作指南》把遗产运河和文化路线作为世界遗产新类别而收入，文化线路的概念在2008年成熟。世界遗产委员会自2008年魁北克大会起对系列跨境的文化线路申遗给予关注并请世界遗产中心做专题研究，并对《操作指南》提出相应的修订意见。涉及文化线路遗产理念的发展与亚洲的丝绸之路申遗和南美的安第斯山道路系统系列跨境申遗项目的推进有着直接的关系。

实际上，自2003年到2004年，世界遗产中心和中国政府在丝绸之路中国段进行了两次实地考察，为丝绸之路系列申遗做了细致的方法论上的研究。这些研究成果为认定丝绸之路文化线路的"共同价值框架"奠定了较坚实的理论基础。

笔者在2003年和2004年的研究报告中已经涉及丝绸之路共同价值的内容。考虑到丝绸之路作为文化线路申遗的宏大规模、世界遗产理念的最新发展，以及申遗工作的长期性和复杂性，我们需要一个独立的途径和价值体系来培育对文化线路的理解，以便建立科学的决策程序对文化线路进行价值认定和有效的保护管理。

笔者认为首先要确定一个整体的方法，重点是那些能完整讲述"丝绸之路故事"的核心因素的认定和如何能够解释其合理性与内在联系，而不仅仅是对零散遗产地的罗列。这意味着要在最大限度上理解和欣赏丝绸之路及其文化和历史价值。报告提出丝绸之路文化线路可以从多个维度来定义，如果按照空间来定义，它包括遗址、古迹、工程、建筑物、道路，以及辐射的区域；如果按照时间的来定义，它包括线路使用的起始和停用年代、使用的频度、强度和在历史上的变化；如果按照文化遗产标准来定义，它包括对物质和精神交流的影响、对人类经验或记忆的影响、文化文明交流的程度和性质等。

以一个整体分析的方法为基础，用综合的方式阐释和展示与丝绸之路文化线路有关的遗产地，应该是认定、保护和保存的努力方向。

除考虑与非物质文化遗产方面相关外，也要考虑到文化线路的周围环境。在根本上，文化路线都基于地质地形而形成，都是由山脉、河流、沙漠等所导引，并在自然环境和文化景观中穿梭迂回。文化线路甚至比文化景观更可以被认为是非物质遗产和物质遗产之间的结合地，包含两个领域的主要部分。因此，为了全方位地保护丝绸之路沿线的文化遗产，不仅要考虑古迹和遗址，更应该包括人类与道路有关活动的各个方面，如政治、商业、科学、宗教和文化。只有把这些重要方面都体现在申遗文本中，才可能对丝绸之路的价值有一个完整地表述。因此，文化线路的价值认定一定要通过技术、经济、社会和景观等要素进行评定。

这些研究成果和思考在随后开展的"顶层指导"申遗过程中，被实践证明路子是对的，基本上突破了"老虎吃天，无处下爪"的瓶颈。

第二章介绍了1972年《公约》的宗旨是确认具有"突出普遍价值"的文化和自然遗产并将其列入《名录》。这份珍贵的世界遗产作为全人类的"共同遗产"将被有效保护并传承给子孙后代。

为认定文化和自然遗产的"突出普遍价值"，《操作指南》界定了文化和自然遗产的10条标准。涉及文化遗产，有前面介绍的6条标准。

除了这些标准外，遗产要具有"突出普遍价值"，还必须符合真实性和完整性的条件并且有足够的保护和管理机制确保遗产得到有效保护。

用直观的方法展示，突出普遍价值的主要内容可用三个台柱表示：遗产的标准，真实性和完整性以及保护和管理的措施（图5.12）。

价值认定是未来该遗产保护和管理的基础。在世界遗产体系中，自然遗产不涉及真实性验证。

本章前面论述了丝绸之路文化遗产"预备清单"标准格式的创新为界定丝绸之路的"共同价值框架"提供了基础。从理论上讲，1972年《公约》建立了一个超越国家界限的国际合作机制来评选、管理和保护杰出的文化和自然遗产。对于像丝绸之路系列跨境申遗项目而

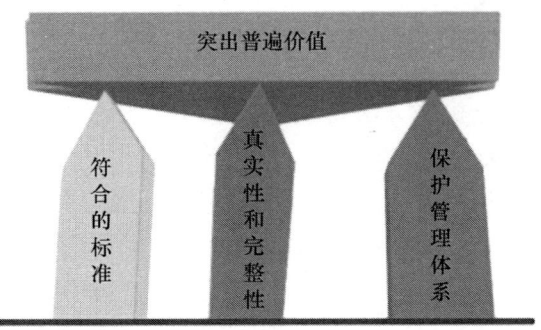

图5.12 支撑突出普遍价值的三个台柱①

言,"预备清单"是所有申遗过程的第一步。世界遗产中心在协调、动员中亚国家准备丝绸之路文化遗产"预备清单"的同时,也发现了在文化线路系列跨境申遗方面,现有《操作指南》中的涉及"预备清单"的标准格式无法使用,因为它只针对单体或同类的文化和自然遗产。在深入研究的基础上,世界遗产中心对原有的模板进行了革新。在突出普遍价值声明部分引入文化线路作为整体的"共同价值框架"以便于认定文化线路作为一个整体的突出普遍价值。这个"共同价值框架"的作用是对文化线路作为整体的地形、自然特征和人为的物质载体进行整合,以容纳不同类型、不同系列的文化遗产。通过这样一个整体架构,达到"纲举目张"的效果。因而,丝绸之路文化线路申遗依据的文化遗产标准将由整体文化线路的"共同价值"来决定。

解决了这样的瓶颈,中国和中亚国家下一步要做的就是认定丝绸之路文化线路的"共同价值框架"。

2009年5月,世界遗产中心在哈萨克斯坦阿拉木图召集"第五次丝绸之路系列跨境申遗地区磋商会"。中国和中亚5国代表,印度、伊朗和日本,以及ICOMOS、IICAS、WHITR-AP②和中亚地区世界遗产专家50多人出席会议。阿富汗和意大利专家无法出席。与会专家汇报了各国自西安会议以来的工作进展,尤其是"预备清单"的编撰情况。根据《概念性文件》确定的丝绸之路文化线路的定义、地理范围和时

---

① 真实性不适用于自然遗产.

② World Heritage Institute of Training and Research for the Asia and the Pacific,WHITR-AP,教科文组织2类中心,中国北京、上海和苏州,成立于2007年11月.

间跨度、"预备清单"标准格式，专家学者起草了丝绸之路突出普遍价值声明草案。因此，考虑到丝绸之路文化线路的复杂性、遗产类型的丰富、时间和空间的大尺度，这个突出普遍价值声明就是丝绸之路申遗的"共同价值框架"。

这个"共同价值框架"不仅考虑了丝绸之路作为贸易线路连接世界的伟大文明，也认识到丝绸之路作为道路网络系统在传播不同宗教、科学技术发展方面所做的贡献。"共同价值框架"也界定了丝绸之路沿线的历史文物、考古遗址和文化景观的分类。它们的总体价值主要体现与丝绸之路在基础设施（如促进贸易和运输）、产品（如贸易的货物）、成果（如作为接触和交流的结果的城市、艺术、知识）三个门类的功能性内在联系上。

在起草"共同价值框架"的过程中，与会专家认识到保障丝绸之路文化线路总体保护和管理机制的重要性。这样，成立一个政府间协调委员会统领丝绸之路系列跨境申遗工作就顺理成章了。会议讨论了丝绸之路申遗协调委员会统一协调、指导中国和中亚国家第1期申遗工作的具体设想。会议达成一致，提议由12个亚洲国家组成协调委员会，每个国家指定2名专家。这些国家包括阿富汗、中国、印度、伊朗、日本、哈萨克斯坦、吉尔吉斯斯坦、尼泊尔、韩国、塔吉克斯坦、土库曼斯坦和乌兹别克斯坦。会议决定丝绸之路申遗协调委员会第一次会议于2009年下半年在中国西安举办。

（二）丝绸之路文化线路"共同价值框架"

2009年5月在哈萨克斯阿拉木图通过的丝绸之路"共同价值框架"（突出普遍价值的声明草案①）如下。

"丝绸之路是东西方融合、交流和对话的线路，并且在近两千年的时间中，极大地促进了人类的共同繁荣。整个文化线路的价值（即'共同价值框架'）远远超过了其他部分价值的总和。

丝绸之路是公元前2世纪至公元16世纪期间古代亚欧大陆间以丝绸为大宗贸易的、开展长距离贸易与文化交流的交通

---

① UNESCO.Final Report of the 5th Regional Workshop on the Serial Transnational World Heritage Nomination of the Silk Roads, 2009.

大动脉，是东西方文明与文化的融合、交流和对话之路。它以中国长安/洛阳为起点、经中亚向西到达地中海地区、向南延伸至南亚次大陆，分布于横跨欧亚大陆广阔的区域内，是人类历史上交流内容最丰富、交通规模最大的洲际文化线路。其中，中国丝绸在这些货物中有最高的价值，除此之外还包括材料如贵金属和宝石、陶瓷、香料、观赏木材，以及用香料换取棉花和羊毛纺织品、玻璃、酒、琥珀、地毯和名马的易货贸易。这条贸易路线连接了各种文明，持续了几个世纪，并且形成了一个拥有驿站、商业定居点、贸易城市和堡垒的可持续交通网络，经久不衰。这个系统分布于丝绸之路沿线10000公里的范围内，它是人类历史上被承认的最长的跨洲际文化路线。

除了货物运输外，更为重要的是宗教的传播，佛教、犹太教、伊斯兰教、景教、基督教、拜火教和摩尼教遍布于整个丝绸之路文化线路。

科学和技术的发展同样也通过线路系统得到扩散。例如，中国的造纸术、印刷术、火药、铸铁、弩、磁罗盘和瓷器等由中国向西传播。同时，工程的发展（尤其是桥梁建筑）、种植和棉花加工、挂毯编织、加热科学、葡萄种植，以及一些玻璃和金属加工技术从中亚、中东、地中海沿岸和西方蔓延出来、向东发展。与此同时，也有大量的医疗知识和药品双向交流，以及现在常见的水果和其他粮食作物等。因此，丝绸之路在经济、社会、文化和环境的领域中产生了具有全球重大意义的杰出表现。丝绸之路沿线发现的历史文物、考古遗址和文化景观的遗产类型之间的功能性内在联系可以划分如下门类：

1）基础设施（主要是促进贸易和运输）；

2）生产性遗产（如贸易货物）；

3）成果类遗产（如作为接触和交流的结果的城市、艺术、知识）。

基于此，组成文化线路遗产的组成部分包括在这些分类之下的杰出遗产的例子。

价值贡献包括：

- 地形和自然特征；
- 城市格局和建筑设计；
- 社会经济发展；
- 政治事件；
- 宗教和精神价值；
- 科学和技术成就；
- 艺术（雕塑、绘画、雕刻等）成就；
- 非物质文化遗产。

在第一门类基础设施项下，历史文物、考古遗址和文化景观应包括驿站和客栈，军事哨所、驻军站和防御工程，桥梁，水利灌溉系统，自然和文化的地标。为便于理解，下面图示与基础设施相关的丝绸之路文化遗产点，它们分别是考古遗址、文化景观、自然和文化地标、供水系统和传统客栈（图5.13～图5.21）。

在第二门类生产性遗产项下，历史文物和考古遗址应包括开采、金属加工、制造和工艺品，以及其他工业和生产的场所。在实际筛选中，这类生产类遗产类型很少。但丝绸之路沿线的许多主要贸易城市都包含了生产的场所，这从另一个侧面填补了这类文化遗产的不足。

比如，在丝绸之路：长安—天山廊道中，哈萨克斯坦阿拉木图附近的塔尔嘎尔（Talgar）遗址就属于这一门类。塔尔嘎尔曾是丝绸之路沿线的贸易城镇，在这里发现的考古遗存展现了它与其他国家中世纪时期在制造和工艺品的贸易联系。这些产品沿丝绸之路来自中国、伊朗、印度和日本。塔尔嘎尔位于河的右岸，古城曾有4米高的城墙环绕，城中也有灌溉系统，工商业发达。遗物包括陶艺、金属制品，甚至玻璃和陶瓷残片。塔尔嘎尔被认为是远东和中东，以及中亚丝绸之路贸易的主要中心之一，中东地区进口中国筷的陶瓷制品、筷子等，而中国则从中东进口装饰精致的铜镜。下面以塔尔嘎尔遗址为例图示第二门类的丝绸之路文化遗产点（图5.22～图5.24）。

图5.13　丝绸之路汉长城遗址（中国甘肃省）　　图5.14　丝绸之路长安—天山廊道的戈壁沙漠景观

图5.15　丝绸之路长安—天山廊道的新疆火焰山景观

图5.16　丝绸之路吉尔吉斯斯坦碎叶城（Suyab）的遗址

第三门类成果性文化遗产应包括贸易城市、城市中心和定居点，宗教、精神和礼仪场所（包括寺庙、洞穴、墓葬、朝圣的遗址），以及与政治事件相关联的地点，传播思想的方式、语言、音乐、舞蹈、诗歌等。在丝绸之路沿线上已经有很多超大型或大型的历史城市中心列入《世界遗产名录》，

图5.17 丝绸之路长安-天山廊道：吉尔吉斯斯坦的遗址

图5.18 乌兹别克斯坦的拉巴特-马利克供水系统①

图5.19 乌兹别克斯坦的拉巴特-马利克客栈遗址②

资料来源（图5.13~图5.17）：世界遗产中心.Nomination dossier of the Silk Roads：Initial Section of the Silk Roads，the Routes Network of Tian-shan Corridor submitted by China，Kazakhstan and Kyrgyzstan，January 2013，Paris

图5.20 乌兹别克斯坦的拉巴特-马利克客栈南立面墙（2012年）

---

① 建于14世纪的 Raboti Malik Sardoba 供水系统（塔）主要用途是为Raboti Malik客栈提供水源.它位于客栈的西南方，直径12.8米，高20米.传统的圆球状供水塔的三分之二部分位于地下，它由生土砖砌成.

② 拉巴特——马利克（或称皇家拉巴特）客栈是中亚地区蒙古帝国统治之前最重要的民用建筑之一。它距离乌兹别克斯坦卡门市（Karmen）18~20公里。在丝绸之路主道撒马尔罕和布哈拉之间.91米长、89米宽的长方形的主体建筑已经损坏，只有主入口的南立面墙还留存着.

图5.21 乌兹别克斯坦的拉巴特-马利克客栈南立面墙(1965年)

资料来源(图5.18~图5.21):世界遗产中心. Nomination dossier of the Silk Roads: Penjikent-Samarkand-Poykent Corridor, submitted by Tajikistan, Republic of Uzbekistan, January 2013, Paris

图5.22 丝绸之路长安-天山廊道:哈萨克斯坦塔尔噶尔遗址鸟瞰图

图5.23 丝绸之路长安-天山廊道:哈萨克斯坦塔尔噶尔遗址

图5.24 丝绸之路长安-天山廊道:哈萨克斯坦阿拉木图附近的塔尔噶尔遗址

资料来源(图5.22~图5.24):世界遗产中心.Nomination dossier of the Silk Roads: the Routes Network of Chang'an – Tian-shan Corridor submitted by China, Kazakhstan and Kyrgyzstan, January 2013, Paris

但也有很多重要的区域性或地区性的历史城市中心还没有成为世界文化遗产。如何选择最好的遗产点填补空白,是系列跨境申遗过程中的复杂课题。

比如乌兹别克斯坦的撒马尔罕古城,它是丝绸之路上处在亚欧文化十字路口的历史名城,也是世界多元文化交汇的熔炉。撒马尔罕古城从艺术、建筑和城市结构展现了中亚地区公元13世纪至现在重要的文化和政治历史。撒马尔罕古城部分（Afrosiab）始建于公元前7世纪，在公元14～15世纪的帖木儿王朝时期城市规划得到重大发展，历史名城发展处于巅峰时期。该名城拥有众多著名的伊斯兰建筑群，如帖木儿家族陵寝（Gur-Emirensemble）和阿弗洛西雅布古城（ancient city of Afrosiab）和兀鲁伯天文台（Ulugh-Beg's Observatory）等。其中的拉吉斯坦广场（Registan Square）和伊斯兰神学院、比比·哈内姆（Bibi-Khanum）清真寺在伊斯兰建筑的发展中起了重要的示范作用，它们的影响由南亚次大陆（印度）一直波及地中海沿岸。笔者拍摄的下面一组图片可以展示撒马尔罕古城作为丝绸之路重要历史城市的基本特点（图5.25～图5.33）。

从这些分析可以进一步看出，丝绸之路文化线路申遗的'共同价值框架'对遗产价值的认定应符合以下世界文化遗产的标准：

- 标准（ii）：丝绸之路文化线路展现了卓越的人类价值及价值观相互影响的作用；
- 标准（iii）：丝绸之路文化线路是一个关于贸易和长距离、大规模文化传统传播的特殊见证；
- 标准（iv）：丝绸之路文化线路是包含了一个关于杰出的城市、建筑和技术集合体的突出范例，这对于维持这个几乎超过两千年的贸易交流是十分有必要的；
- 标准（v）：丝绸之路文化线路支撑着一个关于人与环境相互作用的杰出范例；
- 标准（vi）：丝绸之路文化线路直接和切实地与历和生活传统、信仰和价值体系相联系。

真实性

丝绸之路文化线路系列跨境遗产的真实性与充分反映他们与"共同价值框架"（突出普遍价值）之间关系的个体价值属性有关。所有被提名的遗址通过深入的研究和记录，证明它们与丝绸之路活跃时期（公元前2世纪～公元16世纪）的内在联系，并且它们对基础设施、生产或社会，以及经济成就的杰出贡献。

图5.25 乌兹别克斯坦撒马尔罕的阿弗洛西雅布古城

图5.26 乌兹别克斯坦撒马尔罕古城的比比·哈内姆清真寺

图5.27 乌兹别克斯坦撒马尔罕古城的拉吉斯坦广场

图5.28 塔吉克斯坦的片及肯特古城城堡[①]

图5.29 丝绸之路：塔吉克斯坦片及肯特古城生土建筑

---

① 塔吉克斯坦的片及肯特古城在Zarafshan河谷中，东距撒马尔罕60公里．它是中世纪时期粟特人的最东端城市，规划为三角形．城中2、3层的住房主要由生土砖和土墙建成．及肯特古城最突出的特点是它对文化遗产的保护远远超出其他中亚城市和聚居区．这些主要体现在壁画、木制和陶塑立体塑（雕）像等历史文化遗迹的完好保护．

图5.30　丝绸之路：乌兹别克斯坦的波依肯特古城①　　图5.31　丝绸之路：波依肯特城堡中清真寺柱础遗存

图5.32　丝绸之路：波依肯特城堡中客栈遗址全景图

资料来源（图5.28~图5.32）：世界遗产中心．Nomination dossier of the Silk Roads：Penjikent-Samarkand-Poykent Corridor，submitted by Tajikistan and Uzbekistan，January 2013，Paris

图5.33　土库曼斯坦木鹿古城（Merv）遗址②

资料来源：世界遗产中心．State Historical and Cultural Park of "Ancient Merv"（Turkmenistan，1999年列为世界遗产）．http：//whc.unesco.org/en/list/886，Paris

①　波依肯特城在公元前4世纪~公元3世纪出现．作为丝绸之路上横跨亚欧要冲的战略重镇，它位于伊朗的边境．可以由霍拉散（Khorasan）到伊朗的哈马达兰（Hamadanand），再经拜占庭的要塞Neseviyu（又称Nizib）达到叙利亚和君士坦丁堡（今伊斯坦布尔）．波依肯特城曾是布哈拉绿洲粟特人的军事重镇，它在欧亚贸易通道上的战略地位决定了它逐步由一个要塞转变为城市．波依肯特不仅发展转口贸易，也拥有自己的商业和手工业，如玻璃和陶器制作．波依肯特古城还保存有中亚地区最早的药房遗址．

②　梅尔夫古城，中国文献中称木鹿城，是中亚地区丝绸之路沿线最古老、保存最完好的绿洲城市．在亚洲腹地，这片宽阔的绿洲横跨了4000年的人类历史．梅尔夫绿洲的城市对中亚地区的文化与伊朗的交流产生了深远的影响．塞尔柱王朝的城市至今仍保留着许多纪念性的建筑，它们对中亚的建筑、建筑装饰、科技和文化发展产生了重要影响．梅尔夫绿洲的城市、城墙及城市布局体现了数千年来中亚文明的典型特征．

所有的建筑遗存、考古遗址和风景地貌保护较好,如果必要,及时进行保护和修复,或者依照协调委员会通过的保护和考古原则和指导方针使用合适的材料和方法制定持续的保护计划。同时,在必要时,重建是允许的。由于不适当的干预,它们与丝绸之路文化线路的内在联系并未受到影响,因为丝绸之路的兴盛期与整个遗址可以清晰的证明他们之间的关联性。

完整性

拟申遗丝绸之路文化线路系列遗产的完整性与所有必须存在的能够说明其突出普遍价值的遗产有关。其目标是包含在整个遗产中,最初提名拓展之后,能够充分反映其文化线路属性的遗产,特别是它的基础设施,包括驿站、堡垒、桥梁、灌溉、农业和路标,它的生产性遗产与高价值的贸易货物,如与金属采矿和金属加工相关的,并且长距离的运输,近两千年高额利润的贸易,特别是城市、城镇和圣地以及他们的协会在科技、宗教、艺术和建筑领域的知识交流。

最后,拟申遗文化遗产的保护范围能够充分体现它们的价值贡献及属性。有效的遴选过程将确保文化线路遗产选择不会受到威胁。"

按照上面的表述,再分析研究已经列入《世界遗产名录》的文化线路遗产可以发现,几乎所有文化线路都没有使用标准(i)。而上面《概念性文件》所界定的丝绸之路文化线路遗产类型的第11类就属于"人类创造性的表现",它显然符合标准(i)。这个问题在阿拉木图会议上引起专家的激烈讨论。比如,中国的敦煌莫高窟在1987年列入《世界遗产名录》,它符合了所有6条文化遗产的标准,包括标准(i)。而敦煌莫高窟也是丝绸之路上重要的文化遗产地。如果按照《概念性文件》中的分类,显然丝绸之路文化线路作为一个整体也需要认定它为什么是"表现人类创造精神"的代表作。这又显得有悖常理。所以,阿拉木图丝绸之路"共同价值框架"就标准(i)的适用问题附加了说明。它指出:"丝绸之路文化线路遗产如要适用文化遗产标准(i),就要能成功证明整个遗产地曾经是人类创造精神的代表作。

也就是说，在历史长河中所创造的成果（第三门类），取决于许许多多的因素。有些是人类特意创造的，其他则是与各种因素适应或融合产生的。"因此，"共同价值框架"中并没有包括文化遗产标准（i）。

阿拉木图会议在讨论、起草"共同价值框架"时，专家学者不仅考虑了丝绸之路作为贸易路线连接诸多文明的特点，也充分考虑了丝绸之路作为道路网络传播宗教，以及科学技术发展成就的功能。因而，"共同价值框架"草案对丝绸之路沿线发现的历史文物、考古遗址和文化景观的遗产类型做了归类并强调了它们与基础设施、产品和成果之间的功能性内在联系。"共同价值框架"阐述了成立丝绸之路文化线路申遗协调委员会的必要性。这样一个跨国的政府间机制除了协调、统筹丝绸之路申遗的工作外，还需要在不同层面成立机构以协调、管理遗产地和当地政府的关系，同时充分体现国家、地方和遗产地等不同管理层面的权责。

在价值认定方面，完整性原来仅是针对自然遗产的。随着文化景观概念的引入，完整性也开始越来越多地用于文化遗产的评审。世界遗产中心创建人冯-德罗斯特的解释是"完整性通常是指全面性。它有其生态意义。完整性是维护一个体系中各个部分之间的功能性联系。就世界遗产而言，完整性是维护其真实性的必要条件"①。实际上，这个问题与文化线路也密切相关。2001年亚太地区圣山专家研讨会②指出："完整性就是生态系统及其美学、文化、宗教、艺术之间的平衡状态。"由此可以看出，对丝绸之路文化线路这样大规模文化遗产完整性的认定和保护，除了自然环境以外，人类积累的文化传统，如传统的生态知识也要予以考虑。因而，文化和生态之间的动态关系是维护文化线路完整性的要素之一。

认识到文化线路整体的真实性和完整性，阿拉木图"共同价值框架"出来后，笔者和ICOMOS专家分析研究系列跨境申遗的可操作申遗点的筛选。显然，将丝绸之路文化线路整体申报是不现实的。

阿拉木图会议最后同意的"共同价值框架"，也包括了文化线路真实性、完整性的说明，对中国和中亚国家系列跨境申遗的第一阶段

---

① Bernd von Droste zu Hulshoff, Linking Nature and Nature, Report of the Global Strategy Expert Meeting, Amsterdam, UNESCO World Heritage Centre: 13.

② UNESCO Thematic Expert Meeting on Asia-Pacific Sacred Mountains, Final Report, Wakayama City, Japan, November 2001: 75.

的实践活动很有指导意义。

下面摘录中国、哈萨克斯坦、吉尔吉斯斯坦在2013年1月联合申报的"丝绸之路：长安－天山廊道的路网"申报文本中关于丝绸之路文化线路的真实性和完整性说明为例，这个实例很说明问题。

案例："丝绸之路：长安－天山廊道的路网"申报文本中关于丝绸之路文化线路的真实性和完整性说明[①]

丝绸之路：长安－天山廊道路网的完整性声明

"丝绸之路：长安－天山廊道的路网"整体层面的完整性

"丝绸之路：长安－天山廊道的路网"作为人类长距离交通与交流的大型线路遗产，分布于自丝绸之路东端起点长安、洛阳，沿交通干线经河西走廊，出玉门关，经天山南北，达伊犁河流域、楚河流域，西至塔拉斯河谷，跨度近5000公里的广大区域内。完整包含了8700多公里的交通规模和长达1800年的使用历史；完整地包含了分布于中国、哈萨克斯坦、吉尔吉斯斯坦三国境内四个地理区域内的由33处代表性遗产点构成的五类遗产组成要素——中心城镇遗迹、商贸城市/聚落遗迹、交通遗迹、宗教遗迹和关联遗迹，包含了与之相关的地理环境特色，以及经由这些组成要素所建立起来的线路动态交流关系。它们可完整地展现丝绸之路遗产的所有价值特征与形成过程。

其中，为"丝绸之路：长安－天山廊道的路网"整体价值提供支撑的五类反映动态交流关系的代表性遗迹包括：

1）中心城镇遗迹包括"中原地区""七河地区""天山南北"一系列的文明中心、区域中心、民族政权或中央行政管理中心城市相关遗址遗迹等；

2）商贸城市/聚落遗迹包括"七河地区"一系列的商贸性

---

① 世界遗产中心.中国、哈萨克斯坦、吉尔吉斯斯坦"丝绸之路：起始段和天山廊道的路网"申报文本，2013，巴黎．

的城市/聚落城镇遗迹；

3）交通遗迹包括道路、关隘、驿站、烽燧、仓储、城堡等遗存；

4）宗教遗迹包括承载佛教、景教、摩尼教、袄教和早期伊斯兰教等诸多宗教种类信仰信息的寺院壁画、雕塑与石刻及其他材料的遗迹；

5）关联性遗迹包括佛教建筑、历史人物墓葬，相关历史文献，以及各相关遗址遗迹出土的丰富商贸物品遗存、简牍文书等。

为"丝绸之路：长安－天山廊道的路网"长距离贸易价值特征提供支撑的相关地理环境价值承载要素包括，即丝绸之路沿线所穿越的地理单元及其独特的地貌景观与生态环境。其中地理单元主要包括了中原（含关中盆地与洛阳盆地）、河西走廊、噶顺戈壁、天山山脉、吐鲁番盆地、七河地区流域、楚河和塔拉斯河谷；独特地貌景观与生态环境包括了黄土高原、戈壁、沙漠、雅丹、盐原、绿洲、河谷、草原和雪山，等等。

"丝绸之路：长安－天山廊道的路网"中少量遗产点面临的城市建设、村庄发展、农业生产、旅游开发活动压力，以及影响遗产安全的自然威胁因素，已通过制定和执行管理规章、执行文化遗产保护规划或管理规划等措施基本得到有效控制和防治。同时，丝绸之路遗产的跨国及跨省协调管理机制，可为保护遗产整体价值的完整性提供保障。因此，丝绸之路整体具有高度的完整性。

申报遗产点的完整性

中心城镇遗迹、商贸城市/聚落遗迹、交通遗迹、宗教遗迹、关联遗迹等各类申报遗产点，在价值特征载体要素、整体规模、周边环境视觉关系方面具有较好的完整性,少量遗产点面临的负面影响可控。因此,各遗产点具有较好的完整性。

真实性声明

"丝绸之路:长安－天山廊道的路网"整体层面的真实性

"丝绸之路:长安－天山廊道的路网"保存至今的自西安/洛阳沿交通干线经河西走廊、出玉门关、至天山南北、达楚河流域、至塔拉兹的整体路网,串接了从的(中国到中亚的)洛阳盆地、关中盆地、河西走廊、天山山脉以及(中亚的)七河地区等地理环境要素,以及留存至今的自公元前2世纪～公元16世纪沿途中心城镇遗迹、宗教传播遗迹、商贸城市/聚落遗迹、交通遗迹以及关联遗迹等丝绸之路主要遗产类型及其代表性遗存、遗迹和考古发现,真实反映了"丝绸之路:长安－天山廊道的路网"产生、发展的历史过程,以及横跨东亚、中亚、并向西方延伸的空间范围;真实保存了见证路线沿线古代民族及其文明的特殊物证;真实反映了在长距离交流活动中人类克服戈壁、沙漠、高山阻隔,借助河流、绿洲维系等与自然环境的相互依托、利用作用关系,以及整个土地利用区域的共同发展;真实反映了亚欧大陆间人类历史上规模最大的贸易、宗教、技术、艺术等方面的文化与文明交流活动在该路段上的价值特性;真实反映了本遗产作为一处人类长距离交通体系,以及经由这一体系所进行的跨地区的、广泛文明与文化交流的整体价值和动态特征。因此,丝绸之路整体具有高度的真实性。

申报遗产点真实性

中心城镇遗迹、商贸城市/聚落遗迹、交通遗迹、宗教遗迹、关联遗迹等各类申报遗产点,在外形与设计、材料与实体、用途与功能、传统技术和管理体制、环境和位置、语言和其他形式的非物质遗产、精神和感觉等方面，承载的遗产价值特征均真实、可信。

绝大部分申报遗产点已实施的保护措施、展示措施，以及将来有必要开展的保护、修复项目，都遵照《奈良真实性文件》等文件规定的保护和考古原则及方针采用了恰当的材料和方法，可有效支撑其遗产价值特征及与"丝绸之路：长安－天山廊道的路网"遗产价值的真实关联。个别考古遗址的保护、展示建筑或设施的形象，对遗址区整体精神感受和建筑遗存历史信息传达方面，存在一定程度的干扰影响，目前正在对照世界遗产保护管理要求尽力做出修正。因此，丝绸之路各遗产点具有较好的真实性。

类型1 基础设施：推动商贸和交通发展（包括驿站和小旅馆、军事据点、驻军地和要塞、桥梁、灌溉系统、自然和文化地标）。

类型2 生产性遗产：包括贸易产品（包括采矿、金属冶炼、制造业和手工业，其他工业和生产性遗产）。

类型3 成果类遗产：如交流和交换的产物城市，艺术和知识（包括商贸城市、城镇中心和聚落），宗教、精神和仪式遗址（包括神龛、洞窟、坟墓、朝圣遗址），与政治事件相关的遗址（包括思想、语言、音乐、舞蹈和诗歌等）。

五、丝绸之路与其他文化线路系列跨境世界遗产的对比分析

（一）丝绸之路与《世界遗产名录》中的文化线路、系列跨境遗产对比

自1993年至现在，欧洲、亚洲、北美洲、南美洲有多条文化线路、系列跨境遗产列入《世界遗产名录》，为便于对比分析，这里仅

选取其中的7条文化线路类遗产和3条最近的系列跨境遗产（表5.2）。通过与已列入《世界遗产名录》的文化线路的比较，作为沟通亚欧大陆的丝绸之路文化线路的特征就能凸显出来。

表5.2　已列入《世界遗产名录》中的文化线路、系列跨境遗产概况

编号	列入时间	遗产名称	国家	标准	图片
1	1993	圣地亚哥朝圣之路	西班牙	(ii)(iv)(vi)	
2	1998	法国段圣地亚哥朝圣之路	法国	(ii)(iv)(vi)	
3	2000	乳香之路	阿曼	(iii)(iv)	
4	2003	塔夫拉达·德乌玛瓦卡	阿根廷	(ii)(iv)(v)	
5	2004	纪伊山地的圣地与朝圣道	日本	(ii)(iii)(iv)(vi)	

续表

编号	列入时间	遗产名称	国家	标准	图片
6	2005	熏香之路——内盖夫的沙漠城镇	以色列	(iii)(v)	
7	2010	印加内陆大干线	墨西哥	(ii)(iv)	
8	2011	阿尔卑斯山地区史前湖岸木桩建筑	瑞士、法国、意大利、德国奥地利、斯洛文尼亚	(iv)(v)	
9	2012	Almadén 和 Idrija 的制汞遗产	西班牙、斯洛文尼亚	(ii)(iv)	
10	2013	喀尔巴阡地区的木构教堂	波兰乌克兰	(iii)(iv)	

从文化遗产标准（ii）的角度分析，交流是文化线路的最常见的特性之一，大部分文化线路都在不同程度上使某个区域产生沟通和交流并促进其发展，从而实现其跨文化的整体意义。其中，西班牙圣地亚

哥朝圣之路的交流主题为基督教信仰，阿曼乳香之路和在香料之路的交流主题为香料贸易，阿根廷塔夫拉达德乌马瓦卡的交流主题为区域性的综合交通，日本纪伊山圣地与朝圣道路的交流主题为日本神道教和佛教信仰，墨西哥印加内陆大干线的交流主题为白银贸易。

与其他7条文化线路相比，在交流主题方面，丝绸之路承载的内容较之其他文化线路的或宗教或商贸的单一性更为丰富，包括了商贸交流、宗教传播、政治外交、文化融合、民族迁徙等诸多方面。而在交流主题多样性，以及沟通不同文化的交流方面意义更加突出，它沟通的是亚欧大陆这个范围内、从公元前2世纪～公元16世纪这个人类历史发展的最重要阶段中，几乎囊括了所有人类主要文明区域的交流与沟通。

从文化遗产标准（iii）的角度分析，与古代香料之路相关的阿曼的乳香之路和以色列的熏香之路——内盖夫的沙漠城镇两个文化遗产均见证了历史悠久的香料贸易传统。日本纪伊山地的圣地与朝圣道见证了延续千年的宗教文化。

丝绸之路文化线路不仅见证了沿途近1800年中诸多业已消逝的古代民族及其文明、延续至今的华夏文明，而且进一步揭示了这些文明内在的制度、体系、历史传统等，具有更加深远的意义。

从文化遗产标准（iv）的角度比较分析，上表中已列入《世界遗产名录》的7处文化线路，除以色列内盖夫的沙漠城镇不具备典范价值外，其他遗产皆以构成这些线路的宗教建筑、防御聚落、神庙、乡村和城市景观等遗存要素，具有某类建筑或景观的典范价值。

丝绸之路作为文化线路类型遗产的典型性，而成为同类遗产中的典范。具有特大的路网规模、持久的使用时间、丰富的遗存类型、丰富的地理环境，以及行旅地貌景观，是人类建立长距离交通、进行广泛的文明与文化交流的线路典范。

- 在路网规模方面，丝绸之路较之其他文化线路，具有长度最长、沟通范围最广的特征——它连接了中国至中亚超过5000公里的距离、交通路线总长度可达8700公里，横跨了中国至中亚的欧亚大陆腹地。
- 在历史方面，丝绸之路较之其他文化线路，不仅兴起时间较早、沿用时间较长——自公元前2世纪～公元16世纪，更重要的是涉及了世界中古时期人类文明发展的诸多重要阶段。
- 在文化遗产遗存类型方面，丝绸之路较之其他文化线路更为丰富，包含道路遗迹、城镇遗址、墓地、军事设施、驿站、宗教和文化建筑，以及文化景观等多种类型。

● 在地理景观方面，丝绸之路较之其他文化线路更为丰富多彩，包含了雪山、沙漠、绿洲，以及诸多的河流、山川。

涉及文化遗产标准（v）的分析，所有7条文化线路类世界文化遗产中，只有以色列"熏香之路——内盖夫的沙漠城镇"因其穿越横跨100公里的内盖夫沙漠，并建立城镇而具有土地利用价值。

与之相比，丝绸之路文化线路穿越塔克拉玛干等沙漠，途经连绵的雪山、戈壁、草原等复杂的地理地貌。线路沿途分布的以交通与贸易为主要功能的聚落遗址群，是经由移民屯田、灌溉技术、聚落供水系统等方式，促进丝绸之路沿线传统人类居住地土地利用的杰出范例。同时，交通路线的走向、沿线聚落的选址，以及人工设置的水柜也表现出人类在长距离交通条件下对自然环境的依托、利用和改造。因此，丝绸之路文化线路有着更为复杂和艰险的自然环境，丝绸之路沿线的遗产则体现了人类对这些自然条件进行利用和改造的高度智慧。

从文化遗产标准（vi）的角度分析，西班牙圣地亚哥朝圣之路与该地区历史上的基督教信仰相关联，日本纪伊山朝圣之路与该地区的圣山传统相关联。丝绸之路文化线路有着更为丰富的关联内容，线路上的诸多遗址遗迹与大量相关出土文物、简牍文书、历史文献和行旅游记，与对人类文明与文化交流史具有里程碑意义的张骞凿空西域历史事件直接关联；与对东亚文化具有重大影响的佛教传播直接关联；与伊斯兰教、基督教景教、摩尼教、祆教的传播直接关联；与以丝绸为大宗贸易的洲际商贸传统以及粟特人在丝绸之路上独特的经商传统直接关联。

表中所列3处系列跨境文化遗产均是近三年来刚刚列入《世界遗产名录》的项目，对它们进行初步分析可以看到，系列跨境项目已是目前的申遗热点，这种类型申报数量越来越多，申报项目也越来越复杂、参与国家也越来越多。

墨西哥的印加内陆大干线，又称"白银大道"，在2010年列入《世界遗产名录》。这一文化线路遗产共有55处遗址，再加上已进入《世界遗产名录》、长度有1400公里的5处遗址，就成为长达2600公里的大线路，由墨西哥的北部直到美国的得克萨斯州和新墨西哥州。这条线路在公元16~19世纪是运输白银及运送由欧洲进口的水银的重要交通道路。它的启用最初是为了采矿业的需要，但实际作用后来更为广泛，极大地推动了沿线各地的交通和联系，尤其是美洲社会、文化和宗教与欧洲大陆西班牙的联系。

阿尔卑斯地区史前湖岸木桩建筑系列跨境遗产于2011年列入《世界遗产名录》。它包括位于瑞士、奥地利、法国、德国、意大利、斯洛文尼亚的111处（其中的56处位于瑞士）史前木桩建筑群。这些遗址都位于阿尔卑斯山区内、外的湖边、河岸及湿地边上。它们是史前新石器时代、青铜时代阿尔卑斯地区人民生活状况的写照，也提供了人类社区与环境互动的具体证据。这一组定居点考古遗址保存得相当完好，展现出丰富的文化内涵，它们也是早期农业社会的重要研究史料。

Alamaden和Idrija的制汞遗产地在2012年列入《世界遗产名录》，由位于西班牙和斯洛文尼亚的两个建筑群组成，属工业遗产类型。

喀尔巴阡地区的木构教堂位于东欧地区的东端，在2013年6月柬埔寨召开的世界遗产大会上刚刚列入《世界遗产名录》。它们由位于波兰和乌克兰的16处不同类型的木构教堂等组成，这些建筑在公元16~19世纪由当地社区的东正教和希腊天主教的信徒建造。它们代表着不同族群的文化表达形式，这些木构教堂建筑形式独特，是典型的东正教建筑传统的体现（图5.34）。

图5.34　东欧喀尔巴阡地区的木构教堂，乌克兰/波兰

资料来源：世界遗产中心，Nomination dossier of the Wooden Tserkvas of the Carpathian Region in Poland and Ukraine，http：//whc.unesco.org/en/list/1424，Paris

（二）丝绸之路文化线路与印加大道：安第斯山道路系统对比分析

上面简要比较分析了已经列入《世界遗产名录》的7条文化线路、3

处系列跨境遗产和丝绸之路的选择标准和类型，下面就正在申报的安第斯山道路系统和丝绸之路文化线路做一全面比较。

印加大道：安第斯山道路系统①是连接现在的阿根廷、玻利维亚、智利、哥伦比亚、厄瓜多尔和秘鲁在西班牙殖民时期以前修建的道路系统，距今500多年，在印加帝国统治时期达到巅峰。作为遗产线路，它是南美洲大陆现存最大的线性历史遗迹，主要包括道路系统本身、相关建筑和工程结构（驿站、仓库、桥梁等设施）。道路除用于传递信息外，还有其他的功能，如用于军队调动、运送粮草、商品运输等。

道路系统在16世纪以库斯科为中心，辐射大约6000公里。它穿越了安第斯山中部的热带雨林、河谷和沙漠地带，是库斯科印加帝国国王为了政治目的修建的。便于国王和中央政府控制全国的经济生活、宗教活动和社会生活。

2003年起，南美六国在世界遗产中心"顶层指导"下，开展了系列跨境申遗工作。经过多次国际磋商和专家会议后，2010年12月，阿根廷、玻利维亚、智利、哥伦比亚、厄瓜多尔和秘鲁六国总统在马德普拉塔通过《西安宣言》，一致承诺六国政府联合申遗。以确保对安第斯山道路系统文化线路突出普遍价值的保护和管理。2013年1月，申报文本正式提交世界遗产中心。该系列跨境世界遗产提名共申报了多达291处遗产点，149处区段②。同丝绸之路文化线路系列跨境申遗项目一样，印加大道：安第斯山道路系统文化线路申遗项目提交2014年6月第38届世界遗产大会审议（图5.35、图5.36）。

在分析研究南美六国提交的印加大道：安第斯山道路系统申遗文本和中国与中亚国家分别提交的丝绸之路文化线路申遗文本后，这里以图解方式对比分析南美六国提交的印加大道：安第斯山道路系统突出普遍价值所使用的文化遗产的标准（图5.37～图5.43）。

上面直观解析了印加大道：安第斯山道路系统文化线路的突出普遍价值。下面全面辨析丝绸之路文化线路和安第斯山道路系统系列跨境遗产项目之间的相同点和不同之处。

---

① 参考世界遗产中心2013年印加大道：安第斯山道路系统申报文本和郝名玮、徐世澄.拉丁美洲文明.北京：中国社会科学出版社，1999，第88页.

② 2014年6月，世界遗产委员会同意安第斯山道路系统137个路段的273处遗址列为世界文化遗产.

图 5.35 印加大道：安第斯山道路系统位置示意图

资料来源：世界遗产中心，Nomination Dossier, Qhapaq Nan, the Andean Road System, January 2013，Paris

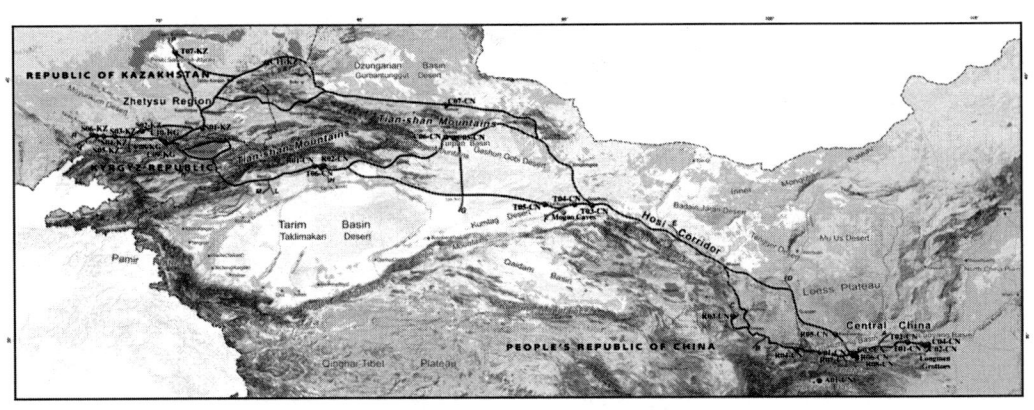

图5.36 丝绸之路长安 – 天山廊道路网示意图

资料来源：世界遗产中心，Nomination Dossier, Silk Roads: Initial Section and Tian-shan Corridor, January 2013, Paris

图5.37 安第斯山道路系统代表人类创造能力的杰作，可符合文化遗产标准（i）①

图5.38 在印加帝国内产生重大影响，可符合文化遗产标准（ii）②

---

① 南美的印加大道：安第斯山交通网络构成了史前世界无论在广度和多样性层面上无与伦比的文化成就.它体现了人类与极端恶劣自然环境的相互交流的结果，这种独特的土地利用形式也反映了安第斯山地区文化和信仰的典型代表，也是人类杰出创造能力和技术成就在南美洲的具体体现.因此，印加大道代表人类创造能力的杰作，符合文化遗产标准（i）.

② 印加大道：安第斯山交通网络以其在印加帝国内对社会、政治和经济生活的重大影响，以及交通线路传播印加帝国的宗教、军事、行政和经济职能的作用而符合文化遗产标准（ii）.

图5.39 为印加文明和文化传统提供了独特的见证,符合文化遗产标准(iii)①

图5.40 是印加帝国文化传统的独特见证,符合文化遗产标准(iii)②

---

① 安第斯山交通网络为印加文明和文化传统提供了独特的见证.由库斯科河谷开始,在100年之内,印加帝国实施、改进了境内30,000多公里的路网系统,加强了各个族群的交流.印加大道支持了印加帝国与安第斯山环境的融合,是印加文明的象征,因而符合文化遗产标准(iii).

② 安第斯山交通网络为印加帝国的文化传统提供了独特见证.印加大道:安第斯山交通网络支持了印加帝国与安第斯山自然环境的融合,是印加文明的象征,符合文化遗产标准(iii).

图5.41 印加大道是不同建筑形式及景观的杰出范例,符合文化遗产标准(iv)[①]

图5.42 印加大道是土地利用的杰出范例,代表人与自然环境相互作用的成果,可符合文化遗产标准(v)[②]

---

① 安第斯山交通网络文化线路以其不同形式的建筑构件(道路、桥梁、管线等)和复杂的基础设施及与周围景观的协调,它从艺术、建筑、工程和景观设计等方面展示了同类遗产杰出的范例,符合文化遗产标准(iv)。

② 印加大道是土地利用的杰出范例,代表人与自然环境相互作用的成果.通过道路交通网络,印加文明在安第斯山多种生态系统中得以发展,实现了人类与自然环境的互补.安第斯国家需要交通网络联络各个地区,道路的联系同时使得国家的统一管理至关重要.因此,印加大道系列跨境文化线路符合文化遗产标准(v).

图5.43 印加大道文化线路与生活传统、信仰等有直接联系，符合文化遗产标准（vi）①

资料来源（图5.37~图5.43）：世界遗产中心，Nomination dossier of Qhapaq Nan, Andean Road System, jointly submitted bu the States Parties of Argentina, Bolibia, Colombia, Chile, Ecuador and Peru, January 2013, Paris

（1）丝绸之路文化线路和印加大道：安第斯山道路系统文化线路的相同点

● 两条遗产线路都途经土地收入经济的农业国家，代表着农业文明以后人类进步和社会发展的正常路线。尽管分属亚洲和南美洲，它们在许多地方都表现出极其相似的特点。比如，文化线路沿线的文化都是以地租经济为基础的。商业往往十分普遍，但它对农业及其当地的销售乃是辅助性的。

● 两处都是洲际或跨洲际的遗产线路。安第斯山道路系统是南美洲大陆最大的线性历史遗址，丝绸之路横跨亚欧大陆，是世界上最大规模的贸易路线。

● 两处遗产线路都代表了当代文化间对话和交流的典范。在道路沿线的社区，传统文化、非物质文化遗产等因素都在发挥着文化线路赋予它们的基本功能：互动和交流；物资和知识的交换；尽管有了现代科学技术、全球化、经济和社会转变，这些社区和沿线人民依旧保

---

① 印加大道文化线路至现在仍然联系着不同族群、社区，与当地人民的生活和文化传统息息相关.通过语言和口头传说，有关文化线路的记忆和文化传统得以传承.至今，道路仍然发挥着它们的传统功能：整合社区和国家一体化；交通和传播工具；物品和知识交换和流通的渠道.同时，居住在安第斯山交通网络周边的社区人民始终保留着它们传统的文化表达方式.文化线路因而符合遗产标准（vi）.

留着它们自身的文化特性。可以说，安第斯山道路系统和丝绸之路两条大型文化线路都是活态文化遗产。

- 两条文化线路申遗都有多国参与且规模宏大，很得国际人心，历时十多年。在会员国要求下，世界遗产中心进行"顶层指导"，开展多方国际合作，各国官员、专家、广大民众积极参与，成为迄今全球系列跨境申遗的最佳实践活动。
- 两个文化线路系列跨境申遗的文本都在2013年初上报道世界遗产中心，2014年6月世界遗产大会决定列入《世界遗产名录》。

（2）丝绸之路和安第斯山道路系统文化线路的不同点

- 安第斯山道路系统500年前建成，丝绸之路跨越2000多年的人类历史。
- 安第斯山道路系统是按照印加帝国国王政治意愿建造的，具有文化同一性而且是通过军事扩张、征服活动形成的。中央集权制得以实行的保证是有一完整的行政体系和交通信息网。中央集权和地方有隶属关系；丝绸之路体现多种文明之间的交流、融汇，属于文化多样性的典型范例；丝绸之路沿线佛教文明、伊斯兰文明、古希腊-罗马文明、中华文明、印度文明，以及中亚文明等双向交流，对世界文明产生重大影响；罗马帝国、波斯帝国、印度帝国和中华王朝（汉唐等）在丝绸之路沿线共同发展；各文明之间横向发展，没有从属关系。
- 安第斯山道路系统是为了国王的政治目的而修建的，便于国王和中央政府控制全国的经济生活、宗教活动和社会生活。道路除用于传递信息外，还有如用于军队调动、运送粮草、商品运输等功能，被称为印加大道或"国王之路"，更具有实际意义；丝绸之路是贸易路线，随之而来产生了思想的交流、宗教的传播和科学技术发展的相互促进。丝绸之路名字本身只是一个称谓，更具象征意义。丝绸之路路网横跨亚欧，是"中西文明、文化交流传播的大动脉"，也是有规模、有组织持续的贸易活动而形成的道路网。
- 在文化遗产标准使用上，安第斯山道路系统在申报中用了标准（i），主要理由是路网系统由人工建造，依山就势、逢水架桥或摆渡；遇峡谷搭索桥，专人负责道路修整，确保畅通，是人类创造精神的杰作。如上面"共同价值框架"和比较分析部分所述，丝绸之路文化线路申遗没有使用文化遗产标准（i）。需要说明的是，ICOMOS在其评估报告汇总认为印加帝国的控制权可以看作整个道路系统的"杰作"。但考虑到印加之前的许多路网和结构已经随时间而变迁,很难证明印加大道是某一时期人类创造性的杰作,它更多地体现在道路系统作为印加帝国交流和传播的独特证据,符合其他标准。标准(i)不能使用。

- 安第斯山道路系统是一个完整的体系,不可分割。丝绸之路文化线路体量大、地域广、文化遗产类型复杂,所以可以采取分路段、分专题申报。
- 安第斯山道路系统自建立就是单一帝国控制,在西班牙殖民之后,使用同一语言(西班牙语)沟通,在交流方面相对容易。丝绸之路沿线涉及民族成分复杂、语言众多,语言交流(中、英、俄、当地语言等)在申遗过程中成为障碍。所费周折颇多,这也增加了丝绸之路系列跨境申遗的复杂性和困难性。
- 虽然同属世界遗产地区定期报告后续活动,安第斯山道路系统系列跨境申遗活动受到世界遗产中心的西班牙信托基金支持,而丝绸之路项目没有专项资金,申遗合作活动完全由世界遗产中心动员多渠道支持,自然又增加了不少难度。
- 安第斯山道路系统系列跨境申遗仅有世界遗产中心顶层指导;丝绸之路系列跨境申遗一直由世界遗产中心和ICOMOS共同进行顶层指导。

虽然有上述的不同点,经过十多年的努力,2014年6月,在卡塔尔首都多哈召开的第38届世界遗产委员会上,"丝绸之路:长安-天山廊道"和"安第斯山道路系统"都被列入了《世界遗产名录》,成为世界遗产大家庭的新成员。丝绸之路文化线路成功列为世界文化遗产是国际遗产保护界的新事物,也是2014年中国文化遗产保护的重要事件。

丝绸之路长安—天山廊道是亚欧大陆诸多文明与文化交流大动脉最重要的路段。它拥有路网规模宏大、沟通区域众多、交流内容多样、遗产类型丰富、交通保障系统、沿用时间久远,以及沿途景观多彩的遗产线路特色,展现了世界历史上亚欧大陆人类文明与文化融合发展的若干重要历史阶段,是人类进行远距离商贸、进行广泛文明与文化传播交流的杰出范例。

下面简要介绍世界遗产委员会2014年6月通过的世界文化遗产"突出普遍价值"。

(三)丝绸之路：长安－天山廊道路网遗产线路的"突出普遍价值"[①]

1. 突出普遍价值概述

丝绸之路是古代社会连接亚洲各地区的路线，包括南亚次大陆、中亚、西亚和近东地区。这条道路网络促成了世界上诸多最伟大文明的融合与发展，也代表了世界上最杰出的长距离商贸及人文交流线路，其起点至终点的直线距离约为7500公里，但路线的实际长度超过35 000公里。这些线路已经运作了几千年，到公元前2世纪时往来此路的人流量大幅增加，东西方之间昂贵货物的长途贸易量也大幅提升，由此产生的政治、社会和文化影响对丝绸之路周边的社会而言都极其深远。

丝绸之路主要用于运送原材料、食品及奢侈物品。那时有些地区垄断了特定材料或商品市场。例如中国，当时的中国向中亚、南亚次大陆、西亚中东和地中海世界供应丝绸。诸多昂贵物品都需要通过远距离运输，而当时的运输工具只有驼队或舟船，因此一批货物往往需要多家商户经手转运。

长安—天山廊道是丝绸之路的起始段，可视为整体路网的廊道之一[②]。廊道直线距离约5000公里，涵盖了复杂的道路网络，总体长度可达8700公里。公元前2世纪～公元1世纪，中华帝国同罗马帝国之间的昂贵物品，尤其是丝绸等，贸易往来频繁，而长安－天山廊道恰好连接了中国中部的长安和中亚的中心地带，为这一远距离贸易交流提供了便利。长安—天山廊道于公元6～14世纪达到顶峰，直至公元16世纪仍然作为主要的文明文化交流和贸易交流大动脉。

丝绸之路沿线复杂的地理环境生动地展现了这种长途贸易所经受的挑战。各条线路途径沙漠、河流、高山湖泊、戈壁、皑皑雪山和肥沃草原；低至海平面以下154米，高至海拔7400米以上。沿线气候特征也复杂多变，跨越了半湿润、半干旱、干旱、甚至极干旱的气候地带；穿越了温带森林、温带沙漠、温带草原、高山草甸和绿洲等丰富

---

① 中国、哈萨克斯坦、吉尔吉斯斯坦共和国共有.
② 2010年年初，ICOMOS丝绸之路专题研究中建议了54条遗产廊道.

多彩的植被景观。

长安-天山廊道起于黄土高原的长安城——中国汉唐时期的首都——向西穿过河西走廊，跨过秦岭和祁连山脉直达敦煌的玉门关。从楼兰/哈密起，天山廊道继续沿着天山山脉的北部和南部山麓，通过各个关口到达伊犁及中亚七河地区的楚河和塔拉斯河谷，连接了促成丝绸之路贸易交流的两大权力中心。

长安-天山廊道沿线有33处遗址，包括中原王朝及可汗王国的帝王宫殿、贸易区、佛教石窟寺庙、古道、驿站、关隘、烽燧、长城、防御工事、陵墓和宗教建筑等。古代中国修建的驿站和烽火台体系为贸易交流提供了安全便利，其性质正如七河地区的王国所建造的堡垒、客栈和驿站体系。在长安城内及其周边都矗立着连绵的宫殿，这反映出长安这座帝都1200多年的中心地位。而楚河河谷一带的城市则从公元9~14世纪作为七河地区的权力中心，这些城市见证了远程贸易的组织和发展。

西起龟兹（今新疆库车县）东至洛阳的系列佛塔及大型精巧的石窟古寺记录了佛教从印度经喀喇昆仑山脉向东传至中国的轨迹，并展示了佛塔设计因吸收丝绸之路沿线思想和艺术而逐渐演变的过程。这也表明了当时的地方政府和帝国王朝以及富裕商贾对传教的财力支持。僧侣跋涉廊道的路网传教，对其途径之地造成了不小的影响，许多相关游记都是从公元前2世纪开始的。廊道沿线还可见其他宗教建筑，这表明当时有多种宗教共存（民族成分也复杂、具有多样性），包括西亚和七河地区粟特人信奉的拜火教，楚河和塔拉斯河谷地区，以及高昌城和洛阳城兴起的摩尼教，同样在新疆高昌城周围和长安城内的景教基督教，以及布拉纳（Burana）的伊斯兰教。

大规模贸易交流活动造就了繁荣和蓬勃发展的大型城镇，也反映了农耕的定居民族同游牧民族之间的相互作用：牧民和农民之间，不同民族之间，如七河地区的土耳其人和粟特人，均相互依赖；天山山脉的游牧民族转变为定居的农耕民族，如此一来，他们的居所建筑和规划便极富特色，如半地下建筑；公元前1世纪后的河西走廊见证了农业的繁荣，农耕地延伸在1000英里（1英里=1.61公里）的走廊上，这次有计划的移民屯田是将驻军要塞改造成农耕社区。复杂多样的水资源管理系统是发展城镇、贸易区、炮台和客栈不可或缺的条件，农业亦是如此。坎儿井地下渠道对于极端干旱的吐鲁番盆地就是生命泉，它可将水供至高昌城,并通过亚尔城内的深水井进行补给,这条古渠道至今仍在使用。甘肃河西走廊沿线规模宏大的开放式运河及沟渠可将河水引入居住区域,为锁阳城方圆90公里内的居民提供了生活用水。在中亚七河地区,人们通过运河和管道配水,并用水库储水。

正如路网为货物及人员交流提供了运输便利一样,这些线路也促成了思想和信仰的传播。它同时为建筑和城镇规划方面的技术创新和交流提供了平台,在许多重要方面重塑了城市空间及人们的生活。

标准(ii):陆上线路网络之广泛,运作年限之长久,古迹遗址及其内在动态关联之多样,路网推动的文化交流之丰富,各条线路连接的地理环境之复杂,均清楚地展现了公元前2世纪~公元16世纪发生在亚欧大陆诸多文明区域,特别是草原游牧文明与农耕定居文明之间广泛的影响、交流与互动。

就建筑和城市规划、宗教和信仰、城市文化和住居方式、商品贸易和沿线各地区的民族交流等方面的发展而言,这些交流互动和影响是极其深远的。

丝绸之路长安-天山廊道是世界历史上的一颗明珠,它向世人展示了一条动态路网如何沟通了亚欧大陆之间的多种文明和文化,并实现了不同文明和文化之间最为广泛且最为持久的交流和互动。

标准(iii):长安-天山廊道见证了公元前2世纪~公元16世纪亚欧大陆之间经济、文化的沟通和交流,以及当时两地的社会发展。

贸易往来对丝绸之路沿线地区的人居结构造成了深远的影响,主要表现为以下多个方面:城镇迅猛发展使得游牧民族及农耕民族聚集到一起;水资源管理系统为城镇供水提供了保障;炮台、烽燧、驿站、客栈等沿线设施为沿途旅客提供了住所并可确保他们的安全;一系列佛寺和石窟寺,以及其他宗教如拜火教、摩尼教、景教基督教和伊斯兰教的庙宇也促进了建筑结构的多样化,而这些宗教建筑的建造者就是那些开展昂贵物品贸易并从中获利的多民族群体。

标准(v):长安-天山廊道的路网作为一个杰出范例,向世人展示了昂贵商品的远途贸易是如何推动大型城镇发展的。这一过程中不可或缺的是一套设计精巧工艺先进的水源管理系统。该系统通过采集河水、井水和地下泉水为居民及旅客提供生活用水,并保障了农作物的灌溉。

标准(vi):长安-天山廊道与张骞凿空西域有着直接关联,这一事件是亚欧大陆史上人类文明和文化交流的里程碑事件。它也深刻地反映了佛教传入古代中国对当时社会的实际影响，进而对东亚佛教文化产生了显著影响，以及景教基督教（在公元前5世纪传到中国）、摩尼教、拜火教和早期伊斯兰教的传播。廊道沿线许多城镇在利用水力、建筑施工和城市规划方面所采用的理念都极为相似。可见，他们都受到沿线思想传播的影响。

2. 遗产类别

根据1972年《公约》第1条有关文化遗产范畴的规定，丝绸之路：长安－天山廊道的路网是包括33处遗址的系列遗产。

依据《操作指南》的条款规定，丝绸之路：长安—天山廊道的路网也可归为遗产线路。

3. 地理位置和遗产点描述

中国：（22处遗址）分布在陕西省、河南省、甘肃省及新疆维吾尔自治区。

哈萨克斯坦共和国：（8处遗址）在阿拉木图州和江布尔州。

吉尔吉斯共和国：（3处遗址）在楚河州。

长安－天山廊道是广阔丝绸之路的一部分，廊道直线距离约5000公里，东起长安/洛阳（中国汉唐时期的都城），西至中亚七河地区。公元前2世纪~公元1世纪，廊道初具规模，直至公元16世纪仍正常使用，这条遗产线路融合了诸多文明，促进了丝绸之路沿线商品贸易、宗教信仰、科学知识、技术创新、文化习俗和传统艺术的广泛交流。长安－天山廊道内含的33处遗址包括了商贸城市、帝王宫殿、考古遗址、石窟寺、古道、驿站、关隘、烽燧、长城、防御工事、古墓葬、宗教遗迹等。

遗产廊道内的路网纷繁复杂，由东向西大致可划分为四个部分：中国中原地区、河西走廊、天山南北与七河地区。这种划分方式的依据是线路所经过的多变的地理区域，以及多种多样的文化和政治体制。

长安－天山廊道遗产线路内含的33处遗产点包括25处考古遗址、3处古建筑、1座古墓葬和4座石窟寺。它们综合反映了丝绸之路沿线的中心城镇遗址、商贸城市和聚落遗址、交通遗迹和防御设施、宗教遗迹和关联遗迹，以及各条路段本身。

按照四个主要地理文化区域的划分，沿线遗产分布如下。

（1）中原地区

长安—天山廊道始于黄河中游的长安城，位于最东部的这条线路横跨洛阳城、关中盆地，以及陕西、甘肃两省的黄土高原。

这一区域位于黄河中游河段肥沃的盆地，共包含12处遗产。肥沃的土壤、充足的水资源和温和的气候促进了农耕文明的繁荣昌盛，形成了秦汉时期大一统的中国王朝，并支持了中国后续1200年的繁荣发展。这里是东亚古老的文明中心。

这些遗产反映了公元前2世纪～公元10世纪中国帝王权力统治下的城市文化、佛教传播、游牧少数民族文化、张骞凿空西域这一重大历史事件，以及为维护丝绸之路的安全所采取的必要防御措施。由此反映出丝绸之路上独特的政治、商贸和宗教传播的交流与融合。

- 汉长安城未央宫遗址（公元前2世纪～公元1世纪）；
- 唐长安城大明宫遗址（公元7～10世纪）；
- 大雁塔；
- 小雁塔；
- 兴教寺塔；
- 彬县大佛寺石窟；
- 张骞墓；
- 汉魏洛阳城遗址（公元1～6世纪）；
- 隋唐洛阳城定鼎门遗址；
- 龙门石窟（已列入《世界遗产名录》）；
- 新安汉函谷关遗址；
- 崤函古道石壕段遗址；
- 麦积山石窟。

（2）河西走廊

由祁连山脉边缘地带延伸，北临巴丹吉林沙漠和腾格里沙漠，这一段廊道穿越石羊河流域，以及积雪融化所形成的布莱克河和疏勒河流域到达敦煌。

以上区段途径汉王朝、鲜卑民族和蒙古帝国的多民族地区，包括汉、曹魏、西晋、西秦、北魏、隋、唐、宋、元，以及鲜卑族和蒙古族。

河西走廊是平原地带，长900多公里，宽度为几公里至数百公里，是运输驼队从中国中原地区到天山山脉的必经之地。

河西走廊共包括5处遗产地，主要位于戈壁大沙漠和祁连山北部绿洲地带。公元2世纪汉朝开始在此地移民屯田，以促进该地区内月氏族、乌孙族、匈奴族、藏族和维吾尔族等游牧民族之间的融合和贸易往来。如是，这些民族逐步定居下来。

这些遗产包括反映边远地区由贸易带来财富后修凿的精美石窟寺（是丝绸之路上最为华丽精致的部分）、帮助旅行者穿越这些人口稀少地区的基础设施（要塞和灯塔等）、为运输驼队提供饮食住宿的商贸城市、戈壁沙漠地区旅行者和社区居民所需的复杂的农业灌溉系统。

- 炳灵寺石窟；
- 悬泉置遗址；
- 锁阳城遗址；
- 莫高窟（已列入世界遗产名录）；
- 玉门关。

（3）天山南北

廊道于天山山脉处拆分成两条路线，分别向其北部和南部山麓延伸。南部路段于公元前138年之后逐步发展为一条主干道，将天山山麓南部边缘沿线绿洲与塔克拉玛干沙漠北部连通起来。

北部路段形成于大约1个世纪之后，也即公元前1世纪左右，横贯天山北麓的干草原、古尔班通古特沙漠南部，并穿越霍尔果斯和阿拉山口，到达现今的哈萨克斯坦境内。

天山山脉是现在新疆地区河西走廊和古代西部地区之间的天然屏障，是定居民族和游牧民族间的交会处。北部有部分长城遗址以保护定居民族和游牧民族之间的边界，南部有绿洲定居地，南北山脉之间则有农业定居地和半游牧民族。

该区段所包含的5处遗产位于山脉之间、甘肃戈壁大沙漠南部边缘和塔克拉玛干沙漠北部边缘。

北庭故城遗址是草原、东西丝绸之路和南北线路的交汇处。其他城镇和城市反映了游牧民族在公元前2世纪～公元16世纪在山脉南北所建立的王国，这样有利于他们更好地参与丝绸之路贸易。佛教沿塔克拉玛干沙漠南北边缘一路传播过来，对其他宗教也产生了一定影响。

- 高昌故城；
- 交河故城；

- 克孜尔石窟；
- 苏巴什佛寺遗址；
- 克孜尔尕哈烽燧；
- 北庭故城。

（4）七河地区

这是长安－天山廊道的最西段，包括肥沃的伊犁河谷、楚河河谷和塔拉斯河谷，地处天山北麓，巴尔喀什湖南部，以及锡尔河东部。

最后这个区段是古代高昌、龟兹、回鹘、西突厥、喀喇汗国、卡拉-加尼王国（西辽），以及葛逻禄部落的政权领地，其中聚居了匈奴、汉族、车师、柔然、粟特、突厥、维吾尔族、卡拉契丹、波斯、突骑施、阿拉伯人等多个民族。

肥沃的大草原、干草原、森林和伊塞克湖周边的高山，以及源于雪山的充足水资源为天山山脉西部边缘陆路地区提供了干净清洁的环境。农业和贸易的发展促进了城镇几百年的繁荣，推动了萨卡人、乌孙人、突厥人、伊朗人、契丹人、蒙古人和汉族人等多民族间的融合。

该地区11处遗址均为要塞。其中一些是大型城镇或城市，如碎叶城（阿克-贝希姆城址）、巴拉沙衮城（布拉纳城址）、新城（科拉斯纳亚-瑞希卡遗址）、开阿利克遗址等。一些为小型贸易地点：塔尔加尔遗址、阿克托贝遗址、库兰遗址、奥尔内克遗址、阿克亚塔斯遗址、科斯托比遗址。卡拉摩尔根遗址是古代伊犁河三角洲边防哨所要塞，有高耸的墙壁和塔楼，是现今哈萨克斯坦中部和东欧的中转站，并由此被认为是巴尔喀什遗产廊道的一部分。

许多城市遗址面积相当大，如阿克-贝希姆遗址、科拉斯纳亚-瑞希卡遗址等建有占地100公顷的城堡和20公里长的城墙，而阿克亚塔斯遗址则保留有数座大型砂岩宫殿和商队驿站。这些都是游牧民族转变为定居农耕和商贸的例证。一些城市有使用瓷管建造的水源收集、灌溉系统及水库。

这些遗址同时也反映了公元前2世纪～公元16世纪该地区7个主要的统治政权（白匈奴、柔然、西突厥、突骑施、葛逻禄、喀喇汗王朝、西辽）的交替。以及拜火教、摩尼教、景教基督教、佛教和伊斯兰教等东西方思想的相互影响。开阿利克遗址内就有一处摩尼教教堂遗迹；而穆斯林东突厥语国家的都城布拉纳城址则是建于公元10～14

世纪的穆斯林城市，这是一座中世纪时期规划完整的城市，城内矗立着一座24米高的尖塔。

- 开阿利克遗址；
- 塔尔加尔遗址；
- 卡拉摩尔根遗址；
- 碎叶城（阿克-别西姆城址）；
- 巴拉沙衮城（布拉纳城址）；
- 新城（科拉斯纳亚-瑞希卡遗址）；
- 阿克托贝遗址；
- 库兰遗址；
- 奥尔内克遗址；
- 科斯托比遗址；
- 阿克亚塔斯遗址。

（四）印加大道：安第斯山道路系统遗产线路的"突出普遍价值"①

1. 突出普遍价值陈述

印加大道：安第斯山区道路系统覆盖3万多公里，是一条广泛联通交流、贸易及防御的道路网。该系统还包含各条大道沿线的相关结构设施。印加大道是由人耗时多个世纪建造而成的，该道路网络沿着安第斯山脉四处扩张，其规模于公元15世纪时期达到峰值。印加大道起源于帝国首都库斯科的中央广场，以4条主干道为基础。这些主干道同其他次级道路相汇，从而形成了交错联通的路网。印加大道世界文化遗产包括分布在697.45公里范围内的137段，共273处遗址。这些遗址展现了印加大道的建筑及工程成就，同时还展现了与贸易、储物及住宿等相关的基础设施，某些遗址还富有宗教意义。印加大道是人所取得的政治成果，它将各大城镇及生产和宗教中心连接起来，共同服务于帝国的经济、社会和文化发展。

印加大道：安第斯山区道路系统是一条非同寻常的道路网络。该

---

① 阿根廷、玻利维亚、智利、哥伦比亚、厄瓜多尔、秘鲁共有。

路网穿过了世界上最极端的地理地形之一，历经几个世纪约有40 000人次途经此地，包括商队、游人、信使及军队。印加大道是帝国的生命线，连接着相距甚远的城镇及生产和宗教中心。各个城镇、乡村和农村地区便整合成一条单一的道路网。当地社区中有些曾负责守护印加大道沿线的遗址，如今它们仍然是包括语言在内的相关无形文化传统的保卫者和守护者。

单就其规模和道路质量而言，印加大道：安第斯山区道路系统算得上是工程技术中的奇葩。这条路网覆盖了复杂多样的地形，连接安第斯山脉白雪皑皑的山峰——海拔超过6000米——和海岸，穿过热带雨林、肥沃的山谷和荒无人烟的沙漠。通过采用诸多道路施工技术并铺设桥梁、阶梯、沟渠及鹅卵石路，印加大道解决了安第斯山脉复杂地形所带来的棘手问题，展现了当时非凡的工程技术造诣。

标准（ii）：印加大道：安第斯山区道路系统展现了一个文化区域内贸易、通信和文化传统交流的重要过程。这个文化区域造就了一个庞大的帝国，在公元15世纪即其辉煌时期。该帝国横跨了近4200公里。修建印加大道的基础是先前安第斯山区传承的建筑知识以及安第斯山独有的社区和文化特征，两者整合后形成了国家组织制度，促成了有利于帝国政策的社会、政治和经济价值交流。路网沿线的某些设施为沿线的宝贵资源和货物贸易提供了永恒的见证。例如，我们可以看到稀有金属、木鱼（海菊蛤贝壳）、食品、军工用品、羽毛、木材、古柯和纺织品等被人们从物品的收集、生产或制造地运送到帝国各个中心及帝国首都本地。曾负责守护印加大道沿线遗址的社区，如今就成为当时文化价值和语言交流的活生生的见证。

标准（iii）：印加大道：安第斯山区道路系统是对文明的独特见证，基于互利互惠、再分配和二元性的价值观和原则，服从于帝国单一的组织体系。该路网将帝国融合到安第斯山区复杂严峻的地形之中，为人民的生存和生活提供了保障。作为帝国的见证，印加大道展现了上万年来文化的演进，象征了帝国在安第斯山脉沿线的实力和疆域。这条路网至今仍然影响着沿线社会，特别是与当地社区和文化理念相关的路段，人与人之间、人与土地之间的关系因这些路段更具意义。最重要的是，生命的意义仍然由血缘关系及共同的道德观念所体现。

标准（iv）：印加大道：安第斯山区道路系统是各项技术组合的杰出范例。尽管路网修在偏远的山区且在修建过程中遇到了最困难的地理条件，但仍然能创造出一条持续运作的交流和贸易路网，可见其技术和工程技能之高超卓绝。墙壁、道路、台阶、路边沟渠、污水道、排水管等诸多要素展示了类型的特征，印加大道的施工方法也独一无二，且总是根据地理位置和区域范围的变化而变化。其中，某些元素被帝国加以规范，以便对路网沿线的同等情况进行统一。

标准（ⅵ）：印加大道：安第斯山区道路系统对组织安第斯山脉广泛地理区域的空间和社会形式发挥了重要作用，这些道路被用来作为一种分享无形的但独具意义的文化价值的手段。直到今天，印加大道仍然为各个社区提供了一种认同感，并使他们的文化习俗、文化表现形式和传统技艺得以代代相传。这些社区成员将自身存在立足于安第斯宇宙观，这是世界上独一无二的。这种宇宙观适用于日常生活的各个方面。如今，在安第斯世界，印加大道与各社区的无形价值直接相连，如传统的贸易、礼仪习俗，以及古代技术的运用等，这些都同社区文化认同活生生的传统和信仰息息相关。安第斯山区道路系统如今仍继续发挥其原有的整合、沟通、货运及知识交流功能，尽管现代商业在发展、社会在变化，但是几百年来其相关性和重要性未有减弱。该道路系统仍然能提供重要的文化依据，有助于加强安第斯山地区的身份认同。

2. 遗产类别

根据1972年《公约》第1条有关文化遗产范畴的规定，印加大道：安第斯山区道路系统是系列遗产。2013年1月申报了291处遗址。这291处遗址集中在印加大道的149个路段，包括了314处相关考古遗址。

2014年6月入选《世界遗产名录》时，世界遗产委员会剔除了位于阿根廷、玻利维亚、厄瓜多尔和秘鲁的12个路段上的18处遗址。这样一来，印加大道：安第斯山区道路系统最终包括位于6个国家137个路段的273处遗址。

依据《操作指南（附录3）》的条款规定，印加大道：安第斯山区道路系统也可归为遗产线路。

3. 地理位置和遗产描述

阿根廷：胡胡伊省、萨尔塔、图库曼、卡塔马卡、拉里奥哈、圣胡安、门多萨。

玻利维亚：拉巴斯市政府、科罗伊科、瓜基、提瓦纳库、比亚查、拉雅多民族地区。

智利：阿里卡帕里纳科塔地区、安托法加斯塔、阿塔卡马。

哥伦比亚：纳里尼奥省政府。

厄瓜多尔：图尔坎分权自治政府、蒙图法尔、米拉、伊瓦拉、萨尔塞多、阿劳斯、卡尼亚尔、德勒、埃尔坦博、昆卡、纳兰哈尔、洛哈、埃斯平多拉。

秘鲁：库斯科地区、安卡什、胡宁、普诺、瓦努科、皮乌拉、利马。

印加大道：安第斯山区道路系统覆盖3万多公里，是广泛联通交流、贸易和防御的道路网。它是由人耗时多个世纪建造而成的，部分采用前时期的基础设施，这条非同寻常的道路网络经过了世界上最极端的地理地形之一，连接安第斯山脉白雪皑皑的山峰——海拔超过6000米——和海岸，穿过热带雨林、肥沃的山谷和荒无人烟的沙漠。该道路网络沿着安第斯山脉四处扩张，其规模于公元15世纪时期达到峰值。印加大道：安第斯山区道路系统包括分布在6000多公里范围内的273处遗产，这些精选出的遗产展现了该道路网络的社会、政治、建筑和工程成就，同时还展现了与贸易、储物及住宿等相关的基础设施，某些遗址还富有宗教意义。

以下具体描述位于6个缔约国领土内印加大道的主要遗址。所描述的内容旨在突出强调某些不同元素，而非完整地呈现整条遗产线路。

（1）阿根廷路段

阿根廷提交的印加大道系列申遗材料中列出了5个关键路段，包括：圣安娜-瓦莱科罗拉多州、圣罗莎德塔斯提-波特雷罗得帕约加斯塔、波特雷罗得帕约加斯塔–格拉内罗德洛斯波马、科拉莱斯-皮尔卡斯，以及西俄纳加德雅尔瓜拉斯-德尔蓬特。阿根廷境内印加大道申遗路段总长为118.8公里。

阿根廷境内的遗址为四条主干道中最南端的部分——科利亚苏尤——提供了证据。科利亚苏尤得名于克里雅人，它不仅包括阿根廷的部分路段，还延伸至智利、玻利维亚西部和秘鲁南部。科里亚苏尤最初是位于滴滴喀喀湖盆地的一个强大王国，曾一度抵制和反抗控制直至最终失败，从此开启了帝国向南扩张之路。科利亚苏尤不仅是四个苏尤（帝国的行政区划单位）中规模最大的也是地形最为复杂多变的，它覆盖了沙漠地区也穿过了印加大道中最高的山脉。虽然科利亚苏尤的人口并不密集，但是当地的文化传统和民族多样性给帝国的管理和控制设置了重大的挑战。

（2）玻利维亚路段

一条主要路段分割为四小段的情况发生在玻利维亚。这条主要路段是德萨瓜德罗-比亚查，其分割成的四小段为：德萨瓜德罗-瓜基、瓜基-帝瓦纳科坎塔帕、坎塔帕-亚纳姆予阿尔托，以及亚纳姆予阿尔托-比亚查。玻利维亚境内印加大道申遗路段总长为85.67公里。

玻利维亚境内路段展现了当时的人们将早期及传统知识应用于印加大道的扩张铺设过程，尤其借鉴了早期公路铺设知识及技术。玻利维亚的遗产为帝国时期的坦博建筑提供了证据。同时，也为当时的宗教仪式和礼仪元素提供了有力证据。玻利维亚路段中的影响具体可见，主要体现在帝国特有的等级制度上，即设立多个区域中心、建造防御结构以抵御来自亚马孙河流域部落的侵犯、采用时期的工程技术铺设路网，以及沿着滴滴喀喀湖畔设立宗教中心。

（3）智利路段

印加大道智利路段包括五小段，即普特雷-扎帕维拉、瓦西-拉萨那、库珀-卡塔尔佩、卡马尔-佩尼、波特尔德尔-芬卡查尼亚拉尔。参考专门的库存数据，这五小段包括了34部分51处遗址，其中有138个相关考古遗址。智利境内印加大道申遗路段总长为112.94公里。

两条主要的纵向路线位于智利北部的遗产区域，其中一条通往安第斯西坡高地，连接高原和盐湖，另一条穿越海拔相对较低的地区，始于阿里卡海岸，通过中央谷地向罗亚河源头延伸。在智利，人也面临着巨大的挑战。比如，人希望获得南部矿产资源就必须穿越阿塔卡马沙漠。正如前述的印加大道南部地带，智利路段也代表了科利亚苏尤的扩张。就建筑结构方面而言，它们包括坦博建筑和坦比洛斯建筑、物资供应和管理中心、战略控制哨岗、所谓的查斯基瓦希斯、食品存储点，以及礼拜场所。

此外，智利境内的印加大道还部分整合了许多经过翻修或延伸的老路。在智利北部地区，当地人整治并铺设了若干二级公路和三级公路的交汇路段，而在智利南部地区，所铺设的道路主要集中在路网主干道附近，旨在确保矿业产品的贸易往来。道路种类呈现多元化，从畅通无阻的大道到石板马路，偶尔在路旁设置围墙或路标。印加大道智利部分同样保留了路网沿线独具特色的里程标，尤其是在偏远地区和沙漠地带。

（4）哥伦比亚路段

印加大道哥伦比亚部分主要包括一条路段，即卢密查卡-帕斯托。该路段不再进行划分。这条路段长达17公里，包括9处遗址。

哥伦比亚境内的印加大道为当地贸易和交流提供了便利。通过这一路段，人们不仅可以快速领略不同海拔高度的陡峭景观，还可以见识到该地区纷繁多样的农副产品。这条路段上的景观既有山区峡谷又有裸露岩石，还有或深邃或平缓的山谷。印加大道哥伦比亚路段大部分呈现阶梯状，这是由于先前的围墙或陡坡旁不断有材料堆积，加之许多路径是由清除植被后形成，长此以往改变了道路结构。

（5）厄瓜多尔路段

印加大道厄瓜多尔路段包括厄瓜多尔本国境内的部分，以及厄瓜多尔与秘鲁和哥伦比亚共享的部分。仅厄瓜多尔境内路段包括普洱卡斯-特罗亚A、普洱卡斯-特罗亚B、马瑞斯卡尔苏克雷-埃尔坦博、拉巴斯-奎布拉达图帕拉、洛马维尔根-奇基托、胡安蒙塔尔沃-卡布雅尔、披曼-卡兰奎、坎帕纳普卡拉-奎托罗马、阿初帕拉斯-皮尔卡、帕尔坎那格兰德-帕尔坎那奇科、埃尔坦博-巴斯克斯奥诺拉托、塞罗-柯基坦博（洛马库瑞奎因加）-鲁米乌尔科、拉维乌科-拉维乌科、玛玛马哥-玛玛马哥、帕雷多内斯-帕雷多内斯、希尔巴布恩那-圣安东尼奥、圣玛尔莎-博蒂哈帕奎、卡拉格施罗-卡纳罗、顿卡尔塔、秋达德拉-维诺亚科格兰德、奎布拉达华图施-广场、阿拉达什、圣何塞-拉马坎施-利马斯。厄瓜多尔境内印加大道申遗路段总长为113.73公里。

印加大道厄瓜多尔路段为钦查苏尤道路扩建项目的建筑和工程能力提供了证据。这部分路段海拔跨度相当大，从西部沿海地区到东部安第斯山区的最高峰。这段路网或许最好地阐释了印加大道的修建目的，即用最短的路线连接给定地域的政治、行政经济、国防和宗教中心。

就道路类型而言，厄瓜多尔遗产部分包括了高山地区的梯田和高原路段，也包括了平坦通畅的路段，以及更多未经修整的道路。这部分路段上几处考古遗址展现了当时的宗教仪式，包括位于山顶的尤斯驽遗址。厄瓜多尔与秘鲁和哥伦比亚共享的遗产部分清楚地表现了印加大道的跨国性特征。

（6）秘鲁路段

印加大道秘鲁路段由八个主要路段组成。这八大路段又可细分为108小段，在此不对其进行一一列举。这八大路段包括哈南广场-武器广场、库斯科-德萨瓜德罗、奥扬泰坦博-拉雷斯-瓦莱拉克、维特库斯-科可奎尔奥、奎维-维因其利、萨乌萨-帕查卡马克、瓦努科潘帕-豪玛诸科、艾帕特－皮尔卡斯。秘鲁境内印加大道路线总长为720.28千米。

秘鲁路段包括印加大道的中心及核心区域，四条主干道也是以库斯科的哈南武器广场为起点。正是这个中心点决定了连接帝国最偏远地区的四大苏尤的扩张方向。中心部分也最能体现大规模领土一体化项目的规划范围，也最能展现在构思、设计和修建路网过程中所运用的技术，正是由于这条路网，帝国的殖民及融合政策才得以实现。

钦查苏尤是北部主要路段。该路段起始于库斯科山谷直至今天的厄瓜多尔和哥伦比亚地区。而安蒂苏尤延伸至东部，涵盖了高原和亚马孙地区，不过在申遗材料中安蒂苏尤仅被归为秘鲁路段。科利亚苏尤连接南部地区，包括今天的阿根廷、玻利维亚和智利。孔蒂苏尤是最小的苏尤，连接库斯科和西部沿海地区。与安蒂苏尤类似，孔蒂苏尤也被归为秘鲁路段。

印加大道秘鲁路段不仅展现了秘鲁帝国中心地带最为显著的行政中心，还集合了种类最多的道路施工技术，尤其是桥梁施工技术。库斯科武器广场所表现出的类型学特征，以及建筑和工程成就不胜枚举、精彩绝伦。不过，可以指出的是，这些路段展现了帝国超凡的国家制度及其在修建印加大道时的管理水平，这不仅是帝国能够向外扩张的原因，也是其得以维护国内安定的原因。可以说，正是印加大道为人民提供了维持贸易、交流、管理和国防的保障。

六、小　　结

本章结合第三、四章对文化线路和系列跨境申遗概念的介绍，全面地、系统地总结了丝绸之路文化线路系列跨境申遗的理论、实践与创新。它与接下来的第六章又是相互联系的。

文中介绍了丝绸之路系列跨境遗产申报初始阶段总体思路和系统方法的形成，叙述了《概念性文件》的产生过程和其中鲜为人知的故事。对作为申遗理论基础的《概念性文件》做了辨析。对丝绸之路文化线路的定义、地理范围和时间跨度等概念作了详尽的阐述。从系列跨境申遗实际操作层面对申遗的步骤、遗产类型、遗产点筛选进行了分析，介绍了"预备清单"标准格式产生的过程。分析介绍了"共同价值框架"、真实性和完整性、对比分析及其形成过程。以直观的图示，介绍了丝绸之路文化线路中涵盖的文化遗产和它们之间的内在联系。在方法论上，丝绸之路系列跨境申遗的理论和实践推动世界遗产委员会对《操作指南》做出了修订。2010年2月在瑞士易廷根召开的国际专家会议由国际层面明确了系列跨境申遗的政策指导。这也为丝绸之路申遗确定了指导方针和最后的申遗策略和途径。对照不同类型的文化线路和系列跨境世界遗产，尤其是拉美六国开展的印加大道：安第斯山道路系统大型系列跨境申遗项目，与丝绸之路文化线路做了详尽地对比分析，以指导系列跨境申遗最佳实践。

世界遗产中心利用ICOMOS和其他科研机构的力量，在进行《概念性文件》起草和专题研究过程中力求做到客观、科学、可信。面对丝绸之路申遗的复杂性，笔者认为，我们必须持有一个谨慎的态度，避免好大喜功。存在不同的见解和争议是正常的，但我们要尽量避免陷入争议的漩涡当中而止步不前。中国"和而不同、求同存异"的传统文化理念可以视作协调、指导系列跨境申遗国际合作的基本原则。

应该说，文明是包容的，人类文明因包容才有交流互鉴的动力。海纳百川，有容乃大。人类创造的各种文明都是劳动和智慧的结晶。每一种文明都是独特的。在文明问题上，生搬硬套、削足适履不仅是不可能的，而且是十分有害的。一切文明成果都值得尊重，一切文明成果都要珍惜。文明如水，润物无声。在世界遗产领域的国际合作中，我们也应该推动不同文明相互尊重、和谐共处，让文明交流互鉴成为增进各国人民友谊的桥梁、推动人类社会进步的动力、维护世界和平的纽带。只有持有一个开放的、发展的和客观的文化观才更能促进文化间的交流和对话。也只有这样，我们才能从不同文明中寻求智慧、汲取营养，为人们提供精神支撑和心灵慰藉，携手解决人类共同面临的各种挑战。

对丝绸之路文化线路系列跨境申遗项目的研究，有助于为世界遗产领域国际合作的提供新模式。为同类申遗项目起到示范作用。

在实践经验教训基础上，实现理论创新、实践创新，申遗活动走上正轨，并实现最后冲刺。本章的创新点有以下三点。

1）"预备清单"标准格式形成，世界遗产委员会认可其可操作性，对系列跨境遗产的概念进行更新，于2011年纳入《操作指南》。

2）"共同价值框架"的形成统领申遗实践的模板，实现理论创新、申遗走上正轨。

3）丝绸之路申遗过程经历了由点带面、由面涵线，进而发展到遗产廊道的系列跨境申遗。通过申遗这个跨文化合作项目，增进不同文明、不同民族、不同宗教信仰和不同语言文化的人们、国家相互交流、对话，进而构建和平文化。通过成立政府间国际协调委员会，在保护人类共同遗产的旗帜下，追求共生共存、相互交流，从而达到和平发展的目的。

本章研究中得到的教训：

对困难估计不足，过于乐观。对申遗过程的复杂性和困难度的逐步认识也是本章的主要研究背景之一。

第六章
丝绸之路文化线路系列跨境申遗的国际合作机制

一、综　述

文化线路具有全球意义和现实意义，它所带来的不仅仅是物质交换和人群间的交流，更带来了胜于物质交流的思想、知识、文化、艺术、科学技术及宗教等方面的互动，产生了全球意义上的普遍价值。文化线路通常是跨文化、跨地域、跨国家甚至跨洲际的，所以在整体保护研究和申遗的实际操作层面，必然需要不同地区、国家和民族间的国际合作和沟通，因此强调文化线路的整体性也为地区、民族和国家间的团结、合作、相互尊重和理解，以及对话提供了具有普遍价值的、共同利益大于私己利益的平台，对当今国家和民族间的理解有重要的现实意义。

自2006年8月吐鲁番会议以来，中国和中亚国家以丝绸之路文化线路申遗为平台，为不同文化间的对话与理解提供了有益的交流渠道，5轮国际磋商会议取得了重要成果，包括通过系列跨境遗产申报策略（2006年）、《概念性文件》（2007年）、提交"预备清单"的标准格式（2008年）、"共同价值框架"有关价值的认定和对比分析（2009年），由点到面、由面到线，全面归纳了丝绸之路系列跨境申遗及构建保护和管理机制，挖掘其文化影响和"突出普遍价值"，探求跨国界，区域性遗产保护和管理、环境治理、旅游开发和经济发展的途径，这些国际合作活动提高了文化遗产所在地，包括当地社区的综合社会及经济实力，也大大加强了遗产管理人员的能力建设。

作为亚洲和太平洋地区首例系列跨境文化线路申遗项目，丝绸之路项目所包括的遗产数量之多、涵盖遗产面积之广、涉及国家之众是前所未有的。通过承认与尊重文化多样性，丝绸之路展示了人类在货物、思想、知识和价值观念领域的多向交流，从而达到了保护文化遗产与社会经济发展的双赢，也为沿线国家和当地社区的可持续发展做出积极的贡献。

前面论述了作为系列跨境文化线路的丝绸之路所具有的"突出普遍价值"（即"共同价值框架"），可以说，它是展示文化线路共同价值的典范。丝绸之路不仅是古代亚欧大陆间以丝绸为大宗贸易的、开展长距离贸易与文化交流的交通大动脉，也是东西方文明与文化的融合、交流和对话之路，是人类历史上交流内容最丰富、交通规模最大的洲际文化线路。它具有最突出的普遍价值，其整体意义更超过其所有组成部分之和。丝绸之路文化线路在人类文明与文化的交流史上拥有无可比拟的影响与突出的地位。它汇聚了古老的中国文明、印度文明、波斯－阿拉伯文明、希腊－罗马文明、中亚文明及其后的诸多文明，沟通了亚欧大陆上游牧民族与农耕定居民族之间的文化交流，促成了人类历史上多元文化的发展。在近两千年的历史上为人类的共同繁荣做出了杰出的贡献。丝绸之路所体现的价值是教科文组织文化价值观完美的体现，是普遍价值与特殊价值的统一，对世界遗产理论和实践的发展将具有深远的意义。

1972年《公约》第7条指出"世界文化和自然遗产的国际保护应被理解为建立一个旨在支持缔约国保存确定这类遗产的国际合作和援助系统"。丝绸之路文化线路历史悠久、地域跨度大、遗产构成复杂、内容丰富，它几乎包括了文化遗产、自然遗产、物质文化遗产、非物质文化遗产、历史遗产和活态遗产等所有遗产内容；涵盖了最丰富复杂的文化遗产要素，既具有"突出普遍价值"，又具有多样的文化形式，为当今所倡导的文化间对话和文化的可持续发展提供了不可多得的范例。关于丝绸之路的研究和实践，在深度和广度、复杂性和困难性，都是前所未有的。在开始启动丝路申遗项目时，笔者的国际同行将信将疑，都不看好这个项目的前景。中国和中亚各国的政治、经济和社会背景不同，加之中亚国家20世纪90年代初才正式独立，文化遗产保护意识薄弱，社会经济发展相对滞后，专业能力也欠缺，而中国和中亚在文化遗产保护领域也并没有真正意义上的国际合作，这些都无疑增加了整个研究和实践的复杂性和困难性。

丝绸之路系列跨境申遗涉及国家多、范围大、文化遗产类型复杂，对这样大尺度的文化线路保护和管理目前国际上也在摸索之中。因而研究中的许多建议、初步结论难以得到完全实施。这对研究的广度和立论的深度也造成一定影响。那么，丝绸之路申遗会对世界遗产的概念和理论形成什么样的冲击呢？由于没有设定的"菜单"，许多研究和实践属于探索。系列跨境国家合作项目本身对促进地区和国际合作新模式，谋求共同保护、共同发展，以及倡导文化多样性，推广可持续发展的理念和增强中国西部和中亚地区文化遗产保护的能力建设有着积极意义。同时，这样大范围的申遗过程对于普及1972年《公约》的知识，让文化遗产保护的理论、理念走出"象牙塔"，让世界遗产惠及大众和社区，也有着积极作用。但世界遗产保护有着既定的规程和操作程序，丝绸之路申遗势必对《操作指南》中的某些条款、规定提出挑战。比如，前面论述的有关系列跨境遗产的定义；《操作指南》第183～189段落给出了列入《濒危世界遗产名录》的具体程序，这些基本上是针对单体文化或自然遗产的。对这样一个复杂而又丰富的综合体，显然现有的规程难于涵盖。如何处理今后将要入选《世界遗产名录》的大型系列跨境文化线路遗产？如何确定系列跨境遗产列入《濒危世界遗产名录》的程序？这仍然是需要进一步研究和解决的问题。比如，系列跨境遗产范围大、类型多，有些文化或自然遗产已经列入《世界遗产名录》，如何处理这种情况？是合并，还是由其独立存在、抑或进行扩充？这些都是各参与国家需要考虑和回答的问题，也是本书研究努力探索的难点。因为它们都对现行的世界遗产体系构成挑战，它们对世界遗产体系的影响是正面的还是负面的？这些都还有待时间和今后的实践验证。

本书前面几章介绍了文化线路作为世界遗产的形成和发展过程，探讨了作为世界遗产的文化线路在理论与实践上的相互影响和相互作用，详细梳理了教科文组织的文化政策对世界遗产理念，尤其是文化线路的理论和实践所产生的影响等。

带着上面所列举的问题，本章侧重论述丝绸之路申遗所提供的地区合作和国际合作的新模式。它是如何促进亚洲国家"和而不同、求同存异"，在开放的、发展的文化观的原则下交流合作，共谋遗产保护大计的？申遗国际合作对世界遗产体系又将产生什么样的影响？丝绸之路系列跨境申遗和保护，在理论和实践上的创新是什么？申遗的国际磋商过程、操作程序，以及协调和管理机制会否成为今后类似申遗的模板或最佳实践？丝绸之路申遗今后的发展方向如何？这些都是本章所要研究和试图回答的问题。

如果用时间节点简单地概括的话，1988~2005年是丝路申遗的初期研究阶段。它以教科文组织1988年启动的"世界文化发展十年"项目下的"丝绸之路整体研究"为开端，经笔者对丝绸之路中国段的实地考察和研究，确定了丝绸之路分阶段、分专题申遗的方法。1994年世界遗产委员会为了拓展遗产类型和增加世界遗产地区分布的代表性，提出了世界遗产"全球战略"，鼓励会员国对代表性不足的遗产类型进行认定，优先申报。在这个背景下，2005年，中国和中亚国家决定联合进行丝绸之路系列跨境申遗，它成为亚太地区"全球战略"活动的一部分。这也是亚太地区首次推广的文化线路申遗项目。

2006~2009年是丝绸之路申遗的实施阶段。它通过一系列国际磋商会议，由世界遗产中心指导，中国和中亚5国就系列申遗进行研究探讨，取得了重要成果，包括《概念性文件》、"预备清单"标准格式、"共同价值框架"及建立丝路申遗国际协调委员会、确定申遗方式和时间表等。

2009~2012年，协调委员会正式运行，先后举行了3次会议，确定了工作章程，决定成立专家工作组及协调委员会秘书处，全面统筹丝绸之路申遗文献资料。其间，第二次会议达成了《阿什哈巴德共识》，重新确定了申遗策略和途径，申遗进入最后冲刺阶段。

下面简要回顾和分析丝绸之路系列跨境国际申遗项目自启动以来的5轮国际磋商和丝绸之路系列跨境申报世界遗产协调委员会三次会议所取得的重要成果和创新点。

二、丝绸之路系列跨境申遗国际合作的成果和创新（2006~2009年）

由于文化线路是新类型遗产，丝绸之路申遗又属系列跨境合作，这在以前没有先例。在现有的《操作指南》中缺乏对大型系列跨境、乃至跨洲际文化线路遗产的界定和指导，申遗的路程一直是摸索、研究、探讨的过程。因此，在世界遗产的理论和理念上，会有很多突破和创新。在具体操作上，也是一个充满挑战的过程。无论是组织管理还是保护，既要遵从现有的《操作指南》，又必然突破现有的规则。

中国政府在1996年提交了丝绸之路中国段文化遗产"预备清单"后，一直在积极进行丝绸之路申遗的准备工作。中国自1985年加入《世界遗产公约》以来，在申遗方面积累了较为丰富的经验，也具备了相当的实力。所以，中国在申遗文本准备方面是不需要帮助的，世界遗产中心主要是在确定丝绸之路作为文化线路申遗的策略和方法方面与中国政府进行了多次探讨。

2003年和2004年夏，在荷兰信托基金支持下，世界遗产中心两次实地考察了丝绸之路中国段，全面了解了丝绸之路沿线文化遗产的状况。根据现场考察的情况，笔者完成了"丝绸之路中国段申报世界遗产的系统方法研究报告"[①]，并在2004年10月由教科文组织出版。笔者在报告中对文化线路的界定、世界遗产文化线路的分类、真实性和完整性的认定做了初步探讨。从文化线路的角度，对丝绸之路文化遗产的特性和全球意义进行了分析研究，提出了丝绸之路中国段的申遗策略和途径，笔者最后给出的建议是分阶段、分专题进行丝绸之路申报工作。首先要着手的工作就是用一个系统的、整体的方法认定丝绸之路文化遗产的组成部分和它们准备入选《世界遗产名录》的理由，以世界遗产的视角讲述丝绸之路完整的故事（也就是"共同价值框架"的雏形）。笔者的研究报告得到中国政府的认可。

之后，中国政府希望在文化遗产保护和申遗方面与丝绸之路沿线的中亚国家进行合作并希望世界遗产中心牵头指导。世界遗产中心非常赞赏中国的倡议。世界遗产委员会一直都在试图解决遗产类型和遗产地区分布的不平衡问题。但碍于资金和专业能力等问题，在实施层上面世界遗产"全球战略"并没有大范围展开，而中亚地区又是实施《世界遗产公约》的"盲区"，属于重点帮扶的对象。因此，中国和中亚地区合作，对于促进亚太地区世界遗产保护事业，本身就很有意义，是一举两得的事情。对中国而言，世界遗产项目使中国受益匪浅。这样一来，也体现了中国有取有予的国际合作精神。

另外，丝绸之路系列跨境申遗涉及多国，需要跨境合作，联合国

---

① 景峰，R.Van Oers.丝绸之路中国段申报世界遗产的系统分析研究报告（Chinese Section of the Silk Road: A Systematic Approach towards World Heritage Nomination），Paris: UNESCO, 2004.

作为政府间的多边国际合作机构,从中促进、协调,可以发挥联合国独特的作用。这也符合1972年《公约》第7条提出的"促进国际合作和援助"的精神。

(一)吐鲁番会议

有了上述研究报告,中国和中亚国家又有意合作,笔者开始出面协调、指导。面对这样一个纷繁复杂的浩大工程,需要我们有一个正确的指导思想、端正的态度、科学的方法、坚实的理论基础,以及高水平的组织协调能力。对笔者来说,这样复杂的申遗项目以前还没有碰到过,困难应该不会少。

笔者认为,从指导思想方面来说,中国传统儒家思想的"和而不同""求同存异"观念在将要开始的协调工作中会发挥积极作用。"和而不同"思想的雏形较早见于《国语·郑语》,"夫和实生物,同则不继。以他平他谓之和,故能丰长而物归之;若以同裨同,尽乃弃矣""以土与金木水火杂,以成百物""以和五味以调口,刚四支以卫体,和六律以聪耳,正七体以役心""声一无听,物一无文,味一无果,物一不讲"[①]。

它所表达的思想是指,多种因素相互配合、协调来组成新的事物或达到理想的效果。相反,若只有一种声音就谈不上动听的音乐,只有一种颜色就构不成五彩缤纷的景象,只有一种味道就称不上美味。也就是说,只有允许不同的事物存在,才能形成五彩缤纷、繁荣向上的局面,否则便陷入单调、乏味乃至死亡的境地。

孔子在其儒家学说中,对"和而不同"思想雏形给予了继承和发扬,使其成为儒家思想体系中的重要组成部分。孔子用其自己的语言对"和而不同"思想加以阐释,"子曰:'君子和而不同,小人同而不和。'"。指在为人处世方面,正确的方法应该是既坚持原则又不排斥不同意见,在相互争论辩解中达成共识。在中国古代,"和而不同"也是处理不同学术思想派别、不同文化之间关系的重要原则,是学术文化发展的动力、途径和基本规律[②]。

---

① 左丘明.国语.北京:商务印书馆,2005年,第253页.
② 王炜译注.《论语》通译.武汉:长江文艺出版社,2005年,第180页.

儒家思想体系中的"和而不同"在哲学层面上的理解具有深刻的含义。"和"即统一，和谐，它是抽象的，内在的；"不同"是具体的，外在的。只有包容了众多具体的"不同"，才能达到抽象的"和"的境界。在现实意义层面上，"和而不同"则要求我们在坚持原则的基础上，不强求一致，要承认、包容乃至尊重差异。这一原则在当今社会尤其具有重要意义，特别是在世界范围内，对"文化多样性"和文明的包容和尊重似乎已经成为共识。

丝绸之路历史悠久、时间和地域跨度大、遗产类型复杂、宗教民族众多，因此在协商合作中，争议是不可避免的。如何不陷入争论的泥潭，让申遗项目顺利进行，这是我们要努力做到的。应该用一个开放、包容的态度来对待申遗具体工作中不同的意见和看法。丝绸之路申遗既然是文化线路又是系列跨境合作，都是不太成熟的新类型，相关理论和实践都有待完善。因此，必须有专家的理论研究跟进，以保证申遗项目具有客观性和可信力。

中国和中亚虽为近邻，在文化遗产领域尚没有真正意义上的合作。鉴于中国有此倡议而中亚5国热情又很高，笔者考虑首先应该让大家互相了解情况。2006年3月，世界遗产中心致函中国国家文物局局长，希望中国能举办一次国际会议，邀请中亚国家一起探讨丝绸之路系列跨境申遗的可能性。前面谈到，2003~2004年，在教科文组织/荷兰信托基金的支持下，世界遗产中心与中国政府探讨了丝绸之路系列申遗的方法论。2005年，世界遗产中心认为有必要研讨丝绸之路申遗的系统方法，研究并不断了解刚刚进入视野的"文化线路"的概念，以完整、准确地反映丝绸之路对世界文明发展的贡献，从世界遗产的视角完整讲述丝绸之路的故事。

笔者在与中国国家文物局负责人沟通后，同意2006年8月初在中国新疆维吾尔自治区吐鲁番召开"丝绸之路申报世界遗产参与国家磋商会"。

吐鲁番会议的主要目的是让中国与中亚同行聚在一起，了解1972年《公约》的最新发展，介绍"文化线路"的概念，研究探讨专题申遗的途径。

会议由世界遗产中心荷兰信托基金出资赞助，中国政府负担了所有中亚国家与会代表的费用和会后的实地参观、考察。

2006年8月2~7日，世界遗产中心和中国政府在新疆吐鲁番召集"丝绸之路申遗国际磋商会"。中国、哈萨克斯坦、乌兹别克斯坦、

图6.1 2006年8月吐鲁番会议
资料来源：中国国家文物局

吉尔吉斯斯坦、塔吉克斯坦等国文化遗产部门的官员、专家约50人与会，就丝绸之路系列跨境申遗的方法进行讨论。会议最后形成了"吐鲁番行动计划"①。这次会议成为丝绸之路系列跨境申遗国际磋商的第一次会议（图6.1）。

在吐鲁番会议上，中国和中亚的政府官员、专家学者从四个方面交流了保护和管理丝绸之路沿线丰富文化遗产的相关经验，探讨了从文化线路角度对丝绸之路的理解和对丝绸之路文化线路价值认定，系列跨境申遗的国际合作方式、操作途径和具体时间表，经费支持和项目实施的方案，最后形成了丝绸之路申遗共同行动计划。

中国和中亚国家尽管是近邻，但在世界遗产领域的合作甚少。吐鲁番会议可称得上中国和中亚国家丝绸之路国际合作的"圆桌会议"，它标志着由中国政府倡议的丝绸之路系列跨境申遗正式启动。丝绸之路文化线路系列跨境申遗进入了实质性准备阶段。在会上，中国专家们详细介绍了在文化遗产尤其是丝绸之路文化遗产保护方面的经验，中亚国家代表也有机会首次实地参观、考察中国新疆吐鲁番丝

---

① Turpan Preliminary Action Plan for the Silk Road World Heritage Nomination, Xinjiang: UNESCO World Heritage Centre, 2006.

绸之路文化遗产。很重要的是，会议在行动计划中同意建立有效的国际合作机制，以及专业咨询机制，这为随后的地区磋商会议和国际合作奠定了基础，勾勒了国际合作机制的前景。

会议一致认为，要建立高效协调的国际合作机制，首先要以这次会议为契机，强化各国政府丝绸之路申遗和保护的国家意志，并设立全国性的申遗工作协调机构，部署和落实相关工作，其次要把各国的申遗工作协调和统一起来，在世界遗产中心的协调和指导下，形成有效的国际合作机制。会议同时建议，国际专家也应参与到国际合作机制中来，特别是世界遗产方面的权威咨询机构如ICOMOS的专家要加入进来，真正建立起专业合作的国际咨询机制，以保障丝绸之路系列跨境申遗的客观性和可信力。由各国协商、推荐组成一个具有权威性的专家委员会。专家委员会的主要工作是以各国的申遗文本为基础，按照《操作指南》的规定和要求，在指定的时间内，完成丝绸之路系列跨境申遗的最终文本。会议基本同意，各相关国家分阶段地对丝绸之路沿线的文化遗产进行价值认定，并草拟出各自的"预备清单"。会议提出，要积极准备、竭诚合作、创造条件，力争在三至四年内把首批申遗文本提交上去，并将随后的申报计划和工作安排向世界遗产委员会做明确详细的说明。

吐鲁番会议是中国和中亚国家合作的首次"圆桌会议"，也是世界遗产中心首次介入跨国境复杂类型申遗项目的"顶层指导"，协调会员国进行申遗工作。

此外，中国在吐鲁番会议期间启动了大型文物保护项目。会议提出的三年申遗的目标主要是针对"交河故城"文化遗产。它曾于1994年正式申遗，世界遗产委员会同年7月在审议申遗文本后希望中国政府提供有关保护管理规划的情况，以进一步做出决定。由于丝绸之路系列跨境申遗项目的启动，"交河故城"申遗项目随之加入丝绸之路申遗的宏大工程。

（二）撒马尔罕会议

2006年10月25～31日，世界遗产中心在乌兹别克斯坦撒马尔罕召集"丝绸之路系列跨境申遗第二次国际磋商会"。中国、哈萨克斯坦、吉尔吉斯斯坦、乌兹别克斯坦、塔吉克斯坦等国向与会者汇报了关于丝绸

图6.2 2006年10月撒马尔罕会议
资料来源：世界遗产中心

之路系列跨境申遗文化遗产"预备清单"的准备情况，进一步落实"吐鲁番行动计划"。意大利专家和IICAS代表也列席会议（图6.2）。

在世界遗产中心的邀请下，ICOMOS权威专家苏珊·丹尼尔[①]向会议代表介绍了她建议的申遗战略思考。主要是考虑一个系统的、全面的方法和途径来向教科文组织世界遗产委员会展示自东向西由中国长安（今西安）到地中海沿岸丝绸之路沿线丰富的文化遗产点，核心的问题是如何使中亚地区的文化遗产以有效的方式申遗。ICOMOS专家的建议考虑了《操作指南》中有关系列和跨境遗产申报的概念、定义，参考了当时正在进行的系列跨境申报项目和跨境遗产多国合作的实践经验。专家建议应该考虑把中国与丝绸之路相关联的文化遗产点协调、整合，使之成为与丝绸之路文化线路有内在联系的一个整体。这样做的主要目的是采取一个现实的途径将中国和中亚的丝绸之路沿线的文化遗产点通过一个时段串起来，最后实现系列跨境申遗的目标。丝绸之路文化线路作为一个整体，申遗战略先不考虑单个遗产点的具体价值。这为以后确定丝绸之路文化线路的共同价值体系留下了伏笔。丝绸之路系列跨境申遗初期的考虑是将丝绸之路作为一个整体

---

① Mrs Susan Denyer，英国ICOMOS秘书长，2003年起任ICOMOS世界遗产申遗项目协调员.

全程申报世界遗产，这在保护和管理层面形成巨大的挑战。目前的理论和实践看，难以实现。但不管是全程申报还是部分申遗，建立一个正规的国际合作机制是很有必要的。

世界遗产中心在启动丝绸之路申遗项目后，主要考虑如何保障申遗过程的客观性和可信力。古丝绸之路沿线涉及国家众多，中亚国家在文化遗产保护和管理方面能力有限，保护意识淡薄，只有权威国际专家给予专业性的技术指导，才能使申遗过程少走或不走弯路。同时，权威专家的参与也可以尽量避免不必要的政治或技术纠纷。有了这些考虑，世界遗产中心随后确定时任世界遗产委员会文化遗产申遗项目协调员的苏珊·丹尼尔为会议准备了上述申遗战略思考。由此开始，世界遗产中心支持ICOMOS权威专家一直参与丝绸之路申遗的全过程。

撒马尔罕会议是世界遗产中心在中亚首次召集的丝绸之路申遗国际磋商会。它的主要成就是确定了下一步应该准备一个中国和中亚国家的《丝绸之路系列跨境申遗概念性文件》。ICOMOS权威专家首次参与到系列跨境申遗的过程之中并提出了可行的建议，中亚文化遗产专家在世界遗产中心指导下全面参与申报工作，这也是丝绸之路申遗项目自始至终贯彻的工作方法。与会专家同意召开地区会议更新和协调各国有关丝绸之路文化遗产的"预备清单"；在吐鲁番行动计划的基础上，初步同意联合申报丝绸之路的方法和进度，并确定第一个申报文本由中国和中亚国家共同准备。丝绸之路中国段"预备清单"中初步确定了48个遗产点[①]，而中亚国家还没有准备任何"预备清单"。因此，中亚地区遗产保护人员的能力建设也是亟待解决的问题。

从撒马尔罕会议所提出的行动方案可以看出，为保障丝绸之路文化线路系列跨境申遗取得实质性进展，就有必要得到参与国政府的积极支持并给予配套资金，仅凭世界遗产中心动员小额的"种子资金"（seed money），解决不了实际问题。因此，如何确保各国政府之间有效的合作，为最后申报文本的准备需要配置什么样的人力物力资源，都是申遗项目进行中需要解决的问题。这次会议很重要的一点是向世界，尤其是中亚国家和部分欧洲国家，讲述了丝绸之路作为2000多年来亚欧贸易路线鼓舞人心的故事，展示了世界遗产的申报过程同时也是当代国家和人民进行文化间对话的过程。

---

① Summary of the Regional Workshop on the Serial World Heritage Nomination of the Silk Roads, Paris：UNESCO World Heritage Centre.2006.

(三) 杜尚别会议

撒马尔罕会议关于准备中国和中亚国家《丝绸之路申遗概念性文件》[①]的决定具有重要意义，由于ICOMOS、中国和中亚权威世界遗产专家的加盟，丝绸之路文化线路系列跨境申遗有了客观、可信的指导。按照会议的决议，世界遗产中心指导国际权威专家亨利·克里尔博士[②]起草这个《概念性文件》。亨利·克里尔先生在1992～2002年的11年中担任ICOMOS世界文化遗产协调员。他倡议完善ICOMOS对文化遗产申遗项目的评估规程，注重对文化遗产保护和管理因素的评估并强调实地考察的重要性。在11年间，他向世界遗产委员介绍了大约350处文化遗产或混合遗产的评估结论。亨利·克里尔博士在2003年夏参加了世界遗产中心对丝绸之路中国段的部分考察，他也对笔者的研究报告提出了建设性意见。亨利·克里尔博士准备了《概念性文件》的初稿后，2006年年底和2007年年初，世界遗产中心先后两次在伦敦英国国家图书馆和英国伦敦大学学院组织欧洲和亚洲的丝绸之路相关国际专家讨论、完善《概念性文件》文稿，以便提交中国和中亚国家丝绸之路申遗国际磋商会议讨论、定稿（图6.3）。

2007年4月，世界遗产中心召集中国和中亚国家专家学者在塔吉克斯坦首都杜尚别召开"丝绸之路系列跨境申遗第三次国际磋商会议"，讨论通过了《中亚和中国"丝绸之路"申报世界遗产概念性文件》。与会国家包括中国、哈萨克斯坦、吉尔吉斯斯坦、塔吉克斯坦和乌兹别克斯坦。土库曼斯坦虽因故无法参加杜尚别会议，但在2007年10月正式通知世界遗产中心同意《概念性文件》的内容并愿意加入丝绸之路系列跨境申遗活动。

世界遗产中心和ICOMOS准备的《概念性文件》确定了丝绸之路文化线路的地理特征、历史（时间跨度），申遗的策略，申遗的程序和相关建议，并提出了阶段性结论。前面第五章已经论述。

杜尚别会议的主要成果是提交给会员国讨论的《丝绸之路申遗概

---

① UNESCO World Heritage Centre: A Concept for the Serial Transnational Nomination of the Silk Roads in China and Central Asia to the World Heritage List，Paris，April 2007.

② Dr Henry Cleere，英国人，1992～2002年担任ICOMOS世界遗产申遗项目协调员。

图6.3　2007年杜尚别会议
资料来源：世界遗产中心（笔者拍摄）

念性文件》。专家们总结了他们参与申遗工作的经验，对丝绸之路文化线路系列跨境申遗提出了不少具体建议。

首先，它明确了丝绸之路申遗点的类型，其中包括历史上控制和保护贸易线路并从中获利的城镇；沿途为接待旅行者建造的聚居点和客栈；自然地理特征，如隘口等；文化景观，如农业区、为维持聚居点而建造的集水系统等；旅行者捐资建造的神殿和其他宗教场所，包括佛教、伊斯兰教、袄教、基督教、摩尼教等所有宗教；保护丝绸之路的军事要塞和其他建筑物；岩画；与丝绸之路上的聚居点直接相关的墓葬；艺术创作物；反映无形联系、文化多样性与创造力的古迹遗址；丝绸之路交通系统的遗迹，以及尚未被现代交通形式所改造的景观，如交叉路口等。这是首次对丝绸之路沿线文化遗产类型的详细分类和描述，它们能够全面反映丝绸之路各方面的物质元素。但是应该说明，这些文化遗产地都必须是直接反映丝绸之路上东西方文化交流的，并且也应该涉及非物质文化遗产和传统社区的内容。

其次，《概念性文件》针对备受关注的系列跨境申遗的方式，分析了现实的情况，发现各国在申遗准备工作方面进展差距非常大。文件指出，只有中国进展迅速，哈萨克斯坦和乌兹别克斯坦也有一定进展。因此，在比较了不同文化遗产类型后，建议丝绸之路在现阶段以国别形式准备，逐步形成地区性的整体系列跨境文化线路。也就是说，丝绸之路申遗参与国先形成一个有统一标准的初选名单（即"预备清单"），经专家协调、筛选后，由至少两个国家先准备丝绸之路系列跨境申报文件，随后其他国家可以逐步加入到丝绸之路文化线路的整体中来。西班牙和法国的圣地亚哥朝圣线路就是这种分阶段申遗的实例，为丝绸之路的阶段性申报实践提供了样本。因此，《概念性文件》中的申报策略对丝绸之路的申报具有实践上的指导性作用。

在《概念性文件》讨论过程中，中亚专家一直侧重于和丝绸之路草原路线有关的文化遗产，如中亚史前岩画等。这也造成对丝绸之路时间跨度界定上的困难。中国政府对文件的修订提出了如下建议①。

1）对丝绸之路的描述应当符合20世纪教科文组织"丝绸之路整体研究"活动的宗旨，即丝绸之路是东西方人类文明交融、交流、对话、共同繁荣之路。因此，文件中应只包含国际上公认的结论性界定与表述，避免有争议的学术话题。

2）应明确丝绸之路中国段是有详细的历史文献记载和丰富的考古资料作为证据的。重申丝绸之路公认的起始年代应当是公元前139年，自中国的西汉武帝派遣张骞出使西域起。其东方的基本策源地是中国的西安，后又增加洛阳。方向是最初由长安向西方，后来又从长安、洛阳向东北亚、东南亚和南亚，由陆路发展到海路。有史可据、有迹可寻的基本路线有沙漠路线、草原路线、海上丝绸之路，以及已引起广泛关注的经中国西北、西南通向中亚、南亚的佛教路线。

3）虽然在《概念性文件》中详细地总结了构成丝绸之路的物质元素，但是必须强调这些物质元素都应与这一文化线路的特征相关，反映东西方的文化交流与相互影响。同时不应忽略非物质文化遗产和其他遗物证据。

4）申遗的目的与意义：要明确尊重历史，承认现实。促进当代进一步的国际交流、友谊、合作和共同繁荣。不以历史干扰现实的和谐、稳定。承认尊重文化的多样性及多样文化之间的交流、交融、贸易、科技、艺术、生活等伴随着友谊与互补的相互传播与相互影响、相互促进，认识各自发展的文化之旅，尊重与倡导人类文明在多样性基础上的共同进步之路。

---

① 世界遗产中心. "中国关于'丝绸之路'申报世界遗产概念文件"稿的修改建议.北京，2006年.

5）在申报程序上，应该明确在国际合作和磋商的统一大背景下，各国尽快做好国内的准备工作，提交首批联合申报的"预备清单"内容，依次进入后续申遗文本准备阶段。

可以看出，上述意见体现了中国政府对丝绸之路的性质与价值的深刻理解，也从另一个侧面反映了丝绸之路申遗的现实意义，即它不仅是古代东西方文化交流的证明，也在申遗过程中使各国加深理解、得到共识，促进了国际和地区间的交流与合作，推动当代国际社会的和平与对话。

尽管有上面分析的正面成果，杜尚别会议在对《概念性文件》的讨论中，各参与国家无法就文件附录的丝绸之路时间跨度和地理范围示意图的内容达成一致。因此，为免除误解和歧义，世界遗产中心决定在《概念性文件》中不加附录。各国可参考已提交会议讨论的示意图，也可用于学术目的。

中国和中亚国家在丝绸之路申遗的初步探索之后，《概念性文件》为丝绸之路文化线路系列跨境申遗提供了理论依据和指导方针。在世界遗产中心的支持、指导下，中国和中亚国家加强国际合作和磋商的重要性得到各个参与国家的认同。申遗在具体实施阶段又向前迈了一大步。

（四）西安会议

有关西安会议的成果已在第五章对"预备清单"重要性的论述中作了介绍，这里只简要谈谈西安会议的主要成果及其对建立国际合作机制的贡献。

2008年6月，世界遗产中心和中国国家文物局在西安举办"丝绸之系列跨境申遗第四次国际磋商会议"。会议除了以往的中国和中亚国家外，阿富汗、伊朗、日本、意大利、蒙古也首次派专家出席。笔者认为，丝绸之路作为文化线路联合申遗应该是开放式的、有包容性的。比如，日本政府2008年5月正式提出对《概念性文件》的看法[①]认为"它忽略了丝绸之路西安以东（包括日本在内）的地区，没有关注到这些相

---

① 丝绸之路与日本，日本和光大学名誉教授前田小作在2008年6月西安会议上的发言稿.

关国家"，日本认为"奈良（正仓院）经常也被称作是丝绸之路的终点"，因而"奈良应该被作为丝绸之路东边的终点"。应日本政府请求，西安和会议审议并重新修订了《概念性文件》，使其更宽泛、更具包容性。

在西安会议上，世界遗产中心建议将日本的意见提交会议讨论。与会专家学者都认为为了申报，对丝绸之路进行地理范围和时间跨度的界定是必要的。但从综合角度来看，也应包括其他具有重大意义的路线。在此基础上，会议对《概念性文件》做了细微修改，使得丝绸之路在地理范围和时间跨度上更具有开放性、包容性，能够包含东亚的韩国和日本以及南亚次大陆，为丝绸之路系列跨境申遗下一步的活动留下了伏笔。日本政府也十分赞同中国和中亚5个国为申报丝绸之路文化线成为人类共同遗产所作的巨大努力。2009年，日本政府专门为中亚国家提供了信托基金支持，以帮助他们准备申报文本并进行能力建设和人员培训。

西安会议重点对丝绸之路单体文化遗产的分类达成一致并确定了统一准备申报文本的标准。世界遗产中心准备的丝绸之路"预备清单"标准格式得到了一致同意。会议初步讨论了丝绸之路"突出普遍价值"的认定，确认申报遗产应符合的标准以及评估真实性完整性的条件。各国专家陈述了丝绸之路申遗工作进展及落实《概念性文件》的行动方案，包括"预备清单"的准备和申遗具体路线的选择和申遗文本的编写。

西安会议的主要成果是通过了由世界遗产中心研究出的丝绸之路系列跨境申遗"预备清单"标准格式。它突破了申遗过程中面临的技术瓶颈，具有较强的操作性。像丝绸之路这样的系列跨境申遗，涉及国家多、遗产类型复杂、整条文化线路的地理范围和时间跨度相当大，因而要包容方方面面实属不易。"预备清单"标准格式解决了如何在申遗前期认定丝绸之路文化线路的"突出普遍价值"（或称"共同价值框架"）与单体文化遗产点的关系这一难题。它不仅提供了"预备清单"的标准格式，也确立了"共同价值"的框架的雏形，对后期的申遗工作具有重要作用。由于具有可操作性，丝绸之路文化遗产"预备清单"标准格式在经易廷根会议认可后，由世界遗产委员会批准正式收入2011年版《操作指南》，成为系列跨境申遗提交"预备清单"的标准格式。

有了《概念性文件》、丝绸之路"预备清单"的标准格式，系列跨境申遗准备申报文件的条件基本成熟了。中国和中亚国家可据此确定丝绸之路文化线路的"共同价值框架"并进行对比分析、完成申报文件。但这一时期的国际合作机制的协调职能仍由世界遗产中心承担。

（五）阿拉木图会议

如上面论述，解决了丝绸之路文化遗产"预备清单"标准格式的瓶颈，中国和中亚国家专家开始认定丝绸之路文化线路的"共同价值框架"。西安会议与会专家初步讨论了这个问题。与此同时，ICOMOS也在2008年10月魁北克大会上通过了《文化线路宪章》。

2009年5月18~24日，世界遗产中心在哈萨克斯坦阿拉木图召集"丝绸之路系列跨境申遗第五次国际磋商会"（图6.4）。中国和中亚5国代表，印度、伊朗和日本，以及ICOMOS、IICAS、亚太地区世界遗产培训研究中心（WHITR-AP）和中亚地区世界遗产专家50多人出席会议。阿富汗和意大利专家因故无法出席（图6.4）。与会专家汇报了各国自西安会议以来的工作进展，尤其是"预备清单"的编撰情况。根据《概念性文件》确定的丝绸之路文化线路的定义、地理范围和时间跨度及"预备清单"标准格式，世界遗产中心指导中国和中亚的专家学者起草了丝绸之路突出普遍价值声明草案，即"共同价值框架"。

阿拉木图会议的成果和创新点主要是起草和通过丝绸之路文化

图6.4　2009年阿拉木图会议

资料来源：哈萨克斯坦文化和信息部/世界遗产中心，巴黎

线路"突出普遍价值"声明，也就是丝绸之路申遗的"共同价值框架"。前面已经详述，这里略去。

在第五章中讲到，这个"共同价值框架"考虑了丝绸之路文化线路的复杂性、遗产类型的多样性以及时间和空间的大跨度。它不仅考虑了丝绸之路作为贸易线路连接世界的伟大文明，也认识到丝绸之路作为道路网络系统在传播不同宗教、不同思想和科学技术发展成就方面所做的贡献。"共同价值框架"也界定了丝绸之路沿线的历史文物、考古遗址和文化景观的分类。它们主要体现与丝绸之路在基础设施（如促进贸易和运输）、产品（如贸易货物）、成果（如作为接触和交流的结果的城市、艺术、知识）三个主要门类与整条文化线路的功能性内在联系。

在讨论"共同价值框架"的过程中，与会专家也认识到保障丝绸之路文化线路总体保护和管理机制的重要性。这样，成立一个政府间协调委员会（Intergovernmental Coordinating Committee，ICC）统领丝绸之路系列跨境申遗工作就顺理成章。会议决定成立丝绸之路协调委员会统一协调、指导中国和中亚国家第1期申遗工作。

参考亚欧已有的跨境自然遗产如蒙古/俄罗斯的乌布苏盆地，以及北欧十国的斯特吕乌大地测量弧世界遗产的保护和管理经验，世界遗产中心对成立协调委员会的整体设想是：这个委员会首先是作为政府间机构统筹丝绸之路申遗工作；其次是为了将来的保护管理及遗产保护状况的监测，协调委员会将逐级建立在国家、地区和不同地方管理机制以及遗产地层面上。这样，世界遗产的保护和管理就能逐层得到保障。不同层次的管理机制也能体现文化线路不同层面管理和所有权的特性。会议最后达成一致，丝绸之路系列跨境申遗协调委员会由12个亚洲国家组成。这些国家包括阿富汗、中国、印度、伊朗、日本、哈萨克斯坦、吉尔吉斯斯坦、尼泊尔、韩国、塔吉克斯坦、土库曼斯坦和乌兹别克斯坦。根据需要，每个国家指定2名代表参加委员会的工作，其中一人是政府官员，另一人是世界遗产专家。应中国政府邀请，会议决定丝绸之路系列跨境申遗协调委员会第一次会议于2009年下半年在中国举办。

建立一个政府间的国际合作机制对于丝绸之路这样的文化线路遗产是不可或缺的。这样，世界遗产中心"顶层指导"，中国、中亚国家和其他亚洲国家政府支持，国际、地区权威专家协商成为了丝绸之路系列跨境申遗的主要特点。以教科文组织整体文化政策做指导，以1972年《公约》对文化遗产的保护理念为依据，丝绸之路文化线路申遗为不同文化间的对话与理解提供了有益交流渠道和平台。世界遗产中心指导的5轮国际磋商会议探索了跨境申报文化遗产的途径和保护和管理机制，对于推动文化间对话，探求跨境、跨区域性遗产保护、环境治理、旅游开发和经济发展的政策，提高遗产所在地的社会经济综合实力；开拓地区合作和国际合作的新模式，促进相关国家的共同繁荣，有着积极地创新意义。

从2006年至2009年5轮国际磋商的过程中，中国和中亚国家，与其他亚洲国家一道，就丝绸之路申遗取得的主要成果包括：通过并修订《丝绸之路系列跨境申遗概念性文件》；同意丝绸之路文化遗产"预备清单"标准格式；通过联合申遗"共同行动计划"并随之举办了一系列能力建设和培训活动；成立了相关的专家工作组；中国和中亚专家建立了紧密的合作与联系，有了正规的信息交流渠道；"共同价值框架"得以通过，为丝绸之路申遗确定了总体指导方针；协调委员会的成立标志着政府间合作机制的正式运行，也为申遗的整体统筹和协调提供了保障。

除了上述创新外，世界遗产中心根据中亚国家的需要，动员了日本信托基金、荷兰信托基金、挪威信托基金等国际援助开展了世界遗产能力建设和申遗培训活动。与此同时，日本、韩国、意大利等国希望加入下一步申遗活动中。

阿拉木图会议后，申遗项目由世界遗产中心协调转入由丝绸之路政府间协调委员会领导的全新阶段。

三、丝绸之路文化线路的保护管理机制（2009~2012年）

依据1972年《公约》和《操作指南》的相关要求，系列跨境遗产需要建立跨国界、跨区域的保护管理机制，分层级执行保护管理。前面已经论述，遗产标准、真实性和完整性、保护和管理措施是遗产保护体系中不可或缺的三要素。参与国家需要有相应的保护和管理机制来保障对文化遗产的可持续保护。在世界遗产中心的指导下，经过5轮国际磋商会议取得的重要成果，尤其是2009年5月丝绸之路系列跨境申遗协调委员会的成立，申遗活动和保护管理有了政府间的国际合作机制。

（一）丝绸之路协调委员会第一次会议（2009年）

2009年11月，由中国政府和世界遗产中心主办的"丝绸之路系列申遗协调委员会①第一次会议"在中国西安召开。来自哈萨克斯坦、乌兹别克斯坦、吉尔吉斯斯坦、土库曼斯坦、塔吉克斯坦、日本、韩国、印度、阿富汗、尼泊尔等10余个国家的60余位专家学者与会。会议目的在于明确今后申遗的方法、确定共同的申报文件标准、为申遗协调委员会制定工作章程（图6.5）。

会议选举了丝绸之路系列跨境申遗国际协调委员会联合主席②。国际古迹遗址理事会西安保护中心（IICC-Xi'an）成为协调委员会的秘书处。就此，丝绸之路系列跨境申遗的政府间协调、管理机制正式运行（图6.6）。

考虑到系列跨境遗产的复杂性和参差不齐的专业能力、保护水平，以及不同层次的遗产保护意识，笔者认为，对此类遗产的保护，制定一个最低限度的管理要求是很有必要的。因此，要从实际出发，制定出能够推广的管理措施，避免遗产的保护流于空泛，有名无实。就这些思考，笔者请德国专家③向中国和中亚国家同行介绍了罗马帝国边境线系列跨国世界遗产保护和管理的经验，给予启发。德国和英国对罗马帝国边境线系列遗产的管理有一个总体的跨国协调机制（overall framework of cooperation）。这个机制确定共同认定遗产价值的标准、进行科研、保护、管理和展示方面的协调工作。在申遗过程中，他们就确定了未来的行动方案，但实际上，每个国家只需按照自己的法律和管理体制具体负责自己境内遗产点的日常保护和管理。德国的系列遗产由每个州或地方政府具体负责，仅有一部分遗产点向游客开放。由于拉丁美洲6国的安第斯山道路系统文化线路系列跨境申遗项目也在

---

① 由阿富汗、中国、印度、伊朗、日本、哈萨克斯坦、吉尔吉斯斯坦、尼泊尔、韩国、塔吉克斯坦、土库曼斯坦和乌兹别克斯坦组成.2009年5月20日成立于哈萨克斯坦阿拉木图.

② 中国古迹遗址协会副主席兼秘书长郭旃和乌兹别克斯坦文化体育部文化遗产司副司长阿波迪萨菲克汗·莱蒙诺夫（A. Rakhmanov）担任丝绸之路系列申遗协调委员会联合主席.

③ A. Thiel, 德国专家，罗马帝国边境线世界遗产德国段负责人.

图6.5　2009年丝绸之路申遗协调委员会第一次会议

资料来源：世界遗产中心

图6.6　笔者和丝绸之路申遗协调委员会联合主席

资料来源：世界遗产中心

进行中，世界遗产中心拟请阿根廷专家①来介绍南美国家保护管理机制

---

① A. Gonzalez，阿根廷专家，曾任安第斯山交通网络系列申遗项目协调员，已去世.

方面的探索。因技术原因，阿根廷专家没能参加会议。

为了更明了地介绍系列跨境世界遗产的保护和管理体制，笔者向与会者介绍了北欧斯特吕乌大地测量弧世界遗产①管理体制的样板。世界遗产中心准备的，由白俄罗斯、爱沙尼亚、芬兰、拉脱维亚、立陶宛、挪威、摩尔多瓦、俄罗斯、瑞典和乌克兰10国签署的世界遗产的管理保护协议在会上供专家学者分组讨论。这份文件也成了丝绸之路协调委员会制定工作章程的重要参考资料。

有了世界遗产中心的积极指导，为推动系列跨境申遗及加强丝绸之路沿线文化遗产的保护和管理，丝绸之路协调委员会在西安通过了其工作章程。

丝绸之路协调委员会工作章程从六个大的方面构建了系列跨境申遗的工作程序和今后保护管理的基本原则。它们涉及主要职能、管理体制的协调，协调委员会议事规则，系列跨境申遗的主要问题，系列跨境申遗的文件标准化，资源配置和资金筹措，能力建设。

协调委员会的主要职能是协调、指导丝绸之路跨境申遗过程中"预备清单"和申报文本的准备。委员会制定了丝绸之路文化线路作为世界遗产的总体管理政策，由此确定文化线路的管理准则。具体的操作将由各相关国家依照本国的法律体系、规章制度已经保护和管理的体制进行。

协调委员会认为丝绸之路系列跨境申遗现在和将来都是一个开放的进程，各个国家会在这一过程的不同阶段做出自己的贡献。

涉及管理体制的协调，会员国已经成立了丝绸之路申遗协调委员会（Intergovernmental Coordinating Committee）来统筹指导申遗工作、未来的总体管理安排，以及对丝绸之路"预备清单"、申报文本的准备提供建议。协调委员会的职能将按照以下原则执行：总体目标是为了弘扬丝绸之路沿线文化遗产的保护，而具体目标则是监督丝绸之路文化遗产管理体制的运作。

1. 协调委员会的职能

1）起草、制定协调委员会的工作章程和议事规则，确定委员会秘书处的职责。

---

① Struve Geodetic Arc，位于欧洲10个国家的系列跨境世界文化遗产，2005年列入《世界遗产名录》.

2）获取各国政府在政策和资金层面的支持。

3）确定申遗的总体战略并监督实施。

4）审议文化线路的总体保护管理规划。

5）协调拟申报遗产的保护、管理和监测工作。

6）按照"共同价值框架"和《概念性文件》的精神统筹协调各国的丝绸之路"预备清单"。

7）协调申遗过程的对比分析和专题研究。

8）建立丝绸之路不同领域专家的数据库；成立国际和地区层面的专家工作组，以开展不同学科的研究。

9）成立各国或地区级的分委员会。

10）建立交流平台，为申遗过程、信息交流，以及分享最佳实践活动提供咨询和信息支持。

11）提倡各国对本国丝绸之路文化遗产档案资料（包括图纸）试行统一标准。

12）与会员国保持密切合作，促进协调委员会决议的落实。

13）与国际和地区国际组织保持密切合作。

14）筹措资金：就各会员国最基本的需求，制定整体的资金动员计划，引入资金筹措机制。

15）社会和经济利益：在筛选申报遗产点时，考虑当地社区的社会、经济发展的需求。

2. 协调委员会的议事规则

（1）组成

协调委员会由各会员国派2名代表组成，其中一名为官员，另一名可为专家或遗产地管理人员。

国际专家由协调委员会邀请，以观察员身份列席会议。

协调委员会选举2位联合主席[①]，任期2年，可连选一届。

（2）选举和决策程序

每个会员国享有1票。

---

① 考虑到丝绸之路系列跨境申遗首期文本将由中国和中亚5国完成，世界遗产中心代表提议设联合主席以方便指导下一步申遗工作.中国和乌兹别克斯坦代表分别当选.

协调委员会的决定由出席会议的各国成员或代表以协商一致方式做出。

协调委员会决定仅是建议性的。

法定人数：举行协调委员会会议时，需有三分之二会员国出席。

协调委员会主席的职权可以接替。

（3）召集会议

协调委员会每年举行一次例会，联合主席可协商决定召开特别会议。

3. 系列跨境申遗面临的主要问题

- 鼓励各国严格执行在阿拉木图会议（2009年）确定的申遗时间表。申遗将分阶段进行，以便更多国家的参与。
- 协调委员会首要的工作是制定丝绸之路申遗策略和途径。
- 需就申遗选项达成共识：整体申遗还是分区段申遗。
- 沟通联络和协调撰写申报世界遗产文本。
- 向2010年春季的世界遗产国际专家会议（瑞士）报告丝绸之路大型系列跨境申遗的策略及面临的挑战和问题。
- 建立丝绸之路文化遗产申遗档案资料和标准模板，以便于将所选遗产点纳入申报文本。
- 各申遗参与国成立专家工作组。向ICOMOS西安国际保护中心（资料中心）提供拟申遗点的详细资料，建立各国共享的数据库，以便于对丝绸之路文化遗产"预备清单"中的选项进行协商（harmonizing）。欢迎教科文组织和其他国际机构、基金会为会员国翻译文件等提供技术支持。
- 在国际层面讨论系列跨境遗产的管理问题。同意总体保护管理规划并准备各遗产点的单项管理计划。
- 各国指定工作组联络人。

4. 档案资料

- IICAS和协助丝绸之路档案资料方面的工作。
- 应考虑建立丝绸之路申遗项目的档案信息中心。

5. 资源配置和资金筹措

为支持丝绸之路系列跨境申遗活动，世界遗产中心已动员信托基金，如世界遗产基金、荷兰信托基金、意大利信托基金、日本信托基金、挪威信托基金和比利时联邦科学政策办公室的资助。

伊朗同意为西亚和中东国家提供支持。

印度、韩国、尼泊尔、阿富汗、伊朗和日本将在本国寻求资金支持。

尼泊尔和阿富汗希望国际组织支持丝绸之路文化遗产"预备清单"和申遗文本的准备。

6. 能力建设

协调委员会成员国需要在以下领域进行能力建设。

1）在各国建立专职的项目协调员，统筹该国的申报文本准备。

2）组织培训活动，培训项目协调员撰写申报文本。

为能争取预算外财源支持在中亚国家的培训和能力建设活动，特别是申报材料的准备、档案资料、文化遗产信息库的建立，世界遗产中心请比利时鲁汶大学教授[①]向协调委员会介绍了他们在文化遗产信息管理方面的专长。此后，世界遗产中心在中亚推广了比利时的项目，帮助中亚国家准备申报文本。

针对章程中所列系列跨境申遗面临的主要问题，丝绸之路协调委员会第一次会议决定各会员国尽早向世界遗产中心提交丝绸之路"预备清单"和各国的研究成果、文献资料，以便于世界遗产中心支持ICOMOS专家进行丝绸之路专题研究。

丝绸之路协调委员会第一次会议取得的重要成果是工作章程的制定和各会员国专家工作组的成立。会议取得的成果凝聚了笔者的心血和智慧。在起草、构思协调委员会这样一个政府间机制工作章程的过程中，笔者做了大量细致地调查研究工作。罗马帝国边境线系列跨境世界遗产、斯特吕乌大地测量弧跨境世界遗产、乌布苏盆地等世界遗产已有的保护、管理和跨境合作机制及有益经验、实践；南美六国安第斯山道路系统系列跨境申遗项目在保护管理机制方面的探索（跨学科指导委员会）都被用来作为会议期间讨论的实例或成为笔者起草协调委员会工作章程的参考资料。为了借鉴第一手的管理经验，笔者请德国专家在会上分享了英国和德国跨境管理机制运作的实例。考虑到丝绸之路申遗的首期申报文本将由中国和中亚国家准备，笔者在与各

---

① K.Van Balen，比利时鲁汶大学雷蒙-勒梅尔文化遗产保护中心主任.

方磋商后，提议由中国和中亚两方面各推举一位代表担任协调委员会的联合主席。这是本着促进共同合作的目的而提出的，后来证明这样的考量是很恰当的。成立丝绸之路专家组也是借鉴了南美国家同行们在系列跨境申遗方面的实践经验。

丝绸之路申遗专家组在西安会议期间主要是确定具体申报的策略方式和联合申报文本的标准。在激烈争论后，专家们对丝绸之路到底是整体申报还是分段申报，没有得出明确结论。但上面列举的系列跨境申遗面临的主要问题和挑战对易廷根会议的准备（2010年2月）很有帮助，它被列为易廷根国际会议讨论的议题。

前面讲到，自吐鲁番丝绸之路系列跨境申遗国际协商会议后，世界遗产中心支持IOCOMOS专家加入丝绸之路系列跨境申遗进程，以获得跨学科实践的理论和技术支持，从而保证这个项目执行的客观性和可信力。对丝绸之路申遗这样一个大型跨文化国际合作项目，应本着谨慎、客观和包容、开放的态度，力求循序渐进，避免好大喜功，或使项目陷入无休止的争议当中，增加协调、统筹的难度，而无法达到最终的目的。从吐鲁番、撒马尔罕、杜尚别、西安，再到阿拉木图，世界遗产中心一直在协调各方，发挥着指导委员会的功能。丝绸之路项目自启动以来5轮的国际磋商会议取得了重要的阶段性成果，对系列跨境申遗的方法、步骤和途径等做了有益的探索，在国际合作机制方面的创新以政府间协调委员会的成立为标志。由此可以保障丝绸之路文化遗产系列跨境申遗的进行，以及随后的保护、管理和监测。

阿拉木图会议（2009年）同意了丝绸之路文化线路"共同价值框架"，新成立的协调委员会也正式运行，但有关具体的申遗策略方式等问题还是悬而未决。主要的纠结是：丝绸之路文化线路是作为一个整体申报还是分段申报？结合世界遗产委员会对系列跨境申遗活动的关注，开展丝绸之路专题研究已迫在眉睫。

（二）易廷根会议结论及辨析（2010年）

2010年2月，世界遗产中心在易廷根召集"系列跨境申遗及系列跨境世界遗产研究"国际专家会议。亚洲的丝绸之路系列跨境申遗项目作为会议重点讨论的案例之一（另一个为南美国家的安第斯山道路系统系列跨境申遗项目），由协调委员会主席[①]向专家做了介绍。另外，丝绸之路文化遗产"预备清单"标准格式、前面所提的系列跨境申遗面临的主要问题也作为会议文件讨论、征求意见。

易廷根系列跨境申遗研究国际专家会议通过的主要结论和建议如下。

1. 突出普遍价值和系列遗产

国际专家会议讨论的意见涉及《操作指南》[②]第137段。

1）对系列遗产组成部分的要求是：① 都处于相同的历史文化团体；② 能够反映地理区域特征的相同类型遗址；③ 相同地形地貌形成原因，相同的生物地理区域，或者相同的生态系统，可能会导致仅仅在遗址的目录中没有对各个部分之间功能联系的适当定义，或者无法解释其对整个遗产"突出普遍价值"的贡献。对于物质遗产，各个部分应该清楚地反映定义、文化、社会、历史和在一段时间中的功能联系。对于自然遗产，各个部分之间的功能联系应该被视为包括提供景观、生态、进化或栖息地连通性的联系。这全部的考虑都可以适用于系列延伸遗产。

2）通过内容充实的、科学的、容易定义的、可识别的方式，并可能包括除其他事项外的非物质属性作为一个整体，每一个组成部分都应该要有助于遗址的"突出普遍价值"。所有的"突出普遍价值"要很容易地被理解和沟通。

3）始终如一的，为了避免过多琐碎的组成部分，在提名的过程中，包括对组成部分的选择，应该充分考虑到遗址整体的可管理性和连贯性。

2. 系列遗产提名过程，"预备清单"

根据丝绸之路系列跨境申遗实践，专家会议向世界遗产中心建议在《操作指南》中加入一个新的附件2B用来解释系列跨境遗址"预备清单"的标准格式。同时，需要提交缔约国之间的协议书。缔约国将遗产组成部分列入国家"预备清单"中时，也建议被推荐的遗产作为系列跨境遗址在"预备清单"中登录。

---

① 中国国家文物局巡视员，ICOMOS 副主席郭旃.

② UNESCO. Operational Guidelines for the Implementation of the World Heritage Convention, Paris: UNESCO, 2008.

会议特别强调要求统一"预备清单"(《操作指南》第73段),以及国际援助和组织培训的机会(《操作指南》第75、76段)。世界遗产国际咨询机构,如ICOMOS和IUCN对遗产类别缺失进行分析,以及对正在进行的系列跨境申遗地区的专题研究,为会员国准备"预备清单"提供帮助。

3. 申报文件

专家会议要求世界遗产中心和国际咨询机构在系列跨境申遗的过程中推广最佳实践。会议探讨了在《操作指南》的申报格式中,系列跨国遗址的附件或对于申遗名单的单独补充,以及一个新的附件B5可以解决《操作指南》中一些有待修改问题的可能性。

专家会议建议对负责申遗文本准备的人员进行有针对性的培训、能力建设和指导。涉及《操作指南》第132段,专家会议特别强调,在准备系列申遗的过程中,参与国对提名遗产应进行比较分析,提出适当的理由来证明入选遗产点与整体"突出普遍价值"的关联性。

4. 总体架构

会议建议,复杂的系列跨境申遗的初始计划阶段由国际咨询结构提供指导。会议也看到,国际咨询机构的时间和资源问题将会是影响指导系列跨境申遗的有效实施。

5. 遗产扩展

关于扩展的提名,会议讨论了参与国如何以增加系列跨境遗产的价值和提升现有申遗项目的完整性为目标,开展拓展项目。会议要求当扩展遗产项目列入《世界遗产名录》时,参与国必须共同签署文件同意。

6. 列入《濒危世界遗产名录》及除名

会议关注了如何使系列遗产区别于其他遗产的问题,以及相关的法律问题。它指出,1972年《公约》的缔约国要对自己领土内的遗产地负责。对于系列遗产和跨境遗产,应该有一个共同责任的标准。这就涉及管理、保护和如何确定列入《濒危世界遗产名录》。

会议认为,当准备系列跨境遗产申报时,每个缔约国应该注意选择适当的申遗策略。这些策略包括：①将系列遗产申报单一世界遗产；②对已存的世界遗产的扩展（单一或系列）；③在相同的框架下提出系列中的单一遗产；④申报单一的系列跨境遗产。

会议同时认为，保护和管理的机制由于任何系列/跨境申遗都很重要。一个统一的管理系统应负责协调系列遗产中各个组成部分的管理。这也同样需要适用于已存世界遗产的扩展。

会议认为，如果"突出普遍价值"被认可且清晰地表达了组成部分如何对整个系列遗产的价值做出贡献，这将会提升管理和保护的水平，并且改善大众对"突出普遍价值"的理解。

会议也认为，在符合1972年《公约》《操作指南》的精神下，系列跨境遗产需要一个统一的管理体制。它应该是各组成部分和系列遗产之间合作的平台；也是申遗过程中公平、透明合作的主要方式，为整体遗产的管理，以及如何实现管理的目标而共同合作。一个适当的国际管理体制能保障联合保护工作的顺利开展，允许保护方面经验的交换和在研究和研究过程中的协同合作。同时，这个合作管理不仅局限于申报的遗产，也包括其他相关遗址保护的合作。国际合作是一个系列跨境遗产管理体制的基本特征，它应考虑以下因素：①不同的语言、社会制度和文化，以及当地的团体；②在遗产的每一个层级的管理中，应考虑合作伙伴和利益相关者的全方位参与；③将系列跨境遗产的特征和意义传递给大众是一个挑战。

会议最后认为，为了系列跨境申遗，政府间的管理体制和协议应该作为国际合作的基础。这样的协议应该明确责任，为了维护遗产"突出普遍价值"，这样的协议应该包括一个共同的保护和可持续发展的蓝图，以及一个共同恪守承诺的管理系统。它能够在具体的管理活动体现国际一级、国家级和地方各级遗产的"突出普遍价值"。

会议建议，系列跨境遗产的实践应该促使世界遗产委员会修订和更新关于系列跨国遗产在《操作指南》中的定义和概念。对于其他未尽事项，留待以后进一步研究探讨。

通过辨析以上内容可以看出，易廷根会议中的决议直接关系到丝绸之路系列跨境申遗的战略。特别涉及以下几个方面：

2008年版《操作指南》中指出"系列遗产的组成应该包括几个相关组成部分，它们属于a）同一历史-文化群体；b）具有某一地域特征的同一类型的遗产；c）同一地质、地形构造，同一生物地理亚区，或同类生态系统"。

在现实中，按照亚洲国家正在进行的丝绸之路申遗和南美六国的安第斯山道路系统系列跨境申遗项目。这些具有大范围"地域特征"和"人为"成分而又属于"同一历史–文化群体"的申遗项目就很难以一个类型界定为系列遗产。如果这样做，申遗项目只能是文化线路沿线遗产点的简单罗列、成为一个"目录汇总"（mere catalogue）。

在分析了上述系列跨境申遗项目面临的主要问题和挑战后，专家提出这样的定义会因没有适当的功能定义，使部分遗址与其他组成部分的关联性减弱，或者他们对于整体"突出普遍价值"[①]的贡献无法得到有效的说明，而只能是一种简单罗列。所有的系列跨境文化遗产的组成部分应该按照时间推移反映出清晰界定的，具有文化、社会、历史或功能性的联系（functional linkage），这些组成部分的"突出普遍价值"应该对整体的"共同价值框架"有贡献。

这对于丝绸之路系列跨境项目的启示是：仅有相同的历史/文化群体，或者同一地域相同类型的遗产[②]并不能清晰地阐释丝绸之路作为文化线路的整体意义，而需要一个"共同价值框架"统领整条文化线路的"突出普遍价值"。2009年阿拉木图会议中国和中亚5国同意的"丝绸之路突出普遍价值声明"正是这样一个"共同价值框架"。实际上，丝绸之路申遗的瓶颈就是所谓"相同的历史/文化群体"和"同一地理区域相同类型的遗产"这两个概念。因此，易廷根会议专家讨论提出，根据丝绸之路申遗的实践经验，"共同价值框架"在这样的上下文中更容易让人理解丝绸之路的概念。也就是说，《操作指南》的规则，特别是第137段关于系列遗产的定义，由于丝绸之路系列跨境申遗的实践，需要更改了。实践带着理论跑，也是丝绸之路系列跨境申遗国际合作的特点。

易廷根会议的结论是"为了避免在组成部分中有过多的碎片，在遗产申遗的过程，包括遗产组成部分的选择过程，都应该考虑到总体与部分、各部分之间的关联性和连贯性"。[③]

---

① 笔者认为，在系列跨境文化线路申遗的语境中，"共同价值框架"更为妥当。

② 2005年版《操作指南》对系列遗产的定义.

③ Conclusions and Recommendations of the International World Heritage Expert on Serial Nominations and Properties, Ittingen, Switzerland, WHC-10/34.COM/9B, WHC, 2010.

丝绸之路规模巨大，对于维持丝绸之路的地理空间的完整性及找到一个相关遗产和景观的有效管理的方法，是丝绸之路文化线路申遗一直探讨的一个重要议题。

修改后的系列跨境遗产的定义就充分吸收了丝绸之路系列跨境申遗项目的重要成果和经验教训。2013年最新版《操作指南》①对系列跨境遗产作了以下定义。

系列遗产

137.系列遗产应包括两个以上组成部分，互相之间应有明确的联系：

a）各组成部分应该反映在时间上有文化，社会或功能性的联系，并在相关的条件下，能提供景观、生态、进化性或栖息地的关联性。

b）每个部分应该从实质上、科学上或其他已确定及可辨别的方式，对遗产的突出普遍价值有所贡献，同时，某些部分或包含非物质成分。最后形成的突出普遍价值应易于理解和表述。

c）在申报过程和选择遗产地构成部分的过程中，为保持一贯性并避免各部分的散乱，应充分考虑遗产的总体管理能力和一致性。（参见有关遗产管理规划的１１４段）。同时，应该确定系列遗产作为一个整体具有突出的普遍价值，而不应该是单个的部分。

138.被提名的系列遗产可能：

a）位于一个缔约国境内（国别系列遗产）。

b）位于不同缔约国境内，不必相连，同时须经过所有相关缔约国同意递交提名（跨境系列遗产）。

139.如被提名的第一项遗产本身具有突出普遍价值，系列遗产（无论是由一国或是多国提起的）可历经数轮提名周期，递交申报文件并接受评估。计划在数轮周期中分阶段进行系列提名的缔约国可向委员会说明此意向，以确保计划更加完善。

---

① UNESCO World Heritage Centre.Operational Guidelines for the Implementation of the World Heritage Convention, WHC.13/01, July 2013, Paris.

易廷根专家会议提出"系列跨国或跨境遗产提交列入'预备清单'的文件中应包含各参与国联名签署的同意书。被推荐的遗产不仅作为系列跨境申遗列入世界遗产预备清单,与此同时,参与国也应该将系列申遗的组成部分列入本国的预备清单中"。道路遗产列入"预备清单"是毫无疑问的,各组成部分列入相关国家的"预备清单"并不是必要条件。2008年西安会议通过的"丝绸之路文化遗产预备清单"标准格式已界定了总体"突出普遍价值"的术语,也就是"共同价值框架"。如果对丝绸之路文化线路最初认定的框架中包括了遗产分段或廊道的概念,那么这就是合理的。如果定义认为在申遗过程开始之前,廊道中的每一个遗产应列入参与国家的"预备清单",这似乎是不必要的。国际专家在审议、修改了世界遗产中心提交的系列跨境遗产"预备清单"标准格式后,决定向世界遗产委员会推荐新的样板,以指导全球领域的系列跨境申遗活动。如前所述,标准格式被正式列入《操作指南》。

由此可以看出,丝绸之路文化线路系列跨境申遗产生了相当的国际影响,也对现行世界遗产体系的规程提出了挑战。在理论和实践层面对世界遗产体系的完善做了些有益的工作。由于有了丝绸之路系列跨境申遗的国际合作和理论实践活动以及面临的问题和挑战,易廷根会议所做的结论也就能符合丝绸之路项目的需要。这也体现了在国际合作与实践中,软实力与话语权的重要性。借鉴了其他国际同行的实践经验,丝绸之路项目在申遗策略和方式将会有一个质的转变。协调委员会西安会议希望世界遗产中心指导进行丝绸之路专题研究,现在时机成熟了。

易廷根会议强调了国际协作特别是能力建设和培训活动的必要性。考虑到亚洲大陆、特别是中亚地区的实际情况,这是丝绸之路申遗项目从一开始就坚持的重要原则。

国际专家会议的结论和建议在2010年第34届世界遗产大会(巴西,巴西利亚)中得到认可。世界遗产委员会要求世界遗产中心与国际咨询机构合作,提交附《操作指南》有关部分的修正草案。草案修正后经2011年第35届世界遗产大会通过。有关系列跨境申遗的概念和操作规程逐步趋于完善。

（三）丝绸之路专题研究

1. 丝绸之路"预备清单"及参考文献资料

按照协调委员会第一次会议的决议，世界遗产中心正式通知各成员国在2009年12月31日之前提交本国有关丝绸之路的参考文献资料和丝绸之路文化遗产"预备清单"。同时发给各成员国丝绸之路"预备清单"标准格式（2008年）和丝绸之路"突出普遍价值"声明（2009年，即"共同价值框架"）作为依据。西安会议期间，各国代表已经向协调委员会介绍了丝绸之路"预备清单"的准备情况。世界遗产中心希望各成员国提交文件以便对整体丝绸之路沿线的潜在遗产点进行统筹筛选。"预备清单"文件将有助于就丝绸之路系列跨境申遗着手对比分析。2010年年初，世界遗产中心收到了协调委员会所有12个成员提交的丝绸之路参考文献资料，包括本国有关丝绸研究的最新情况。10个国家提交了丝绸之路文化线路"预备清单"。它们是：阿富汗（3）、中国（47）、印度（11）、伊朗（38）、哈萨克斯坦（5）、吉尔吉斯斯坦（14）、尼泊尔（1）、塔吉克斯坦（12）、土库曼斯坦（25）和乌兹别克斯坦（28）。日本和韩国没有提交丝绸之路文化遗产"预备清单"。为了从整体研究路上丝绸之路文化线路沿线潜在的所有文化遗产，世界遗产中有从数据库中选取了伊拉克（5）、黎巴嫩（1）、叙利亚（7）和土耳其（6）现有文化遗产"预备清单"中与丝绸之路相关的遗产点。

世界遗产中心据此要求ICOMOS进行丝绸之路专题研究并提供科研经费。考虑到系列跨境申遗的具体需要和对专家专业背景的要求，世界遗产中心组织ICOMOS权威文化遗产顾问 Susan Denyer 女士和伦敦大学学院Tim Williams 教授开展此项专题研究。Tim Williams 一直与UNESCO 在中亚地区开展文化遗产保护项目，又曾对中亚的世界遗产"预备清单"做过对比分析，且多年注重文化遗产保护和管理的可操作性，有丰富的实战经验。

丝绸之路系列跨境申遗项目自2005年启动以来经历了5轮国际磋商会和协调委员会第一次会议。到2010年年初，中国和中亚国家在国际合作方面本着"和而不同、求同存异"的态度，在世界遗产中心协调和指导下，已经取得了许多重要的成果。它们主要包括：①通过《概念性文件》确定丝绸之路的基本地理范围和时间跨度；②设定丝绸之路文化线路"预备清单"标准格式；③确定"共同价值框架"，也就是"突出普遍价值"声明；④成立丝绸之路系列跨境申遗协调委员会并确定IICC-Xi'an为其秘书处；⑤建立丝绸之路系列跨境申遗专家组；⑥动员教科文组织信托基金和世界遗产基金支持项目实施；⑦开展能力建设和培训活动，提高中亚国家保护管理人员的专业水平等。

然而，项目在申遗策略和方式方面没有取得大的突破。参与国家和专家也意识到，要将丝绸之路文化线路整体申遗基本是行不通的。从申遗实践看，没有任何一个国家拥有丝绸之路完整的资料，这是进行对比分析和筛选遗产点所必需的。从保护管理、监测的角度看，系列跨境遗产要有可管理性。这也就是申遗面临的挑战。易廷根国际专家会议讨论了丝绸之路项目的瓶颈，基本认可项目所得出有关系列遗产整体和各部分应该有"功能性联系"和系列跨境遗产应该具有"可管理性"的结论。这样，《操作指南》关于系列遗产定义的修改就使丝绸之路文化线路系列跨境申遗有了转机。

亚洲国家向遗产中心提交了"预备清单"和丝绸之路参考文献资料后，ICOMOS受世界遗产中心支持进行丝绸之路专题研究。易廷根会议的结论和建议为专题研究提供了指导思想。本着文化线路整体与组成部分，以及组成部分之间的功能性联系和系列跨境遗产的客观理性这两个基本原则，世界遗产中心和ICOMOS专家[①]考虑以丝绸之路"共同价值框架"为依托，用新的视角对丝绸之路沿线的文化遗产进行梳理，提议重新确定丝绸之路沿线范围比较小一些的区段或遗产廊道，它们相互连接且能反映整个丝绸之路的意义和文化价值。毫无疑问，这些建议的区段或遗产廊道必须具有可管理性。

2. 丝绸之路文化线路专题研究[②]

丝绸之路专题研究主要是对正在进行的系列申遗做比较系统的分

---

① Mrs Susan Denyer，ICOMOS世界文化遗产顾问；Tim Williams，伦敦大学学院教授.

② 参考工作文件The Silk Roads: thematic study edited by Tim Williams, Institute of Archaeology, University College of London, Final Report, UNESCO World Heritage Centre , 2012: P. 26-27.

析。有关丝绸之路现存的研究成果、出版物等已十分丰富。依据各国提交的参考文献资料，专题研究所涉及的遗址不仅仅是单体的文化遗产，它们也可能会进行申遗，但更重要的是它们是丝绸之路这个庞大的文化线路的一个组成部分。

丝绸之路文化线路专题研究的主要目的是对丝绸之路沿线遗址进行分析研究，为参与丝绸之路系列申遗的国家进行遗产比较分析时提供基本数据。它主要考虑某些特定区段或廊道的文化遗产，通过串珠式汇集，有着与其他区段不同的鲜明特征，而且能够反映特定的地理地域-文化特征。这样确定丝绸之路文化线路会成为由"共同价值框架"连接的、多个文化遗产的汇集，而不是申报一处单体的世界遗产（图6.7）。

图6.7　丝绸之路申遗专题研究报告
资料来源：世界遗产中心

专题研究综述现有信息，多为已发表的报告和出版物，它并不反映新的研究成果。因此它也可以被看做仍在进行中的工作，提供一个可以讨论、争议和更新丝绸之路文化线路的平台。

专题研究主要依据各国提供的丝绸之路参考文献资料、预备清单文件、不同版本的地图、历史文献和手稿依据考古发掘的证据（只有极少几处）。研究的技术支持主要是靠地理信息系统（GIS）。

丝绸之路专题研究通过相关遗址的比较分析以协助"预备清单"中遗产点的筛选，以期指导最终的申遗文本准备。

这就要求专题研究能回答这些问题：确定丝绸之路沿线文化遗产的分布规律，以便于理解哪些遗产点是整条线路普遍存在的遗产类型；哪些遗产点相对整条线路或某个区段而言，具有鲜明特征；哪些类型的遗产数量较多，并在不同时期和不同区域这些遗产的形式有什么不同；等等。

为此，研究主要侧重"共同价值框架"，如阿拉木图确定的"突出普遍价值"声明中所认定的丝绸之路文化遗产的主要门类，也就是第五章详细论述的基础设施、产品和成果三大门类。这里不对它们一一详述。

使用GIS系统和其他计算机技术辅助手段，专题研究根据易廷根国际专家会议的结论就丝绸之系列跨境申遗提出了一个新的策略和途径。也就是说，在"共同价值框架"下，用技术手段首先确定丝绸之路文化线路的主要节点（大城市），再选定连接这些节点的主要区段，最后将区段的范围扩大到具有迁徙和影响的遗产廊道。

3. 丝绸之路文化遗产节点、区段和廊道的定义和分析

1）节点（Nodes）：主要的城镇中心和多条道路交汇的地方。这些中心在道路的管理、物资的补给、商贸销售，以及生产等方面发挥了重要的作用。它们也反映丝绸之路在建筑、艺术、社会和信仰方面的成果。

对节点的系统选择有以下难点。

- 不能简单地根据城市的规模进行选择：在某种程度上而言，大部分古代城市现有资料不足以确定在特定历史时期城市的规模。而且，城市的规模与城市化的其他方面紧密相关，如功能，周边农业生产来支持人口生存的能力，产品的规模、获取原材料的能力，意识形态的重要性（统治者的故乡、重要宗教的传播地等）。

- 单一的以交汇道路的数目作为节点的选择也同样存在问题。线路上一些城市的发展是因为他们控制了穿过他们区域的道路。比如，木鹿城（Merv）是穆尔加布三角洲的战略要地，控制了萨其河到伊朗北部地区的道路，除了这条道路外这个区域很少有其他道路，即便有也无法直达。

在确定了节点后,路段的选择就存在着多种可能,广义地说有三种类型。

- 选择两个人口超百万城市之间的长路段。选择中心城市作为节点的好处在于这些地点多已经过确认,有些城市正通过考古发掘来构建他们的年代序列。
- 在每两个相对而言比较大的城市之间,将道路分割成若干片段。
- 将道路的连通性与城市的规模这两个因素综合使用:强调中心城市在路段上的连接功能。

2)路段(Segment):考虑已知的地理环境和文化特征的两个节点城市之间的道路(图6.8)可成为一个路段。构建的路段并不是要反映每一条具体道路,而只是要示意人类迁徙和货物运输的主要通道。

3)廊道:是所有数字化路段周边设立的一个统一的缓冲区。这样做是为了确保节点间可能存在的道路都被覆盖,也可以囊括线路两侧的遗址和景观。后者表明了道路对区域产生的影响,如驻地、要塞、桥梁、小城镇和宗教遗址等。

研究中用GIS系统中尝试了路段周边缓冲区的不同范围,初步认定道路两侧各30公里作为缓冲区(对一个宽60公里的廊道而言)可以涵盖道路两侧所有的要素,但研究无法确定廊道的具体边界。

很明显,这并不是一个精确的方法,无法考虑到当地地形、环境或植被等信息。随着专题研究的深入,这些因素将逐渐予以考虑。对于像丝绸之路这样的大型、跨洲际的文化线路来说,这也算是一个可行的方法。

基于上述定义,专题研究试图确定某一路段或区段的丝绸之路,通过以"共同价值框架"来汇集,可以体现它们与其他路段/区段的不同。这也主要反映在地理区域-文化系统上。作为结论,研究建议了

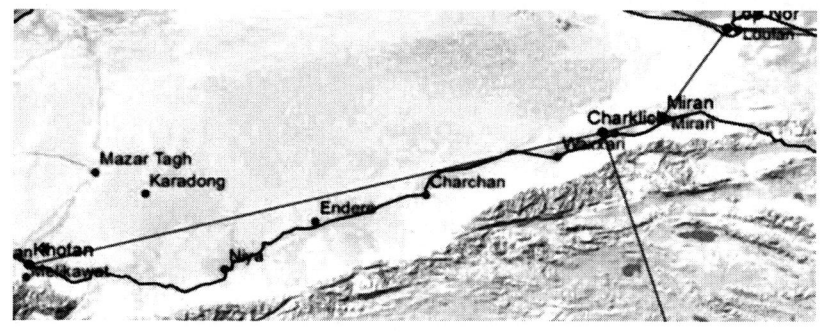

图6.8 节点和路段的选择——和田与楼兰之间重要的遗址示意图

资料来源:世界遗产中心, The Silk Roads: thematic study, 2011: 48

54条遗产廊道供会员国申遗参考。这些廊道体现了地缘政治的多样性和不同的成果，每个廊道都可以单独作为系列遗产申报；这些廊道由"共同价值框架"联系着，自然也应具有可管理性；研究建议的廊道可以分期、分批申报。当然，系列跨境申遗这样一个宏大工程运作的核心仍然是多国合作协调机制。

丝绸之路系列跨境申遗的下一步策略和途径是阐释每个选定廊道对"共同价值框架"，也就是对"突出普遍价值"声明的贡献；进行对比分析，说明相对其他廊道而言，所选廊道的理由（专题研究中提供了大致的线索）。对申遗廊道的最终选择当然由各国政府和协调委员会决定。

四、面向世界遗产的申报

（一）阿什哈巴德会议

前面谈到，教科文组织本身是尊重人类共同价值、致力世界和平的思想的产物，其宗旨是通过教育、科学和文化来促进各国间的合作，对和平与安全做出贡献。1972年《公约》在第7条中也是倡导建立旨在支持遗产保护的国际合作和援助系统。由于多种原因，土库曼斯坦的国际合作活动较少。丝绸之路系列跨境申遗项目在这里真正起了促进国际合作的作用。在丝路申遗过程中，土库曼斯坦积极参与其中，这显示了申遗项目促进交流与合作的积极意义。

2010年秋季联合国大会期间，土库曼斯坦总统拜尔德·穆罕默多夫在与教科文组织总干事博科娃会面时，提出在土库曼斯坦举办世界遗产大会的要求。为实现总统的愿望，土库曼斯坦驻法国大使尼亚佐夫先生（T.Niiazov）与笔者会谈，希望在土库曼斯坦举办教科文组织的世界遗产大会。通常，举办世界遗产大会的东道国需要必须是世界遗产委员会成员。而土库曼斯坦目前并不在委员会之内，因而承办世界遗产大会是不可行的。

在丝绸之路申遗国际协调委员会第一次会议中，吉尔吉斯斯坦代表已向会议表示主办下届协调委员会会议的愿望。但2010年世界遗产中心忙于"预备清单"的收集和专题研究的开展，无法支持协调委员会的组织工作。加之，原本准备办会的吉尔吉斯斯坦因国内形势动荡，南部出现骚乱，当年举办国际会议已不可能。

图6.9 2011年丝绸之路申遗协调委员会第二次会议
资料来源：世界遗产中心

获知吉尔吉斯斯坦的明确形势和态度后，为了鼓励土库曼斯坦积极参与申遗工作，笔者经过多方协调，将丝绸之路系列跨境申遗政府间协调委员会第二次会议改在阿什哈巴德举行。（图6.9）。

2011年5月3～6日，世界遗产中心和土库曼斯坦政府在阿什哈巴德举办了丝绸之路协调委员会第二次会议。50多个代表来自阿富汗、中国、印度、伊朗、日本、哈萨克斯坦、韩国、吉尔吉斯斯坦、尼泊尔、塔吉克斯坦、土库曼斯坦和乌兹别克斯坦等12个成员。世界遗产专家则来自ICOMOS、IICAS、UCL以及KUL[①]等。教科文组织德黑兰、阿拉木图、塔什干办事处派代表出席会议。

这是土库曼斯坦首次举办教科文组织的世界遗产活动。土库曼斯坦总统办公厅、外交部、文化部、教科文全国委员会和媒体都高度重视。会议期间除热情招待外，土库曼斯坦还特地安排与会专家考察乌尔根其（Kunya-Urgenchh）、尼萨（the Parthian Fortress of Nisa）两个重要的丝绸之路世界文化遗产地。

---

① Raymond Lemaire International Centre for Cultural Heritage Conservation, KU Leuven, Belgium.

为筹备阿什哈巴德会议，世界遗产中心2011年3月在巴黎召集ICOMOS，UCL和KUL、根特大学等机构专家审议了丝绸之路专题研究初稿，汇集各方专家意见后准备提交协调委员会第二次会议讨论。

阿什哈巴德会议与会者同意了ICOMOS丝绸之路专题研究的初步结论，在专家建议的54条遗产廊道中，选了20条廊道优先进行申遗工作，同意中国和中亚国家间的丝绸之路作为丝绸之路系列跨境申遗第一阶段优先申报的跨境遗产廊道，同时鼓励协调委员会考虑其他文化线路廊道申遗的可能性。

这次会议通过了《阿什哈巴德共识》①，成为丝绸之路申遗冲刺的路线图。

《阿什哈巴德共识》同意在2011年实现的目标包括：①原则上接受ICOMOS专题研究所提出的遗产廊道途径，在申遗过程中进一步开展技术评估和对比分析；②结合易廷根国际专家会议针对系列跨境申遗新的指导思想，建立丝绸之路申遗整体框架；③同意中国及中亚各国间的丝绸之路作为丝绸之路申遗第一阶段优先申报的跨境遗产廊道；④各国恢复现有的中国和中亚专家组代表活动，与ICOMOS西安国际保护中心秘书处加强交流合作；⑤由会员国政府、任命各国的项目管理人，从而增强第一阶段系列跨境申遗文本准备过程的技术能力；⑥为已认定的丝绸之路申遗提名（国家和跨国层面）制订并落实适当的管理系统；⑦请求世界遗产中心和ICOMOS与丝绸之路协调委员会紧密合作，为第一阶段申遗过程确定推进者和顾问，并针对《操作指南》组织技术培训，同时将专题研究进一步扩展至韩国和日本；⑧增进与申遗文本编制过程所需文献资料相关的信息交流，欢迎教科文组织/日本信托基金项目"对中亚丝绸之路系列跨境申遗文献资料标准和程序的援助"，以及比利时政府科学政策办公室的项目"丝绸之路文化遗产信息系统"提供的支持；⑨鼓励各会员国为申遗文本的及时编制划拨必需的资金及资源。

会议决定，丝绸之路系列跨境申遗第一阶段申遗文本在2013年2月1日前正式提交世界遗产中心。此次会议进而决定，为审阅并讨论申

---

① Ashgabat Agreement, adopted by the Second meeting of the Coordinating Committee on the Serial Transnational World Heritage Nomination of the Silk Roads, 6 May 2011, Ashgabat, Turkmenistan, WHC工作文件.

遗文本初稿，下届协调委员会2012年9月前召开。根据《阿什哈巴德共识》和丝绸之路专题研究的建议，中国和中亚国家协调委员会成员商议，中国、哈萨克斯坦、吉尔吉斯斯坦申报丝绸之路长安－天山廊道，乌兹别克斯坦、土库曼斯坦、塔吉克斯坦申报片及肯特－撒马尔罕－木鹿城廊道[①]。

按照易廷根世界遗产国际专家会议确定的指导思想和丝绸之路专题研究关于选择遗产廊道、路段和节点的初步结论和建议，阿什哈巴德会议重新审视了丝绸之路申遗进程。这次会议对丝绸之路系列跨境申遗的最后冲刺极为重要，因为专家最终同意了ICOMOS专题研究提出的选择遗产廊道的策略和途径。

由于首次在土库曼斯坦举办教科文组织的大型国际会议，此次会议真正体现了丝绸之路精神，也就是促进文化间对话，增强国际交流与融合，促进文化多样性。丝绸之路申遗项目高度复杂、工程浩大，中国和中亚国家的联合申遗项目成为世界遗产委员会有史以来将要审议的最大规模的联合申遗项目。阿什哈巴德会议表明，丝绸之路系列申遗项目有能力进一步扩大当代国际合作与交流。它的成功，有赖于所有参与会员国在推动系列跨境申遗的国际合作。

（二）比什凯克会议

丝绸之路申遗协调委员会第三次会议2012年9月17～18日在吉尔吉斯斯坦首都比什凯克举行，这也是吉尔吉斯斯坦首次主办丝绸之路国际磋商会议。吉尔吉斯斯坦国政府高度重视，文化和旅游部部长主持开幕式，协调委员会成员的近50名代表与会（图6.10）。

延续阿什哈巴德会议的议程，会议首先听取了代表对丝绸之路专题研究结论和建议的看法。中国代表提议在已经扩大的廊道的基础上，应当加入路网的概念。哪些廊道能够成立，需要根据专家学者的讨论和意见。同时，遗产层次的划分应该更加细化，也应该增加区域或区段层级的遗产类型，这样以廊道为基础的申遗才具有可操作性。吉尔吉斯斯坦代表认为廊道方法只是一个架构，具体实施中还要有灵活度。乌兹别克代表提议首批联合申报要准备两个文本。在做出进一

---

① 未形成正式文件或协议.

图6.10　2012年丝绸之路申遗协调委员会第三次会议
资料来源：世界遗产中心

步评估后，再确定第二阶段的申遗策略。塔吉克斯坦代表表示他们对廊道概念还没有完全吃透，"预备清单"中的文化遗产有些还不在廊道中。世界遗产中心代表简要回顾了丝绸之路申遗的历程，着重强调自易廷根国际专家会议后，丝绸之路专题研究有关遗产廊道的申遗策略主要遵从了世界遗产委员会要求申遗项目在保护和管理层面要有可控性。申遗协调委员会也是在这个基础上重新确定了申遗的策略，也就是由最初设想的丝绸之路文化线路整体申报过渡到现在的遗产廊道或路段概念。这是在阿什哈巴德达成的共识。

随后，协调委员会全体代表听取了中国、哈萨克斯坦、吉尔吉斯斯坦关于丝绸之路起始路段和天山廊道的申遗文本准备情况；乌兹别克斯坦、塔吉克斯坦两国介绍了片及肯特-撒马尔罕-木鹿城廊道的文本准备情况。会间，乌兹别克斯坦代表向协调委员会提出希望加入丝绸之路长安-天山廊道的申遗并当场提交了所选两处文化遗产的基本材料。协调委员会就此进行了讨论，中国代表希望协调委员会成员就此提出建议。鉴于所报材料为俄文，世界遗产中心建议开夜会专门讨论这项议题。在细致审议了乌兹别克斯坦提交的材料后，专家认为原则上没有太大问题，主要因素是材料尚不完整，而提交申遗文本草稿只有一周时间。从技术层面看，中国、哈萨克斯坦、吉尔吉斯斯坦的申报材料已经基本完整，重新返工势必影响上报时间。乌兹别克斯坦代表始终希望能加入丝绸之路长安－天山廊道的申报文本并追述了事情的前后经过。尽管协调委员会多次讨论，双方仍然难于达成一致。世界遗产中心代表了解到乌兹别克斯坦的主要诉求是担心乌兹别克斯坦、塔吉克斯坦、土库曼斯坦难于按时在2013年年初提交申报文本，因为土库曼斯坦未派代表出席此次会议。这样，笔者现场与比利时鲁汶大学国际文化遗产保护中心专家商议通过比利时的援助项目，特事特办，由比利时鲁汶大学国际文化遗产保护中心专家在会议期间与乌兹别克斯坦、塔吉克斯坦两国代表专家共同合作，准备片及肯特－撒马尔罕廊道申报文本的初稿。会后，世界遗产中心又委派比利时专家于2012年年底前常驻塔什干，专门负责文本的修订和完稿工作。世界遗产中心认为，丝绸之路申遗进行到现在，首批申遗文本应该让中国和中亚国家都有机会参与。这个努力最后也算见效了。

比什凯克会议还听取了比利时鲁汶大学国际文化遗产保护中心专家对丝绸之路信息系统项目情况介绍。IICC-Xi'an介绍了丝绸之路文化线路文献资料的准备情况。

在协调委员会第三次全体会议后，中国和中亚国家专家用两天时间专门审议申遗文本初稿，确定了申报文本初稿和最后文本提交的时间表。

比什凯克会议和培训活动完成了丝绸之路文化线路申遗文本的最后讨论和定稿。经过各方努力，2013年1月，由中国、哈萨克斯坦、吉尔吉斯斯坦提交的丝绸之路：长安－天山廊道和乌兹别克斯坦、塔吉克斯坦联合准备的丝绸之路：片及肯特－撒马尔罕－波依肯特廊道两份申报文本同时提交世界遗产中心。丝绸之路申遗第一阶段画上了一个圆满的句号。

（三）丝绸之路文化线路首批申遗项目简况与分析（2013年）

由中国、哈萨克斯坦、吉尔吉斯斯坦申报的"丝绸之路：长安－天山廊道的路网"位于整个"丝绸之路"的东段，它涵盖54条遗产廊道中5处廊道的一部分。整片路网形成于公元前2世纪~公元1世纪、兴盛于公元6~14世纪、沿用至公元16世纪。它连接了中原地区、河西走廊、天山南北与七河地区4个大的地理区域，在东亚古老的文明中心中原地区和中亚拥有悠久历史的区域性文明中心七河地区之间建立起跨度近5000公里、长度达8700多公里的长距离交通、交流线路,成为"丝绸之路"的重要组成部分。

"长安－天山廊道"始于中国汉唐帝国时期的政权中心长安(今中国西安)/洛阳,向西穿河西走廊至敦煌玉门关,全长3000多公里,开通于公元前138年之后,由公元前2世纪～公元16世纪的汉长安城未央宫遗址、张骞墓、玉门关遗址、新安汉函谷关遗址、悬泉置遗址、崤函古道石壕段遗址、汉魏洛阳城遗址、麦积山石窟、炳灵寺石窟、唐长安城大明宫遗址、锁阳城遗址、隋唐洛阳城定鼎门遗址、彬县大佛寺石窟、大雁塔、小雁塔、兴教寺塔等16处具有代表性的遗址点组成。

"长安－天山廊道"以天山为地理依托,由敦煌/玉门关沿天山山脉南北两侧西行2000余公里至塔拉斯河谷(今吉尔吉斯斯坦及哈萨克斯坦境内)。约开通于公元1世纪,可分为"天山南路"和"天山北路"。"天山南路"由公元1～公元14世纪的高昌故城、克孜尔尕哈烽燧、交河故城、克孜尔石窟、苏巴什佛寺遗址5处代表性遗址点组成;"天山北路"由公元6～14世纪的科斯托比遗址、阿克托贝遗址、库兰遗址、开阿利克遗址、北庭故城遗址、塔尔加尔遗址、奥尔内克遗址、阿克亚塔斯遗址、卡拉摩尔根遗址碎叶城(阿克·贝希姆遗址)、新城(科拉斯纳亚·瑞希卡遗址)、巴拉沙衮城(布拉纳遗址)、碎叶城(阿克·贝希姆遗址)、新城(科拉斯纳亚·瑞希卡遗址)、巴拉沙衮城(布拉纳遗址)14处具有代表性的遗址点组成。

这33处遗迹分布于中国、哈萨克斯坦和吉尔吉斯斯坦三国境内,其中中国22处,哈萨克斯坦8处,吉尔吉斯斯坦3处。按遗存属性可分4类:考古遗址25处、古建筑3处、古墓葬1处、石窟(寺)4处;按价值载体主要特征可分为5类:中心城镇遗迹11处、商贸城市/聚落遗迹6处、交通遗迹7处、宗教遗迹8处和关联遗迹1处。

"丝绸之路:长安－天山廊道的路网"作为"丝绸之路"极为重要的组成部分,不仅在"丝绸之路"整个交流交通体系中具有起始的地位,还在游牧与定居、东亚与中亚等文明交流中具有重要的意义。它展现出公元前2世纪～公元16世纪亚欧大陆上的草原与农耕、游牧与定居等文明之间,是如何经由长达1800年的长距离交通和跨区域交流活动,冲突、交流与融合,在政治外交、文化艺术、科学技术,特别是商品贸易和宗教信仰等方面产生互为影响,以及这些交流活动对亚欧地区的社会、文化、经济的发展,特别是人们的价值观与生活方式等诸多方面所具有的广泛而深刻的影响；它可为亚洲大陆上诸多业已消逝的部落和帝国，以及延续至今的华夏文明提供特殊的见证，揭示了它们多元文化和平共处、兼容并蓄的历史传统与民族文化提供特殊的见证；并与亚欧大陆上对东西方人类文化交流史具有里程碑意义的张骞出西域事件、与对东亚文化具有重大影响的中国佛教传播事件和传播方式、与以丝绸为大宗贸易的洲际商贸传统，以及东西方之间广泛的物种、习俗、艺术、科学、技术等交流传统具有实质性的关联；它是人们基于对话的需求，经由新土地的开发利用和灌溉技术，通过移民屯田，保障和促进了丝绸之路沿线戈壁荒漠地带人类居住地的共同发展的杰出范例；并在进一步依托和利用自然环境的基础上，建立起穿越沙漠、戈壁、雪山、河流的长距离交通路网，连接了中原地区、河西走廊、天山南北与七河地区，成为亚欧大陆古代诸多文明与文化交流大动脉的主要路段之一，拥有路网规模特大、沟通区域众多、交流内容多元、遗存类型丰富、交通保障系统、沿用时间甚久，以及行旅景观多彩的线路特色，展现了世界古代亚欧大陆上人类文明与文化发展的若干重要历史阶段，是人类进行长距离交通、进行广泛的文明与文化交流的文化线路杰出范例。

由乌兹别克斯坦和塔吉克斯坦申报的丝绸之路：片及肯特-撒马尔罕-波伊肯特廊道位于扎兰山（Zarafshan）河谷，在丝绸之路专题研究中被定为第五廊道。它北连天山廊道，东临费尔干那盆地（Fergana Valley），南及阿姆河廊道。由咸海到里海的廊道位于其西端。

第五廊道起于塔吉克斯坦索德省（Sogd）的片及肯特古城，终于乌兹别克斯坦布哈拉地区的波伊肯特古城。丝绸之路廊道全长365公里，连接中亚的塔吉克斯坦、乌兹别克斯坦两国。

丝绸之路廊道包含10个组成部分。它们是：片及肯特古城；Qosim Shaikh 遗址群，Mir-Sayid Bakhrom 墓葬群，Raboti Malik 商队客栈，Raboti Malik 客栈的供水系统（Sardoba）、Vobkent的传唤塔、Chashma Ayub墓葬群、Bahouddin Naqshband 的建筑群、Chor-Bakr complex 和波伊肯特古城。廊道沿线已有两处世界文化遗产，即撒马尔罕古城和布哈拉历史中心。从公元6世纪起，撒马尔罕和布哈拉成为这一地区的主要城市。

公元前2世纪~公元16世纪，本廊道曾有3个繁荣时期。首先，在公元6~8世突厥汗国时期，中亚商贾，尤其是粟特人的作用不断提升。他们是国际丝绸贸易的中间商。其次,从公元10世纪起,Samanids兴起,城市和城镇文化在 Maverannahr繁荣。最后,从公元14~15世纪,帖木儿王朝占统治地位,科学、文化、城市文化和经济活动得到高度发展。

从"突出普遍价值"的角度来看,"丝绸之路:片及肯特-撒马尔罕-波伊肯特廊道"的城市中心、宗教传播、工商贸易、建筑艺术、基础设施和非物质文化遗产保护完整。这些文化遗产为不同宗教的传播和影响提供了可能。它们包括拜火教、摩尼教、佛教、基督教和伊斯兰教。伊斯兰教苏菲派广泛传播,Bahouddin Naqshband, Chor-Bakr和Qosim Shaikh等地影响了亚欧大陆、远东和印度的伊斯兰文化。片及肯特和波伊肯特古城是廊道内最古老的城市。它们也是重要的工商贸易、手工业、科学技术、宗教和文化中心。Raboti Malik客栈的供水系统连接了不同的商旅客栈。从基础设施和技术角度来看,它们是人类与自然环境相互作用的独特而杰出的例证。Chashma Ayub的建筑作品,Mir-Sayid Bakhrom 的墓葬群,以及廊道的其他组成部分都展示了不同时期建筑艺术的发展。它们不仅影响了其他地区的古迹遗址,也广泛融入了伊斯兰建筑艺术的主流。

(四)对丝绸之路系列跨境首批申遗成果的总结分析

丝绸之路系列跨境申遗自吐鲁番启动至今已有8年。起初,亚洲首例文化线路系列跨境申遗的参与国只是中国和中亚5国。现在,阿富汗、印度、伊朗、意大利、日本、蒙古国、韩国、尼泊尔等国也相继加入了国际磋商的队伍。丝绸之路申遗协调委员会成员也有12个之多。在过去8年中,丝绸之路文化线路系列跨境申遗项目遭遇了种种问题和挑战。丝绸之路的地理跨度有7500公里,文化遗产点有2500多处。各国文献资料的水平参差不齐,没有任何一个国家能明确知道如何筛选具有"突出普遍价值"的遗产点。这些问题的解决颇费周折,所以最初设想的由两个国家率先申遗的吐鲁番共同行动计划只能延迟进行。

丝绸之路申遗所遇到问题超出了现行《操作指南》的指导范围,而申遗项目的进一步推动无疑造成所选遗产点成为一个"简单拼盘"或"目录总汇"(mere catalogue),文化线路的组成部分没有必要的功能性联系。为了应对这些问题和挑战，易廷根国际会议对《操作指南》中关于系列跨境遗产的定义和概念作了较为精准的界定。易廷根会议的结论为丝绸之路文化线路系列跨境申遗提供了新的路径。根据会议结论，丝绸之路申遗可以选取更为灵活的方法。这就是以"共同价值框架"统领的、选取具有功能性联系的遗产组成部分。这意味着丝绸之路文化线路将以路段、遗产廊道或其他方式申报。每个系列或跨境遗产单独实行管理和保护，整体的文化线路体现一个"共同价值框架"。这样，丝绸之路申遗摆脱了成为单体文化遗产而又无法有效保护和管理的魔咒。

与此同时，世界遗产中心指导的ICOMOS丝绸之路专题研究为分解沿线已收入"预备清单"的文化遗产点提供了可能。整条文化线路可以分解为若干路段、廊道和节点。在分析亚洲国家提交的"预备清单"文献资料后，由伦敦大学学院完成的专题研究建议丝绸之路文化线路初步分解为54个廊道或路段开展申遗。尽管如此，目前建议的廊道仍然是大规模的景观（600~1400公里），体量和规模的问题仍然存在。比较可行的方式是所选遗产点直接或间接地体现一个地理-文化集合体并承载该廊道或路段的突出普遍价值。

丝绸之路系列跨境申遗协调委员会在阿什哈巴德和比什凯克两次全会上讨论了专题研究的建议。委员会原则同意研究报告的结论并确定了20条优先申遗的廊道和路段。委员会同意中国和中亚国家进行首批系列跨境申遗，但也希望进一步讨论其他后续丝绸之路申遗项目。

面临如此的挑战和困难，世界遗产中心在推动亚洲国家调整修订丝绸之路遗产"预备清单"、完成"共同价值框架"和成立丝绸之路申遗协调委员会等方面做了大量指导工作。ICOMOS和其他地区专业机构、各个参与国家积极支持申遗工作，使得这项跨文化国际合作项目能够前行。

然而，任何从事过文化线路系列跨境申遗和保护工作的专业人士都会认识到，系列跨境国际合作并非易事！基于共同目标的共识和协议容易达成，但"细节才是魔鬼"时时体现在实践活动当中。不同的利益相关者、各国政府不同程度的承诺、不同政治制度、不同的行政体系和法律框架，以及多元化的管理途径和专业水平，甚至语言和沟通渠道，都制约着此类跨境地区和国家合作的实施。

尽管上述两个系列跨境申遗项目的现场评审正在进行，许多问题仍待解决。这些问题包括对大型文化线路系列跨境遗产保护、管理和监测机制的统筹协调，文化线路的游客管理，以及共同的文化旅游战略等。因此，有必要研究考虑如何整体管理丝绸之路文化线路遗产廊道中的各个组成部分，以及如何协调文化线路遗产与其他遗产的关系。今后，整合丝绸之路文化线路的遗产资源，探究文化旅游如何对当地社区和人民的社会、经济的可持续发展做出有益的贡献，是重振丝绸之路文化特性的重要选题。为此，世界遗产中心正与世界旅游组织（UNWTO，马德里）联手，在世界遗产可持续旅游专题项目的框架内开展活动，希望帮助中国和中亚国家研究文化线路的游客管理和区域旅游总体规划。

（五）丝绸之路保护管理国际合作机制影响分析

前面论述了丝绸之路系列跨境申报世界遗产协调委员会在统筹申遗过程中的作用，在遗产被列入《世界遗产名录》之后，缔约国必须进一步加强对世界遗产的保护、管理和监测，对此必须设立相应的保护管理机制来保障。有了协调委员会工作章程做指导，各国中央政府部门、地方政府，以及遗产地管理单位就可以分层次明确管理职责。在国家层面，中国、哈萨克斯坦、吉尔吉斯斯坦准备了丝绸之路：长安－天山廊道的路网申报文本，而乌兹别克斯坦、塔吉克斯坦则准备片及肯特－撒马尔罕－波依肯特廊道系列跨境申遗文本。在两个申报文本中，参与国家之间都签署了联合保护管理的合作协议。中国、哈萨克斯坦、吉尔吉斯斯坦于2012年5月15日在北京签署了三国文化部门协调保护和管理的协议。为进一步强化三国之间的协调和对话机制，中国、哈萨克斯坦、吉尔吉斯斯坦又在2014年2月签署了合作《备忘录》。《备忘录》确定了对遗产廊道保护和管理的基本原则和规程。它也明确了统筹协调丝绸之路沿线文化遗产的保护、阐释展示和宣传的设想和建议。乌兹别克斯坦、塔吉克斯坦也在2012年6月签署了协议，以加强对丝绸之路遗产的保护管理。同时，地方政府和遗产地管理部门也做了具体的保护和管理目标和规划，包括文化旅游规划。这样就保证了整体保护管理机制在不同层面的协调与统筹。

总起来说，丝绸之路文化线路系列跨境申遗成功的主要因素可用图6.11表示。

下面列举"丝绸之路：长安－天山廊道的路网"跨国多层级的保

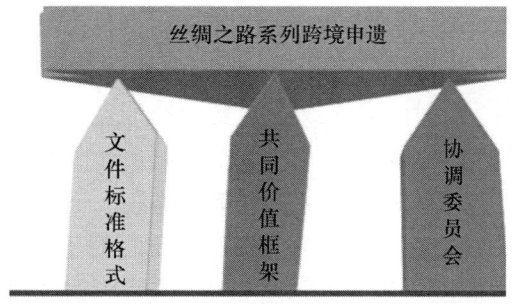

图6.11 丝绸之路系列跨境申遗成功主要因素

图6.12 中国、哈萨克斯坦、吉尔吉斯斯坦三国政府丝绸之路
协调委员会管理协议签字仪式

资料来源：中国国家文物局

护管理体制来说明丝绸之路申遗国际合作机制的有效性（图6.12）。

保护管理长期目标

——整体保护"丝绸之路：长安－天山廊道的路网"的文化线路遗产价值及其全部载体，使之获得真实、完整的永久保存。

——针对"丝绸之路：长安－天山廊道的路网"作为系列遗产在管理方面的跨国、跨地区特点，保持并加强各级协调管理机制，建成系统的、有效的综合、协调保护管理体制。

——针对"丝绸之路：长安－天山廊道的路网"各遗产点所处的复杂多变的地理环境与气候条件，因地制宜地制定和实施本体保护维修、生态环境保护、环境整治、灾害防治、风险防范等安全防护措施，抵御遗产面临的生态环境恶化、洪水等自然灾害威胁，保障遗产真实、完整的长期保存。

——针对"丝绸之路：长安－天山廊道的路网"穿越了山地、荒漠绿洲、农村腹地和城市建成区等复杂的地理与人文背景环境，通过制定和实施各项保护管理规定，重点控制土地使用性质的建设强度、遏制或缓解各项开发压力对遗产的负面作用，保护遗产独特的环境特征；限定遗产开放的游客容量，统筹协调相关利益方的需求，建立遗产保护与旅游开发、城市建设之间的可持续发展关系。建立系统的遗产监测体系，持续开展监测工作，为丝绸之路遗产的保护管理提供科学依据。

——针对"丝绸之路：长安－天山廊道的路网"整体价值构成的复杂性，组织各学科的学术研究力量，深化丝绸之路遗产价值研究的系统性，包括遗产的整体价值和丝绸之路沿线各类相关遗产的关联性，通过遴选和扩展符合突出普遍价值的、可对丝绸之路整体价值做出支撑的缺失线路遗产品类，使之渐趋完善。

——针对"丝绸之路：长安－天山廊道的路网"在遗产价值上的博大精深特性，加大丝绸之路遗产价值的诠释和传播，合理发挥遗产的文化交流、文化传承、教育传播、生态保护等综合作用，充分揭示该遗产在人类文明与文化史上的价值与地位。

——加强《管理规划》执行情况的监督和反馈机制，保障"丝绸之路：长安－天山廊道的路网"中国段保护管理的时间计划和有效性。

本项目作为超大规模的跨国文化线路类遗产和系列遗产，保护管理体制具有多个层级，主要包括：跨国层级协调管理机构和机制、各国国家层级的协调管理机构和机制、各省层级管理机构和机制、各遗产地层级保护管理机构和机制，以及相应的法律法规保障体系。跨国和各国国家级协调管理工作，通过联合协定等管理文件约定本项目的协调管理中共同认同和遵守的原则、方式、内容、运行机制。各省及遗产地保护管理工作，依据协调管理规定及本国相关法律法规执行。

"丝绸之路：长安－天山廊道的路网"跨国保护管理协调机制。

根据《操作指南》第114、135、137条对系列遗产、跨国遗产保护管理的相关要求，"丝绸之路：长安－天山廊道的路网"项目涉及的申报和保护管理主管部门共同签订了《关于"丝绸之路：长安－天山廊道的路网"跨国系列申报世界遗产和协调保护管理的协议》，约定了该项目的跨国保护管理协调机制。

管理要点包括：

（1）跨国协调管理机构——"丝绸之路：长安－天山廊道"协调委员会

"丝绸之路：长安－天山廊道的路网"协调委员会（以下简称协调委员会）由中国国家文物局、哈萨克斯坦文化与信息部与吉尔吉斯斯坦文化与旅游部各派1名副部长组成，负责协调丝绸之路项目的申报、监测和保护管理等重大事宜。

协调委员会下设工作组。工作组由三方各指定3名代表组成，其中包括政府官员1人，专家2人，负责协调委员会的沟通联络和联合撰写丝绸之路项目申报世界遗产文本。

详见图6.13 "丝绸之路：长安－天山廊道的路网"管理体制示意图。

（2）跨国协调管理机制要点

三方应当在协调委员会的框架下，建立申报世界遗产的丝绸之路遗产的监测和保护管理的跨国协调机制；积极协调本国的相关机构和地方政府，在正式完成申报文本之前，各自制定颁布丝绸之路遗产保护的专项法规、保护管理规划，并通过签订共同拟定《关于"丝绸之路：长安－天山廊道的路网"跨国系列申报世界遗产和协调保护管理的补充协议》《共识文件》建立明确约定明确、具体、有效的协调管理机制，制定协调工作模式、建立管理监测基地、制定共同行动计划，并据此组织开展相关遗产的认定、研究、保护、管理、监测、展示监测、保护管理、阐释展示宣传和、考古研究、培训、风险防范、资金筹措等工作，保障遗产点的长期、有效保护。

超大规模的跨国文化线路类遗产和系列遗产，保护管理

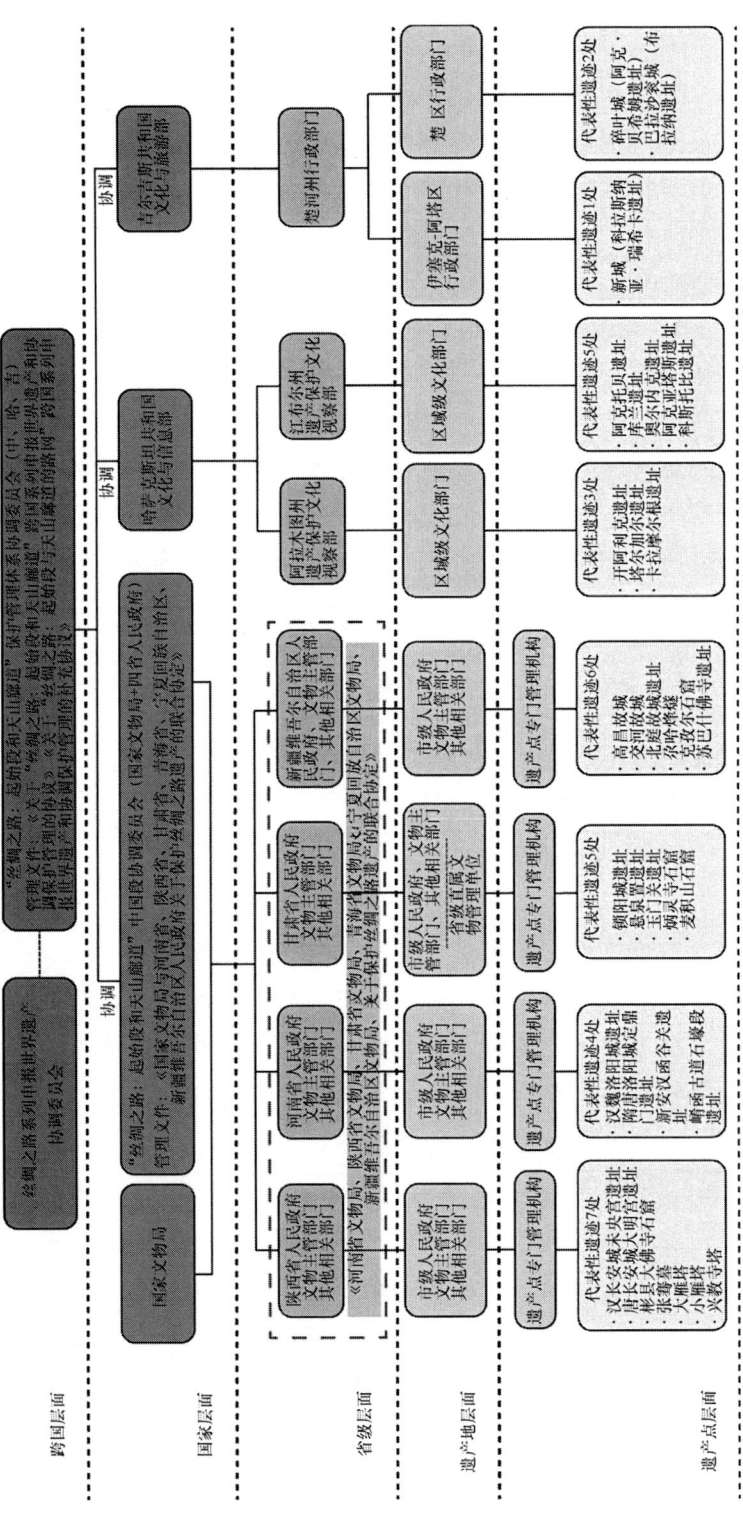

图6.13 "丝绸之路：长安-天山廊道的路网"管理体制示意图

体制具有多个层级，主要包括：跨国层级协调管理机构和机制、各国国家层级的协调管理机构和机制、各省层级管理机构和机制、各遗产地层级保护管理机构和机制，及相应的法律法规保障体系。跨国和各国国家级协调管理工作，通过联合协定等管理文件约定本项目的协调管理中共同认同和遵守的原则、方式、内容、运行机制。各省及遗产地保护管理工作，依据协调管理规定及本国相关法律法规执行。

"丝绸之路：长安－天山廊道的路网"跨国保护管理协调机制

根据《实施世界遗产公约的操作指南》第114、135、137条对系列遗产、跨国遗产保护管理的相关要求，"丝绸之路：长安－天山廊道的路网"项目涉及的缔约国世界文化遗产申报和保护管理主管部门共同签订了《关于"丝绸之路：长安－天山廊道的路网"跨国系列申报世界遗产和协调保护管理的协议》（2012.05.15），约定了该项目的跨国保护管理协调机制。管理要点包括：

（1）跨国协调管理机构——"丝绸之路：长安－天山廊道"协调委员会

"丝绸之路：长安－天山廊道的路网"协调委员会（以下简称协调委员会）由中国国家文物局、哈萨克斯坦文化与信息部与吉尔吉斯文化与旅游部各派1有决策能力的副部长组成，负责协调丝绸之路项目的申报、监测和保护管理等重大事宜。协调委员会下设工作组。工作组由三方各指定3名代表组成，其中包括政府官员1人，专家2人，负责协调委员会的沟通联络和联合撰写丝绸之路系列跨境申遗文本。

（2）跨国协调管理机制要点

在协调委员会的框架下，建立申报世界遗产的丝绸之路遗产的监测和保护管理的跨国协调机制；积极协调本国的相关机构和地方政府，在正式完成申报文本之前，各自制定颁布丝绸之路遗产保护的专项法规、保护管理规划，并通过共同拟定《关于"丝绸之路：长安－天山廊道的路网"跨国系列申报世界遗产和协调保护管理的补充协议》约定明确、具体、有效的协调管理机制，制定协调工作模式、建立管理监测基地、制定共同行动计划，并据此组织开展相关遗产的认定、研究、保护、管理、监测、展示、培训、风险防范、资金筹措等工作，保障遗产点的长期、有效保护。该补充协议在2013年6月举行的"丝绸之路：长安－天山廊道的路网"协调委员会第二次会议上正式签署。

"丝绸之路：长安－天山廊道的路网"中国境内遗产要素保护措施的案例：

中国世界文化遗产预备清单保护措施执行手段。

"丝绸之路：长安－天山廊道的路网"中国境内遗产要素具有"中国世界文化遗产预备清单"保护称号，依据《世界遗产公约》相关原则，以及《实施世界遗产公约的操作指南》第108~119条、第135、137条中对于系列遗产保护管理的相关要求建立协调管理机制，分层级执行保护管理。

（1）建立分层级管理体制

"丝绸之路：长安－天山廊道"中国段的管理体制依托中国文物行政管理机制，与现行管理层级结合，实行分级负责、属地管理。在国家级、省级层面建立保护丝绸之路遗产联合管理机制，各遗产点均纳入国家、省、级、遗产点专门管理机构等4级管理框架。并按照《世界遗产公约》及其《操作指南》等阐述的世界遗产中系列遗产的保护管理要求，以及《中华人民共和国文物保护法》及其《实施条例》法律法规，制定联合、协调管理的专项管理协定，以及遗产点专项管理法规，有效保障了丝绸之路申遗和保护的工作。

（2）建立国内丝绸之路遗产协调管理机制

A.签订联合管理文件。

为加强对丝绸之路中国段相关遗产的协调保护和管理，丝绸之路沿线相关河南、陕西、甘肃、宁夏、青海、新疆等省、自治区文物主管部门联合签署了《关于保护丝绸之路遗产的联合协定》（2012.12.25）。有关各方充分认识保护丝绸之路遗产的重要意义，将按照协定的要求，不断加强与相关单位的沟通与协调，共同做好丝绸之路遗产的研究、保护、管理、监测、展示等工作。

为进一步提高中国丝绸之路遗产协调保护管理的层级，近期，国家文物局将与丝绸之路沿线相关省级人民政府签署《关于保护丝绸之路遗产的联合协定》，为整体保护丝绸之路遗产提供制度保障。中国国家文物局与陕西省、河南省、甘肃省、宁夏回族自治区、新疆维吾尔自治区人民政府共同签订了《关于"丝绸之路：长安－天山廊道"中国段保护管理联合协定》，约定该项目执行协调管理，以及相关的管理内容。

B.建立国家层面的协调管理机构。

"丝绸之路：长安－天山廊道"中国段协调委员会由中国国家文物局与陕西省、河南省、甘肃省、宁夏回族自治区、新疆维吾尔自治区人民政府指定专员共同构成，负责协调丝绸之路项目的申报、监测和保护管理等重大事宜。

C.建立分层级管理体制。

"丝绸之路：长安－天山廊道"中国段管理体制包括国家、省、县市、遗产地4个层级，确保现在和将来对申报遗产进行有效的保护。国家层面的协调委员会负责协调管理，省级文物等管理部门负责根据协调委员会行政管理和业务指导执行本省遗产要素的保护管理，县市级人民政府和文物等管理部门负责根据上级主管部门要求对遗产地进行直接管理。

各遗产地管理机制主要内容

根据世界遗产保护管理文件相关要求，"丝绸之路：长安－天山廊道"中国段各遗产地管理机制主要内容包括：

——各遗产地均有专项保护管理法规；

——各遗产地均有专项保护管理规划，包含了保护遗产突出普遍价值及其载体的保护、保存、展示、风险防范等各项措施和实施计划，并与文物保护单位保护专项规划等相关规划衔接；

——各遗产地均建立了规划、实施、监测、干预评估和反馈的循环机制；

——各遗产地的保护管理均包含了合作者与各利益方对遗产价值的理解、认同及共同参与机制；

——各遗产地均具备了必要的经费、人员、设施等资源配置并持续完善；

——各遗产地的保护管理机构均计划开展能力建设。

遗产管理规划

"丝绸之路：长安－天山廊道的路网长安－天山廊道的路网"的373个申报点，全部根据世界遗产保护的标准与要求，围绕与丝绸之路突出普遍价值相关联的遗产要素、遗产价值保护管理需求，编制了专项的《保护管理规划》。专项规划主要内容包括：遗产概况、价值评估、现状评估、规划原则与目标、保护区划和管理规定、管理体制、保护措施、遗产价值阐释与展示、遗产监测、规划项目与分期、经费估算。通过对申报遗产点保护管理的综合策划，将世界遗产保护管理措施与中国文物保护管理和其他相关文化、自然资源保护管理措施相协调，而且，在对遗产的真实性和完整性有效保护的前提下，对遗产地的经济和社会发展与遗传保护的协调发展关系提出规划要求或对策。

（六）与安第斯山道路系统文化线路管理体制的比较分析

安第斯山道路系统也是系列跨境申遗的遗产线路，它也叫印加大道：安第斯山道路系统。这条文化线路涵盖拉美6国（阿根廷、智利、哥伦比亚、玻利维亚、厄瓜多尔和秘鲁）。

按照《操作指南》第95段要求，安第斯山道路系统的保护管理机制由长期的法律法规、官方机构和传统保护体系做保障。2010年12月，上述六6国首脑在阿根廷签署了《马德普拉塔宣言》（Declaration of Mardel Plata）。该协定明确表述了6国政府对申遗活动和遗产保护的承诺，认定对"文化线路的保护和管理要依照遗产的突出普遍价值，达到国际标准"。6国政府为此也成立了法律和行政机制。这个机制完全参照国际公约，但也考虑到各国法律体系多样性和多层次的适用性。合作机制的运行不仅考虑了申遗项目，也对已经列入《世界遗产名录》的文化遗产地和文化线路的非物质因素给予了关注。

这个适用于文化线路沿线6国的法律和行政机制体现了各国法律法规的多样性和多层次合作。框架的设计试图找到共同承诺的合理性，同时兼顾各国体制的特殊性，以及印加大道文化线路保护和管理基本需要。6国整合了现行的法律法规，并吸收了非物质文化遗产的成分。

安第斯山道路系统保护管理体系的构建标准包括保护原则，理论性和实践操作框架。这些都是按照1972年《公约》及其《操作指南》制定的。保护管理体系采用了公众参与的方式。各国政府官员、专家、广大民众在认定"突出普遍价值"的过程中，已经参与到保护和管理体系的构建。2003年，申遗项目启动之初，专家规划会议上就讨论了管理体系的筹划。2007年，在确定了申遗的路段、"突出普遍价值"声明和真实性、完整性，以及系列申遗的其他组成部分后，参与国政府官员就着手勾画共同管理体系的蓝图。参与国政府官员的定期合作协调机制也开始启动。

在构建保护管理体系过程中，各参与国家分别提出有关管理架构的设想和建议，这些建议都被吸收到整体框架内。这就保证了跨国的协调合作功能，同时也促使每个国家的主管机构在其负责层面实行必要的协调。整条文化线路的保护管理规划的编制通过地区磋商会议、网络联系及其他技术手段保障。2009年以来的协调管理经验和教训也被总结归纳在印加大道文化线路总体管理规划中。在国际层面，管理体系的原则充分吸收了2010年12月4日上述6国首脑在阿根廷马德普拉塔举行的第20届伊比利亚-美洲首脑会议（Iberoamerican Summit）期间签署的《印加大道：安第斯山道路系统国际合作协议》。协议明确规定，文化线路的保护和管理将遵从以下基本标准。

- 充分体现各国作为国际公约缔约国的承诺和义务，尤其是在1972年《公约》框架下的责任和义务；同时兼顾各国境内文化线路路段保护和管理法律法规的多样性和适用性。
- 通过行之有效的机制保障文化线路保护管理规划的实施。
- 在保护文化线路遗产同时，对与之直接相关联的自然环境和非物质遗产成分加以保护。

这就证明了整条文化线路的保护和管理机制已经在运行中，而不是一个纯理论架构。在这个基础上，对安第斯山道路系统文化线路保护状况的监测将依据"突出普遍价值"、真实性和完整性声明、可持续发展和广泛社会参与的原则制定共同的总体计划。

印加大道：安第斯山道路系统文化线路的绝大部分路段涉及原住民社区，它们保证了文化的连续性。直到今日，文化线路的相关元素，如桥梁、水道、梯田等仍在使用。印加大道文化线路是这些社区人们日常生活不可分割的一部分。因此，保护管理体系中充分吸收了当地社区传统的保护实践。在某些路段的管理规划中，传统管理尤为重要。在文化延续性缺乏的社区，人们正在寻求有关历史资料和祖传实践，以完善文化线路的传统保护体系。这些无疑体现和强化了1972年《公约》和《操作指南》鼓励社区参与文化遗产保护的原则。

安第斯山道路系统文化线路的保护管理体系也遵从了1972年《公约》关于可持续管理系统的原则。它一方面包含了保护和可持续利用的计划，另一方面又充分体现对遗产保护和管理国际承诺。总之，在文化线路整体层面的保护和管理并不减轻各个主权国家作为国际公约缔约国的权利和义务。

从上述比较可以看出，丝绸之路文化线路系列跨境申遗的国际合作机制有两点可以从印加大道：安第斯山道路系统申遗项目中获取经验。

首先，参与国最高层面的承诺和支持。南美国家首脑签署的《马德普拉塔宣言》充分反映了该地区与国际合作的意愿和共识。最高层面的承诺和支持，使得在文化遗产平台上实施的地区和国际合作走得更远，步伐更坚实。对于中国和中亚国家而言，目前的跨境合作协议都是各国政府文化部门在技术层面签署的操作性较强的协议，还没有上升到国家首脑层面。回顾10多年来中国和中亚国家在丝绸之路文化线路中的国际合作，在现有丝绸之路申遗协调委员会运行的基础上，上海合作组织今后可以成为丝绸之路文化遗产保护有效的法律和行政合作机制。这应该是中国和中亚国家政府下一步考虑和应对的问题。

其次，丝绸之路系列跨境申遗参与的主体是政府官员和专家，由于各国体制和传统的不同，社区和民众的参与还很有限。从上面比较分析南美国家的实践经验看，亚洲国家今后在丝绸之路文化线路申遗和保护管理更需要重视社区的参与。这不仅有利于传承优秀的文化遗产保护传统，包括非物质文化遗产，也有利于当地社区的社会和经济可持续发展，促进民生事业，应该是共赢的最佳选项，也必然是今后文化遗产保护的努力方向。

五、国际援助和其他事项

（一）对已列入《世界遗产名录》项目的处理

丝绸之路沿线的许多重要遗产已经入选《世界遗产名录》（图6.14）。这些遗产因其自身的"突出普遍价值"列入《世界名录》，而其中的一些遗产地明确提及了它们与丝绸之路的关系，如乌兹别克斯坦的撒马尔罕和叙利亚的帕米拉遗址，或者是因为丝绸之路而形成的文化遗产，如中国敦煌莫高窟和洛阳龙门石窟。如何处理已经列入《世界遗产名录》的遗产地，这是所有成员很关心的问题。

现有的世界遗产地被纳入或排除在文化线路申遗之外的先例都存在。比如，法国的香堡城堡（Chambord）、英国的哈德良城墙分别纳入卢瓦尔河谷文化景观和罗马帝国边境线文化线路遗产。而西班牙的圣地亚哥城就不包括在朝圣之路文化线路遗产中。对于丝绸之路系列跨境申遗项目，亚洲相关的成员国大多数希望现有"预备清单"遗产地能够作为单个项目申报世界遗产，但是今后有可能把它们与丝绸之路相关的遗产地作为文化线路遗产的一部分进行申报。在申遗项目进行时，吉尔吉斯斯坦和塔吉克斯坦还没有遗产地列入《世界遗产名录》。按照1972年《公约》精神，这应是成员国的选项。

中国和中亚国家有近10处与丝绸之路相关的文化遗产地列入《世界遗产名录》，它们均是沙漠绿洲古城或宗教遗址。如何处理这些遗产地与丝绸之路文化线路系列遗产的关系，也是成员需要应对的问题。

（二）对濒危遗产入选程序的看法

《操作指南》第183~189段给出了列入《濒危世界遗产名录》的具体程序，这些程序基本上是针对单体文化或自然遗产的。对遗产线路这样一个复杂而又丰富的综合体，显然现有的规程难于涵盖。如何处理今后将要入选《世界遗产名录》的大型系列跨境文化线路遗产的保护状况报告及定期报告？如何确定系列跨境遗产列入《濒危世界遗产名录》？这仍然是需要进一步研究和解决的问题。

从实践层面看，丝绸之路文化线路系列跨境申遗的特点决定了现行《操作指南》第183~189段有关世界遗产委员会审议遗产地保护状

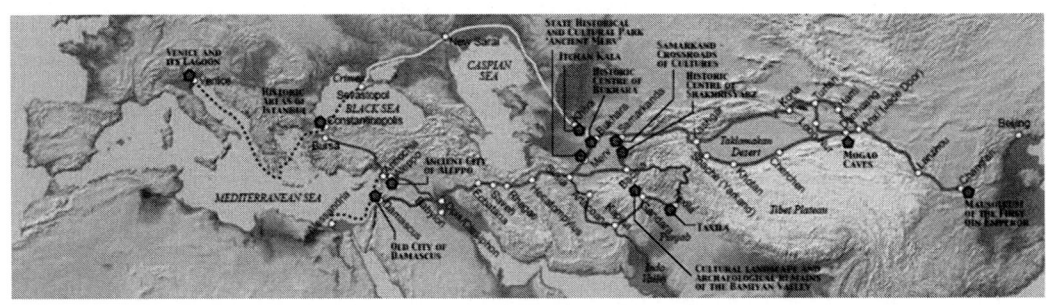

图 6.14　丝绸之路沿线的世界遗产示意图

资料来源：世界遗产中心. World Heritage Review, Vol 39, 2005: 7

况并做出濒危决定的规程不适用。世界遗产中心和国际咨询机构多年来认为系列跨境遗产的保护状况申遗程序应该与单体遗产一致。通过丝绸之路申遗的理论研究和实践发现，单纯使用现行的规定有困难，对一些成员也不公平。可遵循的基本原则应该是不打击成员开展跨境国际合作保护世界遗产的积极性。如何避免误伤，是整个世界遗产体系需要进一步研究和应对的挑战。形象地说，就是不能出现"甲国生病、乙国吃药"的 "躺枪"局面，这样无助于世界文化遗产的保护和管理。因此，世界遗产体系需要进一步完善，以应对由大型系列跨境遗产线路保护和管理所带来的复杂问题和挑战。

（三）国际援助和能力建设

由 2005 年在亚太地区世界遗产定期报告后续活动的框架下推出丝绸之路系列跨境申遗之日起，培训活动和能力建设的因素一直主导着申遗过程。世界遗产中心通过不同渠道、不同方式动员国际援助，支持、指导着这项跨文化项目的推进。一系列地区磋商会议、分地区和国别培训会、专家讨论会使不同信仰、不同种族、不同文化背景和不同学科领域的政府官员、专家学者、文化遗产管理者，以及其他社会公众，通过互相学习、共同摸索，探讨丝绸之路文化线路系列跨境申遗的合适途径和方法。在这个过程中，荷兰信托基金、日本信托基金、世界遗产基金、挪威信托基金、意大利信托基金、比利时王国科学政策办公室，以及中国、乌兹别克斯坦、塔吉克斯坦、哈萨克斯坦、土库曼斯坦、吉尔吉斯斯坦等国提供了资金及人力资源支持；ICOMOS 和英国伦敦大学学院考古研究所、雷蒙/勒梅尔文化遗产保护中心、IICC-Xi'an、IICAS 等专业机构提供了有力的科学依据，为系列跨境申遗的成功提供了坚实的保证。

在申遗工作中，世界遗产中心动员了荷兰信托基金、日本信托基金、挪威信托基金、意大利信托基金、世界遗产基金、比利时基金和韩国信托基金支持中国和中亚国家开展能力建设和申遗培训活动，不仅促进了国际合作，也提高了遗产地管理人员的业务能力和保护管理水平。

与此同时，中国和中亚国家启动的大型文化遗产保护项目对丝绸之路沿线遗产的保护起到了带动作用。

以丝绸之路系列跨境申遗为平台，其他国际和地区合作组织也踊跃参加或倡议与丝绸之路文化线路相关的国际合作。世界旅游组织（UNWTO）、ICOMOS、IICAS、WHITR-AP、各国的大学和科研机构也都积极参与丝绸之路申遗的研究或实践，开拓了丝绸之路国际合作的新篇章。

（四）展望未来

在丝绸之路系列跨境申遗的带动下，中国和中亚国家与亚洲若干国家，加强了针对文化线路和丝绸之路的基础研究。以多学科的方式，各国组织了对文化线路遗产资源的发掘、评估、认定以及保护相关的学科研究，强调学科间的沟通与互动。

本书研究的成果和申遗过程及时与世界遗产委员会、国际保护组织和各国政府部门分享，研究的信息和初步成果指导了亚洲国家的系列跨境申遗实践，有关资料和信息也发布于世界遗产中心的网站。丝绸之路《概念性文件》也于2008年提交世界遗产委员会备案。另外，丝绸之路申遗的理论和实践促成了教科文组织在2013年建立了有关丝绸之路文化间对话的信息平台（https://en.unesco.org/silkroad/），IICC-Xi'an搭建了丝绸之路申遗信息平台（http://www.iicc.org.cn/），英国伦敦大学学院也建立了丝绸之路文化遗产的数据库（CHRIS, www.silkroad-infosystem.org/）等。这些都将随着丝绸之路文化线路系列跨境申遗项目的开展进一步发挥作用。

目前，世界遗产中心通过教科文组织/韩国信托基金，正在南亚地区的尼泊尔、不丹、印度、巴基斯坦和中国开展新一轮针对丝绸之路文化线路系列跨境申遗的国际磋商和培训活动。与此同时，针对东亚地区韩国、日本的丝绸之路专题研究也即将展开，丝绸之路系列跨境申遗仍在路上。

六、小　　结

　　丝绸之路系列跨境申遗项目所带动的地区和国际合作活动符合教科文组织所倡导的文化多样性政策，也是教科文组织文化政策对世界遗产体系影响的结果。它对推动文化间对话，维护区域和平，促进经济发展有重大意义。申遗项目的推行遵从了中国传统的文化观念"和而不同、求同存异"。本着这样一个开放的、发展的文化观，申遗所带动的国际合作机制对中国和中亚国家当前的合作也有着现实意义。

　　实际上，每一种文明都延续着一个国家和民族的精神血脉，既需要薪火相传、代代守护，更需要与时俱进、勇于创新。通过丝绸之路申遗国际合作，把跨越时空、超越国度、富有永恒魅力、具有当代价值的文化遗产继承弘扬起来，让收藏在博物馆里的文物、陈列在广阔大地上的遗产、书写在古籍里的文字都活起来。让中华文明同世界各国人民创造的丰富多彩的文明一道为人类提供正确的精神指引和强大的精神动力，用保护世界遗产来切切实实守护人类的精神家园。这也可能有助于我们探索有中国特色的文化遗产保护之路。

　　在丝绸之路申报世界遗产的过程中，中国提出了"一带一路"，即丝绸之路经济带和21世纪海上丝绸之路的战略发展构想，这使得丝绸之路的概念已经远远超出了遗产保护的范畴，而成为地区经济发展新的推动力量，成为地区文化对话、共同发展的重要平台。丝绸之路的遗产保护已经成为地区发展战略的一个组成部分，将有力地促进沿线国家的共同发展。丝绸之路已不再仅仅是一个由遗址和古代建筑构成的文化遗产，它已经被赋予了更为丰富的社会可持续发展的内涵。

　　另外，丝绸之路系列跨境申遗的国际合作也经历了风风雨雨。需要强调的是，申遗项目首先由中国和中亚国家倡导，世界遗产中心和ICOMOS给予了顶层政策指导和技术支持。随着两批申报文本在2013年初提交世界遗产中心，申遗项目的第一阶段取得了成就。丝绸之路长安天山廊道于2014年6月列入《世界遗产名录》，得到国际社会的赞誉。但古丝绸之路向南连接南亚次大陆，向西直达地中海亚沿岸，向东直至韩国和日本。中国和中亚国家的申遗实践为今后丝绸之路文化线路的合作树立了样板。可以预见，由教科文组织在20世纪90年代启动的丝绸之路国际研究将随着世界遗产理念的介入会更精彩。丝绸之路其他路段，如草原之路、海上丝绸之路等也将会逐步确定保护潜在遗产的计划。最终，丝路申遗项目将带动沿线的其他国家、地区在

"共同价值框架"下,为了保护人类共同遗产的愿景不断努力。

2008年7月,世界遗产委员会详细讨论了系列跨境遗产申报面临的问题,许多国家对系列甚至跨境遗产申报感兴趣。由于遗产大会时间紧、任务重,委员会建议召开专家会议进行详尽讨论。委员会认为有必要加强对系列跨境申遗的指导,以便于相关国家从程序上、管理体制上更好地落实《操作指南》的要求并得到世界遗产中心和相关咨询机构的协调支持。基于丝绸之路、安第斯山道路系统等大型遗产线路系列跨境申报的实践,从"顶层指导"的角度对《操作指南》给予修订,并准备有关系列跨境申报的指导文件。

实际上,2008年魁北克遗产大会的决定应追溯到遗产委员会德班大会的决定(29 COM 18A南非,2005年)。德班大会决定认为缔约国共同准备系列跨境申遗项目时,可在达成协商一致的基础上,选择共同申报的某一个国家的遗产提名名额。系列跨境申报文本可算在这个国家的限额内。可以看出,这仍然是"苏州-凯恩斯"决定的变通版本。

在实践层面,丝绸之路、南美安第斯山道路系统等大型文化线路的系列跨境申遗活动遇到的问题和挑战已无法从《操作指南》中找到答案。这一系列的问题包括:系列跨境遗产如何在申遗前期的"预备清单"中确定;系列跨境遗产的"突出普遍价值"认定和价值体系与单个遗产点的关系;大型文化线路类型系列跨境遗产的评估程序;成员之间如何有效地管理保护系列跨境遗产;世界遗产委员会怎样审议系列跨境遗产的保护状况(如何列濒危名录);系列跨境遗产申报涉及的国际(资金)援助和能力建设等。

本章贯穿着"共同价值框架"作为丝绸之路文化线路系列跨境申遗的基础,揭示了新时期文化遗产保护领域全球化和文化间对话的必要性,对整个世界遗产体系有积极意义。本章最终得出结论,丝绸之路文化线路系列跨境申遗国际合作是一个创新的途径,是一个在不同政治制度、不同行政和法律体制、不同宗教信仰、不同民族、不同语言文化和参差不齐的经济基础和专业能力上进行的多国跨境合作。在当今倡导文化间对话和交流的背景下,它有着国际意义。通过申遗这样一个错综复杂的国际合作过程,丝绸之路作为全人类的共同遗产的文化意义得到了重新认可。中国和中亚5国,通过跨境国际合作,推动了我们这个时代的文化间对话与和平文化,重振了丝绸之路的全球化作用。以丝绸之路申遗为抓手,沿线国家和人民一起追求共同繁荣,实践世界遗产保护与可持续发展的双赢。由此,丝绸之路将重新开始新的旅程!

第七章
结　论

在对教科文组织的文化政策和价值理念进行梳理和分析的基础上，本书对自2003年启动的丝绸之路文化线路系列跨境申遗项目作了全面的回顾和细致的研究分析。在对问题、概念、政策和案例的探究和辨析中，本书将宏观的理解与细节的观察穿插在一起，把价值理论与操作实践结合起来，进行综合分析和论证，由此获得了一些有意义的新发现和结论。

教科文组织作为多边国际合作机构自成立之日起就具有明确的使命和组织目标，由教科文组织主导的世界遗产保护自然也始终贯彻了它的价值追求。"突出普遍价值"是1972年《公约》确立的核心，40多年来一以贯之，但其具体内涵和实际所指则在不断变化中，变化的基本趋势是由重视普遍价值到强调文化多样性，由致力于遗产保护到注重可持续发展。教科文组织价值理念的变化深刻地影响了它的文化政策和遗产保护政策的变化，同时也在一定程度上对世界遗产理念的发展方向产生了作用，更深刻地决定了世界遗产申报和保护的实践。

世界遗产体系是由教科文组织的价值理念、文化政策、世界遗产理论和实践构成的，这一体系自产生以来就处在不断变化当中。笔者利用自身的特殊条件，从教科文组织内部观察其运作，以一个研究者的身份对其过程进行客观的反思，从而揭示出世界遗产体系变革的全球治理机制。国际政治、意识形态、学术界的文化理论会使教科文组织的价值理念特别是文化政策发生转变，相应地，世界遗产理论和操作实践也会做出调整。这一机制的核心是教科文组织世界遗产中心和ICOMOS，具体进程则包括国际会议（缔约国大会、世界遗产委员会会议、国际专家会议、专题会议等）、项目研究（如1988年启动的"丝绸之路：对话之路整体研究"）、申遗实践、《操作指南》修订等。国际会议为世界遗产新的概念和理论的产生、形成和完善提供了思想和智力支持，项目研究为世界遗产理论和实践中存在的难题、未来的发展方向提供了学术基础和理论资源，申遗实践则通过实际的申报过程检验和验证已有的理论、政策和操作标准，同时也能发现现有体系的问题，并由实践产生新的问题，为进一步发展提供了动力。《操作指南》修订则是把已有的理论和实践成果规范化、规则化和标准化，是世界遗产体系阶段性和标志性的产物。在世界遗产体系中，《操作指南》的修订是最关键的，代表了有关研究和理论以及实践探索的正规化，也意味着被世界遗产委员会正式接纳到现有的世界遗产体系中。

世界遗产体系的形成和变革受到1972年《公约》缔约国的影响，申遗成功与否直接与缔约国的能力和影响力有关，教科文组织也努力与缔约国协调、合作，但从总体和发展趋势来看，教科文组织仍是主导性的力量。在1972年《公约》形成之前和其通过后的早期，主权国家，具体地说是欧美国家在世界遗产理念的形成、保护机制、资金等方面发挥了主导作用，但随后教科文组织及其世界遗产中心逐渐成为世界遗产体系的主导者。首先，教科文组织在价值观念上主导了世界遗产保护，虽然"世界遗产"的概念和"突出普遍价值"来源于欧美，但教科文组织以和平文化和人类共同遗产的理念不仅对之作了新的论述，而且将之传播给各成员和国际社会。其后的文化多样性、世界遗产"全球战略"、可持续发展理念更完全是由教科文组织倡导和推广起来的。其次，在实践上，教科文组织和世界遗产中心的政策、《世界遗产名录》、"全球战略"等，完全是由教科文组织出面推动的，试图改变由欧美国家主导的局面。欧美对发展中国家在文化领域的影响也是通过教科文组织这样的多边国际合作机构来实现的。与此同时，广大发展中国家的声音、意志、理念、价值观在教科文组织中的越来越突出，这实际上也加强了教科文组织在国际社会的影响力。此外，世界遗产巨大的全球声誉，以及更实际的旅游发展、经济和社会效应，在世界范围内形成了申遗热潮。

从世界遗产体系的变革和发展趋势来看，与文化有关的遗产日益受到重视，类型也不断扩展和增多。1982年教科文组织在墨西哥召开"世界文化政策大会"，1988年教科文组织启动"世界文化发展十年（1988-1997年）"，都显示出文化受到教科文组织的重视。从世界文化遗产的类型来看，1992年文化景观被纳入世界遗产体系中，1993

年文化线路的实例（西班牙圣地亚哥朝圣之路）列入《世界遗产名录》，1994年文化线路的概念正式启用。2005年，"遗产（文化）线路"和系列跨境遗产的概念正式进入《操作指南》。文化线路概念具有极其丰富的内涵，将多类型的物质、非物质文化遗产，以及自然、文化、历史因素紧密结合在一起，并强调它们之间的相互关系和动态性，不但极大地拓展了文化遗产的新思路，而且也引入了遗产保护理念的新模式，即将文化遗产及其周边环境的价值看作超越国界的人类共同遗产（shared heritage）。也正是文化线路遗产类型的提出和实施，具体地促进和实践了教科文组织文化政策的转向，并将世界遗产理念和保护从历史走向现实和未来，从单纯文化遗产保护走向注重经济和社会的可持续发展。

世界遗产的价值因文化线路和系列跨境合作而变得丰富和生动起来，遗产线路本身所具有的复杂性使得现有的理论和概念含糊、重叠和贫乏，理论与实践存在严重脱节、操作标准不精准，因而使得文化线路的申遗和保护存在着巨大的困难和挑战，特别是作为系列跨境文化线路的申遗与保护更是面临重重难题，而现有的《操作指南》等根本无法为之提供答案。丝绸之路文化线路系列跨境在理论、实践、保护管理国际合作机制等方面提供了一个综合性的解决策略，为世界遗产体系的发展和完善做出了一定的贡献。

丝绸之路系列跨境文化线路实践和丰富了教科文组织的价值理念。丝绸之路沿线国家具有最复杂、最丰富的文化、历史、政治、宗教、民族、生态系统等的多样性，非常符合教科文组织文化多样性和生物多样性的追求。丝绸之路沿线又多是经济欠发达地区，中国政府在21世纪初提出西部大开发战略，运用各种手段发展地区经济，这合乎教科文组织对可持续发展的追求。中国在丝绸之路申遗的过程中践行"和而不同、求同存异"的理念和指导思想，这也契合了教科文组织的使命与宗旨、价值与追求。教科文组织既充分地认识到人类共同的价值，也高度尊重文化的多样性，强调不同文明间相互理解、对话、交流和合作，这其实正是"和而不同"的精神。中国丝绸之路的申遗过程充分体现和实践了"和而不同"的理念，也以中国传统文化和人文精神充实和丰富教科文组织价值理念的内涵。

实际上，每一种文明都延续着一个国家和民族的精神血脉，既需要薪火相传、代代守护，更需要与时俱进、勇于创新。通过丝绸之路申遗国际合作，把跨越时空、超越国度、富有永恒魅力、具有当代价值的文化遗产继承弘扬起来，让收藏在博物馆里的文物、陈列在广阔大地上的遗产、书写在古籍里的文字都活起来。让中华文明同世界各国人民创造的丰富多彩的文明一道，为人类提供正确的精神指引和强大的精神动力，用保护世界遗产来切切实实守护人类的精神家园。这也有助于我们探索有中国特色的文化遗产保护之路。

在丝绸之路申报世界遗产的过程中，中国提出了"一带一路"，即丝绸之路经济带和21世纪海上丝绸之路的战略发展构想，这使得丝绸之路的概念已经远远超出了遗产保护的范畴，而成为地区经济发展新的推动力量，成为地区文化对话、共同发展的重要平台。丝绸之路的遗产保护已经成为地区发展战略的一个组成部分，将有力地促进沿线国家的共同发展。丝绸之路已不再仅仅是一个由历史遗址和古代建筑构成的文化遗产，它已经被赋予了更为丰富的社会可持续发展的内涵。

丝绸之路系列跨境文化线路在理论上为文化线路类遗产进行了拓展。1988年教科文组织就启动"丝绸之路：对话之路整体研究项目"，这早于文化景观、文化线路等世界遗产新概念、新类型的提出，也早于圣地亚哥朝圣之路列入《世界遗产名录》的时间，因此可以说，正是古丝绸之路唤醒和激发了教科文组织、世界遗产专家对文化线路的想象和研究。

丝绸之路文化线路系列跨境申遗在实践上也作了大胆的探索和创新。

第一，在早期策略上确立了分阶段、分专题的申遗思路。正是这一策略才很好地应对了后期申遗中遇到的极其复杂而困难的局面。这应成为今后系列跨境文化线路申遗的可操作模式。

第二，在方法和程序上研究先行。丝绸之路在申遗之前已经进行了大量长期的多学科、多领域、多国家的协作研究，教科文组织很早就发起了多次综合考察和研究，如1988~1997年组织了5次大型国际科学考察活动，2003~2004年世界遗产中心与中国政府合作对丝绸之路中国段进行了两次实地考察。相关的国际学术会议也举办了多次，不仅加深了对丝绸之路的研究，也是国际合作、文化间对话和交流的具体实践。另外，丝绸之路申遗也促进了学术研究的发展。在丝绸之路申遗活动的带动下，中国和中亚国家与亚洲若干国家，加强了针对文化线路以及丝绸之路的基础研究。以多学科的方式，组织了对文线路遗产资源的发现、评估、认定以及保护有支持作用的学科研究，强调学科间的沟通与互动。比如，清华大学所做的《文化线路申报世界遗产研究》就作为纪念1972年《公约》40周年的研究成果于2012年发表。

第三，为《操作指南》修订准备成型的素材和文件。在丝绸之路系列跨境申遗过程中，根据本书研究的成果，世界遗产中心提出了对"预备清单"标准格式和申报格式（Annex 2.B 和Annex 5）的修订，在2010年初的易廷根国际专家会议丰富了对系列和跨境遗产申报模式的界定，结论于2010年提交世界遗产委员会并通过，由此在2011年修订了《操作指南》中对系列遗产的定义。这不但突破了丝绸之路申遗的瓶颈，而且也填补了世界遗产领域文化线路研究框架中的空隙，为更新和修订《操作指南》提供了依据。

第四，在国际合作机制上提供了一个范例。丝绸之路文化线路系列跨境申遗是一个创新的途径。是在不同政治制度、宗教背景、行政体系、民族特性语言文化和参差不齐的经济基础和专业能力上进行的多个国家的合作，也是一项几乎不可完成的使命。在当今倡导文化间对话和交流的背景下，有着积极意义。中国和中亚5国，由于许多社会、经济、政治、文化、民族以及地理因素联结在一起，丝绸之路提供了促进地区和平与安全的合作平台。通过系列跨境申遗这样一个错综复杂的国际合作过程，丝绸之路作为全人类共同遗产的文化意义得到重新认可，沿线人民加深了了解，增强了互信，并为今后进一步开展全方位的区域合作打下了坚实的基础。

第五，亚洲国家，尤其是中国和中亚5国，以成立丝绸之路系列跨境申遗政府间国际协调委员会（2009年）为契机，加强国际合作，形成各级保护管理机制，有力地加强了对丝绸之路沿线文化线路遗产的保护、管理和监测。

第六，初步形成了系列跨境文化线路遗产的申报、保护和管理模式。丝绸之路申遗初步提出并实践了适合中国及中亚国家丝绸之路系列跨境申报和文化遗产保护和管理的模式；以丝绸之路为平台，通过系列和跨境遗产初步申报策略（2006年）、《概念性文件》（2007年）、"预备清单"的标准格式（2008年）、价值认定、对比分析（2009年）和专题研究（2011年），由点到面、由面涵线，全面归纳了丝绸之路文化线路系列跨境申遗活动和文化遗产的保护和管理机制，挖掘其文化影响和"突出普遍价值"，探求跨国界、区域性遗产保护和管理、环境治理、旅游开发和经济发展的新途径，同时提高了文化遗产所在地，包括当地社区的综合社会及经济实力。

丝绸之路申遗扩大了1972年《公约》的覆盖面和影响力，更大范围地引导了社会各界的参与，使遗产理念走出"象牙塔"，逐步进入普通民众的生活。本着"以人为本"的精神，不同种族、不同宗教信仰、不同语言文化，以及不同政治制度的人们讨论保护人类的"共同遗产"，切实关心沿线社区老百姓的利益，共谋可持续发展。文化线路以其独特的遗产价值，成为构建和谐社会的桥梁，起到增进相互理解，加强文明间对话的作用。以丝绸之路申遗为抓手，沿线国家和人民一起追求共同繁荣，实践世界遗产保护与可持续发展的双赢。由此，丝绸之路将重新开始新的旅程！

参 考 文 献

一、引文文献

[1] ICOMOS. ICOMOS Charter on Cultural Routes. Quebec: October, 2008.

[2] 联合国"世界文化发展十年"报告, 1988-1997.

[3] Expert Meeting on "Routes as Part of Our Cultural Heritage" Madrid: 1994. Berlin: UNESCO Working Document（WHC-95/CONF.203/16）[R], 1995.

[4] 景峰. R.Van oers.丝绸之路中国段申遗研究报告. Paris: UNESCO Publishing, 2004.

[5] UNESCO WHC. 丝绸之路申遗政府间协调委员会阿拉木图会议报告. Paris: World Heritage Centre, 2009.

[6] F. Fernadez-Armesto: Civilisations. London: Pan Books, 2001.

[7] UNESCO WHC. The Operational Guidelines for the Implementation of the World Heritage Convention. UNESCO: World Heritage Centre, 2013.

[8] UNESCO WHC. Convention Concerning the Protection of the World Cultural and Natural Heritage. UNESCO, 1972.

[9] UNESCO WHC. 构建具有代表性、平衡性、可信性的《世界遗产名录》的"全球战略". Paris: World Heritage Centre, 2005.

[10] F. Choay. L'Allegorie du patrimoine. Paris: Editions du Seuil, 1992.

[11] E. 阿夫拉米等. 价值和遗产保护, 研究报告. 洛杉矶：盖提文物保护中心, 2000.

[12] ICOMOS-CIIC, Intangible Heritage and Other Aspects of Cultural Routes, Pamplona, Spain, 2001（1）: 545.

[13] UNESCO WHC. 中亚与中国"丝绸之路"申报世界遗产概念文件. Paris: World Heritage Centre, 2007.

[14] UNESCO WHC. Operational Guidelines. Paris: World Heritage Centre, 2012.

[15] ICOMOS. Charter on Cultural Routes. Quebec, 2008.

[16] UNESCO. Records of the General Conference. Paris: UNESCO Documentation Centre, 1949.

[17] UNESCO. Records of the General Conference.Paris: UNESCO Documentation Centre, 1957.

[18] UNESCO. Records of the General Conference.Paris: UNESCO Documentation Centre, 1961.

[19] UNESCO. Division of Cultural Policies and Inter-cutural Dialogue. UNESCO and the Issue of Cultural Diversity, Review and Strategy, 1946-2004: A Study Based on Official Document. Paris: UNESCO Publishing, 2004.

[20] UNESCO. UNESCO总干事报告. Paris: UNESCO Documentation Centre, 1997.

[21] ICOMOS China. China Principles, 2000.

[22] ICOMOS Australia. Barra Charter, 1999.

[23] UNESCO Convention for the Protection of Cultural Property in the Event of Armed Conflict Paris, 1954.

[24] UNESCO. Batisse and Bolla. Invention of the World Heritage Convention. Paris: UNESCO Publishing, 2005.

[25] C. Cameroon & M. Rossler. Many Voices. the Early Years of the World Heritage Convention. London: Ashgate Publishing, 2013.

[26] UNESCO WHC. The Nara Document on Authenticity, 1994.

[27] J. P. de Cuellar. Our Creative Diversity. Oxford: Oxford Publishing & UNESCO Publishing, 1997.

[28] UNESCO. Thematic Expert Meeting on Asia-Pacific Sacred Mountains. Wakayama City, 2001:262-263.

[29] ICOMOS. 关于乡土建筑遗产的宪章. 墨西哥, 1999.

[30] UNESCO. The Future of the World Heritage Convention（WHC-11/18.GA/11）. Paris: World Heritage Centre, 2011.

[31] D. Dienne. Integral Study of the Silk Roads: Roads of Dialogue. Paris: UNESCO Publishing, 1997.

[32] UNESCO. Convention for the Safeguarding of the Intangible Cultural Heritage, 2003.

[33] UNESCO. 保护和促进文化表现形式多样性公约. 巴黎：教科文组织第三十届大会通过, 2005。

[34] F. Mayor. UNESCO Records of Speech of the Director-General. Venice, 1991.

[35] UNESCO. World Heritage: Challenges for the Millennium. Paris: World Heritage Centre, 2007.

[36] UNESCO. 墨西哥城文化政策宣言. 墨西哥, 1982.

[37] UNESCO. 政府间文化政策促进发展大会报告. 斯德哥尔摩, 1998.

[38] Report on the Expert Meeting on Routes as a Part of Our Cultural Heritage. Madrid: ICOMOS, 1994.

[39] ICOMOS. 5th Draft of the ICOMOS Charter on Cultural Routes. Xi'an: ICOMOS, 2005.

[40] ICOMOS-CIIC. International Congress of the ICOMOS CIIC, Conclusions. Pamplona: Navarra, 2001.

[41] ICOMOS-CIIC. The Intangible Heritage and Other Aspects of Cultural Routes. Madrid, 2002.

[42] ICOMOS. Advisory Body Evaluation of Quebrada de Humahuaca, 2003.

[43] ICOMOS. Final Report of the Expert Meeting on Cultural Routes. Madrid, 2003.

[44] ICOMOS. 5th Draft of the ICOMOS Charter on Cultural Routes. Xi'an, 2005.

[45] ICOMOS. Ibiza Conclusions, International Seminar on Hispano-Portuguese Bastioned Fortifications, a Cultural Route Across Five Continents. Ibiza: ICOMOS, 1999.

[46] UNESCO. Routes of Santiago de Compostela. Spain, 1993. http://whc.unesco.org/en/list/868, Paris: World Heritage Centre.

[47] UNESCO, Land of Frankincense, Oman, 2000, http://whc.unesco.org/en/list/1010, Paris: World Heritage Centre.

[48] UNESCO. Quebrada de Humahuaca. Argentina, 2003. http://whc.unesco.org/en/list/1010, Paris: World Heritage Centre.

[49] UNESCO. Sacred Sites and Pilgrimage Routes in the Kii Mountain Range: http://whc.unesco.org/en/list/1142, Paris: World Heritage Centre.

[50] UNESCO. Incense Routes-Desert Cities in the Negev. Israel, 2005. http://whc.unesco.org/en/list/1107, Paris: World Heritage Centre.

[51] ICOMOS-CIIC. International CIIC/ICCR Seminar, Guanajuato, Conclusions. Mexico, 1999.

[52] UNESCO. The Operational Guidelines for the Implementation of the World Heritage Convention, 2005.

[53] UNESCO WHC, Susan Denyer, The Silk Roads of Central Asia-Suggested Strategic Approach, UNESCO Sub-Regional Workshop on Serial Nomination for the Central Asian Silk Roads. Paris, 2006.

[54] Nomination dossier. htttp //whc.unesco.org/list/, Paris: UNESCO World Heritage Centre.

[55] UNESCO. Preparing World Heritage Nominations: A Resource Manual. Paris: World Heritage Centre, 2011.

[56] IUCN. Serial Natural World Heritage Sites: An initial analysis of the present situation of serial natural World Heritage Sites. IUCN, Gland, 2010.

[57] UNESCO, C. Finlayson. World Heritage Global Strategy with specific reference to the Asia-Pacific Region. Paris: World Heritage Centre, 2002.

[58] 景峰. 教科文组织对丝绸之路世界遗产价值的认定与研究/国际古迹遗址理事会第15届大会和科研讨论会论文集. Vol 2, 西安, 2005:934-945.

[59] UNESCO. Final Report of the Turpan meeting. Paris: World Heritage Centre, 2006.

[60] UNESCO. Final Report and final Concept Paper for the Silk Roads World Heritage nomination in China and Central Asia . Paris: World Heritage Centre, 2007.

[61] UNESCO. Final Report and standard Tentative List Format. Paris: World Heritage Centre, 2008.

[62] UNESCO. Final Report of Almaty meeting, agreed draft Statement of

[62] Outstanding Universal Value, the Silk Roads Coordinating Committee（12 countries）. Paris: World Heritage Centre, 2009.

[63] UNESCO. Final Report, Terms of Reference of the Silk Roads Coordinating Committee. Paris: World Heritage Centre, 2009.

[64] UNESCO, T. Williams. The Silk Roads: An ICOMOS thematic study. Paris: World Heritage Centre. 2011.

[65] ICOMOS. 保护历史建筑、古遗址和历史地区环境的西安宣言.2005.

[66] Amir H. Zekrgoo. the Spiritual Identity of the Silk Roads, in: the Silk Roads-Highway of Culture and Commerce. Paris: UNESCO Publishing ,2000:126.

[67] UNESCO.中国和中亚丝绸之路申报世界遗产概念性文件. Paris: World Heritage Centre, 2007.

[68] 前田小作.丝绸之路与日本. 2008.

[69] K. Sugio. Intangible Heritage and Culture Routes in a Universal Content. Pamplona: CIIC, 2001:44.

[70] UNESCO. 中国、哈萨克斯坦、吉尔吉斯斯坦联合申报申报文本."丝绸之路:长安－天山廊道". Paris: World Heritage Centre, 2013.

[71] UNESCO. Final Report of the 5th Regional Workshop on the Serial Transnational World Heritage Nomination of the Silk Roads. Paris: World Heritage Centre, 2009.

[72] Bernd von Droste zu Hulshoff, Linking Nature and Nature. Amsterdam, Paris: UNESCO World Heritage Centre, 1998:13.

[73] UNESCO. UNESCO Thematic Expert Meeting on Asia-Pacific Sacred Mountains Final Report, Wakayama City: UNESCO, 2001.

[74] UNESCO. Nomination Dossier of Qhapaq Nan, the Andean Road System. Paris: World Heritage Centre, 2013.

[75] 郝名玮,徐世澄. 拉丁美洲文明. 北京：中国社会科学出版社, 1999.

[76] UNESCO. Turpan Preliminary Action Plan for the Silk Road World Heritage Nomination. Paris: World Heritage Centre, 2006.

[77] UNESCO. Summary of the Regional Workshop on the Serial World Heritage Nomination of the Silk Roads. Paris: UNESCO World Heritage Centre, 2006.

[78] UNESCO. 中国关于"丝绸之路""申报世界遗产概念性文件"稿的修改

建议. Paris: World Heritage Centre, 2007.

[79] UNESCO. Ashgabat Agreement, adopted by the Second meeting of the Silk Roads Coordinating Committee. Paris: World Heritage Centre, 2011.

[80] UNESCO, 世界遗产中心. Nomination dossier of the Silk Roads: Initial Section of the Silk Roads, the Routes Network of Tian-shan Corridor submitted by China, Kazakhstan and Kyrgyzstan, January 2013，Paris.

[81] UNESCO, 世界遗产中心. Nomination dossier of the Silk Roads: Penjikent-Samarkand-Poykent Corridor, submitted by Tajikistan and the Republic of Uzbekistan, January 2013，Paris.

[82] UNESCO, 世界遗产中心. Nomination dossier of Qhapaq Ñan, Andean Road System, jointly submitted by the States Parties of Argentina, Bolivia, Colombia, Chile, Ecuador and Peru, January 2013, Paris.

二、阅读型文献 / 普通图书

[83] M'Bow A-M, UNESCO on the eve of its fortieth anniversary. Paris: UNESCO Publishing, 1985.

[84] UNESCO. 世界文化报告：着力文化多样性与文化间对话. 巴黎：教科文组织出版社，2010.

[85] Bandarin F, R Van Oers. The Historic Urban Landscape, Managing Heritage in an Urban Century. Oxford: Wiley-Blackwell Publication, 2012.

[86] Jokilehto J, Petzet M. et al. What is OUV Defining the Outstanding Universal Value of Cultural World Heritage properties, an ICOMOS study compilation. Berlin: ICOMOS Germany, 2008.

[87] UNESCO. History of Civilizations of Central Asia, Volume I: The dawn of civilizations earliest times to 700 B.C. edited by H. Dani and V. M. Masson. Paris: UNESCO Publishing, 1992.

[88] UNESCO. History of Civilizations of Central Asia, Volume II: The development of sedentary and nomadic civilizations: 700 B.C to A.D 250. edited by J. Harmatta. Paris: UNESCO Publishing, 1994.

[89] UNESCO. History of Civilizations of Central Asia, Volume III: The crossroads

of civilizations: A.D 250. To A.D. 750 edited by B.A. Litvinsky. Paris: UNESCO Publishing, 1996.

[90] UNESCO. History of Civilizations of Central Asia, Volume IV: The age of achievements: A.D 750 to the end of the fifteenth century, Part One: The historical, social and economic setting, edited by C.E. Bosworth and M.S. Asimov. Paris: UNESCO Publishing, 1998.

[91] UNESCO. History of Civilizations of Central Asia, Volume IV: The age of achievements: A.D 750 to the end of the fifteenth century, Part Two: The achievements. edited by C.E. Bosworth and M.S. Asimov. Paris: UNESCO Publishing, 2000.

[92] UNESCO. History of Civilizations of Central Asia, Volume V: Development in Contrast: from the sixteenth to the mid-nineteenth century, edited by C. Adle and Irfan Habib. Paris: UNESCO Publishing, 2003.

[93] UNESCO. History of Civilizations of Central Asia, Volume VI: Towards contemporary civilization: from the mid-nineteenth century to the present time, edited by C. Adle. Paris: UNESCO Publishing, 2005.

[94] UNESCO. The Silk Roads: Highways of Culture and Commerce, edited by Vadime Elisseeff, Paris: UNESCO Publishing/Berghahn Books, 2000.

[95] UNESCO. Les Routes de la soie: Patrimoine commun, identities plurielles. Paris: Memore des peuples/Edition UNESCO, 1994.

[96] UNESCO. Integral Study of the Silk Roads: Roads of Dialogue, Cultural and Commercial Exchange between the Orient and the Greek World. Athens: Centre for Neothellenic Research/NHRF, 1991.

[97] Whitfield S. Life along the Silk Road, Berkeley: University of California Press, 1999: 242.

[98] Hattori E. Letters from the Silk Roads: Thinking at the Crossroads of Civilization. Lanham: University Press of America, 2000: 168.

[99] Lawton J, Jing F. The Silk Road, World Heritage Review, UNESCO Series: 39. Paris: UNESCO Publishing, 2005.

[100] Wood F. The Silk Road: Two Thousand Years in the Heart of Asia. London: British Library, 2003.

［101］ Wriggins S H. The Silk Road Journey with Xuanzang. Colorado（USA）: Westview Press, 2004.

［102］ Bechith C. I. Empires of the Silk Road: a History of Central Eurasia from the Bronze Age to the present. Oxford: Princeton University Press, 2009.

［103］ UNESCO, 中国社会科学院. 十世纪前的丝绸之路和东西文化交流：沙漠路线考察乌鲁木齐国际学术会议论文汇编. 北京：新世界出版社，1990.

［104］ UNESCO. 中国与海上丝绸之路：海上丝绸之路考察泉州国际学术会议论文集. 福州：福建人民出版社，1991.

［105］ Sun Yi-fu. 从威尼斯到大阪：A Voyage into Ancient Chinese Civilization, UNESCO Retraces the Maritime Silk Route, Beijing: China Pictorial Publishing House, 1992.

［106］ Fowler P.J. World Heritage Cultural Landscapes 1992-2-2, World Heritage Paper No. 6. Paris: UNESCO World Heritage Centre, 2003.

［107］ UNESCO. Cultural Landscapes: the Challenges of Conservation, World Heritage Paper No. 7. Paris: UNESCO World Heritage Centre, 2004.

［108］ Jing F. The State of World Heritage in the Asia-Pacific Region, World Heritage Paper No.12. Paris: UNESCO World Heritage Centre, 2004.

［109］ UNESCO. World Heritage: Challenges for the Millennium. Paris: World Heritage Centre, 2007.

三、会议录

［110］ 世界遗产中心，英/法文，1977年至现在，历届世界遗产委员会会议报告、《世界遗产公约》缔约国大会（2年）工作文件及报告，参见：http://whc.unesco.org/en/sessions.

［111］ 世界遗产中心，英/法文，咨询机构如ICOMOS关于世界文化遗产的评估报告、会员国提交的申报文本等，参见：http://whc.unesco.org/en/list/documents.

［112］ UNESCO. Resolutions and recommendations adopted by various bodies and organizations of the United Nations system concerning the World Decade for Cultural Development, 88 p. CLT/DEC/1997/05, English, 1997.

［113］ United Nations. Rethinking development: World Decade for Cultural

Development, 1988-1997, 31 p., illus. English, Unesco Document, World Commission on Culture and Development, 1997.

［114］ UNESCO. Nara Conference on Authenticity, edited by Larsen K.E. Paris: World Heritage Centre , 1995.

［115］ B. Von Droste , Rossler et al. Linking Nature and Culture, Report of the Global Strategy Natural and Cultural Heritage Expert Meeting, March 1998, Amsterdam, Netherlands, 1998.

［116］ K. Ono. Proceedings of the Nara Symposium for Digital Silk Roads, December 10-12, 2003, Nara, Japan, UNESCO-sponsored programmes and publications, Tokyo, National Institute of Informatics, 2004.

［117］ Proceedings of ICOMOS fifteenth General Assembly and Scientific Symposium, Volume 1, Beijing: World Publishing Corporation, 2005.

［118］ Proceedings of ICOMOS Fifteenth General Assembly and Scientific Symposium, Volume 2, Beijing: World Publishing Corporation, 2005.

［119］ UNESCO, Final Report of Nara Symposium for Digital Silk Roads （Nara, Japan）, Paris: UNESCO Document, 2005.

四、汇编

［120］ UNESCO. Conventions and Recommendations of UNESCO concerning the protection of the cultural heritage. Paris: UNESCO Publishing, 1985.

［121］ 国家文物局法制处. 国际保护文化遗产法律文件选编. 北京：紫禁城出版社，1993.

［122］ 国家文物局法制处. 外国保护文化遗产法律文件选编. 北京：紫禁城出版社，1994.

［123］ UNESCO 世界遗产中心/国家文物局. 国际文化遗产保护文件选编. 北京：文物出版社，2007.

［124］ 国家文物局. 世界遗产与可持续发展. 北京：文物出版社，2012.

五、报纸

［125］ 林晓轩. 探索中国特色文化遗产保护之路：专访世界遗产中心景峰. 新华

参考消息，2006-06-08.

［126］ 秦子.世界遗产中心来西安接触：丝绸之路可能捆绑申遗.华商报，2005-10-19. http://news.hsw.cn/2005-10/19/content_2297687.htm.

［127］ 喻菲，刘畅，冯国.我将联合其他国家为丝绸之路申报世界文化遗产.人民日报，2005-10-18. http://culture.people.com.cn/GB/22219/4663902.html.

［128］ 刘琼.古道获呵护：丝绸之路将多国联合申遗.人民日报，2006-08-02. http://culture.people.com.cn/GB/22219/4661651.html.

［129］ IICC-Xian.丝绸之路系列跨境申遗协调委员会第一次会议圆满结束，ICOMOS西安国家保护中心，2009-11-05. www.iicc.org.cn/Info.aspx?Modelled=1&Id=253.

［130］ 李学梅.中国在申遗中受益匪浅：专访世界遗产中心景峰.新华网，2010-08-03. http://big5.xinhuanet.com/gate/big5/news.xinhuanet.com/shuhua/2010-08/02/c_12398015.ht.

［131］ 喻菲.中国和中亚5国丝绸之路联合申遗一再延期.新华网，2011-07-21. www.news.xinhuanet.com/society/2011-07/21/c_131000118.htm.

［132］ 袁震宇等.关注世界遗产，守护精神家园.新华网，2013-06-12. http://news.xinhuanet.com/politics/2013/06/12/c_116121220.htm.

六、学位论文

［133］ 赵逵.川盐古道上的聚落与传统建筑.华中科技大学博士学位论文，2007.

［134］ 丁援.无形文化线路理论研究：以历史文化名城武汉为例.华中科技大学博士学位论文，2007.

［135］ 杨非.关于文化线路的理论分析和对丝绸之路申报世界文化遗产的探讨.北京大学硕士学位论文，2007.

［136］ 单霁翔.文化遗产保护与城市文化建设.清华大学博士学位论文，2007.

［137］ 史晨暄.世界遗产"突出普遍价值"评价标准的演变.清华大学博士学位论文，2008.

［138］ 徐知兰.UNESCO文化多样性理念对世界遗产体系的影响.清华大学博士学位论文，2012.

七、报告

[139] 邓华陵等. 建设丝绸之路世界遗产，加速西北文化旅游产业可持续发展研究报告. 西北师范大学，2008.

[140] 吕舟，郭旃等. 文化线路申请世界遗产研究课题报告. 清华大学建筑学院，2011.

[141] 周俭等. 丝绸之路交通路线（中国段）历史地理研究报告. 南京：江苏人民出版社，2012.

八、标准

[142] UNESCO.《武装冲突情况下保护文化财产公约》. 联合国教科文组织大会通过，1954.

[143] UNESCO.《关于古迹遗址保护与修复的国际宪章》（威尼斯宪章）. 第二届历史古迹建筑师国际会议通过，1964.

[144] UNESCO.《保护世界文化和自然遗产公约》. 联合国教科文组织大会通过，1972.

[145] UNESCO.《实施世界遗产公约操作指南》. 世界遗产委员会通过，1977-2013.

[146] ICOMOS Australia.《巴拉宪章》，1999.

[147] ICOMOS China.《中国文物古迹保护准则》（中国准则），2000.

[148] UNESCO.《世界文化多样性宣言》，2001.

[149] UNESCO.《保护非物质文化遗产公约》. 教科文组织大会通过，2003.

[150] UNESCO.《保护和促进文化表现形式多样性公约》. 联合国教科文组织大会通过，2005.

[151] UNESCO.《杭州文化促进发展宣言》，2013.

附录 A
丝绸之路中国段系列申遗研究报告
（2004）

A systematic Approach towards

World Heritage Nomination of
the Chinese Section of the Silk Roads

October 2004

By Feng JING (景峰) and Dr Ron van Oers

UNESCO World Heritage Centre (Paris)

Table of contents

1. Acknowledgements
2. Objectives and Background to the research mission
3. Introduction
4. Cultural Routes: An Emerging Concept
5. Routes as World Heritage: Types and Forms
6. The Silk Roads: Statement of Significance
7. Cultural Routes: Condition of Integrity and Test of Authenticity
8. The Silk Roads: Identification
9. Management of a Silk Roads Cultural Route
10. Conclusions
11. Recommendations

Note by the Author: The text of this Report was proofread and slightly edited in September 2018. No substantial editing was undertaken. The Research Report was presented to the UNESCO Stakeholders Consultation Workshop on the Silk Road World Heritage Nomination between China and Central Asia in August 2006 in Turfan, Xinjiang Uygur Autonomous Region of China. It was followed by "A Concept Paper for the Serial Nomination of the Silk Roads in Central Asia and China to the World Heritage List", authored by the late Dr Henry Cleere and adopted by the participating Asian countries in June 2008. The Concept Paper was presented to the 32nd session of the World Heritage Committee (Quebec, Canada) in July 2008. At the request of the participating countries, a UNESCO/ICOMOS Thematic Study on the Silk Roads was carried out in 2010. The Study was coordinated by Mr Tim Williams of Institute of Archaeology, University College of London (UCL) and carried out under the supervision of Mrs Susan Denyer, ICOMOS World Heritage coordinator, and Dr Feng JING, Chief of the Asia and the Pacific Unit of the UNESCO World Heritage Centre. The Thematic Study on the Silk Roads was supported by the UNESCO World Heritage Centre through the voluntary contribution made by the Government of the People's Republic of China to the World Heritage Fund.

1. ACKNOWLEDGMENTS

The World Heritage Centre project for the identification and nomination of the Silk Roads to the World Heritage List, which included these missions, is financed out of the UNESCO/Netherlands Funds-in-Trust.

The mission would like to thank first of all the teams of the Asia and the Pacific Unit and of the Latin America and the Caribbean Unit at the UNESCO World Heritage

Centre for their work and kind assistance in preparing the mission to the Silk Roads. Mr TIAN Xiaogang, Secretary-General of the Chinese National Commission for UNESCO, is thanked for his guidance and support in the organization of the mission and the field visits. Ms YU Xiaoping of the National Commission is thanked for her presence in all the meetings and field visits throughout the mission in China.

Furthermore, the Chinese counterpart of the State Administration for Cultural Heritage (SACH), in the persons of Mr GUO Zhan and Mr YANG Zhijun from the Department for the Protection of Cultural Heritage, and in particular Mr SHAN Jixiang, the Director-General of SACH, Mr TONG Mingkang and Mr GU Yucai are thanked for spending time with the team, travelling along the Chinese Silk Roads, for sharing their knowledge and wisdom, and for exchanging ideas and concepts. The mutual respect and understanding greatly inspired the mission team and its output.

The mission would also like to express their gratitude to Mr Neville Agnew, Ms Martha Demas, Mr Jonathan Bell and other staff of the Getty Conservation Institute (GCI, USA) for their time spent with the team in Dunhuang, engaging in debate, answering questions and discussing conservation issues. Similarly, the mission greatly benefited from the company of Dr Henry Cleere, former ICOMOS World Heritage coordinator from 1992-2002, who joined the team in his capacity as the Special Advisor to the State Administration of Cultural Heritage of China.

Feng JING & Ron van Oers
Paris, October 2004

2. OBJECTIVES AND BACKGROUND OF THE MISSION

The World Heritage Centre's mission along the Chinese Silk Roads, which was supported by the UNESCO/Netherlands Funds-in-Trust, took place from 21 to 31 August 2003 and was carried out by Mr Feng Jing of the Asian Region Unit and Mr Ron van Oers of the Latin America and the Caribbean Unit in order to:

- facilitate discussion on, and enhance understanding of, the identification and nomination of Cultural Routes to UNESCO's World Heritage List;
- contribute to an important initiative that is foreseen to have a significant impact on current thinking and operationalization of conservation projects;
- share the information and preliminary findings of this project with the international conservation community.

As a result, this mission report aims to discuss and propose a systematic approach towards the identification and nomination of the Chinese section of the Silk Roads, in particular the Oasis Route.

"As regards the Silk Roads, a scientific appraisal had already been prepared by the Japanese National Commission [for UNESCO] on the occasion of the International Symposium on the History of Eastern and Western Cultural Contacts (October-November 1957). This served as a guide, while the presentation brochure listed the very many examples of research work already undertaken. Some twenty Japanese specialists enumerated all their problems with the aid of a bibliography of over 750 titles, amounting to an appraisal of the situation in 1957. Out of these endeavors emerged the notion of three intercultural routes: the Steppe Route, the Oasis Route, and the Maritime Route." ①

Stretching over roughly 4,450 kilometres from Xi'an in Shaanxi Province to Kashgar (or Kashi) in Xinjiang Uygur Autonomous Region, the amount of monuments and sites along the Oasis Route is vast. While the significance and importance of this project was clear to the Chinese authorities –out of the more than eighty sites on the Chinese Tentative List, this was given priority for nomination to the World Heritage List–, the question of how exactly to proceed with this major endeavour is still in need of detailed discussion. Rather than assisting the Chinese authorities in the preparation of a nomination dossier, the issue is to cooperate in the development of an approach and methodology for the identification and nomination of a Cultural Route. As this was of relevance as well to other such projects currently under preparation, coordination was established between different Units at the World Heritage Centre.②

Given the scope of this initiative and the subsequent resources needed, and taking into account the complexity of World Heritage listing in general and the long-term planning required, it seems imperative to properly structure this process to avoid a situation in which important cultural/historic places are randomly selected, leading to a loss of the overview and context. As such, a first step should involve the definition of the concept of a Cultural Route, which will subsequently allow for the significant elements that constitute the Chinese Silk Roads to be determined. With these in place, it will be possible to sketch a broad picture of the route's meaning and impact and to establish where essential aspects have 'condensed' and materialized, which should be the focus of

---

① V. Eliseeff (ed.), *The Silk Roads – Highways of Culture and Commerce*, UNESCO Publishing/Berghahn Books, NewYork/Oxford 2000, p. 13.

② For this reason, the mission consisted of World Heritage Centre staff of two regional desks, i.e. the Asia and the Pacific Unit and the Latin America and the Caribbean Unit, as the discussions and outcomes were considered of importance in the development of the *Qhapaq Ñan* Project, a transboundary nomination project by six Latin American countries (Argentina, Bolivia, Chile, Colombia, Ecuador and Peru). Both projects are sponsored by the UNESCO/Netherlands Funds-in-Trust, as are other Cultural Routes nominations, notably the Salt Route (North and West-Africa) and the Slave Route (Indian Ocean section).

a nomination process.

The point of departure should be a holistic approach that focuses on the identification and justification of those aspects and elements that will 'tell the story' of the Chinese Silk Roads in a comprehensive manner. Beyond the presentation of heritage sites, a wide variety of elements would have to be considered in order to understand and appreciate the full extent of the Silk Roads and their cultural/historic significance: next to the evident 'grand sites', supplementary structures and landscapes that support storytelling may need to be included. In addition to evident properties, such as buildings and settlements (living or fossilized), the mission took into account the widest possible spectrum to discuss the inclusion of other elements as well (engineering, military, transportation). Since research and documentation on the Silk Roads have been abundant, a vision and proper methodology pertinent to the concept of Cultural Routes must be defined, with a re-packaging of existing information and a proposed framework to facilitate the preparation of an incremental serial nomination: a phased nomination of a series of clusters linked by, and representing, the Silk Roads (see Annex C: UNESCO Guidelines on the Inscription of Specific Types of Properties on the World Heritage List).

3. INTRODUCTION

A property can only be registered on the World Heritage List if physical evidence of its existence remains, which can be protected and preserved for future generations. However, physical evidence that has been radically altered would not be eligible, while the conservation of conjectured elements is not accepted by the international professional community, including the World Heritage Committee, as noted in the "International Charter for the Conservation and Restoration of Monuments and Sites" (The Venice Charter, 1964). What constitutes physical evidence of a Cultural Route, however, is a subject that has only fragmentarily been described and is still open to broad interpretation.

Physical evidence of routes may sometimes be found in the form of Roads, as in the case of the Camino Inca referred to by Oxford historian Felipe Fernández-Armesto in his work on civilizations:

"Historians of the early colonial period, likening the Incas to the Romans, exaggerated the uniformity of their institutions and the centralized nature of their government. Still, the intrusive nature of their rule is apparent in the evidence they have left of how to manage a high-altitude empire: relics of the extraordinary Roads system".[①]

In other cases, however, physical evidence of the Roads has very often disappeared or has been replaced by a new system: while the Via Appia Antica still has the same structure, the 962 km stretch of the Via Aurelia from Rome to Arles has been replaced by

---

① F. Fernández-Armesto: *Civilizations*, Pan Books, London 2001, pp. 290-292.

a modern road. Similarly, in the case of the Chinese Silk Roads, almost all of the original Roads—if there ever was a road as such, since much of the Silk Roads were tracks through the desert—has disappeared and been replaced by a four-lane highway. To try and address this issue, the present report aims to begin filling a critical gap and to propose an approach using a selection of findings of UNESCO expert meetings and other specialized studies.

While discussions on how to improve the identification, classification and representation of categories of heritage have been going on since the 1980s, our understanding of the meaning and value of heritage has been significantly refined and its interpretation broadened, especially over the last decade.①

Anthropological interpretation in the field of cultural heritage has moved from the protection of architectural and monumental heritage to recognition of the living, spiritual heritage of indigenous people and their interconnections with the physical, natural environment. While this broadened notion of heritage was already remarked upon by Françoise Choay more than a decade ago,② it has not yet been applied widely, but mostly by a selection of professionals and specialized institutes, primarily Western countries. In addition to a more inclusive interpretation of cultural heritage, an expanded notion of conservation needs to be introduced, i.e. "conservation as a social process that is best seen more inclusively, encompassing the creation of heritage, interpretation and education […] to acknowledge the importance of social and economic values along with the traditional notions of conservation value, such as age, aesthetics, and historical significance".③

It seems that the identification and protection of Cultural Routes, in addition to Cultural Landscapes, will prove to be the right context for such an approach. In this respect, Cultural Routes may be regarded as the latest development in a trend of expanding the scale and complexity of heritage properties, which requires a separate approach and framework to foster understanding and serve as a tool for informed decision making regarding the recognition and effective management of these properties.

With this objective in mind, it becomes clear that this report will not contain detailed descriptions of monuments and sites to be found along the road—this remains the task of the relevant Chinese authorities as they prepare the nomination dossier. This report

---

① Expressions of this comprise the inclusion of Cultural Landscapes as a new category for World Heritage listing in 1992; the inclusion of criterion (vi) for cultural properties; the adoption of the Global Strategy by the World Heritage Committee; and the publication of the *Nara Document on Authenticity* in 1994.

② F. Choay : *L'Allégorie du patrimoine*, Editions du Seuil, 1992.

③ E. Avrami, R. Mason, M. de la Torre: *Values and Heritage Conservation*, Research Report, The Getty Conservation Institute, Los Angeles 2000, pp. 68-70.

aims to make a contribution to the theoretical and methodological underpinning of such a nomination project, taking the Chinese section of the Silk Roads as a case study, and thereby to facilitate the identification and nomination to the World Heritage List of other Cultural Routes in different parts of the world.

This mission involved only one section of the Oasis Route, i.e. the northern route along the Takla Makan Desert. However, follow-up missions are scheduled to also include the southern route, the Hexi Corridor and the Central Asian stretch into India, Kazakhstan, Kyrgyzstan and beyond. Ultimately, the endeavour should result in an incremental, multinational, trans-boundary serial World Heritage nomination. This nomination should include the protection of several clusters of properties, sites and landscapes, both cultural and natural, from Xi'an in China to the coastal regions of the Mediterranean Sea, in a phased process according to the pace of the various concerned countries involved. The preparation of the nomination should be linked by a shared vision and set of values, and formalized in holistic conservation approaches and management system, to preserve for future generations of all humankind the extraordinary legacy of the Silk Roads.

4. CULTURAL ROUTES: AN EMERGING CONCEPT

What constitutes a Cultural Route is a topic that is yet to be properly described. The subject is part of ongoing debates, in particular by the International Scientific Committee on Cultural Routes (CIIC) of the International Council on Monuments and Sites (ICOMOS, an Advisory Body of the World Heritage Committee for cultural heritage). The CIIC was created as a result of a meeting on Cultural Routes held in Madrid (Spain) in November 1994, with support from by the Spanish Ministry for Culture. This meeting was attended by experts from ICOMOS and UNESCO, following the inclusion of the Pilgrim's Route to Santiago de Compostela on the World Heritage List. The conceptual premises of the CIIC emerged from the contents and conclusions of this meeting, and its creation was a direct result of the conclusion that more in-depth studies were needed to enhance its conceptual and operational development. Since the CIIC's official creation as part of ICOMOS in 1998, eight international scientific meetings have been held.[①] The references and a large part of the contents of these meetings have been included in various publications. The CIIC currently has 60 members from different countries all over the world, while eight candidates are seeking membership.

Among the definitions adopted by the CIIC at its meeting in Tenerife in September 1998, the following was included:

"The concept of a cultural route or itinerary refers to a set of values whose whole

---

① See: Http://www.icomos-ciic.org/CIIC/CIIC.htm

is greater than the sum of its parts and through which it gains its Meaning; Identification of the cultural itinerary is based on an array of important points and tangible elements that attest to the significance of the itinerary itself. To recognize that a cultural itinerary or route as such necessarily includes a number of material elements and objects linked to other values of an intangible nature by the connecting thread of a civilizing process of decisive importance at a given time in history for a particular society or group." [①]

In a recent meeting in Madrid on 30 and 31 May 2003, experts and representatives of ICOMOS and UNESCO got together to discuss a draft of proposals and guidelines with a view to ensuring the inclusion and proper treatment of Cultural Routes in the *Operational Guidelines for the Implementation of the World Heritage Convention*, currently in process of revision. In the section on "Guidelines on the Inclusion of Specific Types of Properties on the World Heritage List" in the 3rd Draft Annotated Revision of the *Operational Guidelines*, it is stated that Cultural Routes "may be considered as a specific, dynamic type of cultural landscape". During the ICOMOS General Assembly, which took place in December 2002 in Spain, the recommendation was put forward that Cultural Routes are independent from Cultural Landscapes both in concept and substance. A draft proposal for a definition of cultural routes, as well as proposed amendments to the revision of the *Operational Guidelines*, have been prepared by using the conclusions of earlier CIIC congresses.

In principle, it was argued that the definition of a Cultural Route should reference at least some key aspects. As such, Cultural Routes could be defined as physical or perceived representations of frequent and repeated movement over a significant period of time, linking places in time and space, over land and/or water, or otherwise and generating, next to an exchange of goods and ideas, a cross-fertilization within or between cultural regions of the world.

Within such a definition, Roads would be a physical representation of a route, while a sea lane, for instance, would be a perceived one (as it usually constitutes a dotted line on a seafarer's map only). The material elements or artefacts along a route can be considered as 'condensation points', where exchange of ideas and goods materialized, or where the route actually became a Roads. Cultural Routes as "linear landscapes", as referred to in the Operational Guidelines, may not always be lines; when they take the form of a matrix, or a network, it would be more appropriate to refer to them as a system. It was furthermore agreed that continuity and a dynamic nature –as opposed to the far

---

① From "Conclusions and Recommendations", in: *El patrimonio intangible y otros aspectos relativos a los Itinerarios Culturales*, Congreso internacional del comité internacional de itinerarios culturales (CIIC) de ICOMOS, Pamplona (Navarro, Espana), 20-24 de Junio 2001, p. 545.

more static nature of a landscape–, are also essential aspects of a Cultural Route.

5. ROUTES AS WORLD HERITAGE: TYPES AND FORMS

Since a clear nomination model for Cultural Routes does not exist at present, the following section aims to discuss, in short, some core aspects of inscribed World Heritage properties with typological and/or physical similarities to Cultural Routes for clarification and guiding purposes.① Several heritage routes have been inscribed on the World Heritage List already, often as "a linear nomination". If Roads are considered as a (segment of a) line, with a start and end point, a considerable length and limited width, then theoretically a heritage route as a linear nomination constitutes a continuous nomination, where every point along the line is proposed for inscription. The following typology of heritage routes, many of which were inscribed as linear nominations, gives an indication of how this was applied in practical terms.

1) Transportation

(all feature under the category of Industrial Heritage)

Railways
- Semmering Railway (Austria, inscribed in 1998): linear nomination, including several components sites (mostly villas) along the railway
- Mountain Railways of India (India, inscribed in 1999, with extension of 2005 and 2008)

Canals
- Canal du Midi (France, inscribed in 1996)

2) Trade Routes
- Frankincense Trail (Oman, inscribed in 2000): linear nomination, including a serial nomination of 4 archaeological sites

3) Religious Roads
- Camino de Santiago (Spain, inscribed in 1993): linear nomination, including several properties along the Roads
- Camino de Santiago (France, inscribed in 1998): linear nomination, including a serial nomination with around 70 properties inscribed

4) Linear Monuments (e.g. Fortifications/Defensive Structures)
- The Great Wall (China, inscribed in 1987)
- Hadrian Wall (England, inscribed in 1987): linear nomination, including several properties along the wall

---

① Acknowledging the contribution made by Ms. Pinagrazia Piras, Assistant Programme Specialist, WHC/LAC.

○ Defence Line of Amsterdam (Holland, inscribed in 1996): this property falls also into the canals classification

Taking a closer look at the inscribed properties above, it can be determined that all the routes have a formal, materialized linear element as their core. This rather narrow definition of a Cultural Route, as opposed to a network or system that does not necessarily have a physical linear structure as its core (e.g. a maritime route), has certainly limited the identification and nomination of other properties. Furthermore, all the routes (including linear monuments) have associated structures and settlements, which is most apparent in the following cases:

- The Camino de Santiago (Spain), which is inscribed as a linear nomination having a protected 30-meter strip on either side of the Roads. This protection zone is broadened in certain places to include towns, villages and buildings that are already protected for their cultural value under Spanish law;

- The Semmering Railway (Austria), where construction of the 41 km-long railway across the Semmering pass between 1848 and 1854 led to the creation of a cultural landscape with villas and hotels over much of its route, making it an outstanding example of the sympathetic insertion of buildings of consistently high architectural quality into a natural landscape;

- Hadrian's Wall, with almost 100 associated monuments including forts, ditches, roads and rampart walks, forms an outstanding ensemble of defensive constructions and settlements that constitutes the largest archaeological zone in the UK.

As such, a proper inventory of the structures and settlements along the route seems essential to establish its nature and the most appropriate way of inscribing it on the World Heritage List, be it in a linear (one continuing property), serial (a property consisting of clusters of sites, which can be discontinuous), or mixed format. Furthermore, a route cannot be dissociated from its context, such as its landscape; therefore, a good analysis of ancient and modern topography, utilizing historic maps, is essential to assess the value of this aspect of the (potentially) nominated area.

6. THE SILK ROADS: STATEMENT OF SIGNIFICANCE

Many Cultural Routes have linked civilizations and shaped world history. Fernández-Armesto points out that "avenues across the Gobi and Takla Makan were part of the web of silk Roads that linked the civilizations at either end of Eurasia. […] Chinese science and technology were diffused across Eurasia partly by maritime routes but also, vitally, via the deserts which the Silk Roads crossed".[1]

The global significance of the Silk Roads hardly needs to be debated anymore,

---

① Fernández-Armesto: *Civilizations*, 2001, p. 71.

indeed, as it has been for more than a decade as part of UNESCO's Project on the Silk Roads: Dialogue among Civilizations. In his introduction to the UNESCO publication on the Silk Roads Project, Vadime Elisseeff explains that *"these Roads, regardless of how they were called, have been known to humanity for many centuries and, as far as the major routes are concerned, for several millennia. Most of them are the descendants of natural Roads following patterns of vegetation whose ecological qualities enabled man and beast to thrive in the days when Palaeolithic hunters tracked their game. These historical routes are also terrestrial and maritime, running from east to west and corresponding to waterways that run from north to south. They introduced sedentary and nomadic populations, and opened up a form of dialogue between the cultures of East and West"*.①

Concerning the significance and impact of the Chinese Silk Roads, he makes the following statement:

"Until the last three hundred years, most of the inventions and technical advances which made a real difference to people's lives came from China – including, most notably, paper, the printing press, the blast furnace, competitive examinations, gunpowder, and – among many critical innovations in marine technology – the ship's compass. Long sustained Chinese initiative depended on the availability of routes of transmission".②

Spanning a quarter of the globe, the Silk Roads was responsible for more than just transporting goods such as silk and spices to the western world, and objects of gold, glass and other prized Roman creations to the elite of the Orient. Being the first route joining the Eastern and Western worlds, the Silk Roads can also be given a spiritual identity–along the Silk Roads technology travelled, ideas were exchanged, and friendship and understanding between East and West were experienced for the first time on such a large scale. The importance and value of the Silk Roads can therefore be related to the unity it brought about, which led Zekrgoo to state that "the Silk Roads may be counted as the most important route in the history of mankind".③

Furthering this statement would be to argue that the immaterial aspect of Cultural Routes is more important than the material aspect, i.e. the Silk Roads as vehicle for cross-cultural exchange. In doing just so, Sugio writes: *"...the present Silk Roads is not found to have been preserved in its perfect form up to the present, but the intangible heritage, such as the characteristics of surviving race surrounding the route and the minority race, their figures, the genes, languages, cultural properties, clothing, living styles, agricul-*

---

① Eliseeff, *The Silk Roads*, 2000, p. 2.
② *Ibid.*, p. 265.
③ Amir H. Zekrgoo, "The Spiritual Identity of the Silk Roads", in: *The Silk Roads – Highways of Culture and Commerce*, 2000, p. 126.

tural methods, city structures, architectural styles, customs, manners, political systems, religions, traditional skills, industries, arts, music, etc. are continuing distinctly still now. Therefore even though it does not necessarily exist or is preserved as a Roads in a clear form, its existence and value as a cultural route becomes evident when the existence of intangible heritage is traced back".①

It seems that Cultural Routes, even more than Cultural Landscapes, can be considered a halfway station between tangible and intangible heritage, containing a significant part of each domain.② Therefore, in order to preserve the legacy of the Silk Roads in a comprehensive manner, more than just monuments and sites need to be taken into account. More pertinent, therefore, would be to adopt an approach that recognizes the immaterial and diffuse nature of a Cultural Route, as well as the dynamic effects of transmission and impact, including all fields of human activity connected to the Roads, such as politics, commerce, science, religion and culture. Elements and aspects to consider should include oases and agricultural systems, engineering and transportation, caves for shelter and prayer, open landscapes for contemplation and spiritual motivation, vistas for orientation, resting places with bazaars and caravanserais, but also transit points between different realms of power, with military garrisons, fortifications and communication towers. In this way, a better representation through significant aspects and elements as part of the nomination can be guaranteed; hence the guideline that the significance of a Cultural Route can be assessed through technological, economic, social and landscape factors.③

7. Cultural Routes: Condition of Integrity and Test of Authenticity

Initially, the condition of integrity applied to natural sites primarily, while the test of authenticity was reserved for cultural sites. As of late, following the introduction of Cultural Landscapes as a category, integrity is also increasingly used in reference to cultural sites. Von Droste explains that "the notion of 'integrity', even in its common use referring to 'wholeness', has an ecological basis. Integrity relates to the maintenance of functional relationships between components of a system. When applied to World Natural Heritage Sites, one can describe conditions which are essential for the maintenance of the integrity of particular World Heritage

---

① K. Sugio, "Intangible Heritage and Cultural Routes in a Universal Content", in: *El patrimonio intangible y otros aspectos relativos a los Itinerarios Culturales*, Congreso internacional del comité nacional de itinerarios culturales (CIIC) de ICOMOS, Pamplona (Navarro, Espana), 20-24 de Junio 2001, p. 44.

② See in this regard the definition of Intangible Cultural Heritage, in Article 2 of *The International Convention for the Safeguarding of the Intangible Cultural Heritage*, UNESCO, 16 October 2003.

③ See: Operational Guidelines, 2017, Annex 3, pp. 134-135.

values".① This issue seems relevant to Cultural Routes as well.

During the 2001 Thematic Expert Meeting on Asia-Pacific Sacred Mountains in Wakayama, Japan, it was argued that "…integrity implies a balanced state of ecological systems, aesthetic, cultural, religious or artistic associations." Parallel to sacred mountains, for protecting the integrity of cultural routes evolving cultural practices, including traditional ecological, engineering, and construction knowledge, it may be necessary to take into account "an enhanced appreciation of the interface between ecology and culture as a dynamic basis for maintaining the integrity" of a cultural route.②

While it may be obvious to many that the condition of integrity should be applied to Cultural Routes, the question of exactly how to deal with the test of authenticity remains a dilemma. Even though the original function of the route has usually disappeared over time, the cultural sites, properties and natural areas along the route are often still of historic and scientific importance, authentic and therefore worthy of protection and conservation. The current *Operational Guidelines* state that the authenticity of a heritage route can be assessed on the basis of its significance, the duration of the route itself and "the legitimate wishes for development of peoples affected." However, what this means in practice remains to be clarified.

The aforementioned Expert Meeting also addressed the fact that authenticity, as defined in the Operational Guidelines and the Nara Document on Authenticity (1994), is applicable to Cultural Routes and that it "should encompass the continuation of traditional cultural practices" found along the Cultural Route. "This authenticity, however, must not exclude cultural continuity through change, which may introduce new ways of relating to and caring for the place".③ Furthermore, in order to determine the degree of authenticity and to protect it, it is necessary to examine in detail the distinctive characteristics and components of both tangible and associated intangible values, which together represent the outstanding universal significance of the Cultural Route.

8. The Silk Roads: Identification

Achieving what is outlined above involves the protection and conservation of a series of various elements, incorporating both tangible and intangible values linked by a physical or perceived artefact, like a string of pearls. The 'pearls' are significant places of memory which, together, constitute the main story line: they are sites that contain

---

① B von Droste zu Hulshoff, in *Linking Nature and Culture*…, Report of the Global Strategy Natural and Cultural Heritage Expert Meeting, UNESCO-WHC, Amsterdam 1998, p. 13.

② *UNESCO Thematic Expert Meeting on Asia-Pacific Sacred Mountains*, 5-10 September 2001, Wakayama City, Japan, Final Report, p. 262.

③ Ibid.

Outstanding Universal Value (OUV), the main criterion required for an inscription on the World Heritage List.

As was argued before, it will be necessary to look beyond properties of Outstanding Universal Value alone and to complete the picture by considering supporting sites that are needed to fully understand and appreciate context and relationship, lending the ensemble more depth and character. While some people argue that "routes are, par excellence, the sum of their parts –[…] no site in isolation perhaps crossing the threshold for heritage listing – but a combination of sites forming a powerful and significant cultural experience",[①] perhaps the issue is more pertinent.

As an example, one may wonder what the World Heritage property "Mogao Caves" (listed in 1987 under criteria (i), (ii), (iii), (iv), (v) and (iv)) actually reveal of the Silk Roads. Except for wall painting depictions, such as at Cave 103 showing Xuanzang's journey to India traversing the Pamirs in search of Buddhist scriptures,[②] the answer would be: very little. While the caves' extraordinary collection and quality of Buddhist art are unquestionable, and indeed of Outstanding Universal Value, it can be argued that the site gains even more significance if one properly understands the conditions under which this outstanding art was produced, by whom, where and why. Picture-practising monks in an oasis, providing both a physical and spiritual haven for travellers in a remote location along the Silk Roads in the incredibly harsh environment of the Takla Makan (one of the most fearsome deserts in the world, which in Turki means "go in and you will not come out"): these all provide an essential contribution to appreciating this site to its fullest extent, through which it gains even more value. It is the beauty in juxtaposition to the alien setting provided for doomed souls braving a journey of incomprehensible proportion – indeed, this context constitutes one of the intangible values of the site. But, is it protected and properly cared for nowadays?

With the current pace of development everywhere in China, there exists a serious danger that soon only the formal World Heritage property will remain, i.e. the caves with Buddhist art, and that its context and relationship with the Silk Roads can only be understood through means of a one-liner in a presentation brochure. The physical experience of visiting a site in the desert will have disappeared, and with it the link to one of its important aspects. In practice, this means that, in addition to the caves themselves, a wide

---

① S. Blair, N. Hall, D. James, L. Brady, "Making Tracks – Key Issues about the Heritage of Australian Routes and Journeys", in: *El patrimonio intangible y otros aspectos relativos a los Itinerarios Culturales*, Pamplona (Navarro, Espana), p. 230.

② R. Whitfield, S. Whitfield, N. Agnew, *Cave Temples of Mogao - Art and History on the Silk Road*, The Getty Conservation Institute and the J. Paul Getty Musum, Los Angeles 2000, p. 25.

area should be protected, maintained and presented in order to provide the most complete setting possible: the oasis, including caves that were the "living" quarters of the monks (without art), with unobstructed vistas into the surrounding, never-ending desert that the ancient Silk Roads used to traverse. Any kind of development should be located outside of a wide perimeter around this expanded heritage site.

Apart from considerations related to intangible aspects, the physical setting of cultural heritage is a factor that is taken increasingly into account. In this respect, already a decade ago, Hiroyuki Suzuki remarked that "traditional villages were built among rice fields, and farmers' houses and surrounding rice fields are inseparable".[①] For Cultural Routes this seems of particular importance, because in principle a Cultural Route was formed, or guided, by geological formations; it crossed both natural and cultural landscapes. In this regard, a concept of significance in defining cultural sites in their context and setting, and the extent of their significance in direct relationship to a Cultural Route, could be *shakkei* or *Jiejing* (借景), a 'borrowed scenery'. Borrowed scenery was one of the important techniques used in the planning and design of Chinese gardens as well, where it was not only scenery that could be borrowed, but forms, sounds, colours and fragrances were also incorporated into gardens.[②]

The significance of the surrounding landscape in the context of the Silk Roads becomes apparent when realizing that silk, as a commodity, was valued in ancient times in particular because of the hardships merchants had to go through in order to transport it to the markets in the West.

"The early trade in silk was carried on against incredible odds by caravans of merchants and animals travelling at a snail's pace over some of the most inhospitable territory on the face of the earth – searing, waterless deserts and snowbound mountain passes. [...] Blinding sandstorms forced both merchants and animals to the ground for days on end [...] and altitude sickness and snow blindness affected both man and beast along cliff-hanging and boulder-strewn tracks. Death followed on the heels of every caravan".[③]

For the Chinese Section of the Silk Roads (in particular in the area around the Takla Makan desert), the oasis towns were of paramount importance, as they allowed the caravans to replenish their resources and survive the overland journey. Very few caravans, including the people, animals and goods they transported, would complete the entire route

---

① H. Suzuki, "Authenticity of Setting in the Cyclical Culture", in: *Nara Conference on Authenticity*, Proceedings by K.E. Larsen (ed.), UNESCO World Heritage Centre, Agency for Cultural Affairs Japan, 1994, p. 400.

② C. Liyao, *Ancient Chinese Architecture – Private Gardens*, Springer Wien/New York 1999, p.135.

③ J. Bonavia, *The Silk Road*, Odyssey Publications Ltd., 6th Edition, Hong Kong 2002, p. 14.

that connected Rome and Xi'an, the capitals of the two empires. These oasis towns, providing the caravans with fresh merchants, animals and goods, became important trading posts and commercial centres. In view of this, preserving the urban and architectural heritage of these towns alone would not allow to comprehend their significance, even if they are of Outstanding Universal Value. Preserving the traditional agricultural practices and supportive engineering structures, such as those that provided water (*qanats*), is at least as important in telling and understanding the story: one could say they constitute "borrowed scenery".

For identification purposes, it is therefore advised to distinguish between 'anchor sites' and 'support sites or structures'.① Anchors would be those sites which are considered to contain Outstanding Universal Value, while support sites or structures do not necessarily contain OUV themselves, but are nevertheless important to complement the picture. They will therefore have to be connected to the anchor sites, physically and/or conceptually, as a cluster. However, regarding protection, conservation and management, there should be little distinction: they equally deserve care and resources in order to guarantee their preservation for future generations.

Whether physically or conceptually connected, support structures could become part of the buffer zones of the property (the anchor sites). As a matter of principle, the establishment of core and buffer zones for the protection of a Cultural Route should be based upon a thorough assessment of the varying levels of the route's heritage values. A buffer zone should ensure the conservation of the integrity of the core zone of the Cultural Route, containing the most important parts and evidence. *"Such a buffer zone could also promote sustainable development, thus reducing excessive human impact in terms of environmental degradation of sites. [...] As traditional land-use and land management practices, which have ensured long-term protection of certain [sites and their settings], can be useful tools, these practices should be taken into consideration when planning [protection, conservation and] sustainable development activities".*②

9. Management of a Silk Roads Cultural Route

In order to oversee and guarantee a consistently high level of management for clusters of heritage sites along more than 4,000 km of Roads, the establishment of a National Management Unit would be appropriate. Given China's centralized structure, this would

---

① Acknowledging the concept that was developed by the Natural Heritage Section at WHC, Dr N. Ishwaran and Mr A. Pedersen, in the context of sustainable tourism management of World Heritage properties.

② *UNESCO Thematic Expert Meeting on Asia-Pacific Sacred Mountains*, 5-10 September 2001, Wakayama City, Japan, Final Report, p. 263.

be easy to achieve. Such a National Management Unit could be entrusted with the classification of different clusters, divided into main themes that are represented by the clusters. These could include Art (Buddhist, Islamic, other), Architecture (temple, urban, vernacular), Archaeology (cities, monuments), Religion (temples, mosques, meeting points, both peaceful and violent), Military Engineering (garrison stations, forts, walls, towers), Agriculture, Trade & Manufacture (farming, hydraulic systems, markets, caravanserais), Travel & Transportation (engineering structures, resting places, orientation/beacons), etc., or combinations of several of these. Identification and management of properties and sites according to these themes would allow for a broad spectrum and subsequent representation of important aspects related to the Silk Roads.

While legislation and management practices should be uniform for all clusters, separate conservation management plans should be prepared for each cluster individually, according to their own characteristics and associated values (both tangible and intangible) with a clear division into core and buffer zones (i.e. anchor and support sites). However, in addition to all the elements that would normally be considered in the protection of Cultural Landscapes, one fundamental aspect to consider for Cultural Routes would be elements and aspects related to the movement of people and goods (transportation, vistas for orientation, beacons and communication towers, etc.). Each conservation management plan should contain parameters for conservation and monitoring purposes, for which individual, local teams would be responsible. The National Management Unit would supervise the preparation of plans and enforcement of legislation for clusters according to the highest international standards, while individual teams would ensure the inclusion of regional or local characteristics and practices, and the facilitation of consultation and community participation.

Over time, when information and resources become increasingly available, decisions can be made at the national level, allowing for the extension of properties or the inclusion of other sites that would significantly complement the picture of the Chinese section of the Silk Roads from a national perspective (something that would be more difficult to achieve at a decentralized, regional level). Furthermore, tried and tested concepts could be further developed in association with neighbouring countries interested in connecting their most significant sites to the Silk Roads.

10. CONCLUSIONS

Cultural Routes, as the latest development in a trend to expand the scale and complexity of heritage properties, require a separate approach and framework to foster understanding and to serve as a tool for informed decision making in conservation. Based upon a holistic approach, those heritage sites that will explain and present the Chinese Silk Roads in a comprehensive manner should be the focus of identification, protection and conservation efforts. This means that inclusion of a wide variety of elements that relate to the movement of caravans with people and goods would have to be considered, in addition to the evident 'grand sites'. In this regard, different clusters of monuments, sites and landscapes could be identified, comprising main themes such as art, architecture, archaeology, religion, military engineering, agriculture, trade and manufacture, or combinations of several of these.

In addition to considerations related to intangible aspects, the physical setting of Cultural Routes should be taken into account, because in principle they were formed or guided by geological formations and crossed natural and cultural landscapes. Traditional land use and land management practices, which have ensured the long-term protection of sites, should be taken into consideration as well when planning protection and conservation activities. The result is therefore a combination of 'anchor sites' and 'support sites or structures' that would allow to fully understand and appreciate both context and relationships. However, with regard to their conservation, there would be little distinction, as they all would need to be protected and managed to guarantee their preservation for future generations.

While legislation and management tools should be uniform for all clusters and supervised at the national level, separate conservation management plans should be prepared for each cluster according to their own characteristics and associated values (both tangible and intangible). Local teams would then be responsible for each of these clusters, thus guaranteeing the inclusion of regional or local characteristics and practices and facilitating community participation. Over time additional clusters could be included, in China and beyond, linked by a shared vision and set of values to preserve for future generations of all mankind the extraordinary legacy of the Silk Roads.

11. Recommendations

1) Identify cultural properties in Xi'an for possible World Heritage listing

While the Oasis Route has branched off several times to accommodate changes in natural environment or political constellation (see Sketch Map of the Ancient Silk Roads), its starting and end points have nevertheless remained the same throughout its long history: respectively the capital of Chang'an (Xi'an) and the city of Kashgar (Kashi). It is difficult, therefore, to perceive a nomination of the Oasis Route which doesn't include both these cities. Fernández-Armesto explains that "crossroads are founded by accident and grow to greatness by virtue of the sheer volume of traffic passing through them. Routes are established for the sake of their termini but the central stretches tend to become the most frequented sections".[1]

---

① Fernández-Armesto: *Civilizations*, p. 310.

As the city of Xi'an has been heavily modernized, with little still revealed of the archaeological sites of Chang'an (where excavations are on-going), the identification of cultural properties in Xi'an for a possible World Heritage listing remains a challenge. At the moment, it seems that more time is necessary to map the important cultural/historic properties and sites in and around the city wall of Xi'an. While an overall inventory has been made, clearly more time and research would be needed to complement this overall list before making any decision.

2) Start preparing a Conservation Management Plan for Kashgar

Currently, the Municipal Government of Kashgar is planning major infrastructural interventions in the centre of the old city of Kashgar, which still has a significant and relatively large authentic component . If the plans of the Municipal Government are implemented, it would severely fragment the remaining authentic heart of this ancient city of mud brick houses and narrow alleyways. This would create serious difficulties in identifying a site of appropriate proportions that would not present authenticity issues and merit inscription on the World Heritage List.

Therefore, it is advised to start a discussion on the necessity of the planned interventions and to search for alternative solutions to combat traffic congestion, sanitation problems, etc. All this would be best arranged in the framework of a Conservation Management Plan, delimiting the site into property and buffer zones and designing appropriate mechanisms for protection and conservation, aiming to upgrade living and working conditions of the resident population, while respecting the particular characteristics of the place.

3) Clustering of Archaeological Cities to include related graveyards, agricultural landscapes and engineering systems, among others

As argued in the previous chapters, the oasis towns that thrived because of their sources of water and agricultural production, and by virtue of that became important stopovers and trading places for caravans, need to be identified through a holistic approach. It will be necessary to construct a comprehensive image consisting of all the elements required to understand and appreciate this significant aspect of the Silk Roads and to include, besides the magnificent fossilized archaeological cities, the adjacent or surrounding cultural landscape of cotton fields or grapevines supported through the *karez*, the centuries-old engineering system that channelled water from the distant mountains into the oases.

4) Clustering of a Series of Buddhist art sites and cave complexes

In addition to the Mogao Caves, it is advised to identify those sites and cave complexes that will complement the picture of the gradual diffusion of Buddhist art from India into China, as well as the later, gradual down-fall and destruction of this art in favour of Islamic art, emphasizing the Silk Roads as a route of transmission. Within the requirements for World Heritage listing, a most complete picture possible should be constructed through various sites that enhance understanding of this process, displaying this gradual evolution with different artistic styles, etc. In this respect, it could be argued that together, the entire cluster of identified important Buddhist art sites should be able to demonstrate Outstanding Universal Value, making a distinction between anchor and support sites possible.

5) Resubmit the deferred World Heritage nomination of the Ruins of Jiaohe City

The World Heritage nomination of the Ancient Jiaohe City, in Xinjiang Uygur Autonomous Region, was submitted by the Government of China in October 1993. The Bureau of the World Heritage Committee, at its 18th session in June 1994, decided that consideration of the nomination would be deferred until the Chinese authorities provide evidence of the existence and implementation of a comprehensive Management Plan for the site of Jiaohe. The mission was presented a Site Management Plan covering conservation, restoration and development issues of the property. With the completion of such a comprehensive Management Plan for this extraordinary site, which is currently in a good state of conservation and well-presented to the general public, the nomination could be resubmitted. This could then be the starting point for the incremental, serial nomination of the Oasis Route as part of the Chinese Silk Roads (announced through its title, which should make a reference to this).

6) Establish a National Management Entity

At the national level, a coordinating unit should be established to oversee the entire nomination process for the Silk Roads, ensuring the protection of all the identified properties and sites at the national level, and to coordinate studies, inventories and preparations for dossiers, acting as a Silk Roads Nomination Task Force. This unit should establish a participatory process for selection and prioritization of properties and sites for future nomination. It should be based upon a thorough assessment of required needs and challenges, all to be communicated and agreed upon with the regional units responsible for conservation and management, which have to be established at the same time.

7) Organize a Stakeholder Meeting to co-ordinate the preparation of World Heritage nominations

As a direct follow-up to this report, a stakeholders meeting should be organized with high-level decision makers involved in this endeavour in order to discuss the outcomes of the first mission, the proposed approach and methodology, and to identify further programme of assistance, including the co-ordination of the preparation of World Heritage nomination. Given the fact that the 28th session of the World Heritage Committee is taking place in China this year, an opportunity presents itself to organize this stakeholders meeting after the Committee session.

8) Bilingual Publication in English and Chinese

This report, as well as subsequent reports on the subject, should be translated and published in English and Chinese (and possibly other language versions) to facilitate discussion and the dissemination of ideas and proposals.

Indicative Map of the Silk Roads

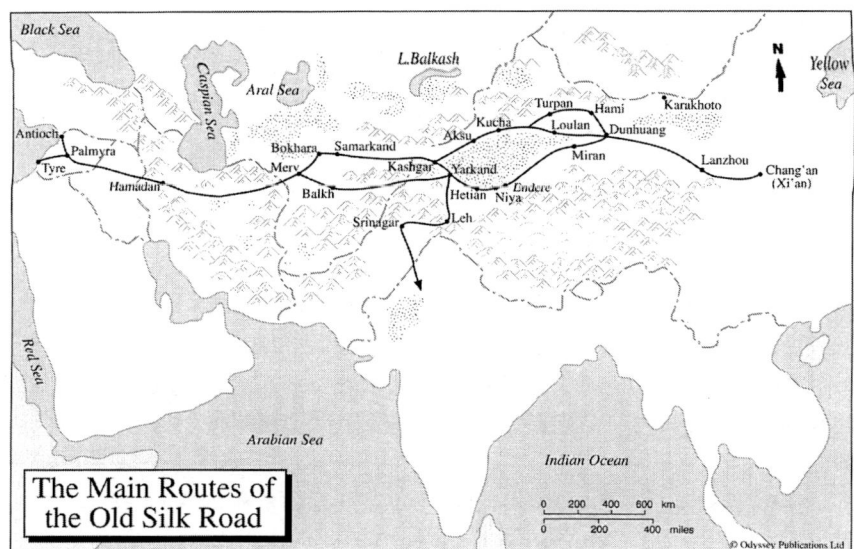

附录 B
中国与中亚国家"丝绸之路"系列跨境申报世界遗产概念性文件①

第一部分：序　　言

尽管拥有令人惊叹的历史与众多的历史文化遗迹，中亚地区却是出现在《世界遗产名录》中次数最少的地区之一。迄今为止，中亚地区的 5 个国家仅有 8 处文化遗迹被列入《世界遗产名录》，而截至 2006 年 7 月，全球共有 138 个国家的 830 处遗产被列入《世界遗产名录》，包括 644 处文化遗产、162 处自然遗产和 24 处自然文化双遗产。目前，吉尔吉斯斯坦和塔吉克斯坦还没有自然或文化遗产列入《世界遗产名录》。

丝绸之路曾经在历史上繁荣兴旺，它不仅是繁忙的贸易线路，也是东西方不同文化的汇聚交融之地，从而为中亚地区遗留下众多的文化遗址和历史古城。近年来，中亚地区的联合国教科文组织缔约国在该组织的帮助下，在保护和弘扬这些历史遗迹方面取得了重要的进展。该地区的几处遗址已经被列入《世界遗产名录》，包括土库曼斯坦的梅尔夫国家历史文化公园、乌兹别克斯坦的布哈拉历史中心和撒马尔罕城等。其他一些可能成为世界遗产的著名遗址也得到了联合国教科文组织和国际社会的技术与资金支持，如哈萨克斯坦的欧特拉绿洲古城、吉尔吉斯斯坦的 Krasnaya Rechka 佛教遗址和塔吉克斯坦的阿吉纳—泰佩佛教遗址等。

"丝绸之路"作为系列跨境遗产申报被认为是正确认识中亚地区大量文化遗产价值最有前景的思路之一。在联合国教科文组织缔约国的支持下，撰写这一概念性文件，旨在更好地在《世界遗产名录》中体现亚洲地区丰富的文化遗产资源。

---

① 丝绸之路申遗概念性文件由 ICOMOS 世界遗产协调员亨利·克里尔博士（Dr Henry Cleere）2007 年初执笔完成。本文件于 2007 年 10 月 26 日由中华人民共和国、哈萨克斯坦、吉尔吉斯斯坦、塔吉克斯坦、乌兹别克斯坦和土库曼斯坦共和国代表在法国巴黎正式签署通过。后经日本代表提议，《概念性文件》在 2008 年 6 月举行的"丝绸之路系列跨境申遗第二次国际磋商会"做了细微修改。2008 年 7 月，该文件提交世界遗产委员会第 32 届会议审议（WHC-08/32.COM/10B, 加拿大，魁北克）并在世界遗产中心网站公布。参阅：http://whc.unesco.org/en/events/391.

将丝绸之路与中国、中亚以及中亚以西国家的遗产地整合在一起，作为系列跨境遗产申遗，这一思路的可能性已经被讨论了几年之久。

1988年，联合国教科文组织启动了"对话之路：丝绸之路整体性研究"项目。该项目是"世界文化发展十年计划"（1988~1997）的一部分。项目旨在关注东西方交往中复杂的文化互动，这种互动促成了亚欧民族间的多元认同和丰富的共同遗产。该项目通过组织国际性科考活动、研讨会和会议等，采取跨学科手段促进了与丝绸之路相关的课题研究。该项目在在每一阶段都建立研究人员与媒体的合作关系，并将研究活动和成果对外界公布，从而在世界范围重新激发了人们对丝绸之路的兴趣。

通过将科研活动与媒体报道相结合的方式，该项目组织了四次国际科考活动：

> 西安至喀什的沙漠路线考察（1990年7~8月）；
> 威尼斯至大阪的海上路线考察（1990年10月~1991年3月）；
> 阿什哈巴德至阿拉木图的中亚大草原考察（前苏联，1991年4~6月）；
> 科布多至乌兰巴托的蒙古游牧路线考察（1992年7~8月）；

这一项目引发了世界范围对丝绸之路的浓厚兴趣，从而有人开始考虑将丝绸之路整体或部分地申报世界遗产。近几年，召开了一系列会议，组织了各种活动。在有关丝绸之路中国段的活动中，比较有影响的包括2003年8月和2004年7月由世界遗产中心组织的两次考察活动，以及世界遗产中心与中国国家文物局主办、新疆维吾尔族自治区政府与吐鲁番州承办的"丝绸之路系列跨境申遗国际磋商会"（2006年8月）。

特别需要指出的是，自2002年以来，在中国和中亚国家已经举办了若干次专家会议。中国已经进行了细致的评估，批准了45处遗产点作为未来分批申报的内容。2005年11月，在哈萨克斯坦的阿拉木图召开了联合国教科文组织中亚地区研讨会，讨论"2003年中亚地区世界遗产定期报告"的后续行动计划。来自中亚地区的会议代表通过了一项行动计划，旨在将丝绸之路中亚段申报系列遗产。2006年8月在中国新疆吐鲁番举行的研讨会上，来自中国、中亚国家和教科文组织世界遗产中心的50名与会代表对这一思路给予了进一步的支持。在吐鲁番会议上，世界遗产中心代表介绍了丝绸之路中国段系列申遗研究报告，中国代表则有机会向各国专家介绍了丝绸之路中国段申报的准备工作。

世界遗产中心于2006年10月在乌兹别克斯坦的撒马尔罕召开会议，讨论丝绸之路中亚段的申报。与会缔约国通过的申报策略如下：

1. 起草一份总体概念文件来证明丝绸之路突出的普遍价值，包括丝绸之路全线和地区段。该文件可与首次申报文件同时提交世界遗产委员会，或者提前提交。

2. 在某个中亚国家召开国际研讨会，修订和完善中亚国家丝绸之路遗产申报的备选名单。

3. 讨论通过丝绸之路中亚段和中国段遗产首次申报的策略和时间表。

4. 准备一系列指导文件,为丝绸之路申报创建"模板"(即标准格式)。
5. 为遗产管理和旅游发展提供协调性思路。
6. 制订总体资金筹措方案。
7. 制订赞助计划书。
8. 协调中亚与中国的申报。

2007年4月,在"教科文组织丝绸之路申遗国际磋商会"上,5个与会国通过了该概念性文件,包括中华人民共和国、哈萨克斯坦、吉尔吉斯斯坦、塔吉克斯坦、乌兹别克斯坦[①]。

该文件虽然仅针对丝绸之路在上述国家的部分,但是当今公认,丝绸之路至少横跨中国与地中海之间的15个现代国家[②]。该文件旨在为最终确认和收录整个丝绸之路上的文化遗产提供一个范本。

作为第一步计划,建议一旦世界遗产委员会通过该文件,第一批申报的遗产点将是在中亚和中国的遗址。作为第二步计划,将考虑申报中亚以西至地中海之间以及南亚地区及其周边包括阿富汗、印度和巴基斯坦等国的相关遗产地。

第二部分:丝绸之路

一、简介

从南中国海沿岸绵延至地中海和印度次大陆的陆地线路和聚居点组成的交通网络在近两千年的历史中一直是思想和商品交流的一个重要渠道,因此它也就毫无争议地成为《世界遗产名录》的考虑对象。它是一个复杂的交通系统,起先完全是出于实用目的而开拓的,因而并不需要被命名。直到1877年,这条线路才由当时在土耳其工作的德国地理学家Baron Ferdinand von Richthofen命名为"丝绸之路"。尽管这个名字浪漫而抒情,但却具有误导性。毫无疑问,中国的丝绸是东方输往西方的最重要的商品之一,但是在这条贸易之路上交易的还有其他种类繁多的货物,包括从东方运往地中海的贵重金属和宝石、瓷器、香水、纸张、装饰品和香料等,以及运往东方的棉花、纺织品、红酒、琥珀、地毯等。此外,还有中亚费尔干纳盆地出产的优良马匹沿此线路销往东西方。

不仅货物沿丝绸之路流通,佛教也通过丝绸之路从印度传播到远至东方的日本和西方的土库曼斯坦等地区。通过丝绸之路,犹太教、伊斯兰教和基督教从地中海、袄教和摩尼教从波斯传入中国。此外,科学技术成就也通过丝绸之路得以传播:中国的造纸术、印刷术、火药、冶铁术、弩箭、指南针和瓷器传到了西方,同时西方的工程技术(尤其是造桥术)、棉花种植和加工、挂毯织造、天文历法、葡

---

① 土库曼斯坦于2007年10月26日正式函告世界遗产中心,同意加入丝绸之路系列跨境申遗项目。

② 经2010年10月"UNESCO/ICOMOS丝绸之路专题研究"拓展,约有28个现代国家。

萄种植以及玻璃和金属加工技术传入东方。此外，医药知识和技术、水果和谷物种类的交流与传播也十分频繁。

当代关于丝绸之路的资料十分有限。中国历史文献中记载有当时的外交和军事交流情况。成百上千的中国僧侣通过丝绸之路，万里跋涉至印度，带回了佛教经典。他们的游记是关于这条交流之路珍贵的文字资源。比如，高僧法显在其游记中记载了公元399年至414年之间长达14年的航海旅行。玄奘法师在其游记中描述了公元629年至654年长达25年之久的去印度取经的经历。玄奘的游记不仅具有不可估量的历史价值，而且为16世纪中国的古典小说《西游记》提供了创作灵感。此外波斯和土耳其旅行家的游记也有关于丝绸之路的描述，如著名的阿拉伯旅行家伊本·白图泰在14世纪到达过中亚的巴尔克和撒马尔罕。在众多关于丝绸之路的游记中，马可·波罗的游记无疑是最具可读性的，它记录了这位伟大旅行家从1271年至1292年在中国和周边国家的游历经历。其他13世纪的欧洲旅行家包括Giovanni da Pian del Carpini（罗马教皇1245年至1247年派遣）和William Rubruck（圣·路易斯1253年至1255年派遣）。除了以上所说的游记，还有大量的考古文物，包括数以万计的20多种文字的手稿、文献以及成千上百的碑文。

二、丝绸之路地理特征

丝绸之路从东到西穿越中国肥沃的中原地区，经过甘肃河西走廊，到达天山南北。其南线在这里分为两支，横越塔克拉玛干大沙漠之后在喀什汇合。从喀什开始，丝绸之路的南线通过喀喇昆仑山脉通向印度北部，其中一条支线通过帕米尔高原通向塔吉克斯坦中部和南部；中线穿越帕米尔高原到达巴尔克，经过梅尔夫(Merv)到达伊朗，经过喀布尔到达印度；北线穿越费尔干纳盆地到达撒马尔罕，在这里，一条通往北方的道路穿过咸海和里海之间的阿姆河盆地最终到达黑海沿岸的港口。此外，从撒马尔罕出发向南穿越中亚大草原到达梅尔夫。从梅尔夫可到达德黑兰，也可经过泰希封城到达美索不达米亚平原，或经过帕尔米拉古城到达地中海沿岸的港口。

此外跨越山脉通向印度次大陆也有几条重要的路线，它们也是丝绸之路交通网络的组成部分。这些线路中最西侧的一条经过巴尔克，穿过兴都库什山脉抵达今天的阿富汗，经过喀布尔到达巴基斯坦，通过塔西拉进入印度冲积平原。此外，还有一些与位于高加索国家和以色列的主干线连接的支线。在第二阶段的申报中，可以考虑将它们纳入进来。

相关国家一致同意进行考察和研究，制作出这一古代连接东西方贸易大动脉的详细地图。这一地图并不排斥由于新的考古或历史资料的发现而进行的修改和增减。

三、丝绸之路历史

直到最近，学术界才普遍接受丝绸之路开启于公元前2世纪这一观点。公元前138年，汉武帝派遣张骞出使西域，招募月氏人以抵抗匈奴。张骞直到13年后才回到汉都城长安（今天的陕西西安）。虽然其随行的100士兵均未幸存，但是他却获得了关于西域的宝贵信息。

虽然以张骞出使西域作为丝绸之路起始时间较为容易令人接受，但是人们却忽视了一个事实，即考古发掘显示，早在张骞之前，中亚大草原上的游牧民族在彼此之间并与中国西部和地中海地区进行了相当规模的交流互动。然而，有一个无法否认的事实，即这些人并非城镇居民，因而无法证明在公元前1世纪前该地区有过路线清晰的交通网络。同样，有大量证据证明，一个道路系统已经于公元前4世纪在亚历山大大帝所征服的中亚以西的地区构建。该道路系统起初是出于军事目的而建造的，但是很快就为中亚和地中海地区之间的商人们所利用。毫无疑问，公元前138年之前很早的时期，丝绸就被运到中国以外的地区，这一点已经得到考古发现的佐证。例如，在古代的大夏国（即今天的阿富汗）就发现了公元前15世纪的丝绸。在确定丝绸之路何时成为贸易大动脉的时候，有必要考虑是什么时候出现了安全和管理上的保障，使得可持续的、有组织的贸易活动成为可能？什么时候商人们认为值得长途跋涉，尤其是翻越帕米尔高原，运送贵重的物品？

关于丝绸之路作为交通网络的所有实际功能都消亡的具体时间，目前也同样存在争议。最早在公元8世纪晚期，多种因素共同作用，使得丝绸之路这一陆上路线的价值大大降低。开始于福建和广东港口的海上贸易在蓬勃发展，而与此同时，蚕蛹和养蚕知识也走私到了中亚、欧洲和日本，从而结束了中国在这一领域的垄断地位。当蒙古帖木儿大帝的孙子兀鲁伯于1449年去世时，铁木儿帝国对中亚的强力控制也走到了尽头，丝绸之路上的商队开始屡遭攻击和掠夺。

几乎不可能确定丝绸之路消亡的准确时间。不过，由于这条陆上线路缺乏安全保障，同时中国的商船舰队从16世纪开始在海上取得成功，这就意味着这条连接东西方的伟大的贸易和文化纽带从那时就不再发挥作用。因此，可以首先提出，丝绸之路的起止时间为公元前2世纪至公元15世纪。但是，这并不排斥将这一时期之外的遗址纳入最终申报的世界遗产中，如果该遗址具有重大意义。

在这些世纪里，丝绸之路具有一种统一性。这一统一性由丝绸之路上的贸易规模以及在其最东端的中国和最西端的地中海地区的政治和经济的稳定性所决定。在这一时间范围内，并不是所有的线路都在同时使用，而且根据不同的地区，贸易和文化交流活动也在不同时期有多有少。

第三部分："丝绸之路"申报世界遗产的策略

一、丝绸之路的范畴：文物类型

鉴于丝绸之路的起源、用途、发展、有形遗产地等均具有文化与自然的双重属性，下列这些与丝绸之路有直接关系的遗产类型应当加以考虑：

➢ 历史上控制和保护贸易线路并因此而繁荣的城镇；
➢ 沿途为接待旅行者建造的聚居点和客栈；
➢ 与城镇地区有明显不同的采矿、金属冶炼中心以及手工制作地；

- 与丝绸之路上的聚居地相关的灌溉和水利系统；
- 自然地理特征，如隘口等；
- 文化景观，如农业区、为维持聚居点而建造的集水系统等；
- 旅行者捐资建造的神殿和其他宗教场所，包括佛教、伊斯兰教、祆教、基督教、摩尼教等所有宗教；
- 保护丝绸之路的军事要塞和其他建筑物；
- 岩画；
- 与丝绸之路上的聚居点和游牧民族直接相关的墓葬；
- 艺术创作物；
- 反映无形联系、文化多样性与创造力的古迹遗址；
- 丝绸之路交通系统的遗迹以及尚未被现代交通形式所改造的景观，包括交叉路口等。

一定要有足够数量的有形证据支持和证明其与丝绸之路的关系，如建筑物、道路、土木工事等。如果某个遗址仅仅有地下的考古发掘证明其存在，而没有可见的地上标志，则其可以成为一个有力的例证。在选择的时候，应当评估其与丝绸之路的联系。

在丝绸之路沿线的公约缔约国应当建立该国与丝绸之路相关的考古遗址和历史建筑清单。应当努力保证这些清单是广泛兼容的。申报指导委员会应当负责整体框架和基本标准的建立。

二、将已列入名录的遗产地纳入整体申报范畴

目前，中国和中亚国家共有 10 处与丝绸之路相关的遗产地被列入《世界遗产名录》，它们均是绿洲古城或宗教遗址，包括：

中国：龙门石窟
　　　莫高窟
哈萨克斯坦：霍贾·艾哈迈德·亚萨维陵墓
　　　　　　泰姆格里考古景观岩刻
土库曼斯坦：库尼亚—乌尔根奇
　　　　　　梅尔夫国家历史文化公园
乌兹别克斯坦：布哈拉历史中心
　　　　　　　希瓦古城
　　　　　　　撒马尔罕古城
　　　　　　　沙赫利苏伯兹历史中心

吉尔吉斯斯坦和塔吉克斯坦没有遗产地列入《世界遗产名录》。

现有的世界遗产地被纳入或排除出系列遗产申报是有先例的。目前，相关的公约缔约国希望大多数遗产地能够作为单个项目申报世界遗产，但是今后将把与丝绸之路相关的遗产地作为系列遗产的一部分进行申报。

第四部分：申报程序

一、协调备选名单和申报文件

1. 预备清单

将采用新的程序来确定丝绸之路申报备选名单中的遗产地。不应当将它们作为单个遗产地列出，而是应当作为子名单的组成部分，每个子名单的名称为"丝绸之路某国段的遗产地"。拟定的申报标准也将是针对整体遗产的，在适当情况下，增加对单个古迹遗址的特殊标准。整体标准需要得到参与申报的其他国家的同意。

每个国家的备选名单将包括一份丝绸之路该国境内段的详细地图。

2. 申报文件

撒马尔罕会议同意准备一套指导文件，为丝绸之路申报文件的制定提供标准模板。这些文件应当包括：

1）备选名单；
2）文件；
3）遗产地边界和缓冲区定义；
4）关于突出的普遍价值的重要性和证明理由的陈述文件，其中包括相关标准；
5）真实性和完整性；
6）比较性分析；
7）保护；
8）管理和管理规划方案；
9）非物质遗产的保护模式；
10）馆藏文物的保护；
11）旅游开发与管理。

拟定的标准格式将按照《实施指南》的规定，结合以上方面，列出世界遗产委员会的要求，并提供以上各点的详细说明，必要时可配以图示。

与会的所有公约缔约国同意就申报工作进行协调——无论是首次申报还是以后的申报。协调工作将由协调委员会实施。

二、管理条款的协调

与会的缔约国已成立了协调委员会，旨在协调申报工作和总体管理安排。协调委员会将根据以下规定进行工作：

➢ 总体目标：促进丝绸之路沿线文化遗产的保护。
➢ 工作目标：监督丝绸之路实施与管理系统的运作。
➢ 职能：顾问咨询、监督、分享好的实施经验、与世界遗产中心、国际古迹遗址理事会以及其他相关国际与地区组织的沟通联系。
➢ 人员构成：各国政府部门的代表、任命的专家或遗产地管理者；每个国家的两名代表、邀请作为观察员的国际专家。

➢ 工作方式：电子手段、面对面沟通。

四、制定时间表

各与会国均同意以下时间进度表草案。

2007 年

4 月　中亚国家和中国共同参加的会议（塔吉克斯坦杜尚别）
➢ 通过概念性文件
➢ 初步协调预备清单
➢ 协调委员会首次会议

11 月　在哈萨克斯坦阿斯塔纳举行管理规划方案研讨会

2008 年

1 月　向世界遗产中心提交概念性文件

4 月　（初定）中亚国家和中国参加在中国西安举行的会议
➢ 协调预备清单
➢ 选出第一批申报的遗产（应当包括至少两个国家以上的遗产）

7 月　向世界遗产委员会提交概念性文件

9 月　试点会议，讨论基于 GIS 的文化遗产数据库

2009 年

1 月　向联合国教科文组织提交第一批申报的有关文件（应当包括至少两个以上缔约国）

秋季　咨询机构评估申报的遗产

2010 年

7 月　世界遗产委员会审议第一批申报（应包括至少两个缔约国）

第五部分：结　　论

1. 从南中国海绵延至地中海并延伸到印度次大陆的交通路线和人类聚居点所组成的这个网络在近两千年的历史中始终是重要的思想和贸易交流媒介。因此，它也无可争辩地成为《世界遗产名录》有价值的候选对象。

2. 所有相关缔约国均认可这样一份详细勾勒丝绸之路这条贸易大动脉在古代和中世纪各条贸易路线的地图。这一地图包括南中国海与地中海东部之间的主要陆上路线。已经准备了每个国家更为详细的地图，作为备选名单审查的一部分。

3. 应当将丝绸之路作为一条文化与贸易交流的空间走廊进行申报。

4. 首先应申报的是公元前 2 世纪至公元 15 世纪中叶这段历史时期的古迹遗址。但并不排斥这一时期之外的遗产；它们可以作为延伸部分加入到最终纳入《名录》的遗产地。

5. 相关缔约国已经提出其境内与丝绸之路有关的考古遗址和历史古迹清单。遗产清单应当广泛而兼容，国家段的清单和数据库使用标准数据模板并且与拟定的

地区网络兼容

6. 相关缔约国希望作为丝绸之路组成部分的大多数单个世界遗产地目前仍然保持其单个世界遗产地的地位。将来，与丝绸之路相关的遗产地将作为线性遗产的一部分进行申报。

7. 相关缔约国就以下基本原则达成完全一致：
1）适用于最终的整个丝绸之路世界遗产的基本标准。
2）组成最终的世界遗产地的具体路线。
3）将被考虑纳入的单个古迹遗址的类型范畴。

8. 已成立协调委员会，为丝绸之路备选名单的协调和中亚与中国的申报提供咨询建议。

9. 正在准备一套指导文件，为丝绸之路申报文件的起草制定模板。

10. 协调委员会正在制定总体管理政策，应用于所有纳入丝绸之路申报的古迹遗址。该政策将确定广泛的管理范围和目标。各相关国家应根据本国的立法、保护和管理体系，负责该政策的实施。

11. 第一批申报的遗产地应当尽可能的具有代表性，体现丝绸之路遗产的多样性。

12. 第一批遗产申报文件将由中国和一个或多个中亚地区的公约缔约国联合提交。

13. 在确定丝绸之路遗产国别备选名单时，应当将当地社会经济发展机会作为考虑因素之一。

14. 丝绸之路申报策略应针对有关管理规划能力的项目和地区层面上的技术交流，尤其应关注规模较小的古迹遗址、景观、地下考古遗址和研究机构上。

2007 年 4 月 22 日
联合国教科文组织世界遗产中心
丝绸之路概念性文件最终稿

附录 C
特殊类型遗产列入《世界遗产名录》指南（2017）

 特殊类型遗产列入《世界遗产名录》指南①

序言

1. 本附件提供了特殊类型遗产的相关信息以便指导缔约国进行将其列入《世界遗产名录》的准备工作。下列指南可与《世界遗产公约实施操作指南》第二章联合使用，其中包含遗产被列入《世界遗产名录》应满足的标准。

2. 世界遗产委员会已经批准了就文化景观、城镇、运河和文化线路召开的专家会议所做的决议（参见下文第一部分）。

3. 世界遗产委员会所要求的其它专家会议有关代表性、平衡性和可信性《世界遗产名录》的全球战略报告参见第二部分。

4. 第三部分列出了咨询机构开展的各种比较研究和专题研究。

第一部分　文化景观、城镇、运河与文化线路

5. 世界遗产委员会已经识别并定义了几种特殊的文化与自然遗产类型并采用具体的指导方案对这些被申报列入《世界遗产名录》的文化遗产进行评估。到目前为止包括以下种类，将来其它类型会被适时加入进来：

a）文化景观；

b）历史城镇和镇中心；

c）传统运河；

d）遗产线路。

---

① 将来，世界遗产委员会可能会为其它类型的遗产制定保护与指导方针。

文化景观[①]

定义

6. 文化景观属于文化遗产，正如本《公约》第一条描述的，它们是"人类与大自然的共同杰作"。它们见证了人类社会和居住地在自然限制和/或自然环境的影响下随着时间的推移而产生的进化，它们也见证了外部和内部社会、经济和文化的发展力量。

7. 选择它们的依据包括它们的突出普遍价值和它们在特定地理文化区域中的代表性，还包括它们体现这些地区一般和特殊文化元素的能力。

8. "文化景观"一词包含了人类与其所在的自然环境之间的多种互动表现。

9. 文化景观通常能够反映持续性使用土地的特殊技术，反映了其所处自然环境的局限性和特点，以及与大自然特定的精神关系。保护文化景观有利于将可持续性土地使用技术现代化或增加景观的自然价值。持续性的传统土地使用形式的存在保持了世界大多数地区的生物多样性，因此，对传统文化景观的保护对保持生物多样性同样有效。

定义和种类

10. 文化景观主要可以被分为以下三种：

（i）最易辨别的一种是明确定义的人类设计和创造的景观。其中包含出于美学原因建造的园林和公园景观，它们经常（但不总是）与宗教或其它纪念性建筑物或建筑群有关。

（ii）第二种是有机演进的景观。它们产生于最初始的一种社会、经济、行政以及宗教需要，并通过与周围自然环境的相联系或相适应而发展到目前的形式。这种景观反映了形式和重要组成部分的进化过程。它们又包括两种类型：

- 残遗（或化石）景观，它代表过去某一时间内已经完成的进化过程，其中包括突发性的和渐进式的。然而，它的突出特色在于显著特点仍然存在于该实物上。

- 另外一种是持续性景观，它在当今社会与传统的生活方式的密切交融中持续扮演着一种积极的社会角色，演变过程仍在其中，而同时，它又是历史演变发展的物证。

（iii）最后一种景观是关联性文化景观。将这一景观列入《世界遗产名录》是有理由的，因为这类景观以与自然因素、强烈的宗教、艺术或文化相联系为特征，而不是以文化物证为特征，后者对它来说是没有意义的，甚至是可以忽略的。

将文化景观列入《世界遗产名录》

11. 能否被列入《世界遗产名录》的文化景观之列取决于它的功能性和可理解性。无论如何，被选的样品必须能够充分代表该种文化景观所要表达的全部内容的

---

① 本文件由文化景观专家组准备（法国的 La Petite Pierre，时间 1992 年 10 月 24～26 日）（见文件 *WHC-92/CONF.202/10/Add*），随后世界遗产委员会在其第 16 次会议上（美国圣菲，1992 年）批准该文件被纳入《操作指南》中（见文件 *WHC-92/CONF.002/12*）。

实质。不排除申报具有文化意义的长距离的交通路径和通讯网络区域的可能性。

12. 保护和管理的总标准同样适用于文化景观。应重视文化与自然景观所表现的所有方面的价值。申报应取得当地团体的同意并在与他们的合作下进行。

13. 根据《操作指南》的第77段中的标准被列入《世界遗产名录》的"文化景观"种类不排除继续吸收与文化自然相关的重要遗产的可能性（参见第46段中对综合遗产的定义）。在这种情况中，可根据两套标准对其突出的普遍价值进行评定。

历史城镇和城镇中心[①]

定义和种类

14. 符合《世界遗产名录》申请条件的城区包括下列三种：

（i）无人居住但却保留了令人信服的考古证据的城镇，这些城镇一般符合真实性的评价标准且状态易于保留；

（ii）尚有人居住的历史城镇，这些城镇在社会经济和文化的变化中不断发展并将持续发展，这种情况致使对它们真实性的评估更加困难，保护政策存在的问题也较多；

（iii）二十世纪的新镇，矛盾的是这类城镇与上述两种城镇都有相似之处：一方面它最初的城市组织结构仍清晰可见，其历史真实性不容置疑，另一方面它的未来是不明确的，因为它的发展极其不易控制。

将历史城镇和城镇中心列入《世界遗产名录》

15. 通过下列因素可以检验历史城镇和城镇中心的意义：

（i）无人居住的城镇

对无人居住的城镇的评估除了会产生有关考古遗产的一般性问题，不会产生其它特殊问题，这包括：要求独特性或典范性的评价标准致使人们在选择建筑群时更关注其风格纯粹性，所含历史遗迹的集中程度，有时甚至包括与重要历史事件的关联性。把城市里的文物古迹作为一个整体单位列入《世界遗产名录》这一点很重要。几个纪念碑和一小组建筑不足以说明一个已消失城市复杂多样的功能，对于这样的城市的遗迹，应尽可能地保留它们的完整性，包括它们周围的自然环境。

（ii）尚有人居住的历史城镇

处理尚有人居住的历史城镇困难较多，很大程度上是因为它们的城市构造较脆弱（它们中大部分在工业时代到来后遭到了严重的破坏），发展速度失控，周围的环境不断被城市化。要达到申报资格，这些城镇需具备一定的建筑价值，而不应该仅仅依赖它们在历史中曾经的重要角色和作为历史象征的价值（将文化遗产列入《世界遗产名录》的标准（六））（参见《操作指南》第77段内容）。为了达到该名录的要求，空间结构、构造、材料、形式，可能还包括建筑群的功能应从本质上反映遗产所在地区文明社会的文明化过程和演变。可分为以下四类；

---

① 本文本包含在世界遗产委员会历史名镇专家会第八次会议上（地点：布宜诺斯艾利斯）讨论的1987年1月版的《操作指南》中，会议地点在巴黎，时间是1984年9月5日至7日，由国际古迹遗址理事会组织。

a）在某一特定时期或文化中具有代表性的城镇，保存完整且未受到后续开发的影响。这种城镇将作为一个整体被申报，其周围环境也要受到保护；

b）延续自身特征并保护了在历史时期交替中的典型空间安排和结构的城镇，有时它们位于特殊的自然环境中。这种情况下，明确定义的历史城区比当代环境更具价值；

c）"历史中心"与古镇的范围完全相同，今天它们被包围在现代城市中。这种情况下，有必要在最宽泛的历史维度下确定遗产范围并为它邻近的环境制定适当的规定；

d）城区、地域或一些孤立的城市空间，即使残破不堪，也为一个已消失的历史城镇提供一致的特征证明。这种情况下必须充分证实该遗存和建筑是原整体地区和建筑的一部分。

只有当历史中心和历史区域包含了大量的具有重大意义的古建筑，能直接显示一个具备极高价值的城镇的典型特征时，它们才应该被列入《世界遗产名录》。如只是若干孤立和毫无关联的建筑群，无法体现历史城市格局，则不应申报。

可以申报空间有限但却对城镇规划的历史影响重大的遗产，申报需明确归于文物古迹组，该城镇只是作为其所在区域被提及。同样的，如果一座具有明确的突出的普遍价值的建筑坐落在已严重退化或不具有充分的代表性的城市环境中，则应被独立申报，不必涉及城镇。

（iii）二十世纪的新城

评定二十世纪新城镇的质量比较困难。历史本身会体现哪座城镇最能代表当代城镇规划的典范。可推后对这些城镇文献记录的核实，除非某些特殊情况。

在现行条件下，《世界遗产名录》应优先选择能够控制发展的中小型城市地区，不像大城市，很难提供完整的信息和文献资料，作为其整体申报的满意依据。

考虑到申报一座城镇进入《世界遗产名录》对其未来发展的影响，应被视为特殊情况处理。申报列入该名录意味着已经有相应的立法和行政手段确保对建筑群及其背景环境的保护。提高当地居民的保护意识也很重要，因为没有他们积极地参与，任何保护方案都是不切实际的。

传统运河

16. 关于传统运河的专家会议①（加拿大，1994年9月）报告中对"运河"进行了详细的讨论。

定义

17. 运河是人类兴建的水路。从历史或技术角度看，运河本质上或作为这种文化遗产种类的一个特例都可能具有突出的普遍价值。历史运河可以被看作一个文物古迹，一种线性文化景观的定义特征，或是复杂的文化景观中的一个组成部分。

---

① 世界遗产文员会第19次会议（德国柏林，1995年）（见文件 *WHC-95/CONF.203/16*）上讨论的关于传统运河的专家会议（加拿大，1994年9月15~19日）（见文件 *WHC-94/CONF.003/INF.10*）报告。

将运河列入《世界遗产名录》中

18. 真实性整体上取决于价值和这些价值之间的关系。运河作为一种遗产要素的特征在于它动态的演变过程。这与它在不同时期的用途和它所经历过的技术改变相关。这些改变将可能组成重要的遗产要素。

19. 一条运河的真实性和历史释义包含真实的遗产（本公约主题）与可移动物件（船只、临时航行项目）以及相关构造（桥等）和景观之间的关系。

20. 可根据以下技术、经济、社会和景观因素测定运河的意义：

（i）技术

运河服务目标众多，包括：灌溉、航运、防御、水力、泄洪、地面排水和给水。以下是比较重要的技术方面：

a）水渠的衬里和防水；
b）与其它建筑和技术领域的相关结构特征具有可比性的航线工程结构；
c）混合建造方法的发展；
d）技术转移。

（ii）经济

运河通过不同途径为经济做出贡献，如在经济发展和货物人员运输方面。运河是最早的由人类开发的用于有效地运输大批货物的路线。运河通过发挥它的灌溉功能在经济发展中扮演了重要的角色。下列因素很重要：

a）国家建筑；
b）农业发展；
c）工业发展；
d）财富的聚集；
e）应用在其它地区和行业中的工程技术；
f）旅游。

（iii）社会因素

运河建筑具有社会影响，它们的使用也具有持续的影响：

a）财富与社会和文化成果的再分配；
b）人类运动以及文化群组间的交互作用。

（iv）景观

如此之大的工程曾经并将继续对自然景观造成影响。相关的工业活动和不断变换的定居类型使景观的形式和类型发生了显著的变化。

遗产线路

21. 关于将线路作为文化遗产的专家会议①（1994年，西班牙，马德里）上讨

---

① 世界遗产文员会第19次会议（德国柏林，1995年）（见文件 *WHC-95/CONF.203/16*）上讨论的关于将线路作为文化遗产的一部分的专家会议（1994年11月24～25日西班牙马德里）报告（参见文件 *WHC-94/CONF.003/INF.13*）。

论了"线路"或文化线路一词的概念。

定义

22. 遗产线路的概念是丰富多彩的，它提供了一种特殊构架，对相互理解、对待历史的多样态度与和平文化都将起到一定作用。

23. 遗产线路由各种切实的要素组成，这些要素的文化意义来自于跨国界和跨地区的交流和多维对话，它们说明了在这条线路上运动在空间和时间上的交互作用。

将遗产线路列入《世界遗产名录》

24. 在决定一条遗产线路是否具备被列入《世界遗产名录》的资格时，下列几点应予以考虑：

（i）重新考虑具有突出的普遍价值的相关要求。

（ii）遗产线路的概念。

- 基于人类交流和迁徙的动态路线、具有空间和时间上的连续性；
- 涉及到一个整体，线路的整体比它的组成要素的总和更有价值，和通过什么获得其文化意义；
- 国家间或地区间交流和对话的集萃；
- 具有动态性、构成元素应是多维的，具有不同方面的发展，多于它的最初目标，其中可能包括宗教、商业、行政管理或其它方面。

（iii）遗产线路可以被当作一种特殊的动态型文化景观，因此近期争论以及使其被纳入《操作指南》。

（iv）对遗产线路的鉴定基于实力和切实要素的集合，要证实线路本身具有重大意义。

（v）真实性条件也将被应用在评定线路的重要性和其它组成要素方面。线路的使用期限也要考虑在内，可能还需考虑现在使用的频率和受其影响人员对其发展的合理意愿。

在线路的自然构架及其非物质遗产的象征尺度方面需考虑以上几点。

第二部分　地区和专题专家会议报告

25. 在要求具有代表性的、均衡和可信的《世界遗产名录》的全球战略构架中，世界遗产委员会要求就不同遗产举行一系列地区和主题专家会议。这些会议的结构将指导缔约国进行申报准备工作。登录下面网站可获得已呈递给世界遗产委员会的会议报告，网址：http://whc.unesco.org/en/globalstrategy

第三部分　咨询机构开展的专题和比较研究

26. 为了履行他们对文化与自然遗产申报的评估义务，咨询机构与合作伙伴组织一起就不同专题进行了各种比较研究和主题研究，目的是为他们的评估提供依据。

通过他们各自的网站可获得大部分相关报告，网站地址包括：

国际古迹遗址理事会（ICOMOS）的专题研究报告可在下列网站搜索：http://www.icomos.or/studies

世界自然保护联盟（IUCN）的专题研究报告可在下列网站搜索：http://www.iucn.org/about/work/programmes/wcpa_worldheritage/wheritage_pub/

《地球的地质历史——评估化石遗址世界遗产提名的关联框架》（1996年9月）

《国际运河纪念物名录》（1996年）

http://www.icomos.org/studies/canals-toc.htm

《世界遗产桥梁》（1996年）

http://www.icomos.org/studies/bridges.htm

《〈世界遗产名录〉中的森林保护区全球概览》（1997年9月）

http://www.unep-wcmc.org/wh/reviews/forests/

《〈世界遗产名录〉中的湿地和海洋保护区全球概览》（1997年9月）

http://www.unep-wcmc.org/wh/reviews/wetlands/

《人类对世界自然遗产的使用》（1997年9月）

http://www.unep-wcmc.org/wh/reviews/human/

《原始人类化学遗址》（1997年）

http://www.icomos.org/studies/hominid.htm

《拉丁美洲的城市建筑遗产》（1998年）

http://www.icomos.org/studies/latin-towns.htm

《古剧院和古剧场》（1999年）

http://www.icomos.org/studies/theatres.htm

《铁路作为世界遗产遗址》（1999年）

http://www.icomos.org/studies/railways.htm

《〈世界遗产名录〉中对生命多样性具有特殊意义的保护区全球概览》（2000年11月）

http://www.unep-wcmc.org/wh/reviews/

《工业遗产保护委员会报告》（2001年）

http://www.icomos.org/studies/villages-ouvriers.htm

《世界地址遗产的全球战略》（2002年2月）

《南非的岩石艺术遗址》（2002年）

http://www.icomos.org/studies/sarockart.htm

附录 D
丝绸之路系列跨境申报世界遗产协调委员会① 工作章程

(丝绸之路系列跨境申报世界遗产协调委员会第一次会议
2009 年 11 月 6 日在中国西安通过)

丝绸之路协调委员会工作章程从六个大的方面构建了系列跨境申遗的工作程序和今后保护管理的基本原则。它们涉及：1）主要职能、管理体制的协调；2）协调委员会议事规则；3）系列跨境申遗的主要问题；4）系列跨境申遗的文件标准化；5）资源配置和资金筹措；6）能力建设。

协调委员会的主要职能是协调、指导丝绸之路跨境申遗过程中"预备清单"和申报文本的准备。委员会制定了丝绸之路文化线路作为世界遗产的总体管理政策。由此确定文化线路的管理准则。具体的操作将由各相关国家依照本国的法律体系、规章制度已经保护和管理体制进行。

委员会认为丝绸之路系列跨境申遗目前和将来都是一个开放的进程，各个国家会在这一过程的不同阶段做出自己的贡献。

涉及管理体制的协调，会员国已经成立了丝绸之路申遗协调委员会（Coordinating Committee）来统筹指导申遗工作、未来的总体管理安排以及对丝路"预备清单"、申报文本的准备提供建议。协调委员会的职能将按照以下原则执行：总体目标是为了弘扬丝绸之路沿线文化遗产的保护，而具体目标则是监督丝绸之路文化遗产管理体制的运作。

一、协调委员会具有以下职能

1）起草、制定协调委员会的工作章程和议事规则，确定委员会秘书处的职责；
2）获取各国政府在政策和资金层面的支持；
3）确定申遗的总体战略并监督实施；
4）审议文化线路的总体保护管理规划；

---

① 丝绸之路申遗协调委员会 2009 年 5 月 20 日成立于哈萨克斯坦阿拉木图。截至 2018 年 9 月，协调委员会由阿富汗、不丹、中国、印度、伊朗、日本、哈萨克斯坦、吉尔吉斯坦、尼泊尔、巴基斯坦、韩国、塔吉克斯坦、土耳其、土库曼斯坦和乌兹别克斯坦等 15 个国家组成。

5）协调拟申报遗产的保护、管理和监测工作；

6）按照"共同价值框架"和《概念性文件》的精神统筹协调各国的丝路"预备清单"；

7）协调申遗过程的对比分析和专题研究；

8）建立丝绸之路不同领域专家的数据库；成立国际和地区层面的专家工作组，以开展不同学科的研究；

9）成立各国或地区级的分委员会；

10）建立交流平台，为申遗过程、信息交流以及分享最佳实践活动提供咨询和信息支持；

11）提倡各国对本国丝绸之路文化遗产档案资料（包括图纸）试行统一标准；

12）与会员国保持密切合作，促进协调委员会决议的落实；

13）与国际和地区国际组织保持密切合作；

14）筹措资金：就各会员国最基本的需求，制定整体的资金动员计划，引入资金筹措机制；

15）社会和经济利益：在筛选申报遗产点时，考虑当地社区的社会、经济发展的需求。

二．协调委员会的议事规则

1. 组成

协调委员会由各会员国派 2 名代表组成，其中一名官员，另一名可为专家或遗产地管理人员。

国际专家由协调委员会邀请，以观察员身份列席会议。

协调委员会选举 2 位联合主席[①]，任期 2 年，可连选一届。

2. 选举和决策程序

每个会员国享有 1 票；

协调委员会的决定由出席会议的各国成员或代表以协商一致方式做出；

协调委员会决定仅是建议性的；

法定人数：举行协调委员会会议时，需有三分之二会员国出席；

协调委员会主席的职权可以接替。

3. 召集会议

协调委员会每年举行一次例会，联合主席可协商决定召开特别会议。

三、系列跨境申遗面临的主要问题

鼓励各国严格执行在阿拉木图会议（2009）确定的申遗时间表。申遗将分阶段进行，以便更多国家的参与。

---

① 考虑到丝绸之路系列跨境申遗首期将由中国和中亚 5 国完成，世界遗产中心在 2009 年的西安会议上提议协调委员会设联合主席以方便指导下一步丝路申遗工作。中国和乌兹别克斯坦代表当选联合主席。

协调委员会首要的工作是制定丝绸之路申遗策略和途径。

需就申遗选项达成共识：整体申遗还是分区段申遗？

沟通联络和协调撰写申报世界遗产文本。

- 向2010年春季的世界遗产国际专家会议（瑞士）报告丝绸之路大型跨境申遗的策略及面临的挑战和问题。
- 建立丝绸之路文化遗产申遗档案资料和标准模板，以便于将所选遗产点纳入申报文本。
- 各申遗参与国成立专家工作组。向ICOMOS西安国际保护中心（资料中心）提供拟申遗点的详细资料，建立各国共享的数据库，以便于对丝绸之路文化遗产"预备清单"中的选项进行协调商议。欢迎教科文组织和其它国际机构、基金会为会员国翻译文件等提供技术支持。
- 在国际层面讨论系列跨境遗产的管理问题。同意总体保护管理规划并准备各遗产点的单项管理计划。
- 各国指定工作组联络人。

四、档案资料

- 教科文组织国际中亚研究所①（IICAS）和协助丝绸之路档案资料方面的工作。
- 应考虑建立丝绸之路申遗项目的档案信息中心。

五、资源配置和资金筹措

为支持丝绸之路系列跨境申遗活动，世界遗产中心已动员下列信托基金：

世界遗产基金；荷兰信托基金；意大利信托基金；日本信托基金；挪威信托基金和比利时联邦科学政策办公室资助。

伊朗同意为中东国家提供支持。

印度、韩国、尼泊尔、阿富汗、伊朗和日本将在本国寻求资金支持。

尼泊尔和阿富汗希望国际组织支持丝绸之路文化遗产"预备清单"和申遗文本的准备。

六、能力建设

协调委员会成员国需要在以下领域进行能力建设：

准备申报文件的能力

1. 在各国建立专职的项目协调员，统筹该国的申报文本准备；
2. 组织培训活动，培训项目协调员撰写申报文本。

---

① International Institute for Central Asian Studies, IICAS, 位于乌兹别克斯坦撒马尔罕。

附录 E
丝绸之路系列申报世界遗产阿什哈巴德共识

（丝绸之路系列跨境申报世界遗产协调委员会第二次会议
2011 年 5 月 6 日在土库曼斯坦阿什哈巴德通过）

摘要：

丝绸之路从东亚开始，经由地中海，延伸至印度次大陆，是这条陆路廊道及定居点的俗称。近两千年来，它一直是贸易货物往来的廊道。这些廊道以独特的方式表现了许多社会的历史与文化，代表了不同的历史时期，体现出东西方社会文化交流源远流长。丝绸之路中亚和中国段系列跨国申遗的构想源自亚洲成员国在 2005 年联合国教科文组织世界遗产定期报告期内，当时将丝路申遗确定为后续行动。

这个项目雄心勃勃并且高度复杂，有望成为迄今递交至世界遗产委员会的最大联合遗址提名。丝路系列申遗项目有能力进一步扩大当代国际交流，它的成功完成，有赖于所有与会的成员国在推动跨国系列申遗方面的相互合作。

背景：

根据 2006 年 10 月在乌兹别克斯坦撒马尔罕制定的《世界遗产提名行动计划》，中亚成员国及中国在塔吉克斯坦杜尚别于 2007 年 4 月通过了《关于中亚和中国境内丝绸之路文化遗产系列申遗的概念文件》，2008 年 6 月，该文件又通过西安召开的丝路协商研讨会得以修订。2009 年 5 月，在哈萨克斯坦阿拉木图召开的丝绸之路协商会后，各成员国同意建立丝绸之路系列申遗政府间协调委员会。2009 年 11 月，协调委员会在西安召开第一次会议。在此次会议上，各成员国指定国际古迹遗址理事会西安国际保护中心作为协调委员会秘书处，并决定建立文件专家组，同时请联合国教科文组织和国际古迹遗址理事会开展关于丝绸之路的专题研究。

协调委员会于 2011 年 5 月在土库曼斯坦阿什哈巴德召开第二次会议。本次会议由来自阿富汗、中国、印度、伊朗、日本、哈萨克斯坦、韩国、吉尔吉斯斯坦、尼泊尔、塔吉克斯坦、土库曼斯坦和乌兹别克斯坦等 12 个联合国教科文组织成员国的代表组成。专家则分别来自国际古迹遗址理事会、中亚研究国际学会（这是一家位于乌兹别克斯坦撒马尔罕的联合国教科文组织二类中心）、英国伦敦大学学院以及比利时鲁汶大学雷蒙德·勒迈尔国际保护中心。

目标：

阿什哈巴德会议将审议申遗进程；审查关于跨国系列申遗的新指南，该指南是 2010 年 2 月在瑞士怡廷根召开的世界遗产系列提名及遗产国际专家会议的成果。阿什哈巴德会议对丝路系列申遗的未来准备工作高度重要；此外，该会议还审议国际古迹遗址理事会的专题研究草案。

主要成果：

与会者同意力争在 2011 年实现以下目标：

1. 原则上接受国际古迹遗址理事会专题研究所提出的遗产廊道途径，同时承认申遗过程中进一步技术评估及说明的必要性；

2. 建立全面的丝绸之路申遗框架，可反映出 2010 年 2 月在瑞士怡廷根召开的世界遗产系列提名及遗产国际专家会议上针对跨国系列申遗新的指导思想；

3. 同意中国及中亚各国间的丝绸之路作为丝路申遗第一阶段优先申报的跨国遗产廊道，同时不排除由委员会考虑申报其他遗产廊道的可能性；

4. 恢复现有的中国和中亚专家组代表活动，与国际古迹遗址理事会西安国际保护中心秘书处通过实质交流形式进行合作；

5. 由各与会成员国政府、联合国教科文组织各国家委员会或相关机构任命各国的项目管理人，从而增强第一阶段申遗提名筹备过程（国家和跨国层面）中的技术能力；

6. 为已认定的丝绸之路申遗提名（国家和跨国层面）制订并落实适当的管理系统；

7. 请求联合国教科文组织世界遗产中心和国际古迹遗址理事会与协调委员会紧密合作，为第一阶段申遗过程确定推进者和顾问；并针对落实世界遗产公约的操作方针组织技术培训，同时将专题研究进一步扩展至韩国和日本；

8. 增进与申遗材料编制过程所需文献资料相关的信息交流（在此方面，与会者欢迎联合国教科文组织 / 日本信托基金项目《对中亚丝绸之路系列跨国申遗文献资料标准和程序的援助》以及比利时项目《丝绸之路文化遗产资源信息系统》）；

9. 鼓励各与会成员国为申遗提名材料的及时编制划拨必需的资金及资源。

因丝绸之路跨国申遗第一阶段材料的正式提交时间为 2013 年 2 月 1 日，本次会议进而同意，为审阅并考虑申遗文本，下届协调委员会将于 2012 年 9 月前召开。

丝绸之路系列申报世界遗产协调委员会第二次会议代表向以下机构致谢：

- 感谢主办本次会议的土库曼斯坦政府、特别是土库曼斯坦外交部，联合国教科文组织全国委员会及该国其他机构，它们的热情接待及大力支持为会议的成功召开提供了有利条件；

- 感谢土库曼斯坦文化部、电视台及广播电台成功组织前往该国两处世界遗产库尼亚 - 乌尔根奇和尼莎帕提亚要塞的实地考察；

- 感谢联合国教科文组织世界遗产中心、国际名胜古迹遗址理事会和联合国教科文组织德黑兰、阿拉木图、塔什干办事处对会议的帮助。

此外,与会者感谢联合国教科文组织/日本信托基金项目和联合国/挪威项目对本次会议的财政捐助,以及来自土库曼斯坦政府的大力支持。

附录 F

中国、哈萨克斯坦、吉尔吉斯斯坦关于"丝绸之路：起始段和天山廊道的路网"① 跨国系列申报世界遗产和协调保护管理的协议

为推动丝绸之路系列跨国申报世界遗产，加强对丝绸之路遗产的保护和管理，中国国家文物局、哈萨克斯坦文化与信息部、吉尔吉斯斯坦文化与旅游部于2012年5月15日在中国北京举行了中、哈、吉"丝绸之路：起始段和天山廊道的路网"协调委员会第一次会议，达成协议如下：

第一条

三方作为本国世界文化遗产申报和保护管理的主管部门，同意在充分尊重丝绸之路跨国系列申报世界遗产项目启动以来5轮国际协商和丝绸之路跨国系列申报世界遗产协调委员会两次会议取得的重要成果和决议文件的前提下，在2011年12月27日三国代表在中国乌鲁木齐市草签的《丝绸之路：起始段和天山廊道的路网跨国系列申遗备忘录》的基础上，共同推进丝绸之路跨国系列申报世界遗产工作。

第二条

在丝绸之路跨国系列申报世界遗产协调委员会的框架下，依据该委员会第一次会议（西安，2009年）和第二次会议（阿什哈巴德，2011年）的决议，三方将联合提出第一批丝绸之路跨国申报项目，项目名称为"丝绸之路：起始段和天山廊道的路网"（以下简称"丝绸之路项目"）。

第三条

三方各派1名对于丝绸之路项目本国事务具有充分、有效的决策协调能力和权限的副部长，组成"丝绸之路：起始段和天山廊道的路网"协调委员会（以下简称协调委员会），负责协调丝绸之路项目的申报、监测和保护管理等重大事宜。

协调委员会下设工作组。工作组由三方各指定3名代表组成，其中包括政府官员1人，专家2人，负责协调委员会的沟通联络和联合撰写丝绸之路项目申报世界

---

① 2014年6月22日，第38届世界遗产大会通过决议时，根据ICOMOS提议，将遗产地名称确定为"丝绸之路：长安-天山廊道路网"，列入《世界遗产名录》。

遗产文本。国际古迹遗址理事会西安国际保护中心（IICC-Xi'an）为工作组的秘书处。工作组工作语言为英文。

协调委员会和工作组自本协议签字之日起成立。各方均可调整本方人员，并应及时通告协调委员会其他国家。

协调委员会和工作组平时以电子邮件、电话等方式协调工作，重大事项召开会议讨论决定，相关工作均欢迎联合国教科文组织和国际古迹遗址理事会等国际组织代表参与。

第四条

三方按照《实施保护世界文化与自然遗产公约的操作指南》的相关格式和要求，在各自国家层面编写丝绸之路项目申报世界遗产文本的相关内容，并由工作组汇总形成统一文本，按照上述2011年阿什哈巴德会议建议的申报日期，于2012年9月30日前提交联合国教科文组织世界遗产中心预审。

如2012年9月30日前工作组未能汇总形成统一文本，三方在各自国家层面编写的丝绸之路项目申报世界遗产文本可以分别提交联合国教科文组织世界遗产中心预审，但应声明该文本不是正式申报文本，仅作为中、哈、吉三国联合申报丝绸之路项目文本的组成部分提交预审。

三方在2013年1月15日前向联合国教科文组织世界遗产中心提交丝绸之路项目申报世界遗产的正式文本。正式文本应当经工作组汇总统一，并由三方代表签署。

第五条

工作组于2012年7月上旬举行第一次会议，研究确定丝绸之路项目申报的遗产组合、范围及申报文本第3章的基本内容；2012年9月10日前举行第二次会议，研究、协调统一和确定预审申报文本的主要内容；2012年12月10日前举行第三次会议，协调确定正式申报文本的全部内容。

中方愿意承担召开工作组会议和文本印制的必要费用，并在需要的情况下提供其他相关协助。

第六条

三方按照联合国教科文组织《实施保护世界文化与自然遗产公约的操作指南》61d有关条文的规定，协商确定丝绸之路项目使用某一国家2014年的世界遗产申报名额。

第七条

三方应当在协调委员会的框架下，建立申报世界遗产的丝绸之路遗产的监测和保护管理的跨国协调机制；积极协调本国的相关机构和地方政府，在正式完成申报文本之前，各自制定颁布丝绸之路遗产保护的专项法规、保护管理规划，建立明确、具体、有效的协调管理机制，并据此组织开展相关遗产的监测、保护管理、阐释展示和考古研究等工作。

第八条

　　三方应当分别建立本国丝绸之路文化遗产的档案资料，同时支持国际古迹遗址理事会西安国际保护中心作为丝绸之路项目的档案信息中心，为推进丝绸之路跨国系列申报世界遗产发挥积极作用。

第九条

　　本协议自签字之日起生效。

　　如三方未能按照本协议规定，于2013年2月1日前向联合国教科文组织世界遗产中心提交丝绸之路项目申报世界遗产的正式文本，本协议自动中止。

　　鼓励各方在友好协商的基础上，继续推动丝绸之路遗产保护和申报世界遗产的合作，同时尊重各方分别将本国丝绸之路遗产申报世界遗产的选择。

第十条

　　本协议于2012年5月15日在中国北京签订，一式三份，每份均用中文、俄文和英文写成，三种文本同等作准。如对文本的解释发生分歧，以英文本为准。

　　―――――――――――――――――

　　中华人民共和国文化部副部长、国家文物局局长

　　励小捷（签字）

　　―――――――――――――――――

　　哈萨克斯坦共和国文化与信息部副部长

　　阿斯卡尔·布里巴耶夫（签字）

　　―――――――――――――――――

　　吉尔吉斯斯坦共和国文化与旅游部副部长

　　库达伊别尔根·巴札尔巴耶夫（签字）

后　　记

本书即将付梓，通过总结，我对十多年来走过的丝绸之路申遗历程有了更为全面的认识。重行万里丝路，让我回顾了协调指导系列跨境申遗国际合作理论与实践的过程。其中的种种艰辛，每每解决难题时的欣喜，远不是这些文字所能尽言的。为此，我感恩多年来理解、支持和关怀我的亲人、朋友、同行、老师和同学！

首先，感谢我的导师吕舟教授和师母曹宇老师多年来无私的帮助。吕舟教授以他全球化的视野和对国际文化遗产保护、培训和研究的独到见解，给我教导和启发，使我在清华大学和国际文化遗产界获益匪浅。清华大学建筑学院的老师和其他清华大学的校友们，左川女士、杨锐先生、秦佑国先生、王贵祥先生、贾珺先生、刘畅先生、李兵女士、李文惠女士、何睿女士、姜龙先生，还有我的学友们，高天、徐知兰、史晨暄、孙燕、徐桐、吕宁等都给了我鼓励和支持。我要感谢他们！

其次，中国联合国教科文组织全国委员会秘书长杜越先生、遇晓萍女士和其同事们，中国国家文物局单霁翔先生、童明康先生、郭旃先生、顾玉才先生、关强先生、陆琼女士、唐炜先生、佟薇女士，中亚国家世界遗产专家和各个亚洲国家常驻联合国教科文组织的大使们，英国 ICOMOS 的 Henry Cleere 先生、Susan Denyer 女士，英国 UCL 大学的 Tim Williams 先生，英国图书馆的 Susan Whitfield 女士，ICCROM 的 Gamini Wijesuriya 先生，国际古迹理事会西安国际保护中心（IICC-Xi'an）的冯建先、李小武先生等支持我开展理论研究与实践并与我分享他们的智慧。感谢他们的激励、贡献与合作！

再次，我在联合国教科文组织和世界遗产中心的同行 Dr Bernd von Droste, Natarajan Ishwaran, Francesco Bandarin, Kishore Rao, Minja Yang, Ron van Oers, Doudou Diene, Peter Stott, Giovanni

Boccardi, Mechtild Rossler, Nuria Sanz, Art Pedersen, Francis Childe, Roland Lin, Alessandro Balsamo, Kaori Kawakami, Yuri Peshkov, Sanjar Allayarov, Marc Patry, Guy Debonnet, Lazare Eloundou, Petya Totcharova, Peter Debrine 和 Beatrice Kaldun 等参与了丝绸之路申遗项目的实施过程，有些人与我一起就有关申遗方法和保护问题展开了激烈地辩论和探讨，共同的使命让我们之间有了更多的默契和协作。我要感谢他们的友谊和专业素养。我的助手 Lise Sellem 和 Zohra Diop 多年来为我在职学习和研究提供了不少方便。我也感谢她们。

最后，我的内助赵玉芬和女儿景佟默默地支持着我，给我鞭策和鼓励，让我一路走下来，这一种情分和奉献，是千言万语也道不尽的。

本书有关丝绸之路共同遗产的研究还仅仅是个开始，希望将来有更多的人关注这条跨文化交流之路，关注世界遗产保护事业！

联合国教科文组织世界遗产中心　景　峰
亚洲和太平洋部主任
2014 年 3 月 6 日于清华园